이것이
MariaDB다
MariaDB 설치부터 PHP 연동까지 한번에!

이것이 MariaDB다

초판 1쇄 발행 2019년 4월 1일
초판 5쇄 발행 2024년 7월 15일

지은이 우재남 / **펴낸이** 전태호
펴낸곳 한빛미디어(주) / **주소** 서울시 서대문구 연희로 2길 62 한빛미디어(주) IT출판1부
전화 02-325-5544 / **팩스** 02-336-7124
등록 1999년 6월 24일 제25100-2017-000058호 / **ISBN** 979-11-6224-162-2 93000

총괄 배윤미 / **책임편집** 이미향 / **기획** 박민아 / **편집** 방세근 / **진행** 박새미
디자인 이아란 / **전산편집** 김현미
영업 김형진, 장경환, 조유미 / **마케팅** 박상용, 한종진, 이행은, 김선아, 고광일, 성화정, 김한솔 / **제작** 박성우, 김정우

이 책에 대한 의견이나 오탈자 및 잘못된 내용은 출판사 홈페이지나 아래 이메일로 알려주십시오.
파본은 구매처에서 교환하실 수 있습니다. 책값은 뒤표지에 표시되어 있습니다.

한빛미디어 홈페이지 www.hanbit.co.kr / 이메일 ask@hanbit.co.kr
독자 Q&A cafe.naver.com/thisismysql
자료실 www.hanbit.co.kr/src/10162

지금 하지 않으면 할 수 없는 일이 있습니다.
책으로 펴내고 싶은 아이디어나 원고를 메일(**writer@hanbit.co.kr**)로 보내주세요.
한빛미디어(주)는 여러분의 소중한 경험과 지식을 기다리고 있습니다.

이것이 MariaDB다

MariaDB 설치부터 PHP 연동까지 한번에!

MariaDB 10.3 | Q&A를 위한 네이버 카페 운영

우재남 지음

HB 한빛미디어
Hanbit Media, Inc.

필자가 데이터베이스를 처음 접하게 된 이야기를 먼저 해 보면, 꽤 오래 전 필자가 학생일 때 규모가 큰 시스템 개발회사의 일을 개인적으로 맡아서 한 적이 있는데 그 인연을 계기로 그 회사에 입사했다. 운이 좋은 건지, 나쁜 건지 알 수 없으나 그곳에 가자마자 좀 규모가 있는 프로젝트의 PM(프로젝트 관리자)이라는 중요한 업무를 맡게 되었다. 그런데 문제는 필자가 수업에서 이론적으로만 배웠던 데이터베이스 환경에서 개발해야 한다는 점이었다. 솔직히 그때는 너무 막막했다. 프로젝트를 바로 진행해야 하는 상황에서 하루 이틀 공부한다고 실제 데이터베이스를 운영할 수 있을 것 같지는 않았다. 그렇다고 PM인 필자가 일을 맡긴 고객에 게 "저는 데이터베이스는 잘 모르는데요."하고 말할 입장도 아니었다. 그때, 필자에게 너무 나 고마운 회사 선배가 있었다. 필자는 그 선배로부터 채 한나절이 되지 않는 짧은 시간에 해 당 데이터베이스 툴의 설치부터 기본적인 운영과 관리 그리고 간단한 백업까지 모두 배웠다. 그 당시에는 그 선배가 우리나라에서 데이터베이스를 가장 잘하는 사람으로 느꼈을 정도로 쉽고 빠르게 가르쳐 줬다. 물론, 그 짧은 시간에 세부적인 내용까지는 배우지 못했지만 실무 에서 데이터베이스를 운영해 본 적이 없는 필자에게 실제로 데이터베이스를 다룰 수 있는 기 본적인 방법과 자신감을 심어주기에 충분했다. 그 덕분에 필자는 처음 맡은 프로젝트를 무사 히 성공적으로 종료할 수 있었다.

이 책은 앞에서 말한 필자의 '회사 선배'와 같은 역할을 할 수 있도록 집필하였다. 그때 의 필자와 같이 데이터베이스에 대한 지식이 거의 전무한 독자가 최대한 빠른 시간 안에 MariaDB를 설치하고 데이터베이스를 기본적으로 운영할 수 있도록 도와주는 것이 이 책이 존재하는 이유다.

그래서 이 책은 기존의 MariaDB 운영자나 다른 데이터베이스 사용자보다는 처음으로 데이 터베이스를 접하는 사용자나 데이터베이스를 배우기를 원하는 웹 프로그래머를 대상으로 집 필하였다. 이를 위해서 이론적인 이야기는 되도록 배제하고, 실무와 가깝게 구성하되 이해를 돕기 위해 최대한 단순화시킨 실무형 〈실습〉을 통해서 자연스럽게 MariaDB를 이해하고 운영할 수 있도록 구성하려고 노력하였다. MariaDB를 처음 접하는 독자라면 이 책을 끝내는 시점에서 스스로 한 단계 업그레이드된 자신을 발견하게 될 것이다. 어쩌면 'MariaDB가 이렇게 쉬운 것이었던가!'라고 생각하게 될지도 모르겠다. 만약 그렇게 된다면 필자는 더없이 기쁠 것이다.

필자는 실무에서 MariaDB/MySQL/SQL 서버/오라클 등을 운영한 경험으로 대학에서 데이터베이스와 관련된 과목을 강의하고 있다. 그런데 3학년 이상의 학생을 보더라도 데이터베이스와 관련된 과목을 2과목 정도는 수강한 이후임에도 불구하고, 필자가 기대하는 만큼의 데이터베이스와 관련된 실력을 별로 갖추지 못한 것 같다. 필자가 추론하기에 그 이유는 학생들이 단지 '학습'으로 데이터베이스를 공부했기 때문이다.

이 책은 이론적인 학습 방법을 탈피해서 MariaDB를 단시간 내에 운영할 수 있도록 구성했고 MariaDB에 독자의 흥미와 관심을 유발하려 했다. 특히, 책의 앞부분인 3장 'MariaDB 전체 운영 실습'을 통해서 미리 짧은 시간에 전반적인 운영의 경험을 할 수 있도록 구성하였다. 이 과정을 통해서 초보자라 하더라도 MariaDB의 기본적인 운영에 대한 전반적인 개념과 자신감을 얻게 될 것이다(이 부분이 앞에서 이야기한 '회사 선배'와 같은 역할을 하게 될 것이다). 그 이후부터는 3장에서 훑어 보았던 내용을 하나하나 상세히 실습함으로써 더욱 자신감을 얻게 될 것이다. 특히 책의 후반부에는 PHP 프로그래밍을 MariaDB와 연동할 수 있는 내용으로 구성하였다. 비록 PHP의 깊은 내용까지 다루지는 못했으나 MariaDB를 웹에서 활용하기 위한 기본적인 내용은 충분히 기술해 놓았다. 이 책의 마지막까지 공부한 후에는 충분히 훌륭한 MariaDB 개발자로서 기본적인 자질을 갖추게 될 것이다.

이 책은 집필하는 시점의 최신 버전인 MariaDB 10.3 및 10.4 버전을 사용하지만, MariaDB의 새로운 기능을 소개하는 데 중점을 두지는 않는다 이 책은 MariaDB 및 데이터베이스를 학습하기 위한 책이며, 그 내용 중에 MariaDB의 새로운 기능을 자연스럽게 포함시켜 놓았다. 만약 MariaDB의 새로운 기능만을 원한다면 MariaDB 웹 사이트나 다른 사이트에서 그

정보를 충분히 얻을 수 있을 것이다. 또한 이 책은 데이터베이스 입문자를 위해 구성하였으며, MariaDB의 관리적 측면이나 고급 응용 부분은 최소한으로 다루었다. 향후 데이터베이스 관리자 및 고급 데이터베이스 개발자로써 MariaDB를 더 심도있게 학습하고자 한다면 인터넷이나 다른 고급 서적으로 계속 학습하면 된다.

끝으로 필자가 집필에 집중할 수 있도록 다방면으로 지원해 주신 한빛미디어 임직원 여러분께 감사 드립니다. 특히, 신경을 많이 써주시는 전태호 이사님과 전정아 팀장님, 그리고 책의 완성도를 높여준 박민아 대리님께 감사의 말씀을 드립니다.

제가 좋은 강의를 할 수 있도록 아낌없는 조언과 지원을 해 주시는 교수님들께도 언제나 감사의 마음을 잊지 않고 있습니다. 또한, 저의 강의를 언제나 열정적이고 진지하게 들어주는 학생들에게도 감사와 사랑의 마음을 전합니다.

2019년 어느 날에, 예전에 좋아하던 음악이 흐르는 연구실에서...
우재남

■ 데이터베이스에 입문하는 독자의 수준에 맞춰 기본적인 내용으로 구성하였다.

데이터베이스 입문자가 필수적으로 알아야 할 내용으로 구성하였다. 이 책은 입문자도 아무런 막힘없이 혼자서 학습할 수 있으며 대학이나 학원의 데이터베이스 입문이나 기초 과목의 한 학기 강의 분량으로 구성하였다. 이 책만으로도 데이터베이스 및 MariaDB의 기본적인 운영이 가능하도록 집필하였다.

■ MariaDB의 가장 큰 활용 분야인 PHP 프로그래밍과의 연동을 다루었다.

4부에서는 PHP 프로그래밍의 기본적인 내용을 학습한 후에, MariaDB와 PHP 프로그래밍을 연동하는 방법을 상세하게 다뤘다. 비록 이 책이 PHP 책이 아니어서 PHP의 고급 내용은 지면상 다룰 수 없지만 MariaDB와 PHP를 연동하기 위해 필요한 내용은 충분히 다루고 있다.

■ 처음 데이터베이스를 접하거나 MariaDB를 시작하는 독자도 실무의 PL/SQL 작성을 막힘 없이 실습할 수 있다.

데이터베이스, MariaDB를 처음 접하거나 단지 이론으로만 학습한 입문자는 실제 업무를 할 때 두려움이 앞서기 마련이다. 그래서 이 책은 실무에서 바로 적용 가능한 다양한 실습 예제로 현업에서 이뤄지고 있는 데이터베이스 개발과 운영을 모두 체험할 수 있게 구성하였다. 실습 예제에 저자의 실무 경험과 SQL 개발자의 기술이 고스란히 녹아 있다.

■ 실무에서 사용하는 리눅스 환경의 MariaDB도 추가로 구성하였다.

실무에서는 Windows 환경보다는 리눅스Linux 환경에서 MariaDB를 더 많이 사용한다. 비록 이 책은 입문자들이 리눅스를 어렵게 생각할 것 같아 Windows 환경에서 실습했지만 실무의 리눅스 환경에서도 잘 적응할 수 있도록 부록에 리눅스 환경에서 MariaDB를 설치/운영하는 방법을 설명하였다. 부록만으로도 충분히 리눅스 환경에서 MariaDB를 운영할 수 있을 것이다.

■ **기존의 다른 책들과 차별화된 구성으로 빈틈없이 학습하고 점검할 수 있다.**

'학습 로드맵'을 통해 책 전체의 큰 그림을 보여줌으로써 각 주제의 연관성과 더불어 공통 부분/데이터베이스 개발자/웹 프로그래머가 알아야 할 내용을 한눈에 파악할 수 있다. 또한, 앞부분(3장)에서는 'MariaDB 전체 운영 실습'을 통해서 이 책에서 다루는 전반적인 내용 및 실제 응용프로그램과 연동하는 기본적인 내용을 미리 살펴볼 수 있도록 구성하였다.

■ **카페를 통해서 지속적인 서비스를 제공한다.**
  http://cafe.naver.com/thisisMySQL

네이버 카페를 통해 책을 학습하기 위해 필요한 소스 및 설치 파일들과 그 링크를 제공한다. 아울러 Q/A, 학습 자료 등을 비롯한 다양한 서비스를 제공한다. 책을 다 본 후에도 계속 살아 숨쉬는 카페를 최대한 활용하기 바란다. 필자는 15년 전에 집필한 책에 대한 질문도 답변하고 있다.

학습 목표

본문으로 들어가기 전, 학습 목표를 통해 각 장의 대략적인 흐름과 핵심 개념을 먼저 살펴봅니다. 1부에서는 책에서 실습하게 될 환경을 미리 파악한 후에, MariaDB를 설치하고, 전체 과정을 한번 실습해봅니다. 2부에서는 데이터베이스 모델링의 개념과 필수 SQL문을 익힙니다. 3부에서는 MariaDB의 중요 데이터베이스 개체와 전체 텍스트 검색, 파티션을 파악합니다. 4부에서는 MariaDB와 PHP 연동 방법을 학습합니다.

☀ **학습 목표**

이 장의 핵심 개념

3장에서는 이 책 전체에서 배울 내용을 미리 전체적으로 학습하는 것을 목표로 한다. 3장의 핵심 개념은 다음과 같다.

1. 데이터베이스 관련 용어는 데이터, 테이블, DB, DBMS, 열 등이 있다.
2. 데이터베이스 구축 절차는 데이터베이스 생성, 테이블 생성, 데이터 입력, 데이터 조회/활용의 순서로 진행된다.
3. 테이블 외의 데이터베이스 개체로는 인덱스, 뷰, 스토어드 프로시저, 트리거, 커서 등이 있다.
4. 백업은 현재의 데이터베이스를 다른 매체에 보관하는 작업을 말하며, 복원은 다른 매체에 백업된 데이터를 이용해서 원상태로 돌려놓는 작업을 말한다.
5. MariaDB를 응용프로그램과 연동하는 것은 실무에서 많이 사용되는 방식이다.

이 장의 학습 흐름

> 데이터베이스 관련 필수 용어 파악
>
> ↓
>
> 데이터베이스 생성
>
> ↓
>
> 테이블 생성
>
> ↓
>
> 데이터 입력
>
> ↓
>
> 데이터 조회와 활용
>
> ↓
>
> 인덱스, 뷰, 스토어드 프로시저, 트리거 등의 활용
>
> ↓
>
> 데이터 백업과 복원
>
> ↓
>
> 응용프로그램과 MariaDB의 연동

실습별 step

각 예제는 실습별 step에 이르기까지 최대한 상세히 실습 과정을 다루고 있습니다. 또한 그림만 보고도 빠르고 쉽게 따라갈 수 있도록 단계별로 안내했습니다.

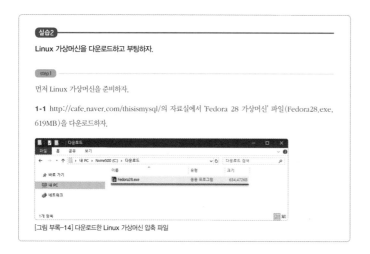

[그림 부록-14] 다운로드한 Linux 가상머신 압축 파일

여기서 잠깐 & 주의

'여기서 잠깐'은 보충 설명, 참고 사항, 관련 용어 등을 본문과 분리해 정리해두었습니다.

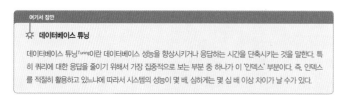

'주의(⚠)' 표시는 혼동하기 쉬운 내용, 또는 실습과정에서 특히 유의해야 할 사항을 별도로 표기한 것입니다. 입문자라면 꼭 빼놓지 말고 읽어보길 권합니다.

> ⚠ 이 책에서 사용하는 MariaDB 버전은 10.3이지만, HeidiSQL은 9.4 버전이다. MariaDB와 HeidiSQL은 서로 연관성이 높은 제품이지만, 동일한 제품이 아니라서 버전이 다르므로 혼동하지 말자.

비타민 퀴즈

본문에서 다뤘던 내용을 반복/확인함으로써 응용력을 향상시킵니다.

비타민 퀴즈 11-1

Windows의 HeidiSQL로 Linux 가상머신에 접속해서 〈실습 1〉을 진행해 보자.

힌트 1 Linux는 /etc/my.cnf.d/server.cnf 파일을 vi 편집기로 수정해야 한다.

힌트 2 Linux에서 MariaDB의 재시작은 reboot 명령을 사용한다.

〈이것이 데이터베이스다〉 커뮤니티

http://cafe.naver.com/thisismysql

〈이것이 데이터베이스다〉 네이버 카페에서 예제 소스코드, 그리고 Q/A를 제공합니다. 또 책에 관한 질의응답 외에도 MariaDB 관련 최신 기술을 비롯한 다양한 자료들을 접할 수 있습니다. 저자와 함께 하는 책 밖의 또 다른 공간에서 다른 독자의 고민과 궁금증도 함께 공유해보세요!

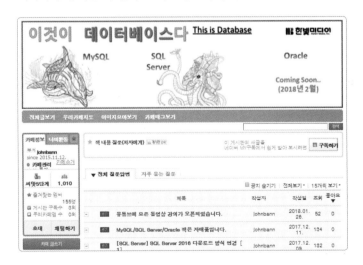

자료실

http://www.hanbit.co.kr/src/10162

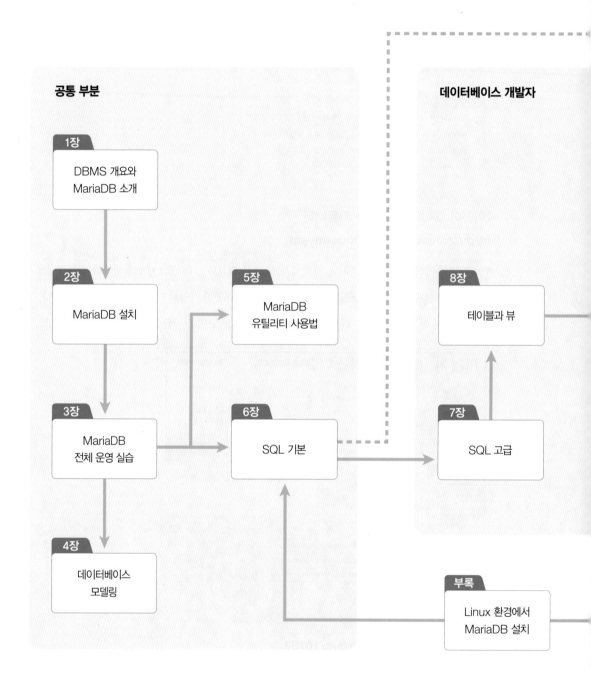

공통 부분

데이터베이스 개발자

1장
DBMS 개요와
MariaDB 소개

2장
MariaDB 설치

5장
MariaDB
유틸리티 사용법

8장
테이블과 뷰

3장
MariaDB
전체 운영 실습

6장
SQL 기본

7장
SQL 고급

4장
데이터베이스
모델링

부록
Linux 환경에서
MariaDB 설치

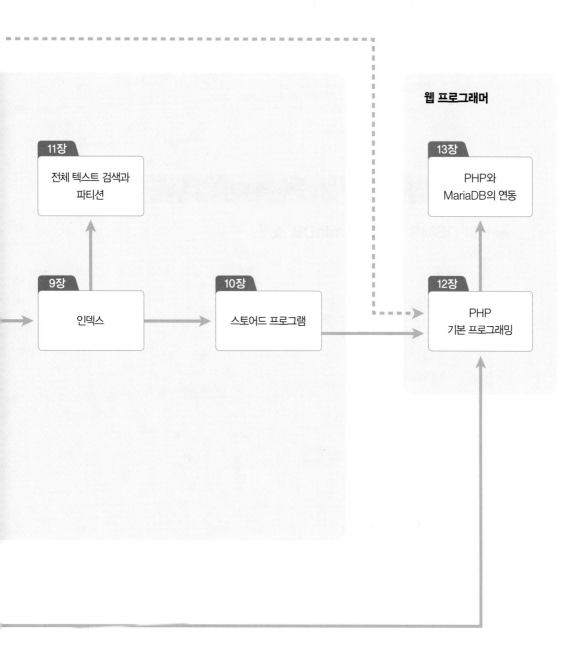

웹 프로그래머

11장
전체 텍스트 검색과
파티션

9장
인덱스

10장
스토어드 프로그램

13장
PHP와
MariaDB의 연동

12장
PHP
기본 프로그래밍

PART 01 MariaDB 설치 및 DB 구축과정 미리 실습하기

CHAPTER 01 DBMS 개요와 MariaDB 소개

CHAPTER 02 MariaDB 설치

CHAPTER 03 **MariaDB 전체 운영 실습**

CHAPTER 07 **SQL 고급**

CHAPTER 10 스토어드 프로그램

CHAPTER 11 전체 텍스트 검색과 파티션

목차

APPENDIX A Linux 환경에서 MariaDB 설치

MariaDB 설치 및
DB 구축과정
미리 실습하기

DBMS 개요와 MariaDB가 어떤 기능을 제공하는지 파악해 본 후에, 바로 MariaDB를 설치해 본다. 설치 후, MariaDB를 운영하기 위한 전체과정을 간략하게 미리 체험하는 시간을 갖는다.

DBMS 개요와 MariaDB 소개

데이터베이스라는 용어는 이제는 IT 분야 외에 일반 분야에서도 널리 사용되는 용어가 되었다. 우리가 살고 있는 정보화 사회에서는 대부분의 삶이 데이터베이스와 직/간접적으로 연관되어 있다고 생각해도 무방할 정도이다 (SNS 메시지, 버스나 지하철에서 사용하는 교통카드, 편의점에서 사먹은 바나나맛 우유 등의 정보도 모두 데이터베이스에 들어간다고 생각하면 된다).

이 책은 데이터베이스와 관련된 내용을 다룬다. 데이터베이스에 대한 정의는 워낙 광범위하고 바라보는 시각에 따라서 여러 가지로 정의할 수 있다.

우선 데이터베이스를 간단히 정의하면, '대용량의 데이터 집합을 체계적으로 구성해 놓은 것' 정도로 말할 수 있을 것이다. 또한, 데이터베이스는 혼자서 사용하는 목적이 아닌 여러 명의 사용자나 시스템이 서로 공유가 가능해야만 한다. 그리고, 데이터베이스 관리 시스템DBMS: Database Management System은 이러한 데이터베이스를 관리해 주는 시스템 또는 소프트웨어를 일컫는다.

이 책에서 다룬 MariaDB는 이 DBMS 소프트웨어의 일종으로 MariaDB사MariaDB Foundation에서 제작한 툴이다. 우리는 책 전반에 걸쳐서 이 MariaDB를 사용하고 다루는 법을 배우게 될 것이지만, 우선 이번 장에서는 이 DBMS에 대한 개략적인 내용과 MariaDB에 대한 소개를 하겠다.

이번 장은 이론적인 내용이 좀 많아서, 처음 학습하는 입장에서 좀 지루한 장이 될 수도 있겠으나 책 전체를 이해하기 위한 기본적인 내용을 실었으니 간략하게나마 기억하자.

이 장의 핵심 개념

1장은 처음으로 데이터베이스를 접하는 사용자를 위해서 데이터베이스의 개념과 이 책에서 사용할 MariaDB를 소개한다. 1장에서 다루는 핵심 개념들은 다음과 같다.

1. 데이터베이스를 간단히 정의하면, '대용량의 데이터 집합을 체계적으로 구성해 놓은 것'이다.

2. DBMS의 유형은 크게 계층형Hierarchical DBMS, 망형Network DBMS, 관계형Relational DBMS, 객체지향형Object-Oriented DBMS, 그리고 객체관계형Object-Relational DBMS 등으로 분류된다.

3. SQLStructured Query Language은 관계형 데이터베이스에서 사용되는 언어다.

4. MariaDB는 MariaDB 코퍼레이션 AB사에서 제작한 DBMS 소프트웨어로, 오픈 소스Open Source로 제공된다.

5. MariaDB의 버전은 5.1을 시작해서 2019년에 10.4 버전까지 발표되었다.

이 장의 학습 흐름

데이터베이스/DBMS 개념 파악

⬇

상용 데이터베이스 종류 구분

⬇

데이터베이스 발전사와 데이터베이스 분류

⬇

SQL 언어 개념

⬇

MariaDB 소개

1.1 DBMS 개요

1.1.1 데이터베이스의 정의와 특징

데이터베이스를 '데이터의 집합' 이라고 정의한다면 DBMS는 이 데이터베이스를 관리/운영하는 역할을 한다. 또한, 데이터베이스는 여러 명의 사용자나 응용프로그램이 공유하고 동시에 접근이 가능해야 한다. 그래서, Microsoft의 Excel과 같은 프로그램은 데이터의 집합으로 사용될 수 있기 때문에 DBMS와 비슷하게 보일 수도 있지만, 대용량을 관리하거나 여러 명의 사용자가 공유하는 개념은 아니므로 DBMS라 부르지 않는다.

또, 데이터베이스는 '데이터의 저장공간' 자체를 의미하기도 한다. 특히, MariaDB에서는 '데이터베이스'를 자료가 저장되는 디스크 공간(주로 파일로 구성됨)으로 취급한다.

⚠ 종종 다른 책이나 소프트웨어에서는 데이터베이스를 DBMS와 혼용해서 같은 용어처럼 사용하기도 한다. 바라보는 시각에 따라서 그렇게 취급하는 것이 틀리지는 않지만, 이 책에서는 데이터베이스는 '데이터의 집합' 또는 '데이터의 저장공간'으로 다룰 것이며, DBMS는 데이터베이스를 운영하는 '소프트웨어'를 의미하는 것으로 하겠다.

우선 [그림 1-1]은 데이터베이스/DBMS/사용자/응용프로그램의 관계를 간단히 보여준다.

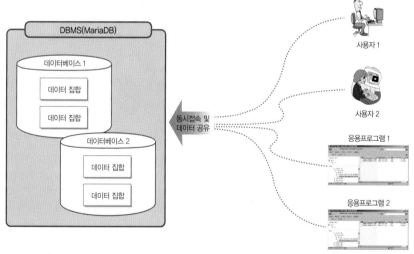

[그림 1-1] DBMS 개념도

[그림 1-1]에 표현되어 있듯이 DBMS는 데이터베이스를 관리하는 역할을 하는 소프트웨어 개념이다. 또, 여러 명의 사용자나 응용프로그램이 이 DBMS가 관리하는 데이터에 동시에 접속하고 데이터

를 공유하게 된다. 즉, DBMS에는 사용되는 데이터가 집중되어 관리되고 있는 것이다.

[그림 1-1]에서는 DBMS를 MariaDB(마리아DB)로 표현했지만, MariaDB 외에도 많이 사용되는 DBMS는 [표 1-1]과 같다.

DBMS	제작사	운영체제	최신 버전 (2019년 초 기준)	기타
MariaDB	MariaDB	Unix, Linux, Windows	10.3/10.4	오픈 소스(무료)
MySQL	Oracle	Unix, Linux, Windows, Mac	8.0	오픈 소스(무료), 상용
PostgreSQL	PostgreSQL	Unix, Linux, Windows, Mac	11	오픈 소스(무료)
Oracle	Oracle	Unix, Linux, Windows	18c	상용 시장 점유율 1위
SQL Server	Microsoft	Windows	2017	
DB2	IBM	Unix, Linux, Windows	10	메인프레임 시장 점유율 1위
Access	Microsoft	Windows	2017	PC용
SQLite	SQLite	Android, iOS	3.x	모바일 전용, 오픈 소스(무료)

[표 1-1] 많이 사용되는 DBMS

DBMS 또는 데이터베이스는 다음과 같은 몇 가지의 중요한 특징을 가지고 있다.

데이터의 무결성

데이터베이스 안의 데이터는 어떤 경로를 통해 들어왔든 데이터에 오류가 있어서는 안 된다. 이 무결성Integrity을 위해서 데이터베이스는 제약 조건Constraint이라는 특성을 가진다.

예를 들어, 학생 데이터에서 모든 학생은 학번이 반드시 있어야 하며, 각 학생의 학번은 서로 중복되면 안 되는 제약 조건이 있을 수 있다. 이 제약 조건을 지키면, 학번만 알면 그 학생이 어떤 학생인지 정확히 한 명의 학생이 추출될 수 있다. 즉, 학번은 무결한 데이터로 보장할 수 있기에 성적증명서, 재학증명서 등을 자동발급기에서 출력할 때, 학번만 가지고도 정확히 자신의 것을 출력할 수 있게 된다.

데이터의 독립성

데이터베이스의 크기를 변경하거나 데이터 파일의 저장소를 변경하더라도, 기존에 작성된 응용프로그램은 전혀 영향을 받지 않아야 한다. 즉, 서로 의존적 관계가 아닌 독립적인 관계여야 한다.

예를 들어, 데이터베이스가 저장된 디스크가 새 것으로 변경되어도 기존에 사용하던 응용프로그램은 아무런 변경없이 계속 사용되어야 한다.

보안

데이터베이스 안의 데이터는 아무나 접근할 수 있는 것이 아니라, 데이터를 소유한 사람이나 데이터의 접근이 허가된 사람만이 데이터에 접근할 수 있어야 한다. 또, 접근할 때도 사용자의 계정에 따라서 다른 권한을 가져야 한다. 최근 들어 고객 정보의 유출 사고가 빈번한 상황에서 보안Security은 더욱 중요한 데이터베이스의 이슈가 되었다.

데이터 중복의 최소화

동일한 데이터가 여러 개 중복되어 저장되는 것을 방지한다.

학교의 예를 들면, 학생 정보를 이용하는 교직원(학생처, 교무처, 과사무실 등)이 여러 명이 될 수 있다. 이때, 엑셀Excel을 사용한다면 각 직원마다 별도의 엑셀 파일을 가지고 사용해야 한다. 그렇게 되면 한 명의 학생 정보가 각각의 엑셀 파일에 중복되어 관리된다. 이를 데이터베이스에 통합하면 하나의 테이블에 저장하고 이를 공유함으로써 데이터 중복이 최소화된다.

응용프로그램 제작 및 수정이 쉬워짐

기존 파일시스템을 사용할 때는 각각 파일의 포맷에 맞춰 개발해야 하는 응용프로그램을 데이터베이스를 이용함으로써 통일된 방식으로 응용프로그램 작성이 가능해지고, 유지보수 또한 쉬워진다.

데이터의 안전성 향상

대부분의 DBMS가 제공하는 백업/복원 기능을 이용함으로써 데이터가 깨지는 문제가 발생할 경우에 원상으로 복원 또는 복구하는 방법이 명확해진다.

1.1.2 데이터베이스의 발전

당연히 초창기의 컴퓨터에는 데이터베이스라는 개념이 없었을 것이다. 데이터베이스를 사용하기까지 몇 가지 단계를 거치게 되었다.

오프라인으로 관리

아무리 오래 전이라도 데이터를 관리하고 있었을 것이다. 즉, 컴퓨터가 없던 시기에도 회사를 운영하기 위해서는 수입과 지출이 있었을 것이고 그것을 종이에 연필로 기록했을 것이다. 물론 아직도 종이에 수입/지출을 직접 기록하고 관리하는 분야나 회사도 존재한다.

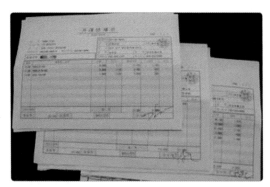

[그림 1-2] 종이 장부

파일시스템의 사용

컴퓨터를 사용하면서, 종이에 기록하던 내용을 컴퓨터 파일에 기록 저장하게 되었다.

컴퓨터에 저장하는 방법은 메모장이나 엑셀을 활용해서 저장하였고, 그것들을 활용하기 위해서 많은 응용프로그램들이 이 파일에 저장된 내용을 읽고 쓰는 기능을 하게 되었다.

그래서, 컴퓨터에 저장된 파일의 내용은 읽고, 쓰기가 편하게 약속된 형태의 구조를 사용한다.

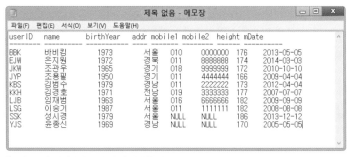

[그림 1-3] 데이터가 파일에 저장된 형태

파일시스템은 대개 하나의 응용프로그램마다 하나의 데이터 파일이 할당된다. 즉, 어떤 기능을 구현하기 위해서 기능의 개수만큼 데이터 파일의 숫자가 생겨야 할 것이다.

이것은 초기에는 큰 문제가 없을 수도 있지만, 시간이 지나서 데이터의 양이 많아지면 데이터의 중복으로 인한 불일치가 발생된다.

예로, '회원 정보'가 수록된 파일에는 회원 이름, 회원 주소, 회원 연락처, 회원 가입일, 취미 등이 기록될 것이다. 또, 회원이 물건을 구매한 '구매 정보'가 수록된 파일에도 마찬가지로 회원 이름, 회원 주소, 연락처, 구매한 물건, 가격, 수량 등이 기록되어야 할 것이다.

만약 회원이 이사를 가거나 연락처가 바뀌면 '회원 정보'와 '구매 정보'를 모두 변경해 줘야 한다. 그런데, 깜박 잊고 한 곳밖에 수정하지 않으면, 나중에 시간이 지난 후에는 두 정보가 일치하지 않는 것을 발견하게 되더라도 어느 주소가 회원의 올바른 주소인지를 알아내기가 어렵다.

이러한 불일치가 파일시스템의 큰 문제점 중 한 가지다. 그러나, 이러한 문제점에도 불구하고 파일시스템은 소량의 데이터를 처리하기에는 처리속도가 DBMS보다 훨씬 빠르며, 별도의 추가비용이 들지 않기에 아직도 많이 사용된다.

데이터베이스 관리시스템

파일시스템의 단점을 보완하고 대량의 데이터를 보다 효율적으로 관리하고 운영하기 위해서 사용되기 시작한 것이 DBMS$^{DataBase\ Management\ System}$다.

DBMS는 데이터의 집합인 '데이터베이스'를 잘 관리하고 운영하기 위한 시스템 또는 소프트웨어를 말한다. DBMS에 데이터를 구축하고 관리하고 활용하기 위해서 사용되는 언어가 SQL$^{Structured\ Query}$ ^{Language}이다. 이 SQL을 사용해서 우리가 DBMS를 통해 중요한 정보들을 입력하고 관리하고 추출할 수 있게 된다.

1.1.3 DBMS 분류

DBMS의 유형은 크게 계층형^{Hierarchical} DBMS, 망형^{Network} DBMS, 관계형^{Relational} DBMS, 객체지향형$^{Object-Oriented}$ DBMS, 그리고 객체관계형$^{Object-Relational}$ DBMS 등으로 분류된다.

현재 사용되는 DBMS중에는 관계형 DBMS가 가장 많은 부분을 차지하며, 일부 멀티미디어 분야에서 객체지향형이나 객체관계형 DBMS가 활용되고 있는 추세다.

우리가 배울 MariaDB와 더불어서 MySQL, Oracle, DB2, SQL Server, Access 등은 모두 관계형 DBMS이므로, 이 책에서 다루게 되는 내용도 모두 관계형 DBMS(RDBMS)를 기준으로 맞춰진 것이다.

계층형 DBMS

처음으로 나온 DBMS 개념으로 1960년대 시작되었는데, 그림과 같이 각 계층은 트리^{Tree} 형태를 가지며, 1:N 관계를 갖는다. 즉, 그림과 같이 사장 1명에 부서가 3개 연결되어 있는 구조다.

계층형 DBMS^{Hierarchical DBMS}의 문제는 처음 구축한 이후에는 그 구조를 변경하기가 상당히 까다롭다. 또, 주어진 상태에서의 검색은 상당히 빠르지만, 접근의 유연성이 부족해서 임의의 검색에는 어려움이 따른다.

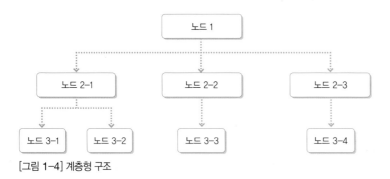

[그림 1-4] 계층형 구조

망형 DBMS

망형 DBMS^{Network DBMS}는 계층형 DBMS의 문제점을 개선하기 위해 1970년대 시작되었으며, 1:1, 1:N, N:M (다대다) 관계가 지원되어, 효과적이고 빠른 데이터 추출이 가능해졌다. 하지만, 계층형과 마찬가지로 매우 복잡한 내부 포인터를 사용하고, 프로그래머가 이 모든 구조를 이해해야만 프로그램의 작성이 가능하다는 단점이 여전히 존재한다.

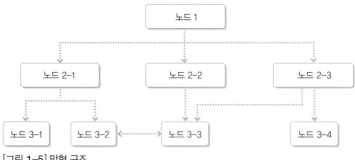

[그림 1-5] 망형 구조

관계형 DBMS

관계형 DBMS[Relational DBMS, RDBMS]의 시초는 1969년 E.F.Codd라는 학자가 수학 모델에 근거해서 고안하면서 시작되었다. RDBMS의 핵심 개념은 "데이터베이스는 테이블[Table]이라 불리는 최소 단위로 구성되어 있다. 그리고 이 테이블은 하나 이상의 열로 구성되어 있다."라고 생각하면 된다.

⚠️ 테이블[Table]을 부르는 다른 용어로는 릴레이션[Relation], 엔티티[Entity] 등이 있다.

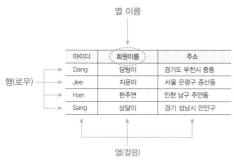

[그림 1-6] 관계형 구조

RDBMS에서는 모든 데이터는 테이블에 저장되므로, 테이블이라는 구조가 RDBMS의 가장 기본적이고 중요한 구성이 된다. 그러므로, 이 테이블에 대한 이해만 잘 한다면 RDBMS의 기본적인 내용을 이해한 것이라고 말할 수 있다.

테이블은 데이터를 효율적으로 저장하기 위한 구조다. 정보를 저장하기 위해서 하나의 테이블이 아닌 여러 개의 테이블로 나누어서 저장함으로써, 불필요한 공간의 낭비를 줄이고 데이터의 저장 효율성을 보장해 줄 수 있다. 또, 이렇게 나뉜 테이블의 관계[Relation]를 기본 키[Primary Key]와 외래 키[Foreign Key]를 사용해서 맺어줌으로써, 두 테이블을 부모와 자식의 관계로 묶어 줄 수 있다.

추후에 부모테이블과 자식테이블을 조합해서 결과를 얻고자 할 경우에는 SQL[Structured Query Language, 구조화된 질의 언어]의 조인[JOIN] 기능을 이용하면 된다.

RDBMS의 장점은 다른 DBMS에 비해서 업무가 변화될 경우에 쉽게 변화에 순응할 수 있는 구조이며, 유지보수 측면에서도 편리한 특징을 가지고 있다. 또한, 대용량 데이터의 관리와 데이터 무결성[Integrity]의 보장을 잘 해주기 때문에 동시에 데이터에 접근하는 응용프로그램을 사용할 경우에 RDBMS는 적절한 선택이 될 수 있다. 이와 반대로 RDBMS의 가장 큰 단점으로는 시스템 사원을 많이 차지해서 시스템이 전반적으로 느려지는 점이다. 그러나, 최근 들어 하드웨어의 급속한 발전으로 인해 이러한 단점은 많이 보완되고 있다.

1.1.4 SQL 개요

SQL^{Structured Query Language}은 데이터베이스에서 사용되는 언어로, '에스큐엘' 또는 '시퀄'로 읽으면 된다. 비유하자면 중국의 문화, 사회, 경제 등을 배우고자 한다면 우선 중국어를 잘 사용해야 가능한 것처럼 우리가 공부하고자 하는 RDBMS(그 중 MariaDB)를 배우고자 한다면, SQL을 익혀야 하는 것이 필수다. SQL이 비록 데이터베이스를 조작하는 '언어'지만 일반적인 프로그래밍 언어(C, C++, JAVA, C# 등)와는 좀 다른 특성을 갖는다.

SQL은 국제 표준화 기관에서 표준화된 내용을 계속 발표해 왔는데, SQL은 다음과 같은 특징을 갖는다.

DBMS 제작 회사와 독립적이다

SQL은 모든 DBMS 제작 회사에 공통적으로 공개되고, 각 제작 회사는 이 표준 SQL에 맞춰서 DBMS를 개발하게 된다. 그러므로, 표준 SQL은 대부분의 DBMS 제품에서 공통적으로 호환된다.

다른 시스템으로 이식성이 좋다

SQL 표준은 서버용, 개인용, 휴대용 장비에서 운영되는 DBMS마다 상호 호환성이 뛰어나다. 그러므로, 어느 곳에서 사용된 SQL이 다른 시스템으로 이식하는 데 별 문제가 없다.

표준이 계속 발전

SQL 표준은 SQL-86, SQL-89, SQL-92, SQL:1999, SQL:2003, SQL:2008, SQL:2011 등 계속 개선된 표준안이 발표되어 왔으며, 지금도 개선된 안이 연구되고 보완되고 있다.

대화식 언어

기존 프로그래밍 언어는 프로그램 작성, 컴파일 및 디버깅, 실행이라는 과정을 거쳐야만 그 결과를 확인할 수 있었으나, SQL은 이와 달리 바로 질의하고 결과를 얻는 대화식 언어로 구성되어 있다.

분산형 클라이언트/서버 구조

SQL은 분산형 구조인 클라이언트/서버 구조를 지원한다. 즉, 클라이언트에서 질의를 하면 서버에서 그 질의를 받아서 처리한 후, 다시 클라이언트에게 전달하는 구조를 가진다.

주의할 점은 모든 DBMS의 SQL문이 완벽하게 동일하지는 않다는 것이다. 즉, 많은 회사가 되도록 표준 SQL은 준수하려고 노력하지만 각 회사의 DBMS마다 특징이 있기에 현실적으로 완전히 통일하기는 어렵다. 그래서, 각 회사는 표준 SQL을 지키면서도 자신의 제품에 특화시킨 SQL을 사용한다. 이를 Oracle에서는 PL/SQL이라고 부르고, SQL Server에서는 T-SQL, MariaDB에서는 그냥 SQL로 부른다.

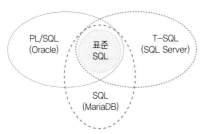

[그림 1-7] 표준 SQL과 각 회사의 SQL

[그림 1-7]과 같이 각 회사의 제품은 모두 표준 SQL을 사용하면 공통적으로 사용할 수 있고, 각 회사 제품의 특성에 맞춘 호환되지 않는 SQL문도 있다. 이 책은 6장과 7장에서 표준 SQL 및 MariaDB의 특화된 SQL에 대해서 상세히 배운다.

1.2 MariaDB 소개

MariaDB는 MariaDB사에서 제작한 RDBMS 소프트웨어로, 오픈 소스Open Source로 제공된다. 오픈 소스란 말그대로 소스를 공개한 소프트웨어를 말한다. 오픈 소스로 된 소프트웨어는 누구나 무료로 다운로드해서 사용할 수 있으며, 소스를 제공하기 때문에 소스를 고쳐서 소프트웨어를 더 발전시켜도 된다.

MariaDB를 이해하기 위해서는 오라클Oracle사가 소유한 MySQL에 대한 이해가 필요하다. 1995년에 발표된 MySQL은 MySQL AB사에서 오픈 소스로 제작되었다. 2005년에 MySQL 5.0 버전이 출시되면서 상당히 안정적인 대용량 데이터베이스로 자리잡기 시작했다. 2008년에 썬 마이크로시스템즈사에서 MySQL AB사를 인수했다. 그리고 MySQL 5.1 버전이 출시되었다. 2010년에 오라클사가 썬 마이크로시스템즈사를 인수함으로써 사연스럽게 MySQL은 오라클사이 수유가 되었다 이후 2010년에 MySQL 5.5 버전, 2013년에 MySQL 5.6버전, 2015년에 MySQL 5.7 버전이 발표되었으며, 2018년에는 MySQL 8.0 버전이 발표되었다.

그런데, MySQL 핵심 창업자중 한 명인 몬티 와이드니어스는 오라클사의 개발지침 등에 대해 다른 의견을 가지게 되었다. 그래서 2009년 동료 몇 명과 썬 마이크로시스템즈사를 나와서 Monty Program AB사(현재는 MariaDB Corporation AB의 자회사)를 설립하고 MariaDB 개발을 시작한 것이 MariaDB의 시작이다.

MariaDB의 전신인 MySQL은 비상업용이나 교육용으로는 제한없이 사용해도 되지만, 2010년 오라클이 MySQL을 인수하면서 상용으로 사용하기 위해서는 상용 라이선스를 취득해야 한다. 이와 달리 MariaDB는 어떤 환경에서도 제한없이 사용해도 된다. MariaDB는 MySQL과 호환성을 대부분 유지하므로 MySQL을 사용하던 환경에서도 MariaDB로 별 문제없이 변경된다. 현재 대부분의 Linux 운영체제에서는 MySQL 대신에 MariaDB를 표준으로 채택하고 있다.

이 책에서 다루는 MariaDB 버전은 이전 버전에 비해서 향상된 많은 기능들을 가지고 있으며, 특히 대용량 데이터베이스를 운영하기 위한 기술들이 많이 포함되었다. 하지만, 이 책을 보고 있는 대부분의 독자는 MariaDB를 처음 다루거나 많이 사용한 적이 없을 것이라고 생각한다. 이러한 MariaDB에 생소한 독자에게 MariaDB의 이전 버전에 비해서 좋아진 기능들을 나열해 보았자 그다지 감흥이 오지 않을 것 같다. 게다가 알지도 못하는 부분이 첫 장에 나옴으로써 학습에 대한 효과는 오히려 반감될 것으로 보인다.

그렇다고, 제목이 MariaDB 책에서 MariaDB의 소개를 하지 않을 수도 없으므로, 이 책에서도 할 수 없이 MariaDB에 대한 소개를 하겠다.

이번 내용은 MariaDB를 처음 배우는 독자에게는 크게 중요한 장은 아니므로 간단히 훑어보는 정도로 보아도 좋다. 그리고, 2장부터 나오는 설치를 진행하고, 추후에 어느 정도 MariaDB에 익숙해지면 이번 내용을 다시 편안하게 읽는 것이 더 좋은 학습 방법일 것이다. 그렇게 되면 MariaDB가 기존 버전에 비해서 어떠한 좋은 기능을 가지고 있는지 자연스럽게 익힐 수 있으리라 생각한다.

서두에서도 언급했지만, 이 책의 전체 구성은 MariaDB의 특징에 대해서만 기술하는 것이 아니라 데이터베이스를 처음 접하는 독자가 데이터베이스를 학습하기 위한 도구로써 MariaDB를 사용하는 것에 초점을 맞추었다. 그리고, MariaDB의 특징에 대해서는 필요할 때마다 책의 전체에서 자연스럽게 표현함으로써 독자가 MariaDB뿐 아니라 DBMS에 대해서 최대한 부담 없이 접근할 수 있게 할 것이다.

1.2.1 MariaDB의 변천사

이 책은 MariaDB('마리아디비'로 읽으면 된다)가 무엇인지 공부하고자 하는 독자이거나, 학교에서 강의를 위해서 보고 있는 독자, 또는 기존에 MariaDB를 사용해본 일부 실무자들이 대부분일 것이다. MariaDB에 대해서 처음 접해보든지, 이미 어느 정도 사용해 보았던지, 아무튼 MariaDB가 무엇인지 알고 싶거나 MariaDB와 관련된 일을 하고 있을 것이다.

MariaDB는 MariaDB 코퍼레이션 AB사에서 제공하는 데이터베이스 관리 소프트웨어다. 데이터베이스 관리 소프트웨어Database Management System, DBMS는 한마디로 대량의 데이터를 관리해주는 소프트웨어라고 생각하면 쉽다.

DBMS에 대한 개념은 앞에서 이미 배웠으니, 일단 MariaDB의 버전을 간단하게 알아보자.

[표 1-2]는 버전별 MariaDB의 변천사를 간략하게 소개한다.

출시일자	MariaDB 버전	대응 MySQL 버전	기타
2009년 10월	5.1		몬티 와이드니어스가 개발을 시작함
2010년 4월	5.2		
2011년 7월	5.3		
2012년 2월	5.5	5.5	현재(2019년 초) 5.5.62 버전까지 발표됨
2012년 10월	10.0	5.6	현재(2019년 초) 10.0.37 버전까지 발표됨
2014년 6월	10.1	5.7	현재(2019년 초) 10.1.37 버전까지 발표됨
2016년 4월	10.2		현재(2019년 초) 10.2.19 버전까지 발표됨
2017년 4월	10.3	8.0	현재(2019년 초) 10.3.11 버전까지 발표됨
2018년 11월	10.4		알파 버전. 현재(2019년 초) 10.4.1(Beta) 버전이 발표됨

[표 1-2] MariaDB의 변천사

[표 1-2]에 나오듯 MariaDB 5.5 버전은 MySQL 5.5 버전과 동일한 기능을 구현했으며, MariaDB 10.0 버전은 MySQL 5.6과 대응되고 MariaDB 10.1 버전은 MySQL 5.7과 대응된다.

이 책에서 사용하게 될 MariaDB 10.3 버전은 MySQL 8.0 버전과 그 기능이 대응되거나 더 우수한 성능을 발휘한다. 만약 독자가 MariaDB 10.1 버전이나 MariaDB 10.2 버전을 사용하더라도 책의 대부분을 문제 없이 학습할 수 있다. 하지만, 굳이 하위 버전으로 학습할 필요는 없으므로 책과 동일한 MariaDB 10.3 버전으로 학습하기를 적극 권장한다.

⚠ 이 책을 집필하는 시점에 MariaDB 10.4.1(Beta) 버전까지 출시되었다. 이 책의 대부분은 10.4 버전에서도 동일하게 작동한다.

처음에 언급했듯이 이번 장을 읽었는 데도 무슨 말인지 잘 알지 못해도 관계없다. 2장부터 본격적으로 MariaDB를 설치 및 운영을 학습하다 보면 이번 장은 자연스럽게 이해가 될 것이다.

이제 다음 장부터 본격적인 MariaDB를 학습하자.

MariaDB 설치

1장에서 DBMS와 MariaDB에 대한 기본적인 개요를 파악했으니, 이제는 본격적으로 MariaDB를 설치하자. 대부분의 Windows 응용프로그램과 마찬가지로 마우스만 클릭할 줄 알면 설치를 할 수 있을 정도로 쉽다. 설치 과정에서 잘 모르는 부분이 있을 경우, 그냥 〈다음〉을 클릭하더라도 무난히 설치를 마칠 수 있다. 그렇지만 실무 에서 고려해야 할 시스템 성능이나 제공될 서비스의 종류에 따라서 좀 더 고려해야 할 사항들도 많다. 이번 장에 서는 MariaDB를 설치하는 방법을 차근차근 실습을 통해 익히자.

학습 목표

이 장의 핵심 개념

2장에서는 다양한 MariaDB 설치법을 확인한다. 2장의 핵심 개념은 다음과 같다.

1. MariaDB 10.3은 Windows 7 이후에 설치된다.

2. MariaDB를 기본적으로 사용하기 위해서는 MariaDB Server와 MariaDB Client만 있으면 된다.

3. 이 책은 MariaDB 10.3 버전을 설치해서 사용한다.

4. MariaDB 서버에 접속해서 사용하기 위해서 HeidiSQL 툴을 사용한다.

5. MariaDB는 employees라는 이름의 샘플 데이터베이스를 제공하고 있다.

6. MariaDB를 제거하는 방법은 다른 윈도우용 응용프로그램과 마찬가지로 제어판을 사용하면 된다.

7. 실무에서는 Linux 환경에서 MariaDB를 더 많이 사용한다.

이 장의 학습 흐름

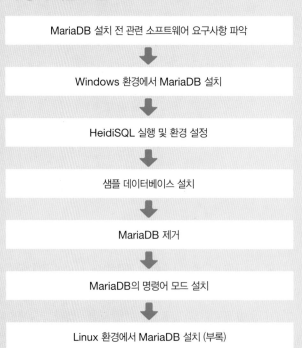

MariaDB 설치 전 관련 소프트웨어 요구사항 파악

↓

Windows 환경에서 MariaDB 설치

↓

HeidiSQL 실행 및 환경 설정

↓

샘플 데이터베이스 설치

↓

MariaDB 제거

↓

MariaDB의 명령어 모드 설치

↓

Linux 환경에서 MariaDB 설치 (부록)

2.1 MariaDB 설치 전 준비사항

2.1.1 소프트웨어 요구사항

이 책에서 사용할 MariaDB 10.3을 설치하기 위한 하드웨어는 Windows가 설치되면 특별히 제한이 없다. 하지만, Windows 운영체제는 Windows 7 이후나 Windows Server 2008 R2 이후 버전에만 설치할 수 있다.

⚠ x64, x86_64, winx64는 64bit CPU 또는 운영체제를, x86, x32, win32는 32bit CPU 또는 운영체제를 의미한다.

서버 운영체제(64bit)	PC 운영체제(64bit, 32bit)
Windows Server 2019	Windows 10
Windows Server 2016	Windows 8.1
Windows Server 2012 R2	Windows 8
Windows Server 2012	Windows 7(SP1)
Windows Server 2008 R2(SP1)	

[표 2-1] MariaDB 10.3을 설치하기 위한 운영체제

또한 MariaDB 10.3을 설치할 때 제공되는 기능은 [표 2-2]와 같다. Server 기능 및 Client만 설치하기 위해서는 별도의 추가 소프트웨어가 필요 없다. 하지만, 부가적인 기능을 사용하기 위해서 추가 소프트웨어를 설치하려면 몇 가지 소프트웨어를 미리 설치해야 한다.

관련 소프트웨어	설명
Database instance	MariaDB 서버 프로그램
Client Program	MariaDB 클라이언트 프로그램
Backup utilities	백업용 프로그램
Client C API library	C 언어 라이브러리
HeidiSQL	MariaDB 통합 IDE 환경

[표 2-2] MariaDB 관련 소프트웨어와 사용하기 위한 필수 요구사항

MariaDB를 기본적으로 사용하기 위해서는 Database instance와 Client Program만 있으면 된다. 이 책에서는 추가로 Backup utilities와 HeidiSQL도 설치해서 사용하겠다.

⚠ Unix나 Linux는 텍스트 기반으로 주로 사용되므로 MariaDB Server(=Database instance), MariaDB Client (=Client Program)만 있으면 된다. 이 두 가지로도 충분히 사용할 수 있다. 많은 실무환경에서는 이러한 텍스트 기반 환경으로 MariaDB를 운영한다.

2.2 MariaDB 설치

이제 본격적으로 설치를 진행하자. 필자는 Windows 10에 설치하겠지만, [표 2-1]에 나온 운영체제라면 어떤 것이든 상관없다. 이 책을 집필하는 시점의 가장 상위 버전인 MariaDB 10.3.11을 설치하겠으니, 가능하면 독자들도 필자와 동일한 버전을 사용하는 것을 권장한다.

⚠ 앞으로 이 책에서 사용되는 웹 사이트의 링크가 변경되거나 없어졌을 수도 있다. 그러한 경우를 대비해서 책에서 사용되는 모든 파일 또는 최신 링크를 책의 사이트(http://cafe.naver.com/thisisMysql) 자료실에 등록하였다. 실습할 때 파일을 찾기 어렵거나 버전이 다르다면, 책의 사이트에 접속하면 모두 해결된다.

실습1

MariaDB 10.3을 설치하자.

step 0

먼저 컴퓨터의 OS가 x64(=64bit)인지 x86(=32bit)인지 확인하자. 제어판의 [시스템 및 보안] 〉〉 [시스템]을 클릭해서 확인하자.

⚠ Windows 10에서는 Windows의 [시작]에서 마우스 오른쪽 버튼을 클릭한 후 [시스템]을 선택해도 된다.

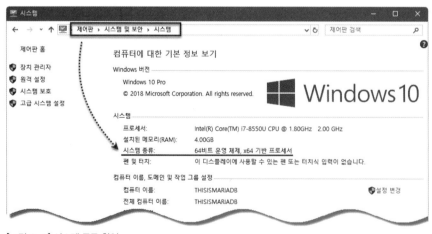

[그림 2-1] 시스템 종류 확인

MariaDB 10.3을 다운로드하자.

1-1 책과 동일한 버전을 https://downloads.mariadb.org/mariadb/10.3.11/에서 64bit용 'mariadb-10.3.11-winx64.msi(55.0 MB)'를 다운로드하자(최신 버전은 https://downloads.mariadb.org/mariadb/ 주소에서 다운로드할 수 있지만, 가능하면 책과 동일한 버전의 사용을 권장한다).

⚠ 이 책을 집필하는 시점에 MariaDB 10.4는 Preview 버전까지 출시되었다. 비록 Preview 버전이기는 하지만, 책의 대부분을 동일하게 실습할 수 있었다. 향후 MariaDB 10.4의 안정화된 Stable 버전이 나오면, 그 버전을 사용해도 책의 대부분을 동일하게 실습할 수 있을 것이다. 참고로 MariaDB 10.4는 10.3 버전의 기능을 거의 100% 수용하면서 몇 가지 기능이 향상된 것뿐이다.

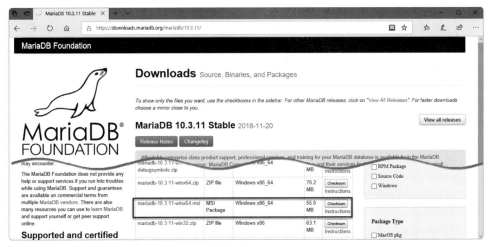

[그림 2-2] MariaDB 10.3 다운로드 1

⚠ 32bit Windows를 사용 중이라면 'mariadb-10.3.11-win32.msi(49.4 MB)' 파일을 다운로드한다. 만약, 다운로드 링크가 변경되어 다운로드에 문제가 있다면, 책의 사이트(http://cafe.naver.com/thisismysql) 자료실을 참조하자.

1-2 만약 정보 입력 창이 나오면 오른쪽 아래 〈No thanks, just take me to the download〉를 클릭하자.

[그림 2-3] MariaDB 10.3 다운로드 2

---

step 2

다운로드 받은 MariaDB를 설치하자.

2-1 다운로드한 'mariadb-10.3.11-winx64.msi'를 더블클릭해서 설치를 진행한다. 초기 화면에서 〈Next〉를 클릭한다.

[그림 2-4] MariaDB 10.3 설치 1

2-2 [End-User License Agreement]에서 〈I accept the terms in the License~~〉를 체크하고 〈Next〉를 클릭한다.

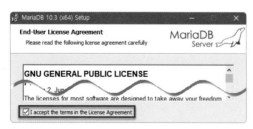

[그림 2-5] MariaDB 10.3 설치 2

2-3 [Custom Setup]은 설치 제품 및 설치될 폴더 경로를 선택할 수 있는데, 그대로 두고 〈Next〉를 클릭한다.

⚠ 만약 MariaDB 서버와 MariaDB 클라이언트를 서로 다른 컴퓨터로 할 경우에, 서버 컴퓨터에는 [MariaDB Server] 아래의 3개 항목이면 충분한다. 클라이언트 컴퓨터에는 [HeidiSQL]만 설치해도 된다.

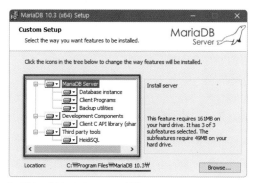

[그림 2-6] MariaDB 10.3 설치 3

2-4 [Default instance properties]에서 MariaDB의 관리자root의 비밀번호를 지정해야 한다. 쉽게 "1234"를 입력해서 지정하자. 그리고 〈Enable access from remote machines for 'root' user〉와 〈Use UTF8 as default server's character set〉도 체크하자.

⚠ MariaDB의 모든 권한이 있는 관리자의 이름은 root다. 이 관리자의 비밀번호가 유출된다면 이 컴퓨터의 중요한 정보가 모두 유출될 것이다. 그러므로 root의 비밀번호는 최소 8자 이상에 문자/숫자/기호를 섞어서 만들 것을 적극 권장한다. 지금은 학습 중이므로 잊어버릴까봐 1234로 지정한 것뿐이다. 절대 실무에서 이런 비밀번호를 사용하면 안 된다. 〈Enable access from remote machines for 'root' user〉는 외부 컴퓨터에서 root의 권한으로 접속하는 것을 허용하는 옵션이다. 꺼 두는 것이 보안상 좋지만, 우리는 학습 중이므로 편리함을 위해서 외부에서 root로 접속을 허용하는 것이다. 〈Use UTF8 as default server's character set〉은 한글이 원활하게 입력되도록 하기 위해서 선택했다.

[그림 2-7] MariaDB 10.3 설치 4

2-5 [Default instance properties]가 다시 나오고 MariaDB 서버를 Windows의 서비스로 등록하기 위한 설정을 한다. 〈Install as service〉의 Service Name은 전통적으로 사용해온 "MySQL"을 그대로 두자. 나머지도 그대로 두고 〈Next〉를 클릭한다.

⚠ MySQL의 서비스 이름은 계속 'MySQL'로 사용되어 왔다. MariaDB도 MySQL과 호환성을 유지하기 위해서 일반적으로 'MySQL'이라는 서비스 이름을 그대로 사용한다. 또한 MySQL 및 MariaDB의 포트도 기본으로 3306을 사용한다.

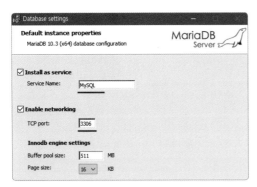

[그림 2-8] MariaDB 10.3 설치 5

2-6 관련 정보를 서버에 피드백할지 체크하는 창이 나온다. 그대로 두고 〈Next〉를 클릭한다.

[그림 2-9] MariaDB 10.3 설치 6

2-7 마지막으로 [Ready to install MariaDB 10.3(x64)]가 나온다. 〈Install〉을 클릭해서 설치를 진행한다. 〈Finish〉를 클릭해서 설정을 종료한다.

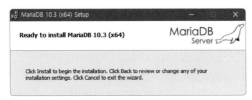

[그림 2-10] MariaDB 10.3 설치 7

2-8 잠시 설치가 진행된다.

[그림 2-11] MariaDB 10.3 설치 8

2-9 설치 완료 창이 나오면 〈Finish〉를 클릭한다. 이렇게 해서 MariaDB의 설치를 완료했다.

[그림 2-12] MariaDB 10.3 설치 9

2-10 Windows [시작] 메뉴의 [모든 앱]을 살펴보면 [MariaDB 10.3 (x64)]가 등록되어 있는 것을 확인할 수 있다.

[그림 2-13] MariaDB 메뉴

설치가 완료되었으니, 우선은 MariaDB에 접속해 보자.

3-1 Windows의 [시작] 〉〉 [모든 앱] 〉〉 [MariaDB 10.3 (x64)] 〉〉 [HeidiSQL]을 선택하자.

3-2 [HeidiSQL] 초기 화면이 나온다. 아직 MariaDB Server에 연결된 상태는 아니다. 왼쪽 아래 〈신규〉
를 클릭해서 새로운 연결을 만들자.

⚠ HeidiSQL은 MariaDB와 관련된 대부분의 작업을 GUI로 처리하고 결과를 확인할 수 있는 클라이언트 프로그램이다. 이
러한 것을 [통합 개발 환경]이라고도 부른다. 물론 HeidiSQL이 없어도 MariaDB를 텍스트 모드로 동일하게 운영할 수 있
다. 이에 대해서는 3장에서 알아보겠다.

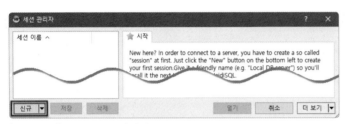

[그림 2-14] HeidiSQL 초기 화면

3-3 오른쪽에 [설정] 창이 나온다. 나머지는 그대로 두고, 설치 중에 지정했던 MariaDB의 관리자인 root
의 비밀번호인 "1234"를 입력하자. 그리고, 왼쪽 [세션 이름] 부분의 [Unnamed]에서 마우스 오른쪽 버튼
을 클릭한 후 [Rename]을 선택해서 이름을 변경하자.

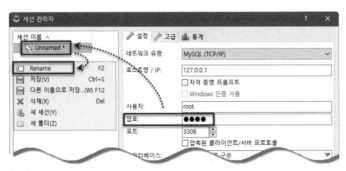

[그림 2-15] 연결 생성 1

3-4 세션 이름을 "localhost" 정도로 변경하고 〈저장〉을 클릭해서 내용을 저장한다. 그리고 〈열기〉를 클릭
해서 세션을 열자.

⚠ localhost(로컬 호스트)는 자기 자신 컴퓨터를 의미한다. IP 주소로는 127.0.0.1과 동일한 의미다.

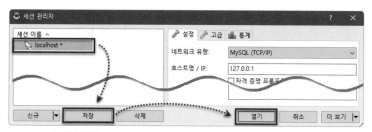

[그림 2-16] 연결 생성 2

3-5 이제는 컴퓨터에 설치된 MariaDB Server에 완전히 접속된 HeidiSQL 화면이 나온다. 여기서 대부분의 작업이 가능하다. 앞으로 이 화면으로 주로 작업을 진행하게 될 것이다.

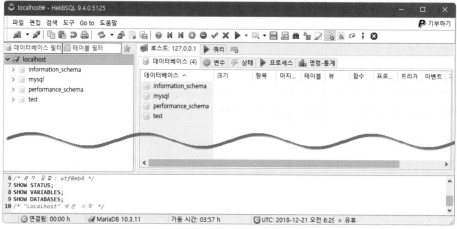

[그림 2-17] MariaDB Server에 접속된 HeidiSQL

step 4

MariaDB의 실행 파일이 있는 경로를 Path에 추가하자.

4-1 Windows의 [시작]에서 마우스 오른쪽 버튼을 클릭한 후 [Windows PowerShell(관리자)]를 선택해서 관리자 권한으로 파워셸을 실행하자. 그리고, **cmd** 명령으로 명령 프롬프트로 변경한다.

⚠ Windows 7은 [시작] >> [모든 프로그램] >> [보조 프로그램] >> [명령 프롬프트]에서 마우스 오른쪽 버튼을 클릭한 후 [관리자 권한으로 실행]을 선택하면 된다.

[그림 2-18] 명령 프롬프트 실행

4-2 다음 명령으로 Path를 추가한다(띄어쓰기 및 글자가 틀리지 않도록 주의한다).

```
SETX PATH "C:\Program Files\MariaDB 10.3\bin;%PATH%" /M
```

[그림 2-19] C:\Program Files\MariaDB 10.3\bin 폴더를 path에 추가

4-3 파워셸 창을 닫는다.

2.3 샘플 데이터베이스 설치

앞으로 실습을 진행할 때, 종종 대량의 데이터가 필요한 경우가 있다. 당연히 사용자가 학습을 위해서 수십만, 수백만 건의 데이터를 입력할 수는 없다. 그래서 employees라는 이름의 대량의 데이터베이스가 오픈소스로 종종 사용된다. 이 책에서도 종종 대량의 데이터가 필요하므로, employees 데이터베이스를 다운로드해서 설치해 놓자.

⚠ employees 데이터베이스는 MySQL 사이트에서 배포된다. 하지만, MariaDB에서도 아무 문제없이 사용할 수 있다. employees 샘플 데이터베이스에 대한 자세한 내용은 http://dev.mysql.com/doc/employee/en/에 설명되어 있다.

실습2

employees 샘플 데이터베이스를 설치하자.

step 1

먼저 관련 파일을 다운로드하자.

1-1 웹 브라우저로 책의 사이트(http://cafe.naver.com/thisismysql)의 자료실에서 '샘플 데이터베이스 (employee)'를 다운로드하자. 파일명은 'employees.zip'(약 34.9MB)이다. 그리고 압축을 풀자. 필자는

C:\employees\ 폴더에 압축을 풀었다.

⚠ employees.zip 파일은 http://launchpad.net/test-db/에서 배포하는 employees_db-full-1.0.6.tar.bz2 파일
을 MariaDB에서 잘 작동하도록 필자가 일부 수정해서 재배포하는 것이다.

[그림 2-20] 샘플 데이터베이스 파일

---

step 2

샘플 데이터베이스를 MariaDB로 가져오자.

2-1 Windows [시작]에서 마우스 오른쪽 버튼을 클릭한 후 [Windows PowerShell(관리자)]를 선택해
서 관리자 권한으로 파워셸을 실행하자. 그리고, **cmd** 명령으로 명령 프롬프트로 변경한다.

2-2 CD ₩employees 명령으로 경로를 이동한 후에, **mysql -u root -p** 명령으로 비밀번호 1234를 입력
해서 MariaDB에 접속한다.

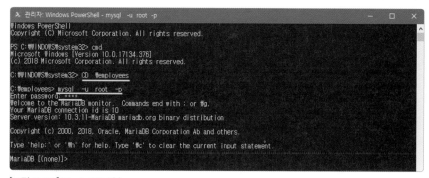

[그림 2-21] MariaDB 접속

2-3 다음 SQL문으로 샘플 데이터베이스를 MariaDB로 자동으로 가져오자. 한동안 'Query OK' 메시지와 함께 실행될 것이다.

```
source employees.sql ;
```

[그림 2-22] 샘플 데이터베이스 가져오기

2-4 다음 SQL문으로 데이터베이스를 확인해 보자. employees 데이터베이스가 보일 것이다.

```
show databases ;
```

[그림 2-23] 샘플 데이터베이스 확인

2-5 exit SQL문으로 MariaDB 접속을 종료한다. 그리고 파워셸 창도 닫는다.

2.4 설치 후에 확인할 사항

MariaDB를 설치한 바로 다음에, 확인해봐야 할 사항들이 몇 가지 있다. 우선 설치된 폴더를 확인하자. 파일 탐색기를 열어서 'C:\Program Files\MariaDB 10.3' 폴더를 보면 [그림 2-24]와 같이 되어 있을 것이다.

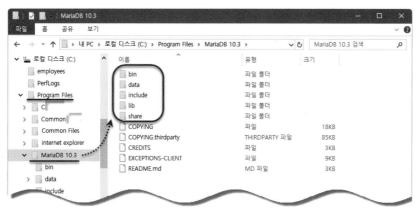

[그림 2-24] MariaDB 설치 폴더 확인

각 폴더의 역할 또는 저장된 파일은 다음과 같다.

폴더	역할
bin	MariaDB 서버 프로그램, 클라이언트 프로그램 및 유틸리티 프로그램 파일
data	데이터베이스 및 로그 파일
include	응용프로그램을 개발할 때 필요한 헤더 파일
lib	MariaDB 관련 라이브러리 파일
share	기타 지원 파일, 각 언어별 오류 메시지 파일 등

[표 2-3] MariaDB 관련 설치 폴더

특히 data 폴더는 데이터베이스 파일들과 로그 파일들이 들어 있는 중요한 폴더다. 데이터베이스는 데이터베이스 이름과 동일하게 각 폴더별로 그 내부에 파일들이 저장되어 있다. 필자의 경우에는 employees 등 4개의 데이터베이스가 저장되어 있는 것을 확인할 수 있다.

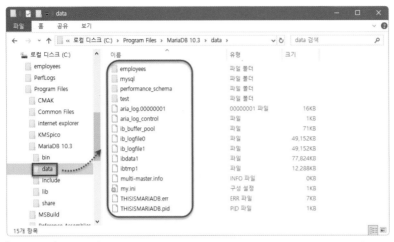

[그림 2-25] data 폴더

2.5 MariaDB 제거

MariaDB를 제거하는 방법은 다른 윈도우용 응용프로그램과 마찬가지로 제어판을 사용하면 된다.

실습3

MariaDB를 제거하는 방법을 살펴보자.

step 0

이번 실습은 굳이 하지 않아도 된다. 만약 이번 〈실습 3〉을 진행하면 다시 앞 〈실습 1〉과 〈실습 2〉를 진행
해야 한다.

step 1

조금 전에 설치한 MariaDB 관련 프로그램을 제거하자. [제어판] 〉〉 [프로그램 제거]를 실행한다.

step 2

관련 프로그램 6개를 제거하자.

2-1 'MariaDB 10.3(x64)'를 선택하고, 마우스 오른쪽 버튼을 클릭해서 〈제거/변경〉을 선택한다.

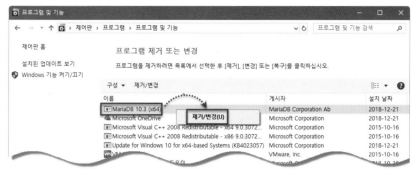

[그림 2-26] MariaDB 제거 1

2-2 [Welcome] 창이 나오면 〈Next〉를 클릭한다.

삭제하기 위해서는 〈Remove〉를 클릭해서 삭제를 진행한다.

[그림 2-27] MariaDB 제거 2

기존의 데이터베이스 파일도 모두 제거하려면 〈Remove data〉를 클릭한다.

⚠ 실무에서 운영할 경우, 데이터베이스 파일을 삭제할 때 신중하게 결정해야 한다. 삭제된 데이터베이스는 복구할 수 없다.

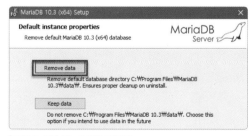

[그림 2-28] MariaDB 제거 3

step 5

마지막 화면에서 〈Remove〉를 클릭하고, [File in Use] 창이 나오면 〈OK〉를 클릭해서 삭제를 계속 진행한다.

step 6

제거가 완료되었으면 [프로그램 및 기능] 창을 종료한다.

2.6 MariaDB를 명령어로 설치하기

앞에서 기본적으로 GUI 모드로 MariaDB를 설치하는 방법을 확인해 봤다. 이번에는 앞에서 했던 설치와 달리 명령어 모드로 설치하고자 한다. 즉 명령 프롬프트만 사용해서 MariaDB를 설치해 보겠다. 이러한 방식은 실무에서 많이 사용되는 Linux/Unix 환경의 MariaDB 방식과 비슷하니 알아두면 도움이 된다.

MariaDB를 이미 앞에서 설치했으므로, 같은 컴퓨터에 다시 MariaDB를 설치하면 충돌이 나서 작동하지 않을 수 있다. 그러므로 필자는 별도의 컴퓨터에서 실습을 진행하겠다. 별도의 컴퓨터가 없는 독자는 바로 앞의 〈실습 3〉을 먼저 수행한 후, 컴퓨터를 재부팅하고 진행하면 된다.

⚠ 이번 〈실습 4〉는 반드시 해야 하는 것은 아니므로, 별도의 컴퓨터가 없다면 그냥 읽어보기만 해도 된다.

실습4

MariaDB를 명령어 모드로 설치하자.

step 0

MariaDB 압축 파일을 다운로드하자.

0-1 버전을 https://downloads.mariadb.org/mariadb/10.3.11/에서 64bit용 'mariadb-10.3.11-winx64.zip(70.2 MB)'를 다운로드하자(32bit Windows를 사용중이라면 'mariadb-10.3.11-win32.zip(63.1 MB)'를 사용하자).

[그림 2-29] MariaDB 압축 파일 다운로드

0-2 다운로드 받은 파일(mariadb-10.3.11-winx64.zip)의 압축을 풀고, 압축이 풀린 폴더를 C:\
MariaDB\ 폴더로 이름을 변경시켜 놓자. 최종적으로 다음과 같이 되어 있어야 한다.

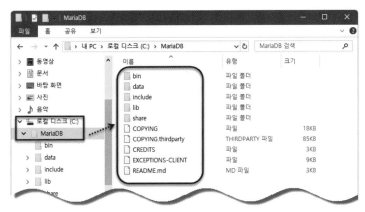

[그림 2-30] 파일 압축 풀기 및 폴더 변경

---

step 1

C:\MariaDB\bin\ 폴더를 시스템 변수의 Path에 추가하자.

1-1 Windows [시작]에서 마우스 오른쪽 버튼을 클릭한 후 [Windows PowerShell(관리자)]를 선택해
서 관리자 권한으로 파워셸을 실행하자. 그리고, **cmd** 명령으로 명령 프롬프트로 변경한다.

1-2 다음 명령으로 Path를 추가한다(띄어쓰기 및 글자가 틀리지 않도록 주의한다).

```
SETX  PATH  "C:\MariaDB\bin;%PATH%"  /M
```

1-3 명령 프롬프트 창 및 파워셸의 창을 닫는다.

MariaDB 서비스를 추가하고 실행하자.

2-1 다시 관리자 권한으로 파워셸을 실행하자. 그리고, **cmd** 명령으로 명령 프롬프트로 변경한다.

2-2 다음 명령으로 C:\MariaDB**bin** 폴더를 이동한 후, MariaDB를 초기화하자.

```
CD   C:\MariaDB\bin
mysql_install_db.exe  --datadir=C:\MariaDB\data  --service=MySQL  --password=1234
sc  start  MySQL  → 서비스 가동
```

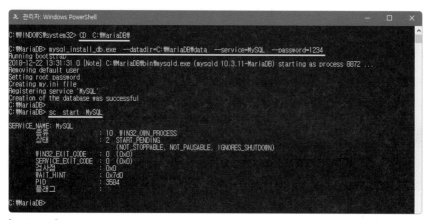

[그림 2-31] MariaDB 초기화

여기서 잠깐

☆ **mysql_install_db.exe 옵션**

mysql_install_db.exe 명령의 자주 사용되는 옵션은 다음과 같다.

옵션	설명
-?, --help	도움말 출력
-d, --datadir=폴더명	데이터베이스 파일이 저장될 폴더
-S, --service=서비스이름	등록될 Windows 서비스 이름. 서비스가 자동으로 등록된다.
-p, --password=비밀번호	root 사용자의 비밀번호
-P, --port=포트번호	포트번호 지정(생략 시 3306)
-R, --allow-remote-root-access	root 사용자가 외부 접속을 허용

step 3

MariaDB의 관리자 root 사용자로 접속해 본다.

3-1 mysql -u root 명령으로 MariaDB 서버에 접속한 후에 show databases; 명령으로 데이터베이스 목록을 확인해 본다.

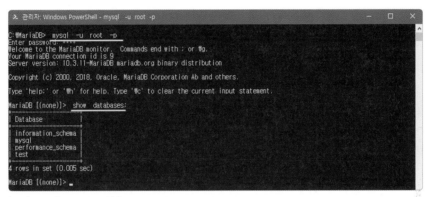

[그림 2-32] MariaDB 접속

3-2 필요하다면 이번 장의 〈실습 2〉를 참조해서 employees 샘플 데이터베이스를 설치한다. 독자가 직접 한다.

step 4

IDE 환경인 HeidiSQL을 직접 다운로드 받아서 설치하자.

4-1 https://www.heidisql.com/에서 최신 버전의 HeidiSQL의 Installer를 다운로드한다.

[그림 2-33] HeidiSQL 다운로드

4-2 다운로드 받은 파일(HeidiSQL_x.x.x.xxxx_Setup.exe)을 실행해서, 모두 기본값으로 설치한다.

4-3 설치가 완료되면 [세션 관리자]가 열린다. 이후 과정은 이번 장의 〈실습 1〉 step 3 과 동일하다. 다음은 접속된 결과 화면이다.

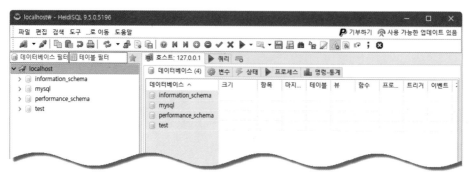

[그림 2-34] HeidiSQL 실행 후 접속된 화면

step 5

MariaDB를 제거하려면, 관리자 권한의 명령 프롬프트에서 다음 명령을 입력하면 된다.

```
sc stop MySQL  → 서비스 중지
sc delete MySQL  → 서비스 삭제
rmdir /s /q C:\MariaDB  → 폴더 삭제
```

지금 명령어로 설치한 후 MariaDB〉 프롬프트가 나온 환경은 Unix나 Linux 계열에서 주로 사용하는 환경이다. 물론 Windows 환경에서도 동일하게 사용할 수 있다.

우리가 앞으로 배우는 SQL문은 GUI를 지원하는 HeidiSQL에서 입력해도 되지만, 명령어 모드인 MariaDB〉 프롬프트에서 입력해도 대부분 동일한 결과를 얻을 수 있다.

2.7 Linux에 MariaDB 설치하기

이 책은 MariaDB 자체의 초보자를 대상으로 한다. 그래서 일반적으로 가장 쉽고 많이 사용하는 Windows 환경에서 주로 얘기를 하고 있지만, 실무에서는 Linux 환경에서 MariaDB를 더 많이 사용한다.

Linux 환경에서 MariaDB를 설치하려면 먼저 Linux 설치와 명령을 이해해야 한다. 이러한 Linux 자체에 대한 것은 이 책의 범위를 벗어나기에 다루기가 어렵다.

그래도 실무에서 필요한 환경을 구축하기 위해서 책의 제일 뒤 '부록'에 Linux에 MariaDB를 설치하는 방법을 수록했으니, 조금 어렵더라도 실무 환경에 관심이 가는 독자는 부록을 지금 수행할 것을 적극 권장한다. 설치된 Linux 환경의 MariaDB도 책의 중간중간에서 사용할 것이다.

지금까지 다양한 방법으로 MariaDB를 설치하는 방법을 완전히 마쳤으므로, 다음 장부터는 본격적으로 설치된 MariaDB를 사용해 보겠다.

MariaDB 전체 운영 실습

앞 장에서 MariaDB의 설치를 완전히 익혔을 것이다. 설치를 위해서 이것저것 설명하기는 했지만, 다른 Windows 응용프로그램과 마찬가지로 MariaDB도 설치 자체는 별로 어려울 것이 없다.

이제는 본격적으로 MariaDB에 대해서 익힐 차례다. 그런데, MariaDB를 제대로 운영하기 위해서는 최소한 이 책을 어느 정도까지는 공부해야만 가능할 것이다. 당연히 많은 시간의 학습이 필요하다.

하지만, 지금 당장 MariaDB로 데이터베이스를 구축해야 하는 독자나 단지 MariaDB를 응용프로그램에 연동하기 위한 목적으로 사용할 독자, 또는 일단 MariaDB를 무조건 사용해보고 싶은 독자라면 좀 더 빠른 학습 방법을 원할 것이다. 그래서 이번 장은 빠르게 MariaDB를 사용하고 싶은 독자를 위해서 작성하였다.

실무에서 발생하는 상황과 비슷한 설정을 하겠다. 물론, 실제 내용을 아주 간략하게 진행하게 될 것이다. 실무는 이번 장의 내용보다 훨씬 더 복잡하고, 많은 예외 상황이 발생할 것이다. 하지만, 그러한 점은 그냥 무시하고 MariaDB를 '처음으로' 실무에 적용해 보는 독자를 위해서 최대한 간략히 '단순화'시킨 프로젝트를 진행하겠다. 이번 장을 수행하고 나면 MariaDB가 좀 더 친숙하거나 쉽게 느껴질 것이다.

이번 장을 수행할 때 기존에 MariaDB를 운영해 보았거나 다른 DBMS 프로그램을 사용해본 독자라면 과장해서 표현하거나 일부 생략된 부분을 발견할 수도 있을 지도 모른다. 그러나, 이러한 과장이나 생략은 오류라기보다 '처음으로' 학습하는 독자의 이해를 돕기 위해 일부러 설정한 것이므로, 그러한 것이 보이더라도 그냥 넘어가기 바란다. 이러한 과장이나 생략의 세부 내용은 다시 각각의 장에서 상세히 살펴보게 될 것이다.

이 장의 핵심 개념

3장에서는 이 책 전체에서 배울 내용을 미리 전체적으로 학습하는 것을 목표로 한다. 3장의 핵심 개념은 다음과 같다.

1. 데이터베이스 관련 용어는 데이터, 테이블, DB, DBMS, 열 등이 있다.
2. 데이터베이스 구축 절차는 데이터베이스 생성, 테이블 생성, 데이터 입력, 데이터 조회/활용의 순서로 진행된다.
3. 테이블 외의 데이터베이스 개체로는 인덱스, 뷰, 스토어드 프로시저, 트리거, 커서 등이 있다.
4. 백업은 현재의 데이터베이스를 다른 매체에 보관하는 작업을 말하며, 복원은 다른 매체에 백업된 데이터를 이용해서 원상태로 돌려놓는 작업을 말한다.
5. MariaDB를 응용프로그램과 연동하는 것은 실무에서 많이 사용되는 방식이다.

이 장의 학습 흐름

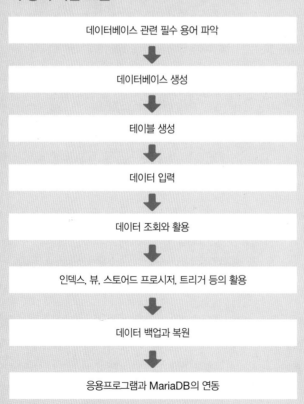

데이터베이스 관련 필수 용어 파악

⬇

데이터베이스 생성

⬇

테이블 생성

⬇

데이터 입력

⬇

데이터 조회와 활용

⬇

인덱스, 뷰, 스토어드 프로시저, 트리거 등의 활용

⬇

데이터 백업과 복원

⬇

응용프로그램과 MariaDB의 연동

3.1 요구사항 분석과 시스템 설계 그리고 모델링

3.1.1 정보시스템 구축 절차 요약

정보시스템을 구축하기 위해서는 일반적으로 분석, 설계, 구현, 시험, 유지보수의 5가지 단계를 거치게 된다.

먼저 분석 단계는 구현하고자 하는 프로젝트의 가장 첫 번째 단계로, 시스템 분석 또는 요구사항 분석이라고 부른다. 요구사항 분석은 현재 우리가 '무엇을What' 할 것인지를 결정한다. 사용자의 인터뷰와 업무 조사 등을 수행해야 하며, 프로젝트의 첫 단추를 끼우는 중요한 단계이므로 당연히 많은 시간 동안 심혈을 기울여야 한다. 또한, 분석의 결과로서 많은 문서를 작성해야 한다.

그 다음에 진행하는 것은 설계 단계다. 설계는 주로 시스템 설계 또는 프로그램 설계라는 용어로 부르는데, 우리가 구축하고자 하는 시스템을 '어떻게How' 할 것인지를 결정한다.

사실 시스템 설계가 끝나고 나면 그 결과 문서들을 프로그래머(또는 코더)에게 넘겨주기만 하면 프로그래머는 설계서에 나온 그대로 프로그램을 작성한다.

그래서 시스템 설계가 끝나면 가장 큰 작업이 끝난 것으로 간주된다. 대부분의 프로젝트에서 이 분석과 설계의 과정이 전체 공정의 50% 이상을 차지한다. 이에 대한 얘기는 4장에서 좀 더 확인해 보겠다.

3.1.2 데이터베이스 모델링과 필수 용어

분석과 설계 과정 중에서 가장 중요한 과정 중의 하나가 '데이터베이스 모델링'이다. 데이터베이스 모델링이란 현실세계에서 사용되는 데이터를 MariaDB에 어떻게 옮겨 놓을 것인지를 결정하는 과정이라고 생각하면 된다.

⚠ 실제로 데이터베이스 모델링 방법은 4장에서 실습을 통해서 배운다.

우리가 구현하고자 하는 인터넷 쇼핑몰에서는 사람(또는 회원)이 필요하다. 그렇다면 이 '사람'을 어떻게 MariaDB에 넣을 것인가? 사람의 몸을 컴퓨터에 넣을 수는 없기 때문에 사람을 나타낼 수 있는 특성(속성)들을 추출해서 그것들을 MariaDB에 넣어야 한다.

예로 어떤 사람의 신분을 증명하기 위해서는 신분증에 이름, 주민번호, 주소 등의 정보가 있는 것과 비슷한 개념이다. 또한, 우리가 판매할 제품들도 마찬가지다. 제품을 컴퓨터에 넣을 수는 없으므로 제품의 이름, 가격, 제조일자, 제조회사, 남은 수량 등을 MariaDB에 저장해야 한다.

그런데, 이러한 저장할 정보는 그냥 단편적으로 저장하는 것이 아니라 테이블^{Table}이라는 형식에 맞춰서 넣어야 한다.

지금 얘기한 사람과 제품에 대한 정보를 테이블에 구현하면 [그림 3-1]과 같다. 테이블은 [그림 3-1]과 같은 구조를 갖는다.

⚠ 지금은 [그림 3-1]의 테이블을 바로 표현했지만, 이 테이블이 나오기 위해서는 다소 복잡한 절차를 거쳐야 한다. 4장에서 다시 확인하겠다.

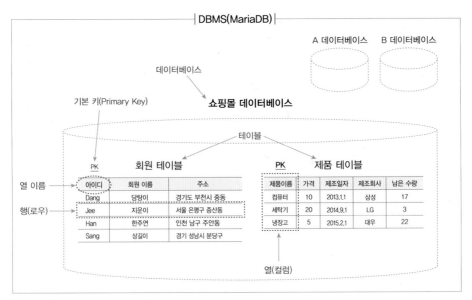

[그림 3-1] 테이블의 구조와 관련 용어

테이블 외에 몇 가지 용어가 나왔다. 이에 대해서 살펴보자. 처음 접한 독자들은 좀 어렵게 느껴질 수도 있겠지만 이 책을 공부하기 위해 우선적으로 알아야 할 내용이므로 잘 읽어보도록 하자.

- **데이터:** 당탕이, 컴퓨터, 2013.1.1과 같이 하나하나의 단편적인 정보를 뜻한다. 즉, 정보는 있으나 아직 체계화되지 못한 상태를 말한다.
- **테이블:** 회원이나 제품의 데이터를 입력하기 위해, 표 형태로 표현한 것을 말한다. 지금은 인터넷 쇼핑몰을 구현하기 위해서, 회원에 대한 정보를 보관할 회원 테이블과 제품 정보를 보관할 제품 테이블 등 두 개의 테이블을 만들었다.
- **데이터베이스(DB):** 테이블이 저장되는 저장소를 말한다. [그림 3-1]과 같이 원통 모양으로 주로 표현한다. 현재는 그림 상에 3개의 데이터베이스가 보인다. 각 데이터베이스는 서로 다른 고유한 이름을 가지고 있어야 한다. 우리가 사용하게 될(또는 만들게 될) 데이터베이스는 쇼핑몰 데이터베이스다.

- **DBMS:** DataBase Management System의 약자로 데이터베이스를 관리하는 시스템 또는 소프트웨어를 말한다. 2장에서 설치한 MariaDB가 바로 DBMS이며, [그림 3-1]에서는 DBMS가 3개의 데이터베이스를 관리하고 있다.

⚠️ DBMS나 DB에 대한 정의를 컴퓨터 학자나 다른 툴에서는 의견을 달리 하기도 한다. 학문적으로 얘기하면 자꾸 얘기가 길어질 수 있으므로, DB는 데이터(테이블)의 저장소를 말하며, DBMS는 이 DB를 관리하는 소프트웨어 정도로 이해하면 이 책을 공부하는 데 무리가 없을 것이다.

- **열(=컬럼=필드):** 각 테이블은 열로 구성된다. 회원 테이블의 경우에는 아이디, 회원 이름, 주소 등 3개의 열로 구성되어 있다.

- **열 이름:** 각 열을 구분하기 위한 이름이다. 열 이름은 각 테이블 내에서는 중복되지 않고, 고유해야 한다. 회원 테이블의 아이디, 회원 이름, 주소 등이 열 이름이다.

- **데이터 형식:** 열의 데이터 형식을 말한다. 회원 테이블의 회원 이름 열은 당연히 숫자 형식이 아닌, 문자 형식이어야 한다. 또한, 제품 테이블의 가격 열은 숫자(특히, 정수) 형식이어야 할 것이다. 가격에 "비쌈" 같은 글자가 들어가서는 안되기 때문이다. 이 데이터 형식은 테이블을 생성할 때 열 이름과 함께 지정해 줘야 한다. 잠시 후에 살펴보자.

- **행(=로우=레코드):** 실질적인 데이터를 말한다. 예로, 'Jee/지운이/서울 은평구 증산동'이 하나의 행으로 행 데이터라고도 부른다. 회원 테이블의 예로 '회원이 몇 명인지'는 '행 데이터가 몇 개 있는지'와 동일한 의미다. 이 예에서는 4건의 행 데이터, 즉 4명의 회원이 존재한다.

- **기본 키 열:** 기본 키^{Primary Key}(또는 주키) 열은 각 행을 구분하는 유일한 열을 말한다. 기본 키 열은 중복되어서는 안되며, 비어 있어서도 안 된다. 또, 각 테이블에는 기본 키가 하나만 지정되어 있어야 한다. 그림의 회원 테이블의 기본 키가 아이디 열에 지정되어 있다. 만약, 기본 키를 회원 이름 열에 지정하면 어떻게 될까? 기본 키는 각 행을 구분하는 유일한 열이라고 했는데 '지운이'라는 이름만으로 그 사람이 서울 은평구 증산동에 산다는 것을 확신할 수 있는가? 만약, '지운이'라는 이름이 또 있다면? 현실적으로 이름이 같은 사람은 언제든지 있을 수 있기 때문에, 이 회원 이름 열은 기본 키로 지정하기가 부적합하다. 그렇다면 주소 열은 어떨까? 마찬가지로 주소만 가지고 그 사람이 유일한 사람이라는 것을 알 수는 없다. 같은 집에 사는 사람이 있을 수 있기 때문이다.

마지막으로 아이디 열은 어떤가? 쇼핑몰 사이트에 가입해본 독자라면 회원 가입 시에 아이디를 만들면서 〈아이디 중복 확인〉을 클릭했던 것을 기억할 것이다. 즉, 아이디는 중복되지 않게 지정해야 하는 것이다. 또한, 쇼핑몰 사이트 회원 가입 시에 아이디를 만들지 않고 가입할 수 없다. 결국, '모든 회원이 아이디가 다르며, 또한 모든 회원은 아이디를 가지고 있는가?' 답은 'YES'이므로 이 '아이디'는 기본 키로 설정하기에 아주 적절하다. 그 외에도 회원 테이블에 주민등록번호나 E-Mail 열이 있다면 그것들 역시 중복되지 않고 비어 있지도 않으므로 기본 키로 지정이 가능하나.

- **외래 키^{Foreign Key} 필드:** 두 테이블의 관계를 맺어주는 키를 말한다. 이에 대한 내용은 그림 상에는 표현되어 있지 않다. 외래 키는 나중에 상세히 얘기하겠다.

- **SQL :** DBMS에서 무슨 작업을 하고 싶다면 어떻게 해야 할까? "어이~ MariaDB아~~ 테이블 하나 만들어 볼래?"라고 사람끼리 하는 언어로 말할 수는 없을 것이다. DBMS에 무슨 작업을 하고 싶다면 DBMS가 알아듣는 말로 해야 할 것이다. 그것이 SQL^{Structured Query Language, 구조화된 질의 언어}이다. 즉, SQL은 사람과 DBMS가 소통하기 위한 말(언어)이다. 우리는 6장, 7장에서 이 SQL 문법에 대해서 상세히 배우게 될 것이며, 이번 장에서는 꼭 필요한 간단한 내용만 먼저 사용해 보게 될 것이다.

이 외에도 앞으로 많은 새로운 용어들이 등장할 것이다. 필요한 용어는 학습을 진행하면서 그때마다 소개하겠지만, 위 용어는 기본적으로 반드시 필요한 것이므로 잘 이해해야 앞으로 학습이 무리없이 진행될 것이다.

3.2 MariaDB를 이용한 데이터베이스 구축 절차

이론적인 얘기만 하니 조금 이해가 안될 수도 있고 또, 좀 지루했을 것이다. 지금부터는 직접 [그림 3-1]에 표현된 것을 MariaDB에서 구축해 보겠다.

현재는 데이터베이스 모델링(4장에서 소개)이 완료된 상태로 가정한다. 그래서 [그림 3-1]과 같이 테이블의 구조를 결정할 수가 있었다. 모델링이 완성된 후에, 실제로 데이터베이스를 구축하는 가장 기본적인 순서는 [그림 3-2]의 순서를 따르면 된다. 이제는 각 단계들을 하나씩 직접 진행해 보자.

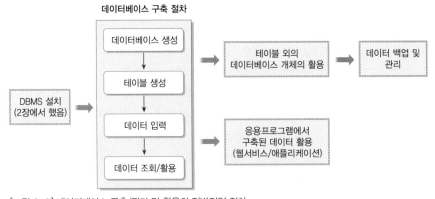

[그림 3-2] 데이터베이스 구축/관리 및 활용의 전반적인 절차

3.2.1 데이터베이스 생성

[그림 3-1]의 인터넷 쇼핑몰을 구축하기 위한 '쇼핑몰' 데이터베이스를 생성하자.

실습1

'쇼핑몰'(ShopDB) 데이터베이스를 생성해 보자.

step 0

HeidiSQL을 실행하자.

0-1 Windows의 [시작] 〉〉 [모든 앱] 〉〉 [MariaDB 10.3(x64)] 〉〉 [HeidiSQL]을 클릭해서 HeidiSQL을 실행한다.

0-2 [세션 관리자] 창이 나온다. 세션 이름 중에 2장에서 생성한 'localhost'가 선택되어 있을 것이다. 오른쪽을 보면 네트워크 유형은 'MySQL(TCP/IP)'로, 호스트명/IP는 127.0.0.1로, 사용자는 root로, 암호는 1234로, 포트는 3306으로 되어 있는 것을 확인할 수 있다. 〈열기〉를 클릭해서 MariaDB에 연결한다.

⚠ 127.0.0.1(=localhost)는 자신의 컴퓨터를 의미한다. 그리고, MariaDB 포트는 3306을 사용한다. 포트는 컴퓨터의 가상의 연결 통로 개념으로 0번부터 65535번까지 사용할 수 있다. 일반적으로 0~1023번까지는 운영체제 등에 의해서 할당되어 있고 그 이후는 응용프로그램별로 자신의 포트를 사용한다. MariaDB 및 MySQL은 기본적으로 3306번을 사용하며, Oracle은 1521번, SQL Server는 1433번을 사용한다.

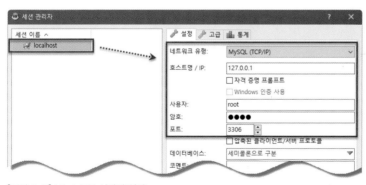

[그림 3-3] MariaDB 서버에 연결

☆ HeidiSQL 각 창의 명칭

HeidiSQL을 처음 사용하는 독자에게는 익숙하지 않은 화면이므로 미리 이 책에서 주로 사용될 이 HeidiSQL 화면을 잠깐 살펴보고 넘어가자.

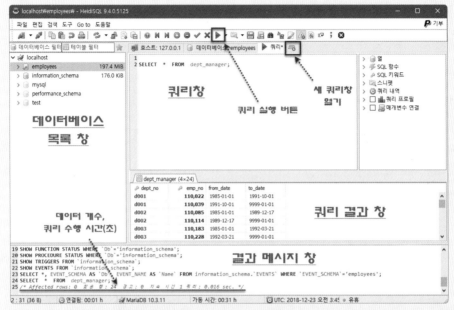

[그림 3-4] HeidiSQL 관련 용어

이 책에서 주로 사용할 것을 우선 기억해 두자.

- **쿼리 창:** 쿼리(SQL)를 직접 타이핑하는 곳으로, 이 책에서 가장 많이 사용되는 창이다.

- **쿼리 실행 버튼:** 쿼리 창에 입력된 쿼리문을 실행한다. [실행]을 선택하거나 F9 를 누르면 쿼리 창에 입력된 전체 쿼리가 실행된다. 마우스로 일부 쿼리를 선택한 후 [선택 실행]을 선택하거나 Ctrl + F9 를 누르면 선택된 부분만 실행된다. [현재 쿼리 실행]을 선택하거나 Shift + Ctrl + F9 를 누르면 키보드 커서가 있는 그 행만 실행된다.

- **쿼리 결과 창:** 쿼리 창에 SQL을 입력하고 〈쿼리 실행〉 버튼을 클릭하면 결과 목록이 출력된다. 실행 결과가 여러 개일 경우에는 탭으로 구분되어 결과가 보인다.

- **결과 메시지 창:** 쿼리가 정상 실행되거나 오류가 발생한 경우 그 결과 메시지가 나온다.

- **데이터 개수, 쿼리 수행 시간(초):** 쿼리의 수행 결과 몇 건의 데이터가 조회되었는지 개수 및 쿼리를 수행해서 결과가 나오기까지 소요된 시간(초)을 보여준다.

- **데이터베이스 목록 창**: MariaDB 내부에 존재하는 데이터베이스의 목록과 그 내부 테이블 등을 보여준다. 데이터베이스를 더블클릭하면 해당 데이터베이스가 선택되며 데이터베이스 이름 앞에 초록색의 작은 아이콘이 표시된다.

⚠ 앞으로 쿼리, 쿼리문, SQL, SQL문 등의 용어가 나오면 모두 동일한 용어라고 생각하자. 문맥에 맞게 그때마다 다양하게 사용할 것이다.

0-3 다음과 같이 HeidiSQL의 초기 창이 나타날 것이다. 중앙 상단의 [▶쿼리] 아이콘을 클릭해서 쿼리를 입력할 수 있는 창으로 준비한다. 그리고 각 창의 크기를 적절히 조절하자. 가운데 쿼리 창의 크기를 조금 크게 해 놓는 것이 좋다.

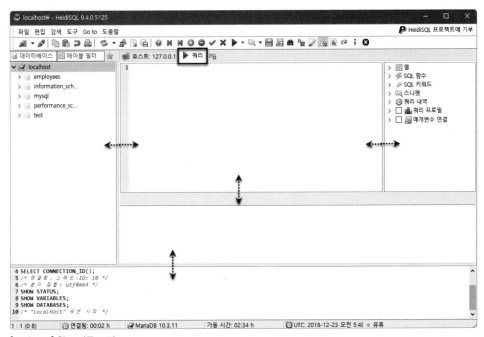

[그림 3-5] 창 크기를 조절

step 1

데이터베이스를 생성하자. [그림 3-1]의 쇼핑몰(ShopDB) 데이터베이스를 생성하자.

1-1 HeidiSQL의 왼쪽 [데이터베이스 목록] 창의 'localhost'에서 마우스 오른쪽 버튼을 클릭한 후 [새로 생성] 〉〉 [데이터베이스]를 선택한다.

[그림 3-6] 데이터베이스 생성 1

1-2 [데이터베이스 생성] 창에서 이름을 [그림 3-1]에 나온 데이터베이스 이름인 'shopdb'로 입력하면, 아래쪽 [Create 코드] 부분이 CREATE DATABASE 'shopdb'로 변경되는 것이 확인된다. 조합은 기본값인 'utf8_general_ci'로 두면 영문 및 한글 입력에 별 문제가 없다. 〈확인〉을 클릭한다.

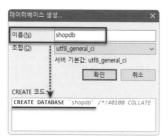

[그림 3-7] 데이터베이스 생성 2

⚠ 지금은 GUI 모드를 사용하고 있지만, 지금 마우스로 클릭하는 것과 **CREATE DATABASE 'shopdb'** 문을 쿼리 창에서 입력하는 것은 동일한 작동을 한다. 이 책에서는 앞으로 SQL문을 입력하는 방법을 주로 사용하게 될 것이다. SQL문을 입력하는 것은 Unix/Linux 등에서 완전히 호환되기 때문에 권장하는 방법이다.

1-3 왼쪽 [데이터베이스 목록] 창의 localhost 아래에 방금 생성한 shopdb가 추가된 것이 확인될 것이다.

[그림 3-8] 데이터베이스 생성 3

이렇게 해서 [그림 3-1]의 원통 모양의 쇼핑몰 데이터베이스가 생성되었다. 당연히 그 안에는 아직 아무것도 들어 있지 않다.

3.2.2 테이블 생성

[그림 3-1]과 같이 쇼핑몰 데이터베이스 안에 회원 테이블과 제품 테이블을 생성하자.

실습2

테이블을 생성하자.

step 0

테이블을 생성하기 전에 [그림 3-1]에는 나타나 있지 않는 각 열의 영문 이름 및 데이터 형식을 결정하자. 이 과정은 원래 데이터베이스 모델링(특히 물리적 모델링) 시에 결정된다.

⚠ 개체(데이터베이스, 테이블, 열 등) 이름은 영문을 사용해야 한다. 단지 행 데이터의 값(실제 데이터 내용)만 한글을 사용하자. 실무에서는 각 개체의 이름을 한글로 쓰는 경우는 거의 없으며, 만약 개체의 이름을 한글로 사용하게 되면 호환성 등 추후에 문제가 발생할 소지가 많다.

0-1 회원 테이블(memberTBL)의 데이터 형식을 다음과 같이 지정할 것이다.

열 이름(한글)	영문 이름	데이터 형식	길이	NULL 허용
아이디(Primary Key)	memberID	문자(CHAR)	8글자(영문)	X
회원 이름	memberName	문자(CHAR)	5글자(한글)	X
주소	memberAddress	문자(CHAR)	20글자(한글)	O

[표 3-1] 회원 테이블 정의

데이터 형식 및 길이에 대한 상세한 내용은 7장에서 살펴보겠다. 지금은 그냥 영문(숫자, 기호 포함)이나 한글을 입력하기 위한 데이터 형식은 CHAR 또는 VARCHAR가 있다는 정도만 기억해 두자. 참고로, 'NULL 허용'은 아무것도 입력하지 않는 것을 허용하는지 여부를 나타낸다.

0-2 제품 테이블(productTBL)의 데이터 형식을 지정할 것이다.

열 이름(한글)	영문 이름	데이터 형식	길이	NULL 허용
제품 이름(Primary Key)	productName	문자(CHAR)	4글자(한글)	X
가격	cost	숫자(INT)	정수	X
제조일자	makeDate	날짜(DATE)	날짜형	O
제조회사	company	문자(CHAR)	5글자(한글)	O
남은 수량	amount	숫자(INT)	정수	X

[표 3-2] 제품 테이블 정의

정수를 나타내는 INT와 날짜를 나타내는 DATE 형식을 추가로 사용하였다.

step 1

위 설계대로 회원 테이블(memberTBL)을 만들어 보자.

1-1 HeidiSQL의 왼쪽 [데이터베이스 목록] 창에서 [shopdb]를 더블클릭한 후, 다시 [shopdb]에서 마우스 오른쪽 버튼을 클릭하고 [새로 생성] 》 [테이블]을 선택한다.

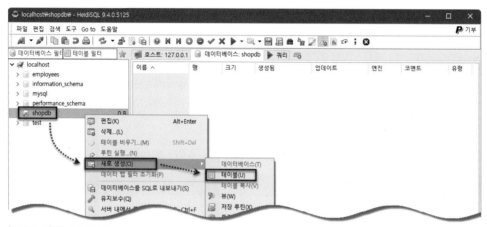

[그림 3-9] 테이블 생성 1

1-2 [표 3-1]에 나온 회원 테이블의 내용을 우선 입력한다. 테이블 이름(Table Name)에 "memberTBL"을 입력하고 〈추가〉를 클릭해서 아이디(memberID)에 대한 정보를 입력하자.

⚠ 혹시, 열의 정의를 잘못 입력했다면 해당 열을 선택한 후에 마우스 오른쪽 버튼을 클릭하고 [열 제거]를 선택하면 열 정보가 삭제된다.

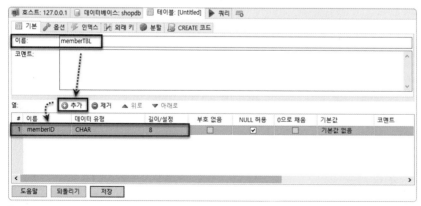

[그림 3-10] 테이블 생성 2

1-3 같은 방식으로 〈추가〉를 클릭해서 나머지 열을 입력한다. 그리고 아이디(memberID)와 회원 이름 (memberName)은 'Null 허용'의 체크를 끈다.

[그림 3-11] 테이블 생성 3

1-4 [그림 3-1]을 보면 아이디(memberID) 열을 기본 키로 설정하기로 되어 있다. 아이디(memberID) 열에서 마우스 오른쪽 버튼을 클릭한 후 [새 인덱스 생성] 〉〉 [PRIMARY]를 선택해서 기본 키로 지정한다.

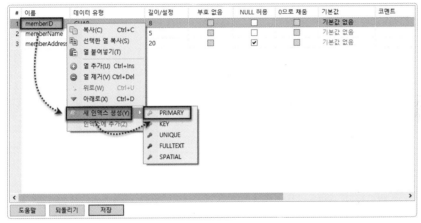

[그림 3-12] 테이블 생성 4

1-5 아래쪽 〈저장〉을 클릭해서 지금까지 설정한 내용을 저장한다.

⚠ MariaDB는 기본적으로 테이블 이름, 열 이름 등을 모두 소문자로 처리한다. 그러므로, 대문자로 입력하더라도 소문자로 변경되어서 처리된다. 하지만, 필자는 대소문자를 섞어서 쓸 것인데 이는 읽기 편하도록 하기 위함이다. 즉 memberTBL은 멤버(member)의 테이블(TBL)이라는 의미로 사용한다. 결국 memberTBL MEMBERtbl, membertbl 모두 동일하며 MariaDB 내부적으로는 membertbl로 처리된다.

#	이름	데이터 유형	길이/설정	부호 없음	NULL 허용	0으로 채움	기본값	코멘트
1	memberID	CHAR	8	☐	☐	☐	기본값 없음	
2	memberName	CHAR	5	☐	☐	☐	기본값 없음	
3	memberAddress	CHAR	20	☐	☑	☐	기본값 없음	

[그림 3-13] 테이블 생성 5

1-6 최종적으로 왼쪽 [데이터베이스 목록] 창에서 shopdb 데이터베이스에 생성된 테이블을 확인한다.

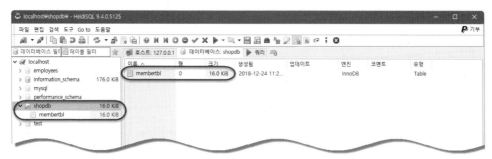

[그림 3-14] 테이블 생성 6

step 2

같은 방식으로 [표 3-2]의 제품 테이블(productTBL)을 독자가 직접 만들고 저장하자(productName을 PK로 지정해야 한다). 결과는 다음과 같다. 변경 내용을 적용시키고 테이블 생성 창을 닫는다.

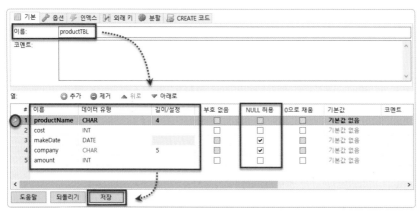

[그림 3-15] 제품 테이블 생성 완료

step 3

생성한 테이블을 확인해 보자. 왼쪽 [데이터베이스 목록] 창에서 shopDB의 '〉'를 클릭해서 확장하면, 두 개의 테이블이 생성된 것을 확인할 수 있다.

[그림 3-16] 생성된 테이블 확인

이로써 [그림 3-1]의 쇼핑몰 데이터베이스(ShopDB)의 회원 테이블과 제품 테이블의 생성이 완료되었다. 아직은 데이터가 입력되지 않았으므로 이어서 데이터를 입력하자.

3.2.3 데이터 입력

생성한 테이블에 실제 행 데이터를 입력할 차례다. [그림 3-1]의 각 테이블에 데이터를 입력하자.

실습3

행 데이터를 입력하자.

step 1

회원 테이블의 데이터를 입력하자.

1-1 왼쪽 [데이터베이스 목록] 창에서 [shopdb] 》 [memberTBL]을 더블클릭한 후, 오른쪽 창의 [데이터] 탭을 클릭한다. 그리고 빈 화면에서 마우스 오른쪽 버튼을 클릭한 후 [행 삽입]을 선택한다.

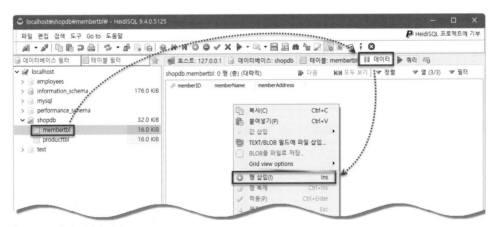

[그림 3-17] 행 데이터 입력 1

1-2 각 빈 칸을 더블클릭하면 값을 입력할 수 있다. [그림 3-1]의 데이터를 입력한다. 새로운 행을 입력하려면 마우스 오른쪽 버튼을 클릭한 후 [행 삽입]을 다시 선택하거나 [Insert]를 눌러도 된다. 행을 모두 입력했으면 적용(√) 아이콘을 클릭하거나 [Ctrl] + [Enter]를 누른다.

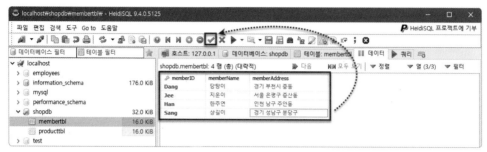

[그림 3-18] 행 데이터 입력 2

회원 테이블의 입력이 끝났다.

⚠ 만약, 중간에 데이터를 잘못 입력했다면 다음과 같이 삭제할 행의 앞부분에서, 마우스 오른쪽 버튼을 클릭하고 [선택한 행을 삭제]를 선택하면 된다.

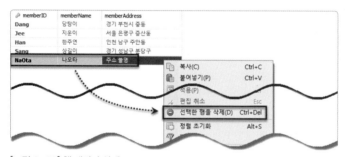

[그림 3-19] 행 데이터 삭제

<step 2>

동일한 방식으로 왼쪽 창의 제품 테이블(productTBL)을 더블클릭한 후 [그림 3-1]의 데이터를 입력한다. 입력된 결과는 다음과 같다. 적용(√) 아이콘을 클릭해서 적용시킨다.

[그림 3-20] 행 데이터 입력 3

⚠ 데이터를 입력하는 SQL은 **INSERT INTO** ⋯를, 삭제하는 SQL은 **DELETE** ⋯를 사용하면 된다. 6장에서 상세히 배운다.

step 3

입력이 모두 끝났다.

이렇게 해서 인터넷 쇼핑몰을 운영하기 위한 [그림 3-1]의 데이터베이스 구축은 기본적으로 완료된 것이다. 비록, 간단히 마쳤지만 실무에서 대용량의 데이터베이스를 구축하기 위해서도 지금 실습한 것과 흐름 자체는 동일하다. 단지, 더 복잡한 몇 가지만 더 고려하면 된다. 그 사항들은 앞으로 이 책에게 계속 나오게 될 것이다.

3.2.4 데이터 활용

입력한 데이터를 그대로 두고 활용하지 않는다면 데이터를 구축한 의미가 없을 것이다. 이제는 이렇게 입력된 데이터를 활용하는 방법을 살펴보자.

실습4

데이터를 활용한다는 것은 주로 'SELECT'문을 사용한다는 의미다. 이 SELECT는 앞으로 계속 나오게 될 것이며 특히, 6장과 7장에서 더 자세히 배우게 될 것이다.

step 0

SQL문을 직접 입력할 수 있는 쿼리 창을 하나 열자.

0-1 HeidiSQL의 왼쪽 [데이터베이스 목록] 창에서 [localhost]를 클릭한 후, 오른쪽 창의 [쿼리] 탭을 클릭한다.

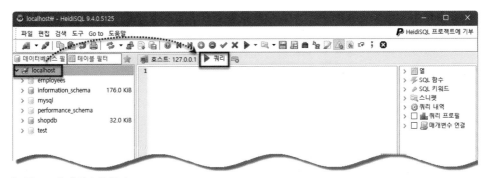

[그림 3-21] 새 쿼리 창 열기

0-2 먼저 처리할 것은 왼쪽 [데이터베이스 목록] 창에서 데이터베이스 ShopDB를 클릭하면 아이콘이 연두색으로 표시되면서 해당 데이터베이스가 선택된다. 이것은 앞으로 쿼리 창에 입력할 SQL문이 선택된 shopdb에 적용된다는 의미다. MariaDB를 처음 사용할 때 자주 실수하는 부분이므로 유의하자.

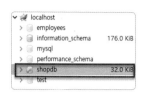

[그림 3-22] 사용할 데이터베이스 선택

step 1

몇 가지 기본적인 SELECT문을 사용해 보자.

1-1 회원 테이블의 모든 데이터를 조회해 보자.

```
SELECT * FROM memberTBL;
```

SQL의 실행 방법은 쿼리 창에 문법에 맞는 SQL을 입력한 후에, 툴바의 SQL 실행(▶) 아이콘을 클릭하거나 F9를 누르면 된다.

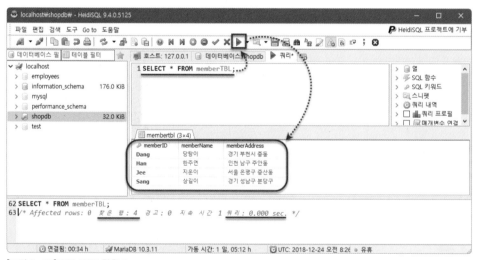

[그림 3-23] SELECT 활용 1

⚠ 만약, 입력한 SQL이 틀리지 않았음에도, 경고 창에 "SQL 오류 (1146) : Table ~~~~~ doesn't exist"라는 오류 메시지가 나온다면 [그림 3-22]와 같이 정확한 데이터베이스의 선택을 해주지 않은 경우가 대부분이다. 그러므로, 쿼리 창을 연 후에, 사용하고자 하는 데이터베이스를 먼저 선택하는 습관을 갖는 것이 좋다.

☆ IntelliSense 기능

쿼리 창에서 SQL문을 입력하면 예약어는 자동으로 파란 색깔로 표시된다. 예제로 사용한 SELECT, FROM은 이미 SQL문에서 약속된 예약어므로 파란색으로 표시되는 것이다.

또한, HeidiSQL은 IntelliSense 기능을 제공해 주는데, 이는 글자의 일부만 입력한 후 Ctrl + Space 를 누르면 그와 관련되는 글자들이 나타나는 것이다. 아래 예에서 "pro"만 입력한 후 Ctrl + Space 를 누르면 'proudctTBL' 등이 표시되고 선택된 글자에서 Enter 를 누르면 자동으로 입력된다. 잘 활용하면 입력도 빨라지고 오타도 많이 줄어드는 장점이 있다.

[그림 3-24] IntelliSense 기능

우선, SQL은 대소문자를 구분하지 않는다. 하지만 이 책에서는 독자가 읽기 편하도록 되도록 예약어를 대문자로 사용하겠다.

SELECT의 기본 형식은 **SELECT 열이름 FROM 테이블 이름 WHERE 조건** 형식을 갖는다(6장에서 계속 언급할 것이다). '*'는 모든 열을 의미한다. 그러므로, **SELECT * FROM memberTBL**문은 '회원 테이블의 모든 열을 보여줘라' 정도의 의미다. 그 결과가 아래쪽 [결과] 창에 나타나게 된다. 또한, 제일 아래 [Output] 창에는 '찾은 행'이 몇 건이고 조회하는 데 얼마의 시간(초)이 걸렸는지 표시해 준다. 이 경우에는 4건밖에 없으므로 한눈에 보이지만, 수천/수만 건일 경우에는 결과 창의 오른쪽 아래를 통해서 데이터의 건수를 확인하는 것이 더 빠르다.

마지막에 세미콜론(;)은 없어도 관계없지만, HeidiSQL이 아닌 명령어 모드로 사용할 때는 반드시 필요하기 때문에, HeidiSQL에서도 반드시 넣어주는 것으로 기억하자.

1-2 회원 테이블 중에 이름과 주소만 출력하자. 기존 SQL을 지우고 새로 입력한 후 실행하자.

```
SELECT memberName, memberAddress FROM memberTBL;
```

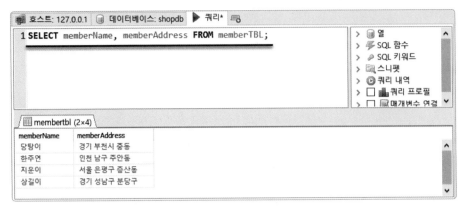

[그림 3-25] SELECT 활용 2

1-3 '지운이'에 대한 정보만 추출해 보자. 그런데, 이번에는 앞의 SQL을 지우지 말고 다음 줄에 이어서 쓴 후에 실행하자.

```
SELECT * FROM memberTBL WHERE memberName = '지운이' ;
```

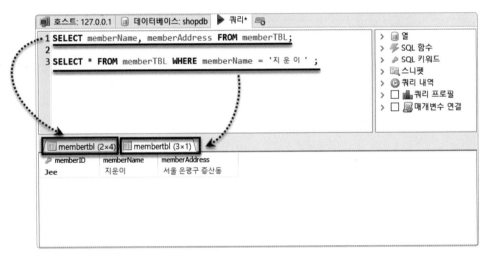

[그림 3-26] SELECT 활용 3

그런데, 위 결과를 보니 좀 이상하다. 지금 우리가 실행하려고 했던 SQL은 두 번째 줄의 **SELECT * FROM memberTBL WHERE memberName = '지운이'**문에 대한 결과만을 원했는데, 결과 창을 자세히 보니 탭으로 구분되어서 위에 써있는 **SELECT memberName, memberAddress FROM memberTBL**문의 결과까지 동시에 실행된 두 개의 결과가 나왔다.

이는 쿼리 창에서 실행했을 때, 그 쿼리 창에 있는 모든 SQL문을 수행하기 때문이다. 필자는 지금 SELECT

만 있고 몇 줄 안되므로 별 문제가 없지만, 데이터를 변경하는 SQL을 사용하거나 또, 코드가 길어진다면 데이터에 문제를 발생시킬 수 있으므로 주의해야 한다. 바로 이어서 이를 방지하는 방법을 살펴보자.

1-4 이번에는 실행할 두 번째 쿼리 부분만을 마우스로 드래그해서 선택한 후에 툴바의 SQL 실행(▶) 아이콘 오른쪽의 작은 ▼ 모양을 클릭한 후 [선택 실행]을 선택해서 실행하자. 또는 Ctrl + F9 를 눌러도 된다.

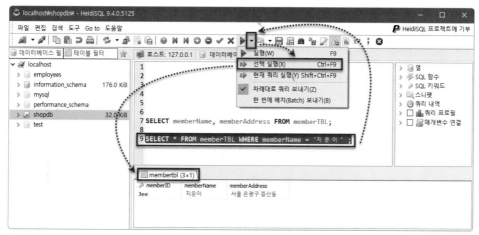

[그림 3-27] SELECT 활용 4

선택된 부분만 실행되기 때문에 하나의 결과 탭만 나왔다. 앞으로는 기존에 사용한 SQL을 지우지 말고, 실행하고자 하는 SQL만 마우스로 드래그해서 선택한 후에 실행하는 방법을 사용하자.

다시 SQL문을 살펴보자. WHERE절을 사용하면 조건을 지정할 수 있다. 지금은 회원 이름(memberName)이 '지운이'인 회원의 모든 열을 보고자 하는 SQL이다.

`step 2`

SQL문으로 새로운 테이블을 하나 더 생성하자.

2-1 기존 SQL문은 모두 지우고, 다음의 간단한 테이블을 생성하는 SQL을 실행하자(주의할 점은 키보드 제일 왼쪽 위의 백틱(backtick) 키다).

```
CREATE TABLE `my testTBL` (id INT);
```

이 구문은 테이블을 생성해 주는 SQL이다. 그런데, 테이블 이름에 띄어쓰기가 허용된 점에 주목하자.

⚠ 중간에 공백(space)이 있는 개체의 이름을 사용할 때는 백틱(backtick, ' ')으로 묶어줘야 하나의 이름으로 인식한다. 그리고, '--'(하이픈 연속 2개)가 앞에 붙으면 그 줄은 모두 주석[Remark] 처리가 되어서 그 줄은 MariaDB가 무시한다. 주의할 점은 -- 뒤에 공백이 하나 있어야 한다. 붙여서 쓸 경우에 주석으로 인식하지 않을 수 있다.

2-2 그런데 왼쪽 [데이터베이스 목록] 창을 살펴보면, 방금 생성한 'my testTBL'이 보이지 않는다.

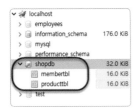

[그림 3-28] [데이터베이스 목록] 창에는 적용이 안 됨

이유는 쿼리 창에서 CREATE문으로 개체를 생성하면, 왼쪽 창에 자동으로 적용되지 않는다.

2-3 그러므로, 테이블 등을 쿼리 창에서 SQL문으로 생성한 후에 왼쪽 창에서 바로 확인하고 싶다면 다음과 같이 해당 개체 그룹을 선택한 후에 마우스 오른쪽 버튼을 클릭하고 [새로 고침]을 선택하거나 F5를 눌러야 한다.

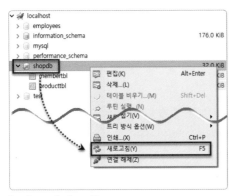

[그림 3-29] 새로 고침

처음 MariaDB를 사용할 때 자주 실수하는 부분이므로 이것도 잊지 말자. 즉, 개체가 있어야 하는데 보이지 않는다면 먼저 왼쪽 [데이터베이스 목록] 창에서 [새로 고침]을 해준 후에 확인하자.

`step 3`

테이블을 삭제해 보자. my TestTBL을 삭제하자. DROP TABLE문을 사용하면 된다. 또는 왼쪽 [데이터베이스 목록] 창에서 해당 테이블을 선택한 후 마우스 오른쪽 버튼을 클릭하고 [Drop Table]을 선택해도 된다.

```
DROP TABLE `my testTBL` ; -- 백틱 사용
```

삭제 후에도 마찬가지로 왼쪽 [데이터베이스 목록] 창에서 [새로 고침]을 해야 한다.

어떤가? 이 정도면 할 만하지 않은가? 좀 과장해서 얘기하면 이 정도면 데이터베이스의 대부분을 한 것이나 마찬가지다. 실무에서도 이보다 많은 테이블과 많은 열이 존재하고 행 데이터의 양이 꽤 많을 뿐 지금 우리가 한 것과 데이터베이스를 구축하는 것은 별반 차이가 없다.

비유를 하자면, 이 정도면 독자는 물에 빠져 죽지는 않을 정도의 수영 실력은 갖춘 셈이다. 이제부터는 좀 더 멋지고 빠른 수영을 하는 방법을 배우게 될 것이다. 그리고 실내 수영장이 아닌 바다나 강가에서 수영하는 법도 배우게 될 것이다. 궁극적으로 어느 상황이든 훌륭한 수영선수(데이터베이스 개발자 또는 관리자)가 되는 것이 앞으로의 남은 과제다.

3.3 테이블 외의 데이터베이스 개체의 활용

[그림 3-1]에는 데이터베이스 안에 '테이블'만 표현되어 있다. 테이블은 데이터베이스의 가장 기본적이고 중요한 개체임에는 확실하지만, 테이블만을 가지고 실무에서 데이터베이스를 운영하지는 않는다. 비유하자면 자동차(=데이터베이스)에서 가장 중요한 것을 '엔진(=테이블)'으로 본다면, 엔진 외에도 바퀴, 운전대, 기어, 사이드 미러 등도 있어야만 실제 자동차의 운행이 가능한 것과 마찬가지다.

테이블 외에 다른 중요한 데이터베이스 개체로는 인덱스, 스토어드 프로시저, 트리거, 함수, 커서 등이 있다. 이들에 대해서는 앞으로 각 장에서 상세히 살펴보게 될 것이며, 지금은 그 중 몇 가지에 대해서 우선 간단히 살펴보자.

3.3.1 인덱스

인덱스Index는 9장에서 상세히 배우게 될 것이다. 지금은 인덱스가 무엇인지 개념만 파악해 보자.

인덱스란 대부분의 책의 제일 뒤에 붙어 있는 '찾아보기'(또는 색인)와 같은 개념이다(이 책의 제일 뒷부분에 '찾아보기'를 생각하면 된다). 즉, 책의 내용 중에서 특정 단어를 찾고자 할 때, 책의 첫 페이지부터 마지막까지 한 페이지씩 전부를 찾아보는 것보다는 책 뒤의 '찾아보기'를 찾아보고 '찾아보기'에 나와 있는 페이지로 바로 찾아가는 것이 훨씬 빠를 것이다.

지금 우리가 실습하는 데이터들은 양이 몇 건 되지 않으므로 이 인덱스가 있든 없든 별 문제기 되지 않지만, 실무에서 사용되는 많게는 수천만~수억 건 이상의 데이터에서 인덱스가 없이 전체 데이터를 찾아본다는 것은 MariaDB 입장에서는 엄청나게 부담스러운(=시간이 오래 걸리는) 일이 될 것이다. 실제로 실무에서도 이 인덱스를 잘 활용하지 못해서 시스템의 성능이 전체적으로 느린 경우가 아주 흔하게 있다.

☼ 데이터베이스 튜닝

데이터베이스 튜닝^{Tuning}이란 데이터베이스 성능을 향상시키거나 응답하는 시간을 단축시키는 것을 말한다. 특히 쿼리에 대한 응답을 줄이기 위해서 가장 집중적으로 보는 부분 중 하나가 이 '인덱스' 부분이다. 즉, 인덱스를 적절히 활용하고 있느냐에 따라서 시스템의 성능이 몇 배, 심하게는 몇 십 배 이상 차이가 날 수가 있다.

인덱스는 테이블의 열 단위에 생성된다(물론, 복합 인덱스도 있지만 지금은 그냥 하나의 열에 하나의 인덱스를 생성할 수 있다고 생각하자). 아직 별도의 인덱스를 생성한 적이 없지만, 우리도 모르게 이미 회원 테이블(memberTBL)의 아이디(memberID)에는 이미 인덱스가 생성되어 있다. 열을 기본 키로 설정하면 자동으로 인덱스가 생성되기 때문이다.

지금 우리는 작은 데이터를 가지고 실습하고 있기 때문에 인덱스가 있든 없든 쿼리에 대한 응답 속도는 몇 초도 되지 않을 것이다. 예로 **SELECT * FROM productTBL WHERE productName = '세탁기'** 문을 실행하면, 전체 제품이 현재 [그림 3-1]에 3개만 들어 있으므로 그 3개를 읽어서 '세탁기'에 해당하는 행을 가져오게 된다. 그런데, 만약 제품이 100만 개라면 100만 행을 읽어서 그 중에서 해당하는 1개 행을 가져오게 된다. 이는 MariaDB의 입장에서는 엄청나게 부하가 많이 걸리는 일을 한 것이다. 이렇게 되면, 결과가 나오기는 하겠지만 그 결과를 보기 위해서 MariaDB가 매번 하드디스크를 '긁어대는' 소리를 내며 한참 동안 읽는 것을 꾹 참고 기다려야 할 것이다. 이를 해결하기 위한 것이 바로 '인덱스'다.

⚠ 지금은 하드디스크보다는 SSD를 주로 사용하기에 예전보다는 응답 속도가 훨씬 빨라졌지만, 100만 건을 읽는다면 SSD를 사용해도 시간이 한참 걸릴 것이다.

실습5

인덱스를 간단히 사용해 보자.

step 0

인덱스의 사용 여부를 확인하기 위해서는 데이터 양이 어느 정도 있어야 의미가 있다. 적정량이 있는 테이블을 우선 생성하자.

0-1 HeidiSQL을 종료하고 다시 HeidiSQL을 실행해서 localhost에 접속하자. 그리고, 왼쪽 [데이터베이스 목록] 창에서 shopdb를 클릭해서 현재 데이터베이스를 ShopDB로 변경한 후, 중앙 위쪽의 [쿼리] 탭을 클릭해서 SQL을 입력할 준비를 하자.

⚠ 앞으로 HeidiSQL을 종료하거나 새로운 쿼리 창을 닫을 때, 다음과 같이 저장하겠냐는 메시지 창이 나오면 〈아니오〉를 클릭한다. 특별한 경우가 아니라면 이 책에서 입력한 쿼리를 저장할 일은 별로 없다.

[그림 3-30] 쿼리 내용을 저장하지 않음

여기서 잠깐

☼ **하나의 쿼리만 실행하기**

이미 언급했으나 쿼리 창에 여러 개의 쿼리가 있을 경우에, 실행하고자 하는 쿼리를 마우스로 드래그해서 선택한 후 Ctrl + F9를 눌러 실행해야 하나의 쿼리만 실행된다. 또는 툴바의 SQL 실행(▶) 아이콘 오른쪽의 작은 ▼ 모양의 클릭한 후 [선택 실행]을 선택해서 실행해도 된다.

다른 방법으로 쿼리를 선택하지 말고 커서만 해당 줄에 가져다 놓은 후에, Shift + Ctrl + F9를 누르면 현재 커서가 있는 하나의 쿼리만 실행된다. 또는 툴바의 SQL 실행(▶) 아이콘 오른쪽의 작은 ▼ 모양을 클릭한 후 [현재 쿼리 실행]을 선택해서 실행해도 된다.

처음 HeidiSQl을 사용할 경우에 자주 실수하는 부분이므로 다시 언급했다.

0-2 다음 쿼리를 실행해서 500건의 데이터가 있는 indexTBL을 생성하자(다음 쿼리의 내용은 6장에서 살펴볼 것이고, 지금은 그냥 샘플DB인 employees에서 대량의 데이터를 복사해서 indexTBL을 생성한다는 정도로만 알면 된다).

```
CREATE TABLE indexTBL (first_name varchar(14), last_name varchar(16) , hire_date
date);
INSERT INTO indexTBL
        SELECT first_name, last_name, hire_date
        FROM employees.employees
        LIMIT 500;
SELECT * FROM indexTBL;
```

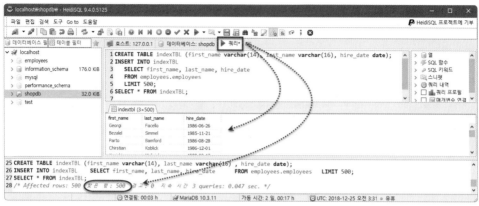

[그림 3-31] indexTBL의 생성 및 확인

step 1

먼저 인덱스가 없는 상태에서 쿼리가 어떻게 작동하는지를 확인하자.

1-1 indexTBL의 이름 중에서 'Mary'인 사람을 조회해 보자. 1명이 조회될 것이다.

    SELECT * FROM indexTBL WHERE first_name = 'Mary';

1-2 앞 쿼리에 EXPLAIN문을 붙여서 다시 실행해 보자.

    EXPLAIN SELECT * FROM indexTBL WHERE first_name = 'Mary';

EXPLAIN은 쿼리문이 실행될 때 어떤 방식으로 실행되는지 '실행 계획Execution Plan'의 내용을 보여준다. 이에 대한 상세한 사항은 나중에 다시 언급할 것이다.

[그림 3-32] 인덱스 생성 전의 실행 계획 확인

실행 계획의 내용에 대한 상세한 사항은 나중에 다시 언급할 것이다. 지금은 type 부분인 'ALL'이라는 것에 주목하자. 이 ALL의 뜻은 인덱스를 사용하지 않고, 테이블 전체를 검색Scan했다는 뜻이다. 즉, 500건을 모두 읽어서 1개의 결과를 찾아냈다고 생각하면 된다. 현재는 인덱스가 없으니, 당연히 테이블의 전체 내용을 검색해서 찾을 수밖에 없을 것이다.

☆ **전체 테이블 검색**

예를 들어 현재 이 책의 제일 뒤의 찾아보기가 없다고 (= 인덱스가 없다고) 가정하고, 책의 내용 중에서 'trigger'와 관련된 내용을 찾아야 한다면 어떻게 해야 할까? 당연히 책의 처음부터 끝까지 전체를 뒤져봐야 (= 테이블 전체를 검색해야) 한다. 이것이 ALL의 의미인 'Full Table Scan' 이다. 즉, 전체 테이블의 모든 행 데이터를 다 읽어보는 것을 말한다. 지금은 데이터 건수가 겨우 500건밖에 되지 않지만, 대량의 데이터(수십만~수억 건)가 들어 있었다면 많은 시간 및 시스템에 과부하를 초래했을 것이다.

---

step 2

다음 SQL을 실행해서 테이블(indexTBL)의 이름(first_name)열에 인덱스를 생성해 보자.

```
CREATE INDEX idx_indexTBL_firstname ON indexTBL(first_name);
```

⚠ SELECT문의 경우에는 성공적으로 실행되면, 아래 결과 창에 해당 데이터가 보인다. 하지만, CREATE문의 경우에는 새로운 개체를 생성하는 것이므로 아래 [출력] 창에 '/* Affected rows: ~~~~ */' 메시지가 나오면 대개는 오류없이 잘 진행된 것이다.

이제 인덱스 이름 idx_indexTBL_firstname은 indexTBL 테이블의 first_name열에 생성된 색인이 된다. 사실 인덱스 이름은 별로 중요하지 않지만, 지금처럼 이름만으로 어느 테이블의 어느 열에 설정된 인덱스인지를 알 수 있도록 지정해 주는 것이 좋다(idx는 InDeX의 약자를 의미한다).

2-1 다시 **1-1**에서 조회했던 것과 동일한 내용을 다시 조회해 보자. 1건이 나올 것이다. 인덱스가 있든 없든 그 결과값은 차이가 없다.

```
SELECT * FROM indexTBL WHERE first_name = 'Mary';
```

2-2 다시 앞 쿼리에 EXPLAIN문을 붙여서 실행해 보자.

```
EXPLAIN SELECT * FROM indexTBL WHERE first_name = 'Mary';
```

이제 그 내부적인 작동은 인덱스를 만들기 전과 지금 인덱스를 만든 후에는 큰 차이가 있다.

id	select_type	table	type	possible_keys	key	key_len	ref	rows	Extra
1	SIMPLE	indexTBL	ref	idx_indexTBL_firstname	idx_indexTBL_firstname	45	const	1	Using index condition

[그림 3-33] 인덱스 생성 후의 실행 계획 확인

나머지는 9장에서 상세히 살펴보도록 하고, type이 'ref'인 것에 주목하자. 이는 인덱스를 사용해서 결과를 찾아냈다는 의미다. 그래서 possible_keys 및 key에 인덱스 이름인 idx_indexTBL_firstname이 나타나 있다.

결론적으로, 인덱스를 생성하기 전인 **1-1**에서의 쿼리는 이 책의 제일 뒤의 찾아보기가 없는 상태에서 trigger 단어를 검색하는 것(즉, 책의 전체 페이지를 찾아본 것)과 같고, 인덱스를 생성한 후인 **2-1**에서의 쿼리는 이 책 뒤의 찾아보기가 있는 상태에서 찾아보기에서 먼저 trigger 단어를 찾아 본 후에, 그곳에 써 있는 페이지를 바로 펴서 검색한 것과 같은 의미다.

즉, **2-1**에서의 결과는 **1-1**에 비해서 엄청나게 적은 수고를 통해서 결과를 얻었다.

그러므로, 인덱스를 생성한 후에 조회하는 것이 데이터의 양에 따라서 심하게는 몇 십 배 이상 빠를 수도 있다(지금은 데이터 양이 겨우 500건밖에 되지 않으므로 독자가 체감으로는 별로 느끼지 못했을 것이다).

실무에서는 지금의 실습과 같이 필요한 열에는 꼭 인덱스를 생성해 줘야 한다. 하지만, 인덱스는 잘 사용하면 좋은 '약'이 되지만, 잘못 사용하거나 함부로 남용한다면 '독'이 될 수 있으므로 세심한 주의가 필요하다. 그러한 내용은 9장에서 살펴보겠다.

3.3.2 뷰

뷰^{View}란 가상의 테이블이라고 생각하면 된다(그래서, 뷰를 '뷰 테이블'이라고도 부르지만 엄밀히 말하면 정확한 말은 아니다). 즉, 사용자의 입장에서는 테이블과 동일하게 보이지만, 뷰는 실제 행 데이터를 가지고 있지 않다. 그 실체는 없는 것이며, 진짜 테이블에 링크^{Link}된 개념이라고 생각하면 된다. 그래서 뷰를 SELECT하면 결국 진짜 테이블의 데이터를 조회하는 것과 동일한 결과가 되는 것이다.

예를 들면, 기존에 구축된 쇼핑몰을 운영하다가 회원의 주소를 대량으로 변경해주는 작업이 필요하다고 가정해 보자. 그래서, 새로운 아르바이트생을 고용해서 회원의 다른 정보는 그대로 두고 '주소'만 변경하는 일을 시키려 한다. 그런데, 만약 이 아르바이트생에게 회원 테이블(memberTBL)을 사용할 권한을 준다면, 회원의 주소 외에 주민등록번호, 전화번호, 결혼 여부 등의 중요한 개인 정보를 열람하게 된다. 그럴 경우 고의든 실수든 개인 정보 유출이라는 심각한 상황이 발생될 수도 있다.

⚠ 우리는 테이블을 간단히 만들기 위해서 실제 회원 테이블에 주민등록번호 등의 열은 생성하지 않았지만, 실제 상황이라면 당연히 회원 테이블에 더 많은 열을 생성해야 할 것이다.

이럴 때, 두 가지 방법을 생각해 낼 수 있다. 하나는 회원의 주민등록번호 등의 중요한 정보를 뺀 아이디와 주소만 있는 테이블을 다시 생성한 후에 데이터를 다시 입력하는 것이다. 당연히 이미 있는 데이터를 다시 입력하는 소모적인 작업이 될 것이며, 더 큰 문제는 동일한 데이터가 두 테이블에 존

재하게 되는 것이다. 즉, 아이디 'Dang'의 주소가 이미 회원 테이블에 존재하는데 새로 만든 테이블
에도 존재하게 되어서, 나중에는 중복된 주소가 서로 다르다면 어느 주소가 정확한 주소인지를 알아
낼 수 없는 심각한 문제가 발생할 소지가 있다.

이러한 문제를 해결하기 위해 뷰를 사용할 수가 있다. 아이디와 주소만 있는 뷰를 생성하면 된다. 뷰
는 실체가 있는 것이 아니라, 회원 테이블의 링크 개념이므로 실제 데이터는 회원 테이블에만 존재
하기 때문에 데이터의 중복이 발생되지 않는다. 또한, 아르바이트생은 뷰에만 접근 권한을 줘서 회
원들의 주민번호는 아예 볼 수가 없다. 즉, [그림 3-34]와 같은 구조가 된다.

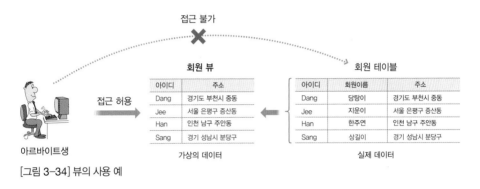

[그림 3-34] 뷰의 사용 예

실습6

기본적인 뷰의 사용법을 실습하자.

step 0

HeidiSQL을 종료하고 다시 HeidiSQL을 실행해서 localhost에 접속하자. 그리고, 왼쪽 [데이터베이스 목
록] 창에서 shopdb를 클릭해서 현재 데이터베이스를 ShopDB로 변경한 후, 중앙 위쪽의 [쿼리] 탭을 클릭
해서 SQL을 입력할 준비를 하자.

[그림 3-35] 현재 데이터베이스 선택

회원 이름과 주소만 존재하는 뷰를 생성하자. 뷰 이름은 uv_memberTBL로 주자.

⚠ uv_를 붙이는 것은 User View를 의미하는데, 그냥 View를 의미하는 v_를 붙이기도 한다.

```
CREATE VIEW uv_memberTBL
AS
    SELECT memberName, memberAddress FROM memberTBL ;
```

눈치가 빠른 독자는 이미 알아챘겠지만, 뷰의 실체는 SELECT문이다. 우리가 뷰(uv_memberTBL)를 접근하게 되면 뷰 생성 시에 입력한 SELECT문이 그때 작동하는 것이다.

아르바이트생이 뷰(uv_memberTBL)를 조회해 보자. 아르바이트생은 이게 뷰인지 테이블인지 알 필요도 없이 그냥 다른 테이블과 동일하게 사용하면 된다.

```
SELECT * FROM uv_memberTBL ;
```

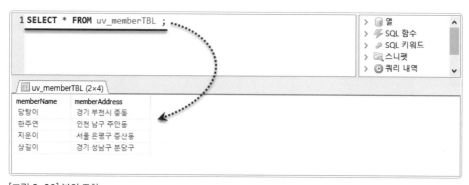

[그림 3-36] 뷰의 조회

이제부터는 안심하고 아르바이트생에게 주소변경 작업을 맡기면 된다.

뷰에 대해서 완전히 이해가 가지 않아도 걱정하지 말자. 뷰에 대한 상세한 내용은 8장에서 다룬다.

3.3.3 스토어드 프로시저

스토어드 프로시저Stored Procedure란 MariaDB에서 제공해주는 프로그래밍 기능을 말한다. 즉, SQL문을 하나로 묶어서 편리하게 사용하는 기능이다. 물론, SQL을 묶는 개념 외에 다른 프로그래밍 언어와 같은 기능을 담당할 수도 있다. 실무에서는 SQL문(주로 SELECT)을 매번 하나하나 수행하기보다는 스토어드 프로시저로 만들어 놓은 후에 스토어드 프로시저를 호출하는 방식을 많이 사용한다. 직접 실습을 통해서 이해하자.

실습7

간단한 스토어드 프로시저를 실습하자.

매번 회원 테이블 '당탕이'의 정보와 제품 테이블의 '냉장고'의 정보를 동시에 조회한다고 가정하자.

step 0

현재 데이터베이스가 ShopDB인지 확인한다.

step 1

지금까지 배운 SQL문으로는 다음과 같이 동시에 수행하게 될 것이다.

```
SELECT * FROM memberTBL WHERE memberName = '당탕이';
SELECT * FROM productTBL WHERE productName = '냉장고';
```

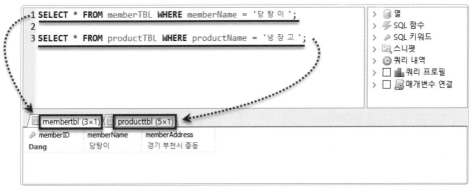

[그림 3-37] 여러 테이블의 조회

매번 이 두 줄의 긴(?) SQL을 입력해야 한다면 상당히 불편할 것이며, 오타나 SQL의 문법을 잊어버려서 틀릴 소지도 다분하다(물론 실제로는 두 줄이 아닌 몇 백 줄이더라도 동일한 얘기다).

이 두 쿼리를 하나의 스토어드 프로시저로 만들자.

2-1 myProc()라는 이름의 스토어드 프로시저를 만들자.

⚠ DELIMITER는 '구분 문자'를 의미한다. 뒤에 //가 나오면 기존의 세미콜론(;)을 //로 대신한다는 의미다. 이는 CREATE PROCEDURE ~~ END까지를 하나의 단락으로 묶어주는 효과를 갖는다는 정도로 기억하자. 그리고, 다시 제일 마지막 행에서 세미콜론(;)으로 돌려놓아야 한다. 7장에서 다시 언급하겠다.

```
DELIMITER //
CREATE PROCEDURE myProc()
BEGIN
    SELECT * FROM memberTBL WHERE memberName = '당탕이' ;
    SELECT * FROM productTBL WHERE productName = '냉장고' ;
END //
DELIMITER ;
```

2-2 앞으로는 방금 생성한 스토어드 프로시저를 실행하기만 하면 된다. 스토어드 프로시저는 'CALL 스토어드 프로시저_이름()'으로 실행하면 된다.

```
CALL myProc() ;
```

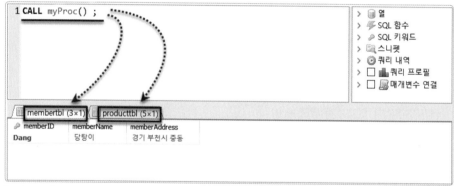

[그림 3-38] 스토어드 프로시저 실행

☆ **CREATE문**

지금까지 사용해 왔듯이 데이터베이스 개체를 만들기 위해서는 **CREATE 개체종류 개체이름 ~~** 형식을 사용했다. 즉, **CREATE TABLE 테이블_이름 ~~**, **CREATE VIEW 뷰_이름 ~~**, **CREATE PROCEDURE 스토어드프로시저_이름( ) ~~**과 같이 사용하면 된다.

반대로 데이터베이스 개체를 삭제하기 위해서는 간단히 **DROP 개체종류 개체이름**으로 간단히 사용하면 된다.

예로, 실습에서 생성한 스토어드 프로시저를 삭제하려면 **DROP PROCEDURE myProc**라고만 간단히 사용하면 된다.

스토어드 프로시저는 실무에서 많이 사용되는 개체다. 상세한 내용은 10장에서 살펴보겠다.

3.3.4 트리거

트리거Trigger란 테이블에 부착되어서, 테이블에 INSERT나 UPDATE 또는 DELETE 작업이 발생되면 실행되는 코드를 말한다. 다른 개체에 비해서 개념이 조금 어려워서 처음에는 잘 이해가 안 될 수도 있다. 트리거의 상세한 내용은 10장에서 다시 알아보고, 지금은 간단한 사례를 통해서 트리거의 용도를 확인하자.

예를 들어, 이번에는 '당탕이'가 가입했던 회원에서 탈퇴하는 경우를 생각하자. 회원에서 탈퇴하면 간단히 회원 테이블(memberTBL)에서 당탕이의 정보를 삭제하면 된다(즉, 당탕이의 행 데이터를 지우면 된다). 그런데, 나중에 회원에서 탈퇴한 사람이 누구 누구인지 정보를 어떻게 알 수 있을까? 원칙적으로 당탕이는 이미 데이터베이스에 존재하지 않기 때문에 알 수 있는 방법이 없다.

그래서, 당탕이의 행 데이터를 삭제하기 전에 그 내용을 다른 곳에 먼저 복사해 놓으면 된다. 그런데, 이것을 매번 수작업으로 할 경우에, 지우기 전에 다른 곳에 복사해 놓아야 한다는 것을 깜박 잊는다면 이것 또한 충분히 믿을 수가 없을 것이다.

그래서, 회원 테이블(memberTBL)에 삭제 작업이 일어날 경우에 삭제되기 전에 미리 다른 곳에 삭제될 데이터를 '자동으로' 저장해주는 기능이 있다면 그런 실수를 하지 않게 될 것이다. 즉, 사용자는 더 이상 행 데이터를 삭제하기 전에 다른 곳에 저장을 해야 하는 업무직 부담에서 벗어나게 될 뿐 아니라, 삭제된 모든 사용자는 완벽하게 별도의 곳에 저장되어 있을 것이다.

이것이 트리거의 대표적인 용도다.

가장 일반적으로 사용되는 트리거의 용도를 실습해 보자.

step 0

먼저 데이터를 입력하고 수정하고 삭제하는 SQL문을 연습해보자. 〈실습 3〉과 같이 HeidiSQL의 GUI 화면에서도 가능하지만, 실무적으로는 지금 배울 SQL을 훨씬 많이 사용하게 될 것이다. 먼저, 쿼리 창의 내용을 모두 지우고 왼쪽 [데이터베이스 목록] 창의 선택된 데이터베이스가 ShopDB인지 확인한다.

0-1 회원 테이블에 새로운 회원 'Figure/연아/경기도 군포시 당정동'을 새로 입력하자.

```
INSERT INTO memberTBL VALUES ('Figure', '연아', '경기도 군포시 당정동');
```

별로 어려울 것은 없다. **SELECT * FROM memberTBL**문으로 데이터가 잘 입력되었는지 확인하자.

0-2 이번에는 이름이 '연아'인 회원의 주소를 '서울 강남구 역삼동'으로 변경시켜 보자.

```
UPDATE memberTBL SET memberAddress = '서울 강남구 역삼동' WHERE memberName = '연아';
```

SELECT * FROM memberTBL문으로 데이터가 잘 변경되었는지 확인해 보자.

0-3 '연아'가 회원탈퇴했다고 생각하고, 회원 테이블에서 삭제해 보자.

```
DELETE FROM memberTBL WHERE memberName = '연아';
```

SELECT * FROM memberTBL문으로 데이터가 잘 삭제되었는지 확인해 보자. 그런데, '연아'가 예전에 회원이었다는 정보는 그 어디에도 기록되어 있지 않다. 혹시라도 '연아'가 나중에 이 쇼핑몰의 회원이었다는 증명을 요구한다면 그걸 증명해 줄 방법이 없다.

step 1

위와 같은 사례를 방지하기 위해서 회원 테이블에서 행 데이터를 삭제할 경우에 다른 테이블에 지워진 데이터와 더불어 지워진 날짜까지 기록해 보자.

1-0 먼저, 지워진 데이터를 보관할 테이블(deletedMemberTBL)을 만들자. 이번에는 SQL로 만들어 보자(테이블을 생성하는 상세한 내용은 8장에서 배운다).

```
CREATE TABLE deletedMemberTBL (
        memberID char(8) ,
        memberName char(5) ,
        memberAddress  char(20),
        deletedDate date  -- 삭제한 날짜
);
```

1-1 회원 테이블(memberTBL)에 DELETE 작업이 일어나면 백업 테이블(deletedMemberTBL)에 지워진 데이터가 기록되는 트리거를 생성하자.

```
DELIMITER //
CREATE TRIGGER trg_deletedMemberTBL  -- 트리거 이름
        AFTER DELETE -- 삭제 후에 작동하게 지정
        ON memberTBL -- 트리거를 부착할 테이블
        FOR EACH ROW -- 각 행마다 적용시킴
BEGIN
        -- OLD 테이블의 내용을 백업 테이블에 삽입
        INSERT INTO deletedMemberTBL
                VALUES (OLD.memberID, OLD.memberName, OLD.memberAddress, CURDATE() );
END //
DELIMITER ;
```

문법이 좀 어렵다. 세부 내용은 10장에서 배우고, 지금부터는 memberTBL에 삭제delete 작업이 일어나면 삭제된 행이 deletedMemberTBL에 저장된다고만 알면 된다.

---

step 2

회원 테이블의 데이터를 삭제해 보고 삭제된 데이터가 백업 테이블에 들어가는지 확인하자.

2-0 먼저 회원 테이블에 데이터가 4건 들어 있는지 확인하자. 아마도 4건의 데이터가 보일 것이다.

```
SELECT * FROM memberTBL;
```

2-1 이 중에서 '당탕이'를 삭제해 보자.

```
DELETE FROM memberTBL WHERE memberName = '당탕이';
```

[출력] 창에 Affected rows가 1로 나왔을 것이다. 1개 행이 지워졌다는 의미다.

2-2 회원 테이블에는 삭제되었는지 확인해 보자. 잘 삭제되었다면 3건만 남았을 것이다.

```
SELECT * FROM memberTBL;
```

membertbl (3×3)		
🔑 memberID	memberName	memberAddress
Han	한주연	인천 남구 주안동
Jee	지운이	서울 은평구 증산동
Sang	상길이	경기 성남구 분당구

[그림 3-39] 데이터가 삭제된 것을 확인

2-3 이번에는 백업 테이블을 확인해 보자.

```
SELECT * FROM deletedMemberTBL;
```

deletedmembertbl (4×1)			
memberID	memberName	memberAddress	deletedDate
Dang	당탕이	경기 부천시 중동	2018-12-25

[그림 3-40] 삭제된 데이터가 백업 테이블에 들어가 있음

회원 테이블(memberTBL)에서 삭제된 행이 트리거에 의해서 자동으로 백업 테이블(deletedMember TBL)에 들어가 있는 것을 확인할 수 있다. 더불어서 deletedMemberTBL 테이블에는 삭제된 날짜 (deletedDate)까지 자동으로 입력되어 있다.

2-4 HeidiSQL을 종료한다.

이 정도면 트리거를 사용하는 기본적인 용도는 파악했을 것이다.

지금 다룬 것 외에도 데이터베이스 개체에는 커서, 스토어드 함수 등이 더 있다. 이 내용들은 각 장에서 확인하겠다.

3.4 데이터베이스 백업 및 관리

백업Backup은 데이터베이스 관리 측면에서 가장 중요한 주제 중 한 가지다. 간단한 시나리오를 통해서 백업의 필요성을 확인하자.

3.4.1 백업과 복원

백업은 현재의 데이터베이스를 다른 매체에 보관하는 작업을 말하며, 복원Restore은 데이터베이스에 문제가 발생했을 때 다른 매체에 백업된 데이터를 이용해서 원상태로 돌려놓는 작업을 말한다.

단적으로 얘기해서 DBA DataBase Administrator: 데이터베이스 관리자가 해야 할 가장 중요한 일을 꼭 한 가지만 뽑으라면, 이 백업과 복원을 들 수 있겠다. 하드디스크가 깨져서 중요한 데이터를 잃어버린 경험을 해본 독자라면 백업의 필요성을 느낄 것이다. 하물며, 회사의 중요정보가 보관되어 있는 서버의 디스크가 깨졌을 때 그 내용을 모두 잃어버린다면… 생각만 해도 끔찍하다.

실습9

HeidiSQL에서 제공하는 기능으로 간단한 백업과 복원을 실습하자.

쇼핑몰 데이터베이스를 백업 받은 후에, 실수로 데이터를 모두 삭제했을 경우에 원상태로 복원시켜 보자.

step 0

실제로 백업을 받는다면, 현재의 데이터베이스가 저장된 디스크에 백업을 받는다는 것은 별 의미가 없다. 디스크가 깨진다면, 어차피 백업을 받은 것까지 다 날아가기 때문이다. 그러므로, 백업은 다른 디스크에 백업을 받아야만 의미가 있다.

0-1 독자는 테이프 장치나 별도의 디스크를 준비하기가 어려울 것이므로, 그냥 파일 탐색기에서 'C:\DB백업\' 폴더를 만들어서 이 폴더를 다른 디스크라고 가정하자.

[그림 3-41] 백업용 폴더 생성

0-2 HeidiSQL을 실행해서 localhost에 접속하자. 그리고, 왼쪽 [데이터베이스 목록] 창에서 localhost를 클릭한 후, 중앙 위쪽의 [쿼리] 탭을 클릭해서 SQL을 입력할 준비를 하자.

0-3 현재의 데이터를 확인해 본다.

```
USE ShopDB;
SELECT * FROM productTBL;
```

계속 실습을 따라서 진행한 독자는 3개의 데이터가 보일 것이다. 몇 개이든 관계없다. 단지 개수만 기억하자.

쇼핑몰 데이터베이스(ShopDB)를 백업하자.

1-1 HeidiSQL의 왼쪽 [데이터베이스 목록] 창에서 shopdb를 선택하고 마우스 오른쪽 버튼을 클릭한 후,
[데이터베이스를 SQL로 내보내기]를 선택한다.

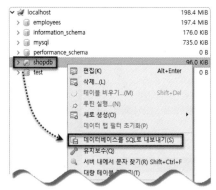

[그림 3-42] 데이터베이스 백업 1

1-2 [테이블 도구] 창에서 데이터베이스, 테이블 부분의 '삭제' 및 '생성'을 모두 체크한다. 또 데이터 부분을
'삽입'으로 변경하고, 파일명에는 "C:\DB백업\ShopDB.sql"을 써준다. 이는 ShopDB의 테이블 구조 및
데이터를 모두 내보내기 위한 설정이다. 〈내보내기〉를 클릭한다.

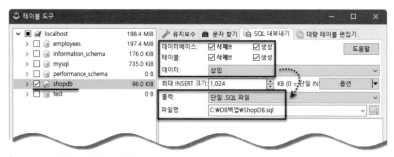

[그림 3-43] 데이터베이스 백업 2

1-3 모든 데이터가 백업된 것이 확인되었으면, 〈닫기〉를 클릭해 창을 닫는다.

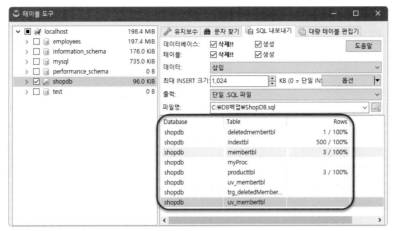

[그림 3-44] 데이터베이스 백업 3

step 2

파일 탐색기로 C:\DB백업\ 폴더를 확인하면 백업된 파일(ShopDB.sql)을 확인할 수 있다.

⚠ 백업한 *.sql 파일은 텍스트 파일로 메모장에서 열어볼 수도 있다. 이 파일을 열어보면 테이블 생성, 데이터 입력 등 앞에서 작업한 내용들이 조금 복잡한 코드로 적혀져 있는 것을 확인할 수 있다.

[그림 3-45] 백업된 파일 확인

step 3

큰 사고를 발생시키자. productTBL의 모든 데이터를 삭제하자.

⚠ DELETE문을 실행할 때 WHERE절이 없으면 모든 데이터가 제거된다. 그래서 HeidiSQL에서 경고 메시지가 나온다. 이 와 관련해서는 6장에서 다시 설명하겠다.

```
DELETE FROM productTBL;
```

큰 사고다. 삭제가 완료된 후에는 데이터를 살릴 방도는 없다. 당연히 다음의 SQL은 아무런 데이터를 보여줄 수 없을 것이다(0건의 데이터가 조회된다).

```
SELECT * FROM productTBL;
```

step 4

백업 받은 데이터를 복원Restore시켜서, 실수로 삭제된 productTBL을 원상 복구시키자.

4-1 사용중인 DB를 복원하면 문제가 생길 수도 있으므로, 우선 현재 데이터베이스를 ShopDB에서 다른 DB로 변경해야 한다.

```
USE mysql; -- 일단 다른 DB를 선택함
```

mysql 외에 다른 데이터베이스를 현재 데이터베이스로 선택해도 관계는 없다.

4-2 HeidiSQL 메뉴 [파일] 〉〉 [SQL 파일 불러오기]를 선택하고, 앞에서 백업한 C:\DB백업\ShopDB. sql 파일을 선택한 후 〈열기〉를 클릭한다.

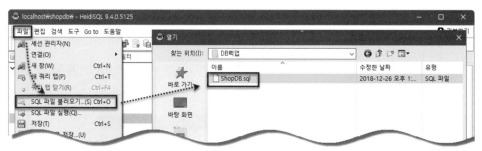

[그림 3-46] 데이터베이스 복원 1

4-3 SQL 실행 아이콘을 클릭하거나 F9를 누르면 ShopDB.sql의 쿼리가 한 번에 실행된다. 경고가 발생했다는 메시지가 나와도 무시하고 〈확인〉을 클릭한다.

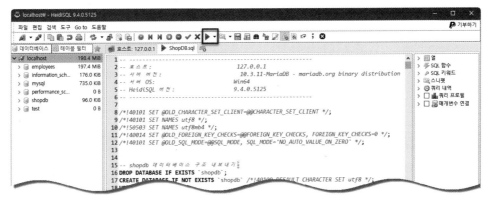

[그림 3-47] 데이터베이스 복원 2

---

step 5

데이터가 잘 복원되었는지 확인한다.

5-1 HeidiSQL을 종료한 후, 다시 실행해서 localhost에 접속하자. 그리고, 왼쪽 [데이터베이스 목록] 창에서 localhost를 클릭한 후, 중앙 위쪽의 [쿼리] 탭을 클릭해서 SQL을 입력할 준비를 하자.

5-2 앞에서 삭제한 테이블의 데이터를 확인하자.

```
USE ShopDB;
SELECT * FROM productTBL;
```

원래대로 3개의 데이터가 조회될 것이다. 이로써 데이터의 복구가 완전히 성공했다.

백업과 복원에 대한 간단한 실습을 했다. 지금은 HeidiSQL의 기능을 이용해서 모든 데이터는 SQL문으로 내보내기한 후에 다시 SQL문을 실행하는 방법을 사용했다. 이 기능은 내부적으로 mysqldump.exe과 mysql.exe 명령어 툴을 사용한다.

백업과 복원은 훨씬 중요한 얘기가 더 많고, 실무에서는 다양한 경우가 발생할 수 있다. MariaDB 10.1 버전부터 제공하는 Mariabackup 유틸리티는 더 많은 고급 백업/복원 기능이 제공된다. 이 툴을 사용하면 실시간으로 변경되는 내용들도 백업되는 기업 환경의 백업 기능이 제공된다. Mariabackup에 대한 더 상세한 내용은 이 책의 범위를 벗어나기에 더 다루지 않겠지만, Mariabackup에 대한 자세한 내용을 알고 싶다면 https://mariadb.com/kb/en/library/mariabackup/을 참조하자.

3.5 MariaDB와 응용프로그램의 연결

이 책은 데이터베이스 자체에 대한 것이므로 다른 응용프로그램(PHP, C#, Java 등)과는 주제가 다르기는 하지만, 이번에는 앞에서 구축한 쇼핑몰 데이터베이스가 응용프로그램과 연계되어 사용하는 방법을 간단히 살펴보자.

여기서 잠깐

☼ MariaDB와 응용프로그램의 연동

지금 응용프로그램과 MariaDB의 연동에 관련된 것은 실무에서 어떻게 활용되는지에 대해 감(?)을 잡기 위해 아주 간략한 내용으로 살펴보는 것이다. 실무에서는 MariaDB와 PHP의 연동이 많이 사용되는데, 이는 PHP 문법을 어느 정도 배워야만 사용이 가능하다. 이에 대해서는 책의 후반부인 4부에서 PHP 문법을 익힌 후에 상세히 학습해 보겠다. 지금은 별도의 코딩 없이 MariaDB를 응용프로그램과 연동하는 간단한 방법을 사용해 보는 것으로 하자.

웹 서비스를 하기 위한 방법은 ASP.NET, JSP, PHP 등 다양한 기술이 있다. 우리는 무료 프로그램인 Microsoft Visual Studio Community를 사용해서 웹과 데이터베이스가 연동되는 것을 실습하자.

실습10

MariaDB에서 구축한 쇼핑몰 데이터베이스를 웹에서 서비스하자.

`step 1`

개발툴로 사용할 Microsoft Visual Studio Community 설치 파일을 다운로드하자.

1-1 웹 브라우저로 https://visualstudio.microsoft.com/ko/downloads/에서 Visual Studio Community를 다운로드하자.

⚠ Visual Studio는 무료와 유료로 나뉘는데 지금 사용하는 Visual Studio Community는 무료로 사용할 수 있다. 이 책에서는 Visual Studio Community 2017 버전을 사용하지만, 향후 버전이 올라가도 비슷하게 사용이 가능할 것이다. 만약, 사용법이 책과 달라서 작동이 안된다면 책의 사이트(http://cafe.naver.com/thisisMysql)에서 책과 동일한 2017 버전을 다운로드해서 사용하자.

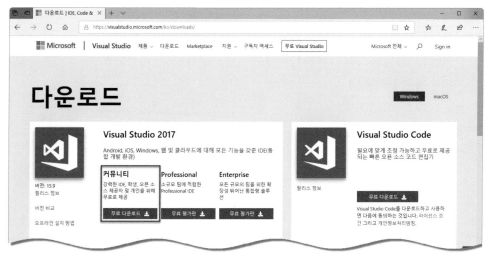

[그림 3-48] Visual Studio Community 다운로드

1-2 다운로드한 파일을 실행해서 [Visual Studio Installer] 창이 나오면 〈계속〉을 클릭한다. 잠시 필요한
파일을 다운로드할 것이다.

1-3 [설치 중] 화면이 나오면 'ASP.NET 및 웹 개발' 부분만 체크하고 〈설치〉를 클릭해서 설치를 진행한다.

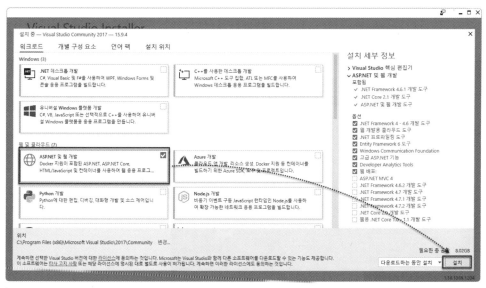

[그림 3-49] Visual Studio Community 설치 1

1-4 한동안 다운로드 및 설치가 진행된다. '설치 후 시작'은 체크를 끄자. 컴퓨터 성능에 따라서 몇 십 분이 걸릴 수도 있다.

[그림 3-50] Visual Studio Community 설치 2

1-5 설치가 완료되면 오른쪽 위 〈x〉를 클릭해서 닫는다.

[그림 3-51] Visual Studio Community 설치 3

1-6 Windows의 [시작] 버튼을 클릭해 [모든 프로그램] 〉〉 [Visual Studio 2017]을 클릭해서 실행하자.

[그림 3-52] Visual Studio Community 실행 1

1-7 Visual Studio 시작 화면에서 〈나중에 로그인〉을 클릭한다.

[그림 3-53] Visual Studio Community 실행 2

1-8 [친숙한 환경에서 시작] 화면에서 기본으로 두고 〈Visual Studio 시작〉을 클릭한다.

1-9 잠시 동안 사용 준비를 한 후, 처음으로 Visual Studio 화면이 나올 것이다. 시작 화면을 확인했으면 Visual Studio를 종료하자.

[그림 3-54] Visual Studio Community 실행 화면

step 2

MariaDB와 응용프로그램을 연결해주는 Connector/ODBC를 설치하자.

2-1 https://downloads.mariadb.com/Connectors/odbc/connector-odbc-3.0.7/이나 책의 자료실(http://cafe.naver.com/thisimysql)에서 32bit용 MariaDB connector/ODBC 3.0을 다운로드하자. 파일명은 mariadb-connector-odbc-3.0.7-win32.msi (3.98 MB)다(64bit용은 잘 작동하지 않을 수 있으니 꼭 32bit용을 다운로드한다).

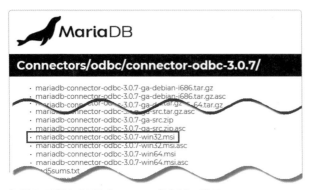

[그림 3-55] MariaDB Connector/ODBC 다운로드

2-2 다운로드한 파일(mariadb-connector-odbc-3.0.7-win32.msi)을 실행해서 설치를 진행한다. 초기 화면에서 〈Next〉를 클릭한다.

[그림 3-56] MariaDB Connector/ODBC 설치

2-3 [End-User License Agreement] 창에서 'I accept the terms ~~~'을 선택해서 동의하고 〈Next〉를 클릭한다.

2-4 [Choose Setup Type]에서 〈Typical〉을 클릭한다.

2-5 [Ready to Install MariaDB ODBC Driver]에서 〈Install〉을 클릭해서 설치를 진행한다. 설치가 완료되면 〈Finish〉를 클릭해서 설치를 마친다.

---

step 3

응용프로그램과 MariaDB와 연결되도록 ODBC를 설정하자.

3-0 MariaDB Connector/ODBC를 설치한다고 별도의 응용프로그램이 설치되는 것은 아니며, Windows ODBC에서 MariaDB에 연결되는 기능이 추가된 개념이다.

3-1 Windows의 [시작] 〉〉 [Windows 시스템] 〉〉 [제어판]을 실행한 후, [시스템 및 보안] 〉〉 [관리도구] 〉〉 [ODBC 데이터 원본(32bit)]를 실행한다.

3-2 [ODBC 데이터 원본 관리자(32비트)]가 나오면 [시스템 DSN] 탭을 클릭하고, 〈추가〉 버튼을 클릭한다.

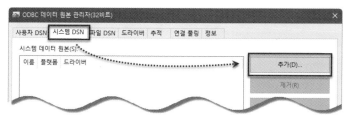

[그림 3-57] ODBC 설정 1

3-3 [새 데이터 원본 만들기]에서는 [MariaDB ODBC 3.0 Driver]를 선택하고, 〈마침〉 버튼을 클릭한다.

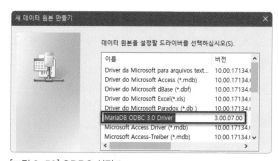

[그림 3-58] ODBC 설정 2

3-4 [Create a new Data Source to MariaDB] 창이 나온다. [Name]은 적당한 이름을 지어주면 된다. 필자는 MariaODBC라고 지었다. [Description]은 생략하고 〈Next〉를 클릭한다.

[그림 3-59] ODBC 설정 3

3-5 [TCP/IP]가 선택된 상태에서 [Server Name]은 MariaDB 서버가 설치되어 있는 자신의 컴퓨터를 의미하는 127.0.0.1을 적어준다. [User name]과 [Password]는 MariaDB 서버에서 생성해준 사용자 이름과 비밀번호를 적어준다(필자는 root/1234로 만들었었다). 〈Test DSN〉을 클릭하면 접속이 성공했다는 메시지 창이 나온다. 그리고 [Database]에서 드롭 박스 메뉴를 확장해서 [shopdb]를 선택하면 된다. 〈Next〉를 클릭한다.

[그림 3-60] ODBC 설정 4

3-6 이후 창에서는 별도로 설정할 내용이 없으므로 계속 〈Next〉를 클릭하고, 마지막 창에서 〈Finish〉를 클릭한다.

3-7 시스템 DSN으로 MariaODBC가 만들어진 것을 확인할 수 있다. 〈확인〉을 클릭해서 창을 닫는다.

[그림 3-61] ODBC 설정 5

이제는 Windows의 어떤 응용프로그램이든, ODBC와 접속이 된다면 MariaODBC를 통해서 MariaDB 서버로 접속할 수 있다.

---

step 4

ASP.NET 웹 응용프로그램을 작성하자.

4-0 다시 Visual Studio 2017을 실행한다.

4-1 메뉴의 [파일] 〉〉 [새로 만들기] 〉〉 [프로젝트]를 클릭한 후, [Visual C#] 〉〉 [웹] 〉〉 [이전 버전]에서 'ASP.NET 빈 웹 사이트'를 선택하고 〈확인〉을 클릭한다.

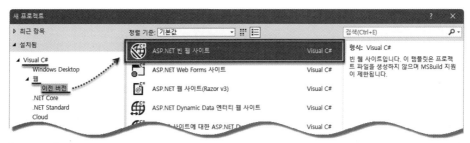

[그림 3-62] Microsoft Visual Studio의 웹 사이트 구축 1

잠시 후에 자동으로 빈 웹 사이트가 구성될 것이다.

4-2 오른쪽 솔루션 탐색기에서 지구 모양 아이콘의 'WebSite1(1)'에서 마우스 오른쪽 버튼을 클릭하고
[추가] 〉〉 [Web Form]을 선택해서 이름은 'Default' 그대로 두고 〈확인〉을 클릭한다.

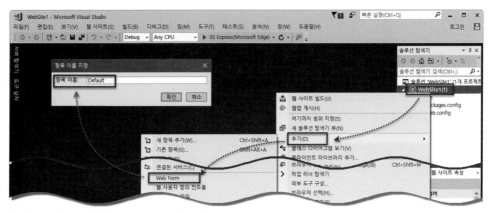

[그림 3-63] Microsoft Visual Studio의 웹 사이트 구축 2

4-3 왼쪽 아래의 [디자인]을 클릭해서 디자인 모드로 변경하고 [도구 상자]를 클릭해서 확장한 후, [데이터]
부분의 [SqlDataSource]를 더블클릭하거나 드래그해서 우측의 빈 디자인 창에 가져다 놓는다.

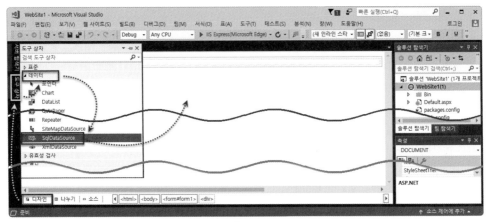

[그림 3-64] Microsoft Visual Studio의 웹 사이트 구축 3

4-4 디자인 창의 'SqlDataSource' 오른쪽의 [데이터 소스 구성]을 클릭한다(보이지 않으면 '>'를 클릭한다).

[그림 3-65] Microsoft Visual Studio의 웹 사이트 구축 4

4-5 [데이터 연결 선택]에서 〈새 연결〉 버튼을 클릭하고 'Microsoft ODBC 데이터 소스'를 선택한 후, 〈계속〉 버튼을 클릭한다.

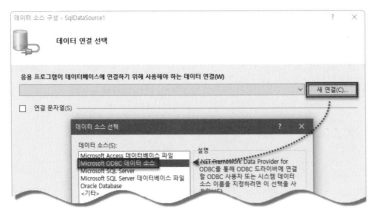

[그림 3-66] Microsoft Visual Studio의 웹 사이트 구축 5

4-6 [연결 추가] 창에서 '사용자 또는 시스템 데이터 소스 이름 사용'을 앞에서 설정한 MariaODBC로 선택하고 사용자 이름에 "root", 암호에 "1234"를 입력한 후 〈연결 테스트〉를 클릭한다. 연결에 성공하면 〈확인〉을 연속 클릭해 창을 닫는다.

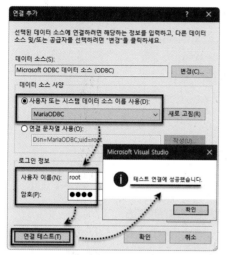

[그림 3-67] Microsoft Visual Studio의 웹 사이트 구축 6

4-7 다시 [데이터 연결 선택]이 나오면 〈다음〉을 클릭한다.

[그림 3-68] Microsoft Visual Studio의 웹 사이트 구축 7

4-8 [응용 프로그램 구성 파일에 연결 문자열 저장]에서도 기본값으로 두고, 〈다음〉을 클릭한다(연결 문자열 이름은 ConnectionString으로 자동 저장된다).

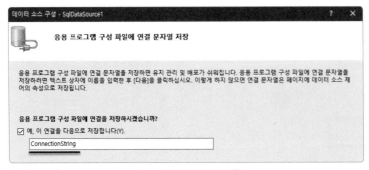

[그림 3-69] Microsoft Visual Studio의 웹 사이트 구축 8

4-9 [Select 문 구성]에서는 '사용자 지정 SQL문 또는 저장 프로시저 지정'을 선택하고 〈다음〉을 클릭한다.

[그림 3-70] Microsoft Visual Studio의 웹 사이트 구축 9

4-10 [사용자 지정 문 또는 저장 프로시저 정의]에서 **SELECT * FROM memberTBL**문을 입력하고 〈다음〉을 클릭한다.

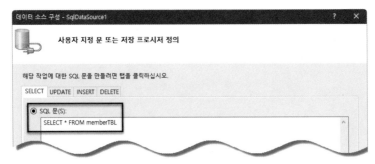

[그림 3-71] Microsoft Visual Studio의 웹 사이트 구축 10

4-11 [쿼리 테스트] 창에서 〈쿼리 테스트〉 버튼을 클릭해서 쿼리가 정상적으로 실행되는지 확인한 후에 〈마침〉을 클릭해 창을 닫는다.

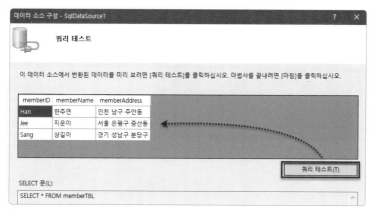

[그림 3-72] Microsoft Visual Studio의 웹 사이트 구축 11

이 상태가 Visual Studio를 통해 DB 서버의 '회원 테이블'까지 접근한 구성이 완성된 것이다.

4-12 다시 왼쪽 [도구 상자]를 클릭하고 '데이터' 부분의 'ListView'를 더블클릭한다.

4-13 데이터 소스 선택을 'SqlDataSource1'을 선택한 후 'ListView 구성'을 클릭한다(ListView 작업 부분이 안보이면 '>'를 클릭해서 확장한다).

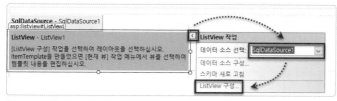

[그림 3-73] Microsoft Visual Studio의 웹 사이트 구축 12

4-14 [ListView 구성] 창에서 적절한 레이아웃을 설정하고, 〈확인〉 버튼을 클릭한다(보이는 모양을 선택하는 것이므로 무엇을 하든 별 관계없다).

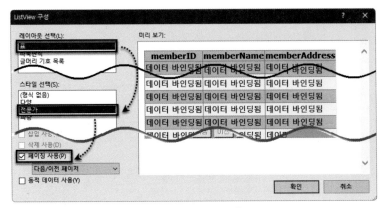

[그림 3-74] Microsoft Visual Studio의 웹 사이트 구축 13

4-15 최종 디자인 창은 다음 그림과 비슷한 것이 나왔을 것이다.

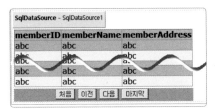

[그림 3-75] Microsoft Visual Studio의 웹 사이트 구축 14

4-16 메뉴의 [파일] 〉〉 [모두 저장]을 선택해 지금까지 한 것을 모두 저장한다.

step 5

실제 웹 서비스가 되는 것을 확인해 보자. 메뉴의 [파일] 〉〉 [브라우저에서 보기]를 선택하고 잠시 기다리면 웹 브라우저가 실행되고, MariaDB의 데이터들이 웹 브라우저에서 보이게 될 것이다.

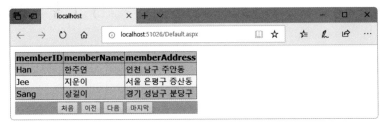

[그림 3-76] 웹 브라우저에서 MariaDB 데이터 조회

지금은 데이터가 몇 건 없기 때문에 〈다음〉, 〈이전〉 등의 버튼이 비활성화되어 있지만, 실제로 많은 양의 데이터를 사용하게 된다면 이 버튼들이 모두 활성화될 것이다. 웹 브라우저 및 Visual Studio를 종료한다.

지금은 웹 서버(IIS 또는 Apache)나 DNS 서버를 설정하지 않아서 주소(예로 http://localhost: 51026/Default.aspx)가 좀 생소하게 보이겠지만, 실제로 웹 서버를 정상적으로 구축한 후에는 http://도메인이름(예: http://www.hanbit.co.kr)과 같은 주소를 사용해서 MariaDB의 데이터를 웹을 통해 접근한다.

실무에서 많이 사용되는 PHP와 MariaDB의 연동에 관해서는, 이후에 MariaDB에 대해 좀 더 자세히 공부하고 4부에서 PHP 문법에 대해서도 학습한 후에 살펴보겠다.

이상으로 MariaDB를 기본적으로 사용하는 방법과 MariaDB와 응용프로그램을 연동하는 방식을 개략적이지만 전반적으로 살펴보았다. 당연히 아직 생소한 용어와 개념이 많이 나와서 100% 이해하지 못했을 수도 있다. 그래도, 앞으로 이 책을 보는 데 아무런 상관이 없다. 오히려, 지금 이번 장만 읽고도 다 이해가 된다면 이 책을 보기에는 실력이 너무 뛰어난 독자일 것이다.

다음 장부터는 이번 장에서 무작정 실행해 보았던 내용들을 상세하게 파악하는 시간을 갖게 될 것이다. 그리고 이 책의 전부를 다 본 후에, 다시 이번 장을 읽어보자. 그때는 정말 쉽다는 느낌이 들 것이며, 그렇게 된 독자는 충분히 데이터베이스 및 MariaDB에 대한 실력이 갖춰진 것이다.

MariaDB 기본

데이터베이스 모델링의 개념과 MariaDB를 원활히 운영하기 위한 툴과 유틸리티 사용법을 학습한다. 그리고,
데이터베이스 학습의 공통 필수인 SQL문을 2개 장에 걸쳐서 확실히 익힌다.

데이터베이스 모델링

MariaDB는 RDBMS^{Relational DataBase Management System, 관계형 데이터베이스 관리 시스템}이므로 3장까지 마친 독자는 이미 RDBMS에 대해서 기본적인 개념과 사용법을 익힌 것이다.

이번 장에서는 데이터베이스 모델링이란 무엇인지 알아보겠다. 기존에 데이터베이스의 이론적인 책을 본 적이 있고, 데이터베이스 모델링에 대한 경험이 있는 독자는 이번 장은 그냥 넘어가도 좋다.

데이터베이스 모델링을 쉽게 생각하면, 건축 분야의 설계도를 작성하는 것으로 비교할 수 있겠다. 실제 건물을 짓는 각종 시공 기법도 중요하지만 건물을 설계하는 것 또한 그에 못지 않게 중요하듯이, 데이터베이스 모델링은 매우 중요하기도 하고 결코 쉽지 않은 분야다.

데이터베이스의 이론적인 측면이나 데이터베이스 모델링에 대한 각 주제만으로도 이미 많은 책들이 나와 있으며 그 분량 또한 만만치 않을 것이다. 좋은 설계도를 만들기 위해서는 많은 건축 경험이 필요한 것과 마찬가지로 좋은 데이터베이스 모델링을 하기 위해서는 많은 학습과 더불어서 오랜 실무 경험이 있어야 한다.

이 책은 데이터베이스 이론서도 아니고, 또 데이터베이스 모델링을 주제로 한 책도 아니지만 데이터베이스 입문 자를 위한 최소한의 개념 정도는 파악하고 넘어가겠다. 더 깊은 RDBMS 이론이나 데이터베이스 모델링의 깊은 내용은 다른 책이나 인터넷 사이트를 참조하자.

이 장의 핵심 개념

4장에서는 데이터베이스 모델링에 대한 개념을 파악하고, 간단히 모델링하는 절차를 실습한다. 4장의 핵심 개념은 다음과 같다.

1. 프로젝트 진행 단계는 폭포수 모델이 대표적으로, 계획/분석/설계/구현/테스트/유지보수 등의 단계를 거친다.

2. 데이터베이스 모델링이란 현 세계에서 사용되는 작업이나 사물들을 DBMS의 데이터베이스 개체로 옮기기 위한 과정을 말한다.

3. dbForge Studio에서 제공하는 데이터 모델링 툴을 사용해 본다.

이 장의 학습 흐름

프로젝트 진행 단계와 폭포수 모델 개념 파악

데이터베이스 모델링 실습

dbForge Studio의 모델링 툴 실습

MariaDB 유틸리티 사용법

4.1 프로젝트의 진행 단계

프로젝트^{Project}란 '현실세계의 업무를 컴퓨터 시스템으로 옮겨놓는 일련의 과정'이라고 할 수 있다. 더 쉽게 얘기하면 '대규모의 프로그램을 작성하기 위한 전체 과정'이라고 얘기할 수도 있다.

초창기의 컴퓨터 프로그램은 몇몇 뛰어난 프로그래머에 의해서 작성되어 왔다(프로그래밍을 공부해본 독자라면 아마도 프로그램은 다른 사람과 같이 작성하는 것보다는 혼자서 작성하는 것을 주로 해보았을 것이다). 초기에는 이렇게 혼자 프로그램을 작성하는 것이 별 문제가 되지 않았으나, 근래에 들어서면서부터 프로그램을 작성해야 하는 규모가 커지고, 예전과 달리 사용자들의 요구하는 사항이 더욱 복잡해지면서 문제가 발생되기 시작했다.

그런데도 소프트웨어 분야에서는 아직도 큰 규모의 프로그램 작업(이것을 프로젝트라고 부를 수 있다) 수행 시에도 옛날과 같이 계속 몇몇 우수한 프로그래머에게 의존하는 형태를 취해 왔다. 그 결과 프로젝트가 참담한 실패로 이어지는 경우가 너무 많이 발생되었고, 제작 기간의 지연 등 많은 문제에 노출되었다.

이것을 비유하자면 집을 짓는 것에 비교할 수 있다. 옛날에 초가집이나 목조건물을 지을 때는 몇 명의 우수한 기술자로도 충분히 가능했지만, 현대의 수 십층 이상의 건물을 몇 명의 우수한 기술자만으로 지을 수는 없는 것과 같은 이치다.

그러한 건물을 지으려면 정확한 계획과 분석, 그리고 설계도 작업을 마친 후에 실제로 건물을 짓는 시공 작업을 해야만 한다. 만약, 누군가 100층짜리 건물을 지어달라는데 계획도 세우기 전에 벽돌부터 쌓는다는 것은 '아무 준비가 안된 미련한 일'이라고 생각할 것이다. 만약 벽돌을 이미 10층까지 쌓았는데, 벽돌건물이 아닌 콘크리트건물로 지어야 한다는 걸 깨닫는다면? 어쩔 수 없이 무너뜨린 후에 다시 처음부터 작업을 해야 할 것이다. 당연히 비용과 시간이 엄청나게 낭비되어서 결국 제시간에 건물을 지을 수 없을 뿐만 아니라 열심히 일한 대가로 공사를 망친 비난만 받게 될 것이다. 그래서 건물을 지을 때는 설계도가 완전히 완성되기 전에 벽돌을 쌓지는 않는다.

그런데, 이 '아무 준비가 안된 미련한 일'을 소프트웨어 분야에서는 계속 진행해 왔던 것이다. 누가 어떤 프로그램을 작성해 달라고 요청하면 계획하고 분석하기보다는 먼저 '코딩'부터 하는 습관에 길들여져 있었다. 그래서, 매일 밤을 새서 열심히 프로그램을 짠 결과가 결국 잘못되어 −벽돌을 다시 무너뜨리고 다시 시작하듯이− 프로그램을 삭제하고 처음부터 다시 프로그램을 짜야 하는 상황이 많이 발생했다. 그 원인은 바로 분석과 설계 작업을 등한시하는 소프트웨어 분야의 고질적인 문제점 때문이었다.

결론적으로 이러한 문제점을 해결하기 위해서 '소프트웨어 개발 방법론'이 나타나게 되었다. 이 방법론은 없던 것에서 생겼다기보다는 다른 공학 분야의 것을 소프트웨어 분야에 가져와서 적합하도록 수정한 것이라고 보면 된다. 그래서 이러한 분야를 '소프트웨어 공학'이라고 부르게 된 것이다.

소프트웨어 공학에서 제시하는 소프트웨어 개발 모델은 많지만, 가장 오래되고 전통적으로 사용되는 것은 폭포수 모델Waterfall Model이다. [그림 4-1]을 보자.

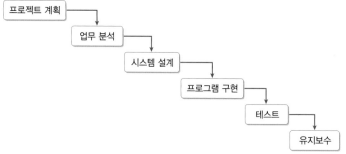

[그림 4-1] 폭포수 모델

말 그대로 폭포가 떨어지듯이 각 단계가 끝나면 다음 단계로 진행하는 것이다. 이 폭포수 모델의 장점은 각 단계가 명확히 구분되어서 프로젝트의 진행 단계가 명확해지는 장점이 있으나, 당연히 단점도 존재한다. 이 모델의 가장 큰 단점은, 폭포에서 내려가기는 쉬워도 다시 거슬러 올라가기는 어려운 것과 마찬가지로 문제점이 발생될 경우에는 다시 앞 단계로 거슬러 올라가기가 어렵다는 점이다. 또한, 문제점이 초기 단계인 업무 분석이나 시스템 설계에서 나오기보다는 대부분 프로그램 구현 단계나 테스트 단계에서 나오게 된다. 그러면 대부분 업무 분석 단계로 거슬러 올라가서 다시 시작해야 하는 단점이 있다(물론, 이를 보완한 소프트웨어 개발 모델도 많이 존재한다).

여기서 가장 핵심적인 단계는 업무 분석(줄여서 분석으로도 부른다)과 시스템 설계(그냥 설계로도 부른다)다. 경우에 따라서 다르지만, 대부분의 소프트웨어 프로젝트는 이 두 단계를 합쳐서 전체 공정의 최소 50% 이상을 할당해야 한다. 이 두 단계의 비율을 자꾸 줄일수록 프로젝트가 실패할 확률이 높아지는 것이 필자가 경험한 바다. 대부분 실패하는 프로젝트는 주로 프로그램 구현에 비중을 많이 두는 경우다. 단순히 생각하면 프로그램 구현(코딩)이 가장 중요한 듯 하지만, 그건 몇 백 줄짜리 프로그램을 짜는 경우에만 해당되며, 복잡한 시스템을 구현하기 위해서 구현(코딩)은 분석과 설계에 비해서는 그다지 중요한 작업이 아니다. 100층짜리 건물을 지을 때, 벽돌을 예쁘게 쌓거나 빨리 쌓는 것이 전체 건물을 완성하기 위해서 그다지 중요한 작업이 아닌 것과 같은 원리다.

더 이상의 관련된 내용은 '소프트웨어 공학'이나 '시스템 분석 및 설계'와 관련된 책을 참고하도록 하고, 우리가 살펴볼 데이터베이스 모델링은 분석과 설계 단계에서 가장 중요한 작업 중 하나라는 점만 기억하자.

4.2 데이터베이스 모델링

4.2.1 데이터베이스 모델링 개념

데이터베이스 모델링(또는 데이터 모델링)이란 현 세계에서 사용되는 작업이나 사물들을 DBMS의 데이터베이스 개체로 옮기기 위한 과정이라고 말할 수 있다. 더 쉽게 얘기하면 현실에서 쓰이는 것을 테이블로 변경하기 위한 작업이라고 생각해도 좋다. [그림 4-2]를 보자.

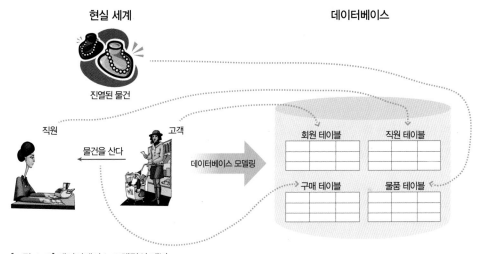

[그림 4-2] 데이터베이스 모델링의 개념

[그림 4-2]를 보면 쉽게 데이터베이스 모델링이 어떤 것인지 알 수 있다. 그림의 현실 세계의 고객, 물건, 직원 등은 데이터베이스의 각각의 테이블이라는 개체로 변환된다(물론, 일부는 테이블 외의 다른 개체로도 변환되기도 한다).

또한, 주의해서 볼 점은 현실 세계의 실체가 없는 '물건을 산다'라는 행위도 테이블로 변환이 된다는 점이다. 그렇다면, 이러한 데이터베이스 모델링의 정답은 있는가? 즉, 현실 세계를 데이터베이스 개체로 변환하기 위한 정확한 답은 있는가?

그렇지는 않다. 데이터베이스 모델링은 모델링을 하는 사람이 어떤 사람이냐에 따라서 각기 다른 결과가 나올 수밖에 없다. 그렇지만 중요한 점은 좋은 모델링과 나쁜 모델링이 존재한다는 점이다. 즉, 정답은 없더라도 좋은 답안은 존재하게 된다.

데이터베이스 모델링은 상당히 어려운 작업이다. 그 이유는 구현하고자 하는 업무에 대한 폭넓고 정확한 지식이 필요하고, 데이터베이스 시스템에 대한 깊은 지식과 경험도 요구되기 때문이다.

그래서, 모델링을 담당하는 사람은 많은 프로젝트 경험과 데이터베이스 관련 지식이 있는 사람이 담당하는 것이 일반적이다. 만약, 모델링이 잘못 된다면 나중에 열심히 만든 프로그램이 결국 아무짝에도 쓸모 없는 결과를 낳을 수도 있기 때문이다.

4.2.2 데이터베이스 모델링 실습

데이터베이스 모델링은 크게 3단계를 거쳐서 완성시키는 것이 보편적이다.

개념적 모델링, 논리적 모델링, 물리적 모델링으로 나눌 수 있다. 개념적 모델링은 주로 [그림 4-1]의 업무 분석 단계에 포함되며, 논리적 모델링은 업무 분석의 후반부와 시스템 설계의 전반부에 걸쳐서 진행된다. 그리고, 물리적 모델링은 시스템 설계의 후반부에 주로 진행된다(이 분류가 절대적인 것은 아니다).

우리는 데이터베이스를 학습하는 과정 중의 일부로 데이터베이스 모델링에 대해서는 약간의 개념만 익히고 있는 것이므로 지금은 간단한 데이터베이스 모델링 절차를 실습해 보자.

⚠ 원칙적으로는 정규화, 비정규화 등의 정확히 구분된 작업을 해야 하지만 지금은 필자가 그러한 것들을 분류하지 않고 그냥 자연스럽게 데이터베이스 모델링하는 과정을 실습할 것이다. 지금 필자가 하는 모델링이 데이터베이스 모델링의 전부는 아니며, 데이터베이스 모델링의 전체 흐름을 독자가 이해하기 쉽도록 가정해서 실습하는 것임을 기억하자.

우리는 지금 새로운 쇼핑몰을 오픈했다고 가정하자. 지금부터 우리 매장을 찾는 고객의 명단을 기록하고, 또 물건을 구매할 때 구매한 내역도 기록하겠다. 이러한 업무를 데이터베이스 모델링해보자.

고객이 방문한 내역은 다음과 같이 기록될 것이다. 이 기록이 메모장 또는 엑셀에 기록되어 있다고 가정하자.

고객 방문 기록

고객 이름	출생연도	주소	연락처	구매한 물건	단가(천 원)	수량
이승기	1987	서울	011-111-1111			
김범수	1979	경남	011-222-2222	운동화	30	2
김범수	1979	경남	011-222-2222	노트북	1000	1
김경호	1971	전남	019-333-3333			
조용필	1950	경기	011-444-4444	모니터	200	1
바비킴	1973	서울	010-000-0000	모니터	200	5
윤종신	1969	경남	안 남김			
김범수	1979	경남	011-222-2222	청바지	50	3
임재범	1963	서울	016-666-6666			
바비킴	1973	서울	010-000-0000	메모리	80	10
성시경	1979	경남	안 남김	책	15	5
은지원	1978	경북	011-888-8888	책	15	2
임재범	1963	서울	016-666-6666			
은지원	1978	경북	011-888-8888	청바지	50	1
바비킴	1973	서울	010-000-0000	운동화	30	2
은지원	1978	경북	011-888-8888			
은지원	1978	경북	011-888-8888	책	15	1
바비킴	1973	서울	010-000-0000	운동화	30	2
조관우	1965	경기	018-999-9999			

[그림 4-3] 데이터베이스 모델링 단계 1

당연히 고객은 여러 번 방문할 수도 있고, 방문해서 아무것도 사지 않고 갈 수도 있다.

기록된 내용에서 물건을 구매한 적이 없는 고객을 위쪽으로 다시 정렬해 보자.

고객 방문 기록

고객 이름	출생연도	주소	연락처	구매한 물건	단가(천 원)	수량
이승기	1987	서울	011-111-1111			
김경호	1971	전남	019-333-3333			
윤종신	1969	경남	안 남김			
임재범	1963	서울	016-666-6666			
임재범	1963	서울	016-666-6666			
은지원	1978	경북	011-888-8888			
조관우	1965	경기	018-999-9999			
김범수	1979	경남	011-222-2222	운동화	30	2
김범수	1979	경남	011-222-2222	노트북	1000	1
조용필	1950	경기	011-444-4444	모니터	200	1
바비킴	1973	서울	010-000-0000	모니터	200	5
김범수	1979	경남	011-222-2222	청바지	50	3
바비킴	1973	서울	010-000-0000	메모리	80	10
성시경	1979	경남	안 남김	책	15	5
은지원	1978	경북	011-888-8888	책	15	2
은지원	1978	경북	011-888-8888	청바지	50	1
바비킴	1973	서울	010-000-0000	운동화	30	2
은지원	1978	경북	011-888-8888	책	15	1
바비킴	1973	서울	010-000-0000	운동화	30	2

[그림 4-4] 데이터베이스 모델링 단계 2

이렇게 무엇이 들어있는 칸을 진한 색으로 보니 전체 테이블이 L자 모양의 테이블이 되었다. 이러한 것을 L자형 테이블이라는 용어를 쓴다. L자형 테이블의 문제는 공간의 낭비에 있다. [그림 4-4]에서도 구매한 물건 정보 부분이 많이 비어 있는 데도, 그 공간을 사용하지 않고 있다.

L자형 테이블을 빈칸이 있는 곳과 없는 곳으로 분리해 보자. 그러면, 다음과 같이 고객 방문 기록이 고객 테이블과 구매 테이블로 테이블이 분리된다.

고객 테이블

고객 이름	출생연도	주소	연락처
이승기	1987	서울	011-111-1111
김경호	1971	전남	019-333-3333
윤종신	1969	경남	안 남김
임재범	1963	서울	016-666-6666
임재범	1963	서울	016-666-6666
은지원	1978	경북	011-888-8888
조관우	1965	경기	018-999-9999
김범수	1979	경남	011-222-2222
김범수	1979	경남	011-222-2222
조용필	1950	경기	011-444-4444
바비킴	1973	서울	010-000-0000
김범수	1979	경남	011-222-2222
바비킴	1973	서울	010-000-0000
성시경	1979	경남	안 남김
은지원	1978	경북	011-888-8888
은지원	1978	경북	011-888-8888
바비킴	1973	서울	010-000-0000
은지원	1978	경북	011-888-8888
바비킴	1973	서울	010-000-0000

구매 테이블

구매한 물건	단가(천 원)	수량
운동화	30	2
노트북	1000	1
모니터	200	1
모니터	200	5
청바지	50	3
메모리	80	10
책	15	5
책	15	2
청바지	50	1
운동화	30	2
책	15	1
운동화	30	2

[그림 4-5] 데이터베이스 모델링 단계 3

잘 분리가 되었다. 이제는 빈 부분이 없어졌다. 즉, 공간을 절약할 수가 있다. 그런데 고려해야 할 사항이 두 가지가 생겼다. 우선 고객 테이블에서 똑같은 정보가 중복된다는 것이다. 즉, 여러 번의 물건을 산 고객의 정보는 동일한 정보가 여러 번 기록되어 있다. 그럴 필요는 없으므로 중복된 고객을 하나만 남기자.

3-1 고객 테이블의 중복을 없앤다. 중복을 없애니 고객이 10명 되었다. 그런데 우리는 각각의 고객을 구분해야 한다. 그래서 고객 이름을 고객을 구분할 수 있는 구분자로 설정하도록 하겠다. 이런 구분자를 기본 키 PK, Primary Key라고 부른다. 다시 얘기하면 각 행을 구분하는 유일한 값이 기본 키다. 기본 키의 조건은 중복되지 않고 비어있지 않아야 한다(기본 키에 대한 내용은 8장에서 상세히 다루겠다).

⚠️ 실제로는 고객 테이블의 이름은 중복이 되어서 같은 이름의 고객이 있을 수 있으므로 PK로 사용하기가 적당하지 않다. 그래서 인터넷 쇼핑몰에 회원 가입 시에 회원ID를 생성하고 가입하는 것이다. 당연히 이미 해당 아이디가 있으면 가입하지 못할 것이다. 즉, 회원ID를 회원을 구분할 수 있는 구분자인 Primary Key로 사용하는 것이다. 지금은 그냥 단순화를 위해서 이름은 중복되지 않는다고 생각하자.

고객 테이블

고객 이름	출생연도	주소	연락처
이승기	1987	서울	011-111-1111
김경호	1971	전남	019-333-3333
윤종신	1969	경남	안 남김
임재범	1963	서울	016-666-6666
은지원	1978	경북	011-888-8888
조관우	1965	경기	018-999-9999
김범수	1979	경남	011-222-2222
조용필	1950	경기	011-444-4444
바비킴	1973	서울	010-000-0000
성시경	1979	경남	안 남김

PK

[그림 4-6] 데이터베이스 모델링 단계 4

3-2 이번에는 구매 테이블만 보니 누가 구매한 것인지를 알 수가 없다. 그래서 구매 테이블의 앞에 회원을 구분할 수 있는 회원의 기본 키로 설정된 이름을 넣어주자. 다음과 같이 구매 테이블이 완성되었다. 주의할 점은 구매 테이블의 고객 이름은 중복이 되었다고 중복을 없애면 안 된다. 즉, 구매 테이블의 각각의 행은 별도의 구매한 내역이므로 삭제하면 안 된다.

구매 테이블

고객 이름	구매한 물건	단가(천 원)	수량
김범수	운동화	30	2
김범수	노트북	1000	1
조용필	모니터	200	1
바비킴	모니터	200	5
김범수	청바지	50	3
바비킴	메모리	80	10
성시경	책	15	5
은지원	책	15	2
은지원	청바지	50	1
바비킴	운동화	30	2
은지원	책	15	1
바비킴	운동화	30	2

[그림 4-7] 데이터베이스 모델링 단계 5

step 4

테이블의 구분이 잘 되었다. 그런데, 고객 테이블과 구매 테이블은 밀접한 관련이 있는 테이블이다. 즉, 구매 테이블만으로는 고객에게 배송을 할 수가 없다. 고객의 주소와 연락처는 고객 테이블에 존재하기 때문이다. 그래서 이 두 테이블의 업무적인 연관성을 맺어줘야 한다. 이를 '관계Relation'라고 부른다.

여기서 두 테이블 중에서 부모 테이블과 자식 테이블을 결정해 보도록 하자. 부모와 자식을 구분하는 방법 중에서 주Master가 되는 쪽은 부모로, 상세Detail가 되는 쪽을 자식으로 설정할 수 있다.

그렇다면 고객과 물건(구매한 내역) 중에서 어느 것이 주가 되는가? 다음 문장을 보자.

"고객은 물건(구매한 내역)을 소유한다." 또는 "물건(구매한 내역)은 고객을 소유한다."

어느 것이 더 자연스러운가? 당연히 전자가 훨씬 자연스러운 표현이다. 그러므로, 고객 테이블이 부모 테이블이 되고 구매 테이블이 자식 테이블이 되면 된다.

좀 더 모델링을 하다 보면 이렇게 나누는 방법이 자연스럽게 습득된다. 그래서 주로 기준이 하나인 것과 하나의 기준이 여러 개의 기록을 남기는 것으로 부모 테이블과 자식 테이블을 구분할 수도 있다.

예로, 학생 테이블과 과목 테이블을 생각하면 학생 한 명이 여러 개의 과목을 신청할 수 있으므로 부모는 학생 테이블이 되고 과목 테이블은 자식 테이블로 설정하면 된다. 이러한 관계를 테이블의 1대다(1:N) 관계라고 지칭하고, 이 1대다 관계가 관계형 데이터베이스에서 가장 보편적인 테이블 사이의 관계다.

4-1 여기서 부모 테이블인 고객 테이블과 자식 테이블인 구매 테이블의 관계를 맺어주는 역할은 기본 키[PK, Primary Key]와 외래 키[FK, Foreign Key]를 설정함으로써 이뤄진다. 이미 고객 테이블에서 기본 키를 고객 이름으로 설정했다. 그러므로 자식 테이블의 외래 키는 부모 테이블의 기본 키와 일치되는 구매 테이블의 고객 이름으로 설정해야 한다.

외래 키가 갖는 의미는 외래 키를 가지고, 부모 테이블로 찾아가면 유일하게 하나의 정보를 얻을 수 있을 수 있다는 것이다. 예로 다음 그림에서 구매 테이블의 외래 키인 '김범수'를 가지고 고객 테이블의 '김범수'를 찾아가면 그 김범수의 정보는 유일한 한 명의 정보(주소, 연락처 등)만을 얻을 수 있는 것이다.

고객 이름	출생연도	주소	연락처
이승기	1987	서울	011-111-1111
김경호	1971	전남	019-333-3333
윤종신	1969	경남	안 남김
임재범	1963	서울	016-666-6666
은지원	1978	경북	011-888-8888
조관우	1965	경기	018-999-9999
김범수	1979	경남	011-222-2222
조용필	1950	경기	011-444-4444
바비킴	1973	서울	010-000-0000
성시경	1979	경남	안 남김

고객 이름	구매한 물건	단가(천 원)	수량
김범수	운동화	30	2
김범수	노트북	1000	1
조용필	모니터	200	1
바비킴	모니터	200	5
김범수	청바지	50	3
바비킴	메모리	80	10
성시경	책	15	5
은지원	책	15	2
은지원	청바지	50	1
바비킴	운동화	30	2
은지원	책	15	1
바비킴	운동화	30	2

[그림 4-8] 데이터베이스 모델링 단계 6

☆ 부모 테이블과 자식 테이블의 결정

부모 테이블과 자식 테이블을 결정할 때 주의할 점은 인간이 사물보다 소중하므로 고객 테이블이 부모가 된다는 논리를 가지고 결정해서는 안 된다. 특히, 모델링에 익숙하지 않은 사람이 모델링을 할 경우에 그러한 성향이 강한 듯하다.

지금의 사례와 반대로 물건이 부모 테이블이 되는 경우도 무척 많다. 예로 물품 종류에 대한 정보가 기록된 '물품종류 테이블'과 물품을 판매한 직원의 '물품 판매 직원 기록 테이블'이 있다면 '물품 종류' 하나당 여러 명의 직원이 판매할 수 있으므로 부모 테이블은 '물품 종류 테이블'이 될 것이고, 자식 테이블은 '물품 판매 직원 기록 테이블'이 될 것이다.

4-2 이렇게 관계가 맺어진 후에는, 제약 조건이라는 관계가 자동으로 설정되는 것이다(제약 조건의 종류 및 설정법은 8장에서 자세히 배운다).

예로 '존밴이'라는 사람이 모니터를 1개 구매하려고 한다고 생각해 보자. 그러면, 구매 테이블에는 존밴이/모니터/200/1이라는 행이 하나 추가되어야 한다. 그런데, 구매 테이블의 FK로 설정된 '존밴이'가 고객 테이블에 존재하지 않는다. 그러므로, 이 행은 PK, FK 제약 조건을 위배하므로 추가될 수가 없다(이를 참조 무결성으로도 부른다). 그러므로, '존밴이'가 물건을 구매하기 위해서는 먼저 부모 테이블인 고객 테이블에 '존밴이'의 정보를 입력해야 한다(이것은 우리가 인터넷 쇼핑몰에서 물건을 구매할 때 회원으로 가입되지 않았는데, 물건을 구매할 수가 없는 것과 같은 이치다).

또한, 부모 테이블(고객 테이블)의 '김범수'가 회원탈퇴를 한다고 가정해 보자. 이는 '김범수' 행을 삭제하는 것이다. 그런데, 김범수는 자식 테이블(구매 테이블)에 구매한 기록이 있기 때문에 삭제되지 않는다. 부모 테이블의 데이터를 삭제하기 위해서는 먼저 자식 테이블에 연관된 데이터를 삭제해야만 삭제가 가능하다.

step 5

이제는 완성된 고객 테이블과 구매 테이블의 테이블 구조를 정의하자. 즉, 열 이름, 데이터 형식, Null 여부 등을 결정하는 과정이다.

테이블 이름	열 이름	데이터 형식	Null 허용	기타
고객 테이블 (userTBL)	고객 이름(userName)	문자(최대 3글자)	X	PK
	출생연도(birthYear)	숫자(정수)	X	
	주소(addr)	문자(최대 2글자)	X	
	연락처(mobile)	문자(최대 12글자)	O	

구매 테이블 (buyTBL)	고객 이름(userName)	문자(최대 3글자)	X	FK
	구매한 물건(prodName)	문자(최대 3글자)	X	
	단가(price)	숫자(정수)	X	
	수량(amount)	숫자(정수)	X	

[표 4-1] 데이터베이스 설계로 완료된 2개의 테이블 설계

두 개의 테이블과 각 테이블에는 4개의 열이 정의되었다. 그리고 Null 허용은 연락처에만 없는 데이터가 있을 수 있다. 데이터 형식도 실제 들어 있는 값을 기준으로 정하였다. 지금은 데이터 형식을 필자가 대략 임의로 설정하였으나, 필요하다면 이름이 4자 이상인 경우도 있으므로 고객 이름의 데이터 형식을 더 크게 변경하는 것도 고려할 수 있겠다.

모델링의 간단한 개념과 방법을 익혔으니, 이번에는 데이터베이스 모델링 툴의 사용법을 익혀보자.

여기서 잠깐

☆ MariaDB에서 사용 가능한 GUI 툴

HeidiSQL은 MariaDB를 설치하면 기본적으로 사용 가능한 GUI 툴(= GUI 클라이언트)이다. 오픈 소스라서 완전 무료이기는 하지만, 모델링 툴이나 관리도구 등의 기능은 별로 없다. 그 외에 MariaDB에서 사용 가능하며 기능이 많은 GUI 툴은 대부분 유료로 사용이 가능한데, 가격이 저렴하고 유용한 기능을 많이 제공해서 실무에서는 대부분 구매해서 사용하고 있다. 많이 사용되는 것을 몇 가지 소개하니 향후 실무에서 MariaDB를 운영하게 되면 사용할 것을 권장한다.

- **Database Workbench:** Windows 용으로 유료인 Pro 버전과 무료인 Lite 버전이 있다.
  (https://www.upscene.com/database_workbench/)
- **dbForge Studio:** MariaDB뿐 아니라 다양한 DBMS와 관련된 툴을 제공하고 있다. MariaDB는 dbForge Studio for MySQL 제품을 사용하면 된다. Enterprise, Professional, Standard, Express 버전이 있으며 Express는 무료로 사용이 가능하다. (https://www.devart.com/dbforge/)
- **SQLyog:** Windows용으로 제공되며, 보안과 편의성 면에서 우수한 평가를 받고 있다 .
  (https://www.webyog.com/)
- **Navicat:** Windows용, Mac용, Linux용을 모두 제공하며, Navicat for MariaDB 제품이 별도로 출시되어 있다. (https://www.navicat.com/)

실습2

dbForge Studio는 모델링 툴을 제공해 준다. 이를 이용해서 〈실습 1〉에서 정의한 테이블을 다이어그램으로 만들어 보자.

step 0

dbForge Studio를 다운로드하고 설치하자.

0-1 https://www.devart.com/dbforge/mysql/studio/download.html에서 무료 버전인 dbForge Studio for MySQL, v8.0 Express를 다운로드하자.

⚠ 무료 버전인 dbForge Studio for MySQL, v8.0 Express는 기능에 제약사항이 있다. 우리가 사용하려는 모델링 기능에서도 테이블 개수가 10개로 제한되어 있다.

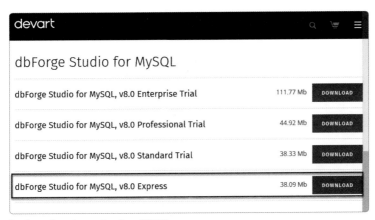

[그림 4-9] dbForge Studio 다운로드

0-2 다운로드 받은 파일(dbforgemysql80exp.exe, 약 38MB)을 실행해서 설치를 진행하자. 설치는 모두 기본값으로 설치한다. 독자가 직접하자.

[그림 4-10] dbForge Studio 설치

step 1

dbForge Studio를 사용하자.

1-1 바탕화면의 dbForge Studio 아이콘을 더블클릭해서 실행하자.

1-2 [Database Connection Properties]에서 나머지는 그대로 두고 root의 암호인 1234만 입력한 후 〈OK〉를 클릭한다(Default Database를 지정하지 않았다는 메시지가 나와도 무시한다).

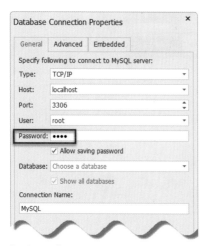

[그림 4-11] dbForge Studio로 MariaDB 접속

다이어그램을 통해서 만들 테이블이 저장될 데이터베이스를 먼저 생성하자.

2-1 왼쪽 [Database Explorer]의 [MySQL]에서 마우스 오른쪽 버튼을 클릭한 후 [New Database]를 선택한다.

[그림 4-12] Database 생성 1

2-2 [Name]을 "modelDB"로 입력하고 〈Apply Changes〉를 클릭한다.

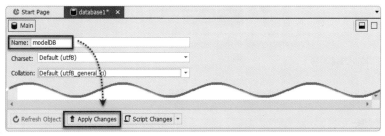

[그림 4-13] Database 생성 2

2-3 왼쪽 목록에 modelDB가 생성된 것이 확인된다. 오른쪽의 [modelDB] 탭은 닫는다.

[그림 4-14] Database 생성 3

데이터베이스 다이어그램을 작성한다.

3-1 메뉴의 [File] 〉〉 [New] 〉〉 [Database Diagram]을 선택한다.

3-2 [Diagram1.dbd] 탭이 열린다. 탭에서 마우스 오른쪽 버튼을 클릭한 후 [Save Diagram1.dbd]를 선택하고 적당한 폴더에 modelDB.dbd로 저장한다.

⚠ 저장할 폴더명이 한글일 경우 저장 중에 오류가 발생할 수 있다. 저장할 폴더는 C:\model\ 등의 영문 폴더에 저장하도록 한다.

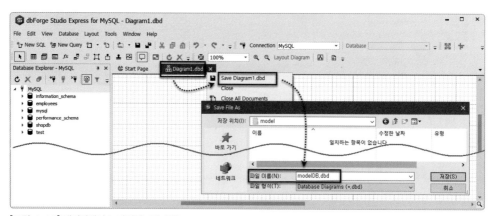

[그림 4-15] 데이터베이스 다이어그램 사용 1

3-3 빈 화면에서 마우스 오른쪽 버튼을 클릭한 후 [New] 〉〉 [Table]을 선택한다.

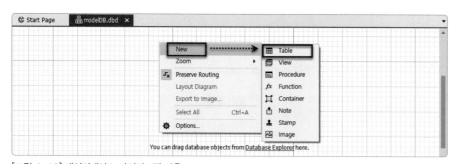

[그림 4-16] 데이터베이스 다이어그램 사용 2

3-4 [표 4-1]의 고객 테이블(userTBL)을 만들자. Name을 "userTBL"로 입력하고, Database는 modeldb를 선택한다. 나머지 columns는 [표 4-1]대로 입력한다. 입력이 완료되면 오른쪽 아래 〈OK〉를 클릭한다.

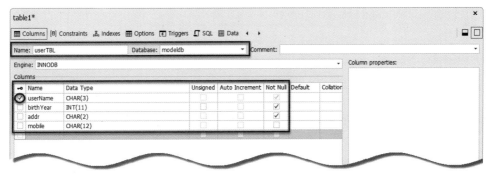

[그림 4-17] 데이터베이스 다이어그램 사용 3

3-5 고객 테이블(userTBL)의 다이어그램이 완성되었다.

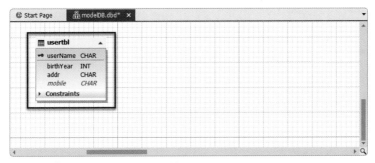

[그림 4-18] 데이터베이스 다이어그램 사용 4

3-6 앞 **3-3**과 **3-4**를 참조해서 이번에는 [표 4-1]의 구매 테이블(buyTBL)을 입력하자(아직 FK의 설정은 하지 말자). 현재까지 생성된 두 테이블의 다이어그램은 다음과 같다.

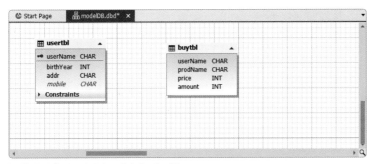

[그림 4-19] 네이터베이스 다이어그램 시용 5

3-7 이번에는 [그림 4-8]에 나온 두 테이블의 1:N 관계를 맺어줄 차례다. 이것을 기본 키-외래 키 관계로도 부른다.

아이콘 중에서 〈New Relation〉 아이콘을 클릭한 후, 먼저 buyTBL의 'userName' 열을 마우스로 드래그해서 userTBL의 'userName' 열에 드롭시키자.

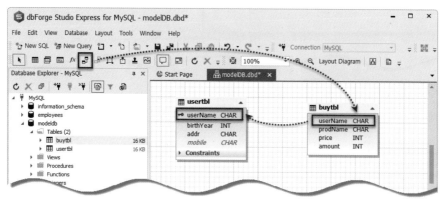

[그림 4-20] 데이터베이스 다이어그램 사용 6

3-8 [Foreign Key Properties] 창이 나온다. [Table] 부분이 buyTBL의 userName, [Reference Table] 부분이 userTBL의 userName인 것을 확인한 후 〈Apply Changes〉를 클릭한다.

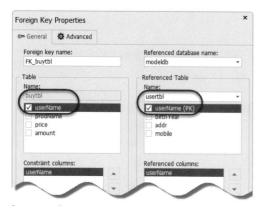

[그림 4-21] 데이터베이스 다이어그램 사용 7

3-9 최종적으로 [그림 4-8]과 같은 1:N 관계가 그림으로 생성된다. [File] 〉〉 [Save c:\model\~~]을 클릭하면 지금까지 설정한 내용이 저장된다. [modelDB.dbd] 탭을 닫는다.

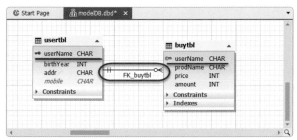

[그림 4-22] 데이터베이스 다이어그램 사용 8

3-10 다이어그램에서 생성한 테이블이 데이터베이스에 잘 적용되었는지 확인하자. 왼쪽 [Database Explorer]의 [modeldb] 〉〉 [Tables]를 확장하면 테이블 및 키를 확인할 수 있다.

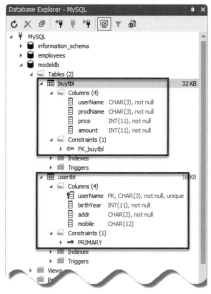

[그림 4-23] 데이터베이스의 테이블 확인

step 4

이번에는 기존에 존재하는 데이터베이스를 이용해서 다이어그램을 작성하는 방법을 확인하자.

4-0 employees의 테이블 등을 다이어그램으로 변경해 보겠다.

4-1 dbForge Studio 메뉴의 [Database] 〉〉 [Database Diagram]을 선택해서, 빈 다이어그램을 준비한다.

4-2 왼쪽 [Database Explorer]에서 employees 데이터베이스를 드래그해서 오른쪽 창으로 가져오면 자동으로 다이어그램이 생성된다.

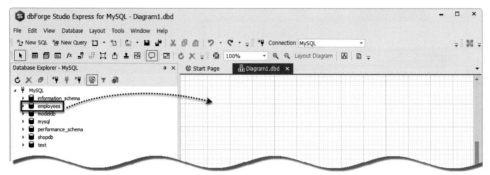

[그림 4-24] 데이터베이스를 다이어그램으로 변경

4-3 변환이 완료된 테이블 및 관계를 다이어그램으로 확인할 수 있다.

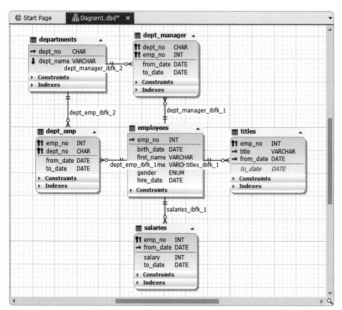

[그림 4-25] 데이터베이스를 다이어그램으로 변경한 결과

4-4 변환된 다이어그램을 저장하자. 메뉴의 [File] 》 [Save Diagram.dbd]를 클릭해서 "employees. dbd" 정도로 입력하고 〈저장〉을 클릭한다.

4-5 [employees.dbd] 탭을 닫고, dbForge Studio도 종료한다.

지금 사용한 dbForge Studio Express에 포함된 모델링 기능은 테이블의 개수 등에 제한이 있지만, Professional 버전을 사용하면 개수의 제한이 없이 사용할 수 있다(데이터베이스 모델링 툴의 사용법은 이 책의 범주를 벗어나므로 더 이상 다루지는 않는다).

이로써 간단하게 데이터베이스 모델링을 마치도록 하겠다. 비록, 단순화한 예제였지만, 다른 것들도 이보다 훨씬 복잡할 뿐이지 기본적인 골격은 비슷하다. 또, 서두에서 얘기했지만, 데이터베이스 모델링은 한 두 번 해봤다고 잘할 수 있는 성질의 것이 아니므로 많은 관심과 노력이 필요할 것이다. 그래서 실무에서도 데이터베이스 모델링을 잘하는 사람이 드물다.

MariaDB 유틸리티 사용법

3장과 4장을 실습하면서, 우리는 이미 MariaDB의 툴과 유틸리티를 계속 조금씩 사용해 봤다.

이번 장에서는 MariaDB에서 제공하는 여러 가지 툴과 유틸리티의 사용법에 대해서 체계적으로 익히는 시간을 갖자. 특히 MariaDB에서 기본적으로 제공해 주는 GUI 툴인 HeidiSQL에 대한 사용법은 상세히 알고 있는 것이 좋다.

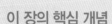

이 장의 핵심 개념

5장에서는 MariaDB의 핵심 유틸리티인 HeidiSQL의 다양한 활용법을 확인해 본다. 5장의 핵심 개념은 다음과 같다.

1. HeidiSQL은 서버 연결, 서버 호스트, 서버 데이터베이스, 쿼리 창 등의 다양한 기능을 제공한다.

2. HeidiSQL을 통해 대부분의 데이터베이스 작업을 수행할 수 있다.

3. HeidiSQL의 쿼리 창은 '쿼리 문장(SQL 구문)을 입력하고 실행하는 텍스트 에디터'라고 할 수 있다.

4. HeidiSQL은 Linux, Windows 등의 외부의 MariaDB도 접속해서 사용할 수 있다.

5. 실무에서는 root 외의 별도의 사용자를 만들고, 모든 권한이 아닌 적당한 권한을 부여해서 관리할 필요가 있으며, MariaDB는 사용자를 생성하고 차등적인 권한을 부여하는 기능이 있다.

이 장의 학습 흐름

HeidiSQL 화면 구성 및 사용법

↓

쿼리 창 사용법

↓

외부의 MariaDB 서버 관리

↓

사용자 관리와 권한 부여

5.1 HeidiSQL 사용 방법

HeidiSQL('하이디 에스큐엘' 또는 '하이디 씨퀄'로 읽는다)의 간단한 발전을 알아보자. HeidiSQL은 1999년에 안스가르 베커^{Ansgar Beker}가 MySQL-Front 프로젝트로 MySQL과 인터페이스를 위해서 개발하기 시작했다. 2006년까지 2.5 버전이 출시되었고, 이후로는 SourceForge에 공개 소프트웨어로 HeidiSQL 이름으로 릴리즈가 되었다. MariaDB의 출시 시점부터 GUI 툴로 HeidiSQL이 기본적으로 제공되었으며, https://www.heidisql.com/에서 최신 버전의 HeidiSQL을 계속 업데이트해서 제공하고 있다. 필요하다면 MariaDB에 포함된 버전이 아니라 https://www.heidisql.com/에서 직접 다운로드해서 사용해도 된다.

HeidiSQL의 주요한 기능을 요약하면 다음과 같다.

서버 연결 기능

- 여러 대의 MariaDB 및 MySQL 서버에 다중 접속
- 압축된 클라이언트/서버 프로토콜 사용
- TCP/IP, Named Pipe, SSH를 통한 서버 인터페이스 제공
- 사용자 관리 기능
- 데이터베이스별 이용자 권한 설정 관리
- 데이터베이스를 SQL 파일 또는 다른 서버로 내보내기 기능
- 다중 쿼리 탭

서버 호스트 기능

- 모든 서버 변수의 보기를 지원
- 현재 세션 또는 전역 서버 변수 편집
- 서버 통계 변수 보기, 시간당 평균값 보기
- 수행된 SQL 분석 기능
- SQL 명령어 통계 기능

서버 데이터베이스

- 모든 데이터베이스 보기 및 테이블 데이터 작업을 위한 단일 데이터베이스 연결
- 연결된 데이터베이스 보기
- 신규 데이터베이스 생성, 기존 데이터베이스 이름 변경, 데이터베이스 삭제

테이블 뷰, 프로시저, 트리거와 이벤트

- 데이터베이스 내의 모든 객체 조회, 변경, 삭제
- 데이터베이스 테이블 컬럼, 인덱스, 외래 키 편집
- MariaDB 서버의 가상 컬럼 지원
- VIEW 쿼리 편집과 설정
- 스토어드 프로시저 본문과 변수 수정
- 트리거 SQL 본문과 설정 수정

5.1.1 HeidiSQL의 버전과 실행

Windows의 [시작] 》 [모든 앱] 》 [MariaDB 10.3] 》 [HeidiSQL]을 선택해서 실행해 접속한 후, 메뉴의 [도움말] 》 [HeidiSQL 정보]를 선택하면 다음과 같은 HeidiSQL 정보 화면이 나온다. 이 책에서 사용한 MariaDB 10.3.11의 배포 파일 안에는 HeidiSQL 9.4.0.5125(32 bit) 버전이 포함되어 있다.

⚠ 이 책에서 사용하는 MariaDB 버전은 10.3이지만, HeidiSQL은 9.4 버전이다. MariaDB와 HeidiSQL은 서로 연관성이 높은 제품이지만, 동일한 제품이 아니라서 버전이 다르므로 혼동하지 말자.

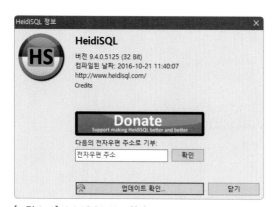

[그림 5-1] HeidiSQL 로고 화면

업데이트를 원한다면 〈업데이트 확인〉을 클릭해서 새로운 버전을 다운로드해서 사용해도 된다.

5.1.2 [세션 관리자] 창

HeidiSQL을 실행하면 계속 처음에 나오게 될 창이 다음 그림과 같은 [세션 관리자] 창이다. 간단히 얘기하면 접속될 서버 IP 주소, 사용자, 암호, 포트 등을 선택한 후에 접속을 시도하게 된다. 즉, 아무나 MariaDB 서버에 접속할 수 없고 MariaDB에 등록된 사용자만 접속하게 된다.

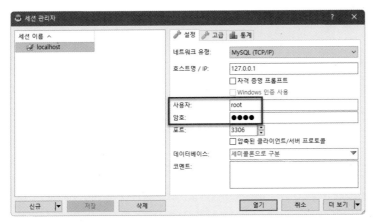

[그림 5-2] MariaDB 연결 창

기본값으로는 MariaDB의 관리자인 'root' 사용자로, 서버는 자신의 컴퓨터를 의미하는 127.0.0.1 (=localhost)에, 포트는 3306 번호로 접속하도록 설정되어 있다. 다른 서버로 접속하려면 왼쪽 아래 〈신규〉를 클릭해서 새로 접속할 서버를 등록할 수 있다.

잠시 후에 실습에서 살펴보겠지만, 몇 가지를 미리 알아두자.

왼쪽 세션 창

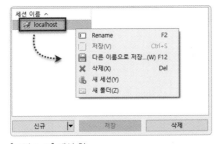

[그림 5-3] 세션 창

- **[세션 이름]:** 접속하는 서버의 목록이 등록되어 있다. 여러 개를 등록할 수 있다.
- **localhost:** 접속하는 이름이다. 사용자가 직접 지어주면 되며 이름을 변경하거나, 삭제하려면 마우스 오른쪽 버튼을 클릭하면 된다.
- **〈신규〉:** 새로운 서버를 등록할 때 클릭하면 된다.

[설정] 탭

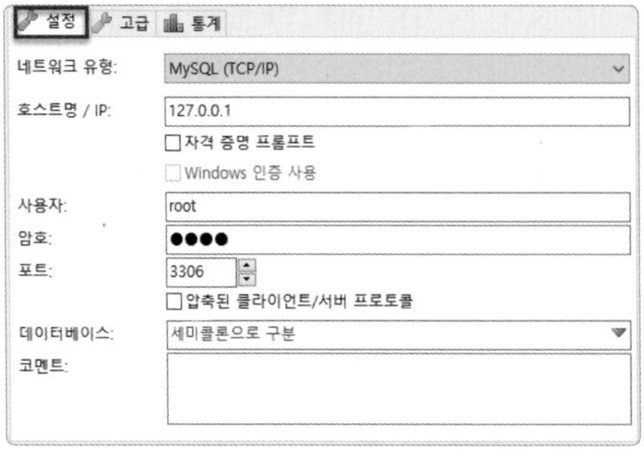

[그림 5-4] 설정 탭

- **네트워크 유형:** MySQL(또는 MariaDB)에 접속하는 방법으로 기본인 TCP/IP와 함께 named pipe, SSH tunnel이 제공된다. 그 외에서 Microsoft SQL Server 및 PostgreSQL에 접속하는 방식도 제공된다.

⚠ 접속되는 네트워크 유형은 TCP/IP가 가장 일반적으로 사용된다.

- **호스트명/IP:** 접속할 컴퓨터의 호스트 이름이나 IP 주소를 입력하면 된다. localhost나 127.0.0.1은 자기자신의 컴퓨터(= DBMS가 설치된 컴퓨터)를 의미한다.
- **자격 증명 프롬프트:** 접속할 컴퓨터에 별도의 자격 증명 처리가 필요할 경우에 체크한다.
- **Windows 인증 사용:** 접속할 서버가 SQL Server일 경우에 활성화된다.
- **사용자 및 암호:** 서버 컴퓨터의 DBMS에서 허용된 사용자 및 암호를 입력한다. root는 MariaDB 관리자의 이름이다.

⚠ 실무에서 사용한다면 root 사용자로 접속하는 것은 바람직하지 않다. root 사용자는 MariaDB의 모든 작업을 할 수 있기 때문에, 만약 root의 암호가 유출된다면 심각한 문제가 생길 수도 있다.

그래서, 실무에서는 일반 사용자를 생성하고 그에 적합한 권한을 부여한다. 사용자를 생성하고 권한을 부여하는 방식은 이번 장의 후반부에 다시 알아보겠다.

- **포트:** 접속할 서버 컴퓨터의 포트 번호를 적어주는데 MariaDB(또는 MySQL)는 특별한 경우가 아니면 3306을 사용한다. 보안을 위해서 서버 컴퓨터에서 포트를 변경할 수도 있다.
- **압축된 클라이언트/서버 프로토콜:** 서버에서 압축 프로토콜이 지원될 경우 사용할 수 있다.
- **데이터베이스:** 접속할 DBMS에서 사용할 데이터베이스 목록을 세미콜론으로 구분해서 접속할 수 있다. 비워두면 기본적으로 모든 데이터베이스 목록이 보여진다.

⚠ 모든 데이터베이스 목록이 보여진다고, 모든 데이터베이스에 접근할 권한이 있는 것은 아니다. 우리는 root 관리자로 접속하기 때문에 모든 데이터베이스에 접근할 권한이 있는 것이며, 사용자에 따라서 권한이 제한된다. 역시 이번 장의 후반부에서 다시 알아보겠다.

• **코멘트:** 필요하다면 별도의 주석을 써도 된다.

[고급] 탭

[그림 5-5] 고급 탭

SSL^{Secure Socket Layer}은 보안을 위한 암호 규약으로, 서버와 클라이언트가 통신할 때 암호화를 통해서 비밀을 유지시켜주고 보안을 강화시킨다. 서버에서 특별히 설정하지 않았다면 그대로 두면 된다. SSL에 대한 상세한 내용은 이 책의 범위를 벗어나므로 더 이상 언급하지 않겠다.

[통계] 탭

[그림 5-6] 통계 탭

세션의 생성 일자, 연결된 기록, 성공 및 실패 횟수 등을 보여준다.

5.1.3 HeidiSQL의 화면 구성

초기 화면

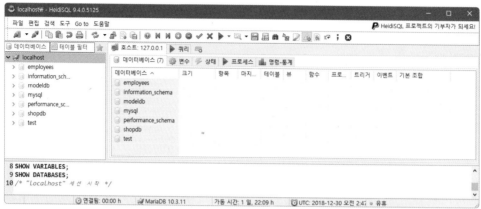

[그림 5-7] HeidiSQL의 기본 구성

처음 나타나는 HeidiSQL의 화면은 [그림 5-7]과 같을 것이며, 주로 상단의 [쿼리] 탭을 클릭해서 [쿼리 창]을 활성화시킨 후에 사용하게 될 것이다.

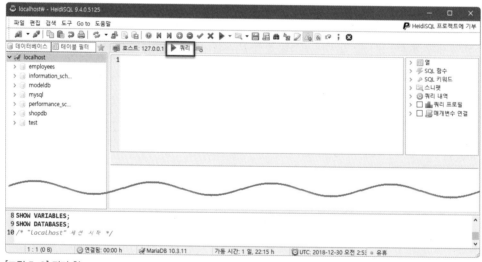

[그림 5-8] 쿼리 창

[데이터베이스 목록] 창

[그림 5-9] 데이터베이스 목록 창

[데이터베이스 목록] 창에서 데이터베이스 및 데이터베이스 개체(테이블, 뷰, 인덱스, 스토어드 프로시저, 함수, 트리거 등)가 할 수 있는 기능을 개략 나열하면 다음과 같다.

- 데이터베이스 생성 및 삭제
- 데이터베이스 개체를 생성하고 조회, 수정, 삭제
- 데이터베이스 유지보수
- 데이터베이스를 SQL로 내보내기
- 서버 내의 문자 찾기
- 대량 테이블 편집
- 테이블의 행데이터를 모두 삭제

등이다. 이 외에도 더 많은 기능이 있으며, [데이터베이스 목록] 창은 앞으로 이 책을 학습하면서 많이 사용되는 HeidiSQL의 도구 중의 하나다.

[데이터베이스 목록] 창은 트리 형태로 되어 있어서, 각각의 항목을 '〉' 기호를 클릭해서 확장할 수 있다. [그림 5-10]은 shopdb 데이터베이스의 트리거를 선택해서 관련 테이블, 이벤트, 트리거 내용 등을 조회하는 화면이다.

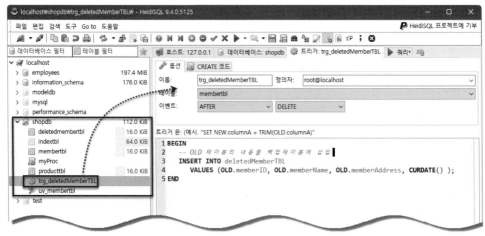

[그림 5-10] [Schemas] 탭의 테이블 확장

HeidiSQL의 기능을 이용해서 SQL문을 자동 생성해 보자.

HeidiSQL은 개체에 대해서 SQL문을 자동으로 생성해주는 기능을 가지고 있다. 이 기능을 잘 이용하면, 개체 생성을 위한 SQL 구문을 파악하기가 쉽다.

step 0

HeidiSQL을 종료하고 다시 HeidiSQL을 실행해서 localhost에 접속하자. 그리고 왼쪽 [데이터베이스 목록] 창에서 localhost를 클릭한다.

step 1

테이블을 만드는 SQL문을 자동 생성하자.

1-1 3장에서 생성한 ShopDB를 클릭해서 확장하고 memberTBL 테이블을 선택한 후, 오른쪽 창의 [테이블: membertbl] 탭 >> [CREATE 코드] 탭을 차례로 클릭하면 선택한 테이블을 생성하는 SQL 구문이 나올 것이다.

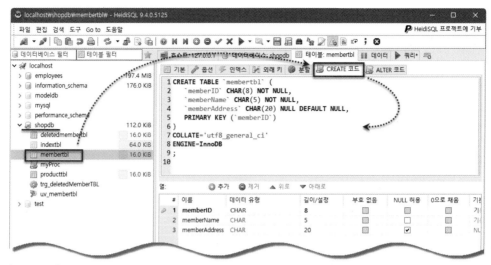

[그림 5-11] 테이블 생성 스크립트 자동 생성

쿼리 창을 자세히 보면 **CREATE TABLE 테이블_이름 ~~**과 같은 SQL문이 보인다. 즉, 우리가 3장에서 HeidiSQL의 그래픽 창에서 생성했던 memberTBL을 SQL문으로는 이와 같이 사용하면 된다(테이블 생성 SQL문은 8장에서 상세히 다룬다).

step 2

입력된 데이터에 대한 INSERT문도 자동으로 생성할 수 있다.

2-1 [데이터] 탭을 클릭하면 입력된 데이터가 조회된다.

[그림 5-12] INSERT문 생성 1

2-2 메뉴의 [도구] 〉〉 [격자 행 내보내기]를 선택한다. [격자 행 내보내기] 창이 나오면 출력 대상은 '클립보드로 복사'로, 출력 형식은 'SQL INSERTs'로 선택하고 〈확인〉을 클릭한다.

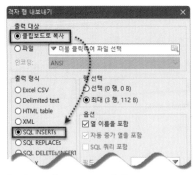

[그림 5-13] INSERT문 생성 2

2-3 메모장 등을 실행해서 `Ctrl` + `V`를 눌러 붙여넣기하면 INSERT문이 확인된다(필요하다면 확장명을 *.sql로 저장해도 된다).

[그림 5-14] INSERT문 생성 3

---

step 3

다른 개체들도 마찬가지로 SQL 구문의 확인이 가능하다. 다음은 uv_memberTBL 뷰의 SQL문을 확인해 본 것이다.

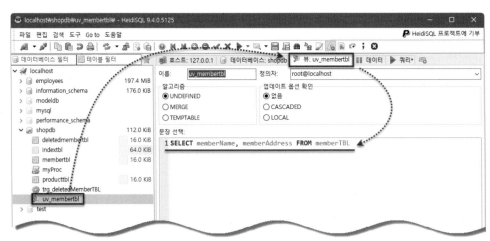

[그림 5-15] 뷰 생성 스크립트 자동 생성

step 4

실습이 끝나면 열린 쿼리 창을 모두 닫는다.

이번에는 HeidiSQL에서 MariaDB 서버를 관리하는 몇 가지 방법을 익혀보자.

실습2

HeidiSQL에서 MariaDB를 관리해 보자.

step 0

HeidiSQL을 종료하고 다시 HeidiSQL을 실행해서 localhost에 접속하자. 그리고 왼쪽 [데이터베이스 목록] 창에서 localhost를 클릭한다.

step 1

각 데이터베이스의 상세 정보를 확인하자.

1-1 [데이터베이스] 탭을 클릭하면 처음 데이터베이스의 상세 내용이 비어 있다.

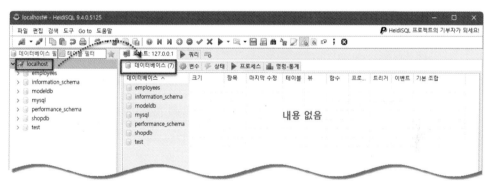

[그림 5-16] 데이터베이스 상세 내용 확인 1

1-2 상세한 내용이 보고 싶은 데이터베이스를 더블클릭한 후, 다시 왼쪽 [데이터베이스 목록]에서 localhost 를 클릭하면 해당 데이터베이스의 상세한 내용이 확인된다.

⚠ information_schema 데이터베이스는 모든 데이터베이스의 정보가 들어 있다. 그래서 함께 상세 내용이 확인된다. 참고 로 MariaDB 및 MySQL에서는 Schema(스키마)와 Database(데이터베이스)를 동일한 용어로 취급한다.

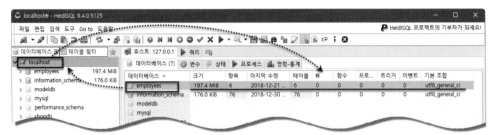

[그림 5-17] 데이터베이스 상세 내용 확인 2

1-3 모든 데이터베이스의 상세 내용을 한꺼번에 확인하려면 왼쪽 [데이터베이스 목록]의 [localhost]에서 마우스 오른쪽 버튼을 클릭한 후 [유지 보수]를 선택한다. [테이블 도구] 창에서 [localhost] 앞의 체크박스를 켠 후 〈닫기〉를 클릭한다. 모든 데이터베이스의 상세 내용이 확인될 것이다.

⚠ 상세 내용이 안보이면 오른쪽 창의 빈 곳을 아무데나 클릭해 본다.

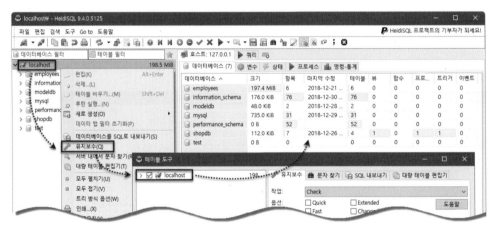

[그림 5-18] 데이터베이스 상세 내용 확인 3

step 2

기타 탭을 살펴보자.

2-1 [변수] 탭은 MariaDB 서버에 설정된 시스템 변수들을 확인할 수 있다. [세션] 열은 현재 세션(=연결)에서 설정된 값이며, [전체] 열은 전체 MariaDB에서 설정된 값이다. 흐리게 표시된 시스템 변수는 현재 사용할 수 없거나, 현재 버전에서 지원되지 않는 시스템 변수다. 진한 부분의 변수를 더블클릭하면 시스템 변수의 값을 변경할 수도 있다.

⚠ 모든 시스템 변수의 값을 변경할 수 있는 것은 아니며, 읽기 전용의 시스템 변수는 값을 변경할 수 없다.

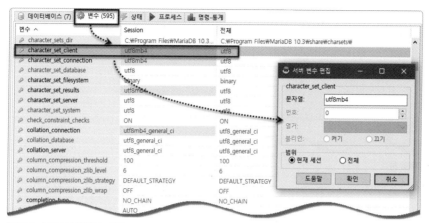

[그림 5-19] 시스템 변수 확인

2-2 [상태] 탭은 현재 서버의 상태를 표시한다. 다양한 값이 설정되어 있다.

[그림 5-20] 시스템 상태

2-3 [프로세스] 탭를 클릭하면 연결된 클라이언트와 다양한 현재 상태를 확인할 수 있다. 제일 상단의 것이 현재 연결된 것이며, 나머지는 시스템에서 접속한 것이므로 무시해도 된다.

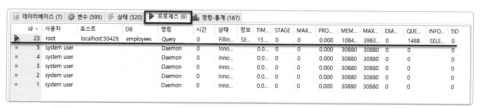

[그림 5-21] 연결된 프로세스

2-4 [명령-통계] 탭은 지금까지 실행된 명령의 유형과 개수, 그리고 시간 등을 보여준다.

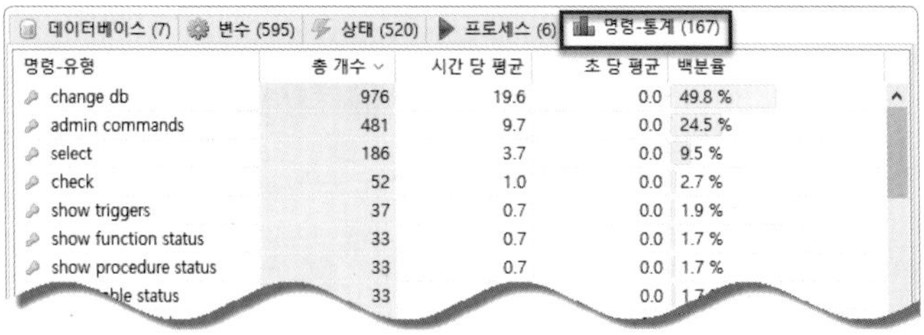

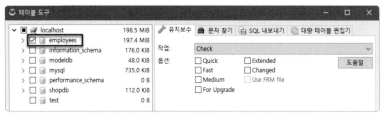

[그림 5-22] 명령의 통계

step 3

HeidiSQL의 유지보수 기능을 살펴보자.

3-0 왼쪽 [데이터베이스 목록]의 localhost에서 마우스 오른쪽 버튼을 클릭한 후 [유지 보수]를 클릭한다.

3-1 [테이블 도구] 왼쪽 창에서 처리할 데이터베이스를 선택해야 한다. localhost를 확장한 후 employees 를 체크하자.

⚠ 모든 데이터베이스를 선택해도 되지만, 실제로 대용량의 환경에서는 작동시간이 몇 시간 이상 걸릴 수 있다.

[그림 5-23] 유지보수할 데이터베이스 선택

3-2 오른쪽 [유지보수] 탭의 작업을 확장하면 다양한 옵션이 있다. 먼저 'Check'를 선택하고 〈실행〉을 클릭 한다. Check는 테이블의 오류 등이 있는지 모두 체크해서 결과를 알려준다.

⚠ 지금 기능은 SQL문으로 **CHECK TABLE 테이블이름1, 테이블이름2, ….;** 을 실행하는 것과 동일하다.

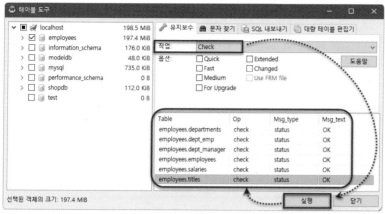

[그림 5-24] 테이블 이상 여부를 체크

3-3 'Analyze'를 선택하고 〈실행〉을 클릭해보자. Analyze는 테이블의 키의 분포 등을 분석하고 저장한다. 이 외에도 Checksum, Optimize, Repair 등을 수행할 수 있다. [테이블 도구] 창을 닫는다.

step 4

HeidiSQL의 문자 찾기 기능을 살펴보자.

4-0 왼쪽 [데이터베이스 목록]의 localhost에서 마우스 오른쪽 버튼을 클릭한 후 [서버 내에서 문자 찾기]를 클릭한다.

4-1 [테이블 도구] 왼쪽 창에서 처리할 데이터베이스를 선택해야 한다. localhost를 확장한 후 shopdb를 체크하자.

4-2 오른쪽 창에서 찾을 문자에 "지운이"를 입력하고 〈찾기〉를 클릭한다. shopdb의 모든 테이블 등을 검색해서 해당 문자열을 찾아낼 것이다. 결과를 보면 memberTBL과 uv_memberTBL에서 각 1건을 찾은 것이 확인된다.

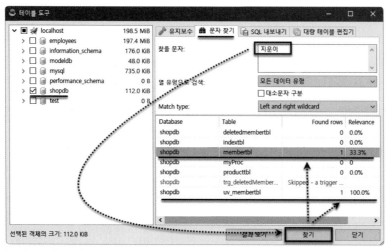

[그림 5-25] 문자 찾기 기능

4-3 〈결과 보기〉를 클릭하면 새로운 쿼리 창이 열리고 자동으로 생성된 SQL문과 결과를 직접 확인할 수 있다.

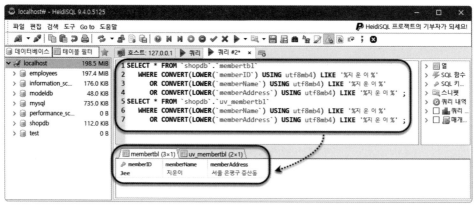

[그림 5-26] 자동 생성 SQL문

step 5

왼쪽 [데이터베이스 목록]의 localhost에서 마우스 오른쪽 버튼을 클릭한 후 나오는 기능 중, [데이터베이스를 SQL로 내보내기] 기능은 백업 및 복원과 관련된 부분으로 3장 〈실습 9〉에서 이미/ 실습으로 확인했었다.

그 외에도 필요한 기능은 별도로 소개하지는 않고, 앞으로 필요할 때마다 계속 나오게 될 테니 그때마다 필요한 기능을 파악하자.

쿼리 창

데이터베이스를 학습하는 데 가장 먼저 배우게 되는 것은 SQL^Structured Query Language문일 것이다. 3장에서도 사용해보았고, 앞으로도 계속 '쿼리 창^Query Editor'을 사용하게 될 것이다. 쿼리 창을 간단히 표현하면 '쿼리 문장(SQL 구문)을 입력하고 실행하는 텍스트 에디터'라고 표현할 수 있다.

이미 어느 정도 사용에 익숙해졌겠지만, 쿼리 창을 사용하는 차례를 정리하면 다음과 같다.

① HeidiSQL의 상단 오른쪽의 [쿼리] 탭을 클릭하거나, HeidiSQL 메뉴의 [파일] 》 [새 쿼리 탭]을 클릭해서 쿼리 창을 연다.

② 왼쪽 [데이터베이스 목록]에서 작업할 데이터베이스를 클릭해서 선택한다.

③ SQL문을 문법에 맞게 입력한다.

④ SQL 구문에 이상이 없다면, 툴바의 〈SQL 실행〉 아이콘을 클릭하거나 F9를 눌러서 SQL 문장을 실행한다. 만약 여러 개의 쿼리문 중에서 일부 쿼리만 실행하려면 마우스로 드래그해서 선택한 후, Ctrl + F9를 눌러서 실행한다.

⑤ 아래쪽의 결과 창을 통해서 결과를 확인한다. 제일 아래 창의 메시지는 성공된 결과, 오류 메시지, 쿼리에 걸린 시간 등을 확인할 수 있다.

⚠ 이 책에서 쿼리, 쿼리문, SQL, SQL문 등은 대부분의 상황에서 동일한 의미로 사용된다. 필자도 특별히 구분해야 하는 경우를 제외하고는 문맥에 맞게 필요한 단어를 사용하도록 하겠으니 혼동하지 말자.

사실 차례를 글로 써서 좀 어색해 보이는 것일 뿐, 몇 번 사용하다 보면 자연스럽게 사용하게 될 것이다.

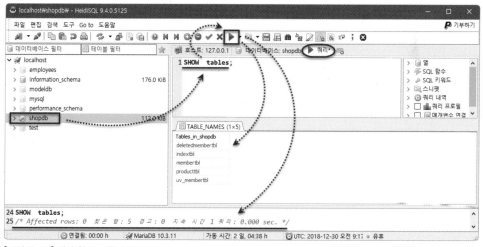

[그림 5-27] 쿼리 창의 사용 순서

한번 쿼리 창을 연 후에는 계속 SQL문을 입력해서 사용하면 된다.

쿼리 창을 이용하는 방법을 연습하자. 3장에서도 일부는 이미 실습했지만, 다시 한번 확실히 실습하자.

step 0

HeidiSQL을 종료한 후, 다시 시작하고 localhost에 접속한다. 만약 쿼리를 저장하겠냐고 묻는 창이 나오면 〈아니오〉를 선택한다.

[그림 5-28] 저장 확인 메시지 창

0-1 왼쪽 [데이터베이스 목록]에서 localhost를 선택한 후에, 오른쪽 [쿼리] 탭을 클릭한다.

step 1

자동완성 기능을 사용해 보자.

1-1 "USE emp"까지만 입력하고 Ctrl + Space 를 눌러보자. emp 글자가 들어가는 데이터베이스 개체가 나온다. emp가 앞 글자로 들어가는 데이터베이스가 1개뿐이므로 1개만 나타났다. 'database employees'에서 Enter 를 눌러 선택하자. 글자가 자동완성될 것이다. 세미콜론(;)을 입력하고 Enter 를 눌러 코드를 완성하자. 그리고 〈SQL 실행〉 아이콘을 클릭하거나 F9 를 눌러서 실행한다.

[그림 5-29] 자동완성 기능 1

1-2 이번에는 "SE"만 입력하고 Ctrl + Space 를 눌러보자. SE 글자가 들어가는 함수, 키워드 등이 보일 것이다. 데이터베이스 이름뿐 아니라 예약어도 자동완성을 지원한다. 그 중에서 'keyword SELECT'에서 마우스를 더블클릭하면 자동 완성된다(너무 많아서 고르기 힘들다면 "SEL"까지 입력하고 Ctrl + Space 를 누르면 한 개만 보일 것이다).

[그림 5-30] 자동완성 기능 2

1-3 이번에는 "SELECT * FROM em"까지 입력하고 `Ctrl` + `Space`를 눌러보자. 이번에는 database와 테이블 등 2개가 나타날 것이다. 현재 employees 데이터베이스가 선택된 상태이므로 employees 데이터베이스와 그 안에 있는 employees 테이블이 함께 보이는 것이다. 테이블을 선택해서 코드를 완성하자. 그리고 세미콜론(;)을 입력하자.

[그림 5-31] 자동완성 기능 3

1-4 마우스로 2행만 드래그해서 선택한 후 `Ctrl` + `F9`를 눌러서 선택한 행만 실행하자. 결론적으로 자동 완성을 활용하면 오타가 나는 경우가 많이 줄어든다. 자주 활용하자.

⚠ MariaDB에서 각 SQL문의 끝에 세미콜론(;)을 써줘야만 문장의 끝으로 인식한다. 즉, 세미콜론이 나올 때까지는 문자의 끝이 아니라고 인식하므로 행 바꿈을 해도 된다. 예로 다음 2문장은 동일하다.

```
  USE employees ;                 USE
                                  employees ;
```

`step 2`

HeidiSQL의 자동완성 기능을 이용하면 몇 글자만 입력해도 관련된 글자가 미리 나타나는 것을 확인했다. 그런데, 데이터베이스의 이름 및 테이블 이름 자체가 아예 기억이 안 나는 경우가 있을 것이다.

2-1 우선 기존 SQL을 모두 지운 후에, "USE"만 입력하고 한 칸을 띄우고 다음 그림과 이 employees 데이터베이스를 마우스로 드래그하면 글자가 자동으로 입력된다(또는 더블클릭해도 된다).

[그림 5-32] 개체를 자동 입력하는 기능

2-2 마찬가지로 employees 데이터베이스 아래의 테이블 이름을 드래그해도 쿼리 창에 자동 입력된다. 자동 입력 기능도 오타를 줄이는 좋은 방법이다.

---

step 3

HeidiSQL의 몇 가지 기능을 더 살펴보자.

3-1 예약어를 대문자로 일괄 변경하고 SQL문의 구성을 자동 조절할 수 있다.

① 다음을 쿼리 창에 입력하자. 예약어는 모두 소문자로 썼다.

```
use shopDB;
select *
from membertbl;
```

② 쿼리 창의 빈 곳에서 마우스 오른쪽 버튼을 클릭한 후, [SQL 재구성]을 선택하면 예약어는 모두 대문자로 변경되고 SELECT문도 행 바꿈으로 재구성된다.

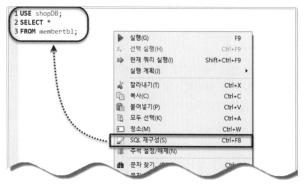

[그림 5-33] SQL문의 재구성

3-2 선택된 부분을 일괄적으로 주석 처리하거나 주석을 해제하자.

① 앞의 3줄을 마우스로 드래그해서 선택하자.

② 마우스 오른쪽 버튼을 클릭한 후 [주석 설정/해제]를 선택하면, 마우스로 드래그했던 코드가 모두 주석으로 처리된다.

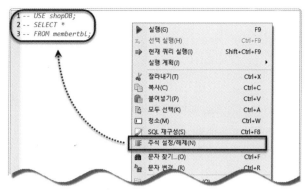

[그림 5-34] 주석으로 처리된 코드

⚠ 한 줄 주석은 --를 사용하고, 여러 줄 주석은 /* */ 를 사용하면 된다.

③ 다시 3줄을 마우스로 드래그하고, 마우스 오른쪽 버튼을 클릭한 후 [주석 설정/해제]를 선택하면 주석이 해제된다.

3-3 글꼴이나 크기를 변경하려면 메뉴의 [도구] 〉〉 [환경 설정]을 선택한 후, [SQL] 탭을 선택해서 변경하면 된다.

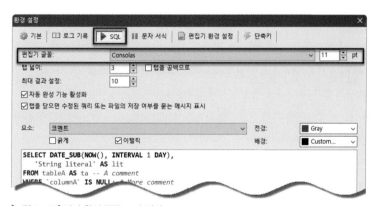

[그림 5-35] 쿼리 창의 글꼴 크기 변경

step 4

여러 SQL 문을 실행하는 방법을 확인해 보자. 앞에서 이미 얘기한 것도 있지만, 초보자가 실수하기 쉬우므로 다시 확인하겠다.

4-1 기존의 SQL문을 모두 지운 후에, 이번에는 테이블을 생성하는 간단한 구문을 입력한 후, 〈SQL 실행〉 아이콘을 클릭하거나 F9 를 눌러 실행해 보자.

```
USE ShopDB;
CREATE TABLE test (id INT);
```

아래쪽 [메시지] 창에 별다른 오류 메시지 없이 정상적으로 쿼리가 실행되었을 것이다.

4-2 이번에는 앞에서 입력한 구문을 지우지 말고 그 아래에 INSERT문을 추가한 후에, 〈SQL 실행〉 아이콘을 클릭하거나 F9 를 눌러 실행해 보자.

```
USE ShopDB;
CREATE TABLE test (id INT);
INSERT INTO test VALUES(1);
```

다음과 같은 오류 창이 나올 것이다.

[그림 5-36] 이미 테이블이 있다는 오류 메시지

4-3 왜 이런 오류 메시지가 나올까? 우리가 기대하기는 앞에서 이미 실행했던 **USE ShopDB** 구문과 **CREATE TABLE test (id INT)** 구문은 생략되고, 마지막에 입력한 **INSERT INTO test VALUES(1)** 구문만 실행되기를 기대했지만, 쿼리 창은 다시 제일 첫 문장부터 실행해서 이런 결과가 나온 것이다.

그러므로 두 번째 줄의 'CREATE ~~' 구문을 다시 실행하게 되어서, 이미 생성한 'test'라는 테이블을 또 생성하려고 하니 오류가 난 것이다. 오류난 후에는 더 이상 실행되지 않아서 'INSERT ~~' 구문은 정상적으로 실행되지 않았다.

4-4 앞으로는 SQL문을 사용할 때에는 쿼리 창에 써있는 모든 SQL을 실행할 것이 확실하지 않다면, 먼저 실행할 부분만을 마우스로 드래그해서 선택한다. 그리고 〈SQL 실행〉 아이콘을 확장해서 [선택 실행]을 선택하거나, 마우스 오른쪽 버튼을 클릭한 후 [선택 실행]을 선택하거나, 키보드에서 Ctrl + F9 를 눌러서 실행하면 된다. 3가지 방법 중 아무거나 편리한 것으로 사용하자. 앞으로도 잊지 말고 마우스로 드래그한 후에 실행하는 습관을 기르자.

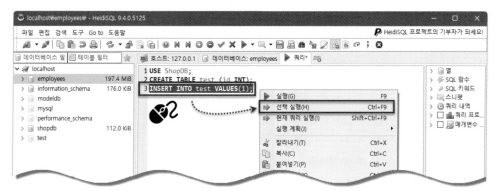

[그림 5-37] 실행하기를 원하는 부분만 마우스로 선택한 후에 실행

step 5

결과를 다양한 방식으로 필터링할 수 있으며, 다양한 파일 형태로 저장할 수도 있다.

5-0 HeidiSQL을 종료한 후, 다시 시작하고 localhost에 접속한다. 만약 쿼리를 저장하겠냐고 묻는 창이 나오면 〈아니오〉를 선택한다.

5-1 왼쪽 [데이터베이스 목록] 중 employees 데이터베이스를 확장하고, employees 테이블을 더블클릭한다. 그리고 [데이터] 탭을 클릭하면 모든 데이터가 조회된다.

[그림 5-38] employees 테이블 데이터 조회

5-2 오른쪽 끝의 [필터]를 클릭한 후 '다중 열 필터 생성:' 부분에 "Mary"를 입력하고 〈필터 적용〉을 클릭한다. 그러면 결과 중에서 "Mary"가 들어간 행만 결과로 보일 것이다. 즉, 전체 행(298936개) 중에서 Mary라는 이름이 들어간 직원은 224명인 것을 확인할 수 있다.

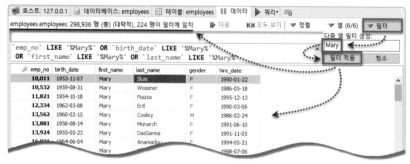

[그림 5-39] 필터를 사용

5-3 이번에는 쿼리 결과를 엑셀 파일로 저장해 보자. 결과 화면에서 마우스 오른쪽 버튼을 클릭한 후 [격자행 내보내기]를 선택한다. [격자 행 내보내기] 창이 나오면, [파일]을 선택하고 출력을 [Excel CSV]로 선택한다. 그리고 파일명을 적절히 지정한 후 〈확인〉을 클릭해서 저장한다.

⚠️ CSV 파일은 콤마(,)로 셀이 구분되는 형식의 파일로, 엑셀 등에서 쉽게 읽을 수 있다. 또한, 메모장에서도 읽을 수 있다. 참고로 데이터에 한글이 들어갔다면 인코딩을 'UTF-8' 등으로 변경하고 저장해야 한다.

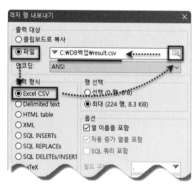

[그림 5-40] 엑셀 CSV로 저장

5-4 Microsoft 엑셀을 실행해서 [열기] 창의 파일 형식을 '텍스트 파일(*.prn; *.txt; *.csv)'로 선택한 후에, 방금 저장한 csv 파일을 선택하고 〈열기〉 버튼을 클릭한다.

⚠️ 엑셀이 설치되어 있지 않은 독자는 무료 오피스 프로그램인 리브레 오피스(http://ko.libreoffice.org/)를 다운로드해서 설치한 후 실습해도 된다. 리브레 오피스는 마이크로소프트 오피스 파일(엑셀, 워드, 파워포인트)을 모두 읽고 쓸 수 있으며, HWP 파일 읽기, PDF 저장 기능 등 많은 기능을 무료로 제공해 주는 오픈 소스 프로그램이다.

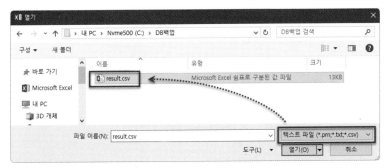

[그림 5-41] 엑셀의 파일 열기 창

5-5 엑셀에서 Mary가 들어간 254개 행의 결과를 확인할 수 있다. 필요하다면 엑셀 파일로 저장한다(지금은 그냥 저장하지 않고 닫아도 된다).

	A	B	C	D	E	F	G	H	I	J
1	emp_no	birth_date	first_name	last_name	gender	hire_date				
2	10011	1953-11-07	Mary	Sluis	F	1990-01-22				
3	10532	1959-08-31	Mary	Wossner	F	1986-05-18				
4	11821	1954-10-18	Mary	Piazza	F	1995-12-13				
5	12334	1962-03-08	Mary	Ertl	F	1990-03-06				
6	13562	1960-02-15	Mary	Cooley	M	1986-02-24				
7	13881	1956-08-14	Mary	Monarch	F	1991-06-10				
8	13924	1955-05-23	Mary	DasSarma	F	1991-11-05				
9	16021	1964-06-04	Mary	Ananiadou	F	1994-05-21				

[그림 5-42] 엑셀에서 읽어 들인 결과

5-6 [그림 5-40]에 나와 있듯이 그 외에도 저장하는 파일 형태로 HTML, JSON, SQL INSERT문, XML 등으로도 저장할 수도 있다.

`step 6`

이번에는 실행되는 SQL문이 어떻게 실행되는지 실행계획Execution Plan을 확인해 보자.

6-1 [쿼리] 탭을 클릭한 후 **SELECT * FROM employees**문을 입력한다. 그리고 마우스로 드래그해서 선택한 후, 마우스 오른쪽 버튼을 클릭한 후 [실행계획] 》 [현재 쿼리의 실행 계획]을 선택한다.

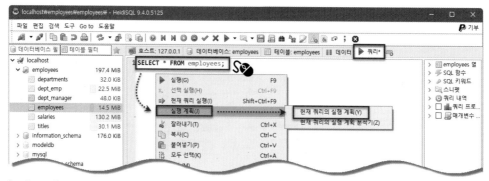

[그림 5-43] SQL의 실행 계획

6-2 결과 창을 확인하면 실행된 SQL이 어떻게 실행되었는지 나타내 준다.

⚠ 결과의 상세한 내용은 데이터베이스 튜닝에 필요한 내용들인데, MariaDB를 더 깊게 공부하면 좀 더 살펴볼 기회가 있을 것이다. 특히 9장 인덱스 부분에서 상세히 다루겠다.

[그림 5-44] 실행된 SQL의 실행 계획

6-3 실습을 마쳤으므로 HeidiSQL을 종료하자. 저장을 물어보면 저장할 필요는 없다.

5.2 외부 MariaDB 서버 관리하기

실무에서는 Windows용 MariaDB보다는 Linux용 MariaDB를 더 많이 사용한다. 그런데, Linux는 대부분 명령어 모드로만 사용하기 때문에 앞에서 배운 강력한 MariaDB 툴인 HeidiSQL을 사용할 수가 없다.

우선 우리가 지금까지 사용한 네트워크 환경의 구조는 [그림 5-45]와 같다.

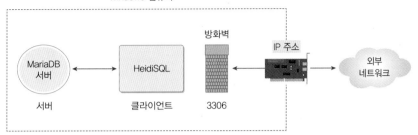

[그림 5-45] Windows 한 대에 서버와 클라이언트를 모두 설치한 상태

[그림 5-45]에서 Windows 한 대에 '서버'에 해당하는 MariaDB Server와 '클라이언트'에 해당하는 HeidiSQL을 모두 설치해 놓았으므로 외부 네트워크로 나갈 일이 없어서 별도의 설정없이 실습을 잘 진행해 왔다.

하지만 Linux 컴퓨터에 설치된 MariaDB 서버를 사용하고 싶다면 [그림 5-46]과 같은 구성을 해야 한다.

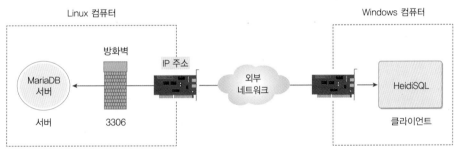

[그림 5-46] Linux 설치된 MariaDB Server에 Windows에 설치된 HeidiSQL에서 접속한 상태

[그림 5-46]에서 '서버'인 MariaDB Server는 Linux에 설치되어 있다. 이를 접근하기 위해서 '클라이언트'인 HeidiSQL만 Windows에 설치해 놓았다. 비록 서로 다른 컴퓨터와 운영체제이지만 몇 가지 설정을 통해서 마치 한 대의 컴퓨터에 설치된 [그림 5-45]와 동일하게 운영 관리할 수 있다. 주의 깊게 봐야 할 것은 다음 3가지 정도다.

• Linux 컴퓨터의 방화벽에서 MariaDB의 포트인 3306번을 허용하도록 설정해야 한다(부록에서 이미 수행했다).
• Linux 컴퓨터의 IP 주소를 알고 있어야 한다.
• Windows 컴퓨터의 HeidiSQL에서 Linux 컴퓨터로 연결고리를 만들어 놓아야 한다.

실습을 통해서 [그림 5-46]을 구성하고 확인해 보자.

⚠️ 이번 〈실습 4〉는 책 뒤의 '부록'을 수행해야 진행할 수 있다. 만약 부록을 진행하지 않은 독자는 부록을 먼저 수행해야 한다. 만약 부록의 실습이 부담된다면 이번 〈실습 4〉는 생략하자. 〈실습 4〉를 진행하지 않아도 향후 이 책의 다른 실습을 수행하는 데 대부분 문제는 없다.

실습4

Linux에 설치된 MariaDB Server를 관리하자.

step 0

부록에서 설치한 Linux 컴퓨터를 부팅하고 네트워크가 정상적으로 작동하는지 확인하자.

0-1 VMware를 실행해서 부록에서 설치한 Linux 컴퓨터를 부팅한 후, root/password로 로그인한다. 비밀번호를 입력하는 것은 보이지 않는다. 또, 성공적으로 로그인되면 프롬프트가 '[root@localhost ~]#'으로 보인다.

[그림 5-47] Linux 로그인

0-2 먼저 [그림 5-46]에 표현된 Linux 컴퓨터의 IP 주소를 확인해야 한다. **ip addr** 명령을 입력해서 두 번째의 inet이라고 써있는 부분의 주소를 확인하자. 필자와 독자가 다를 수 있다.

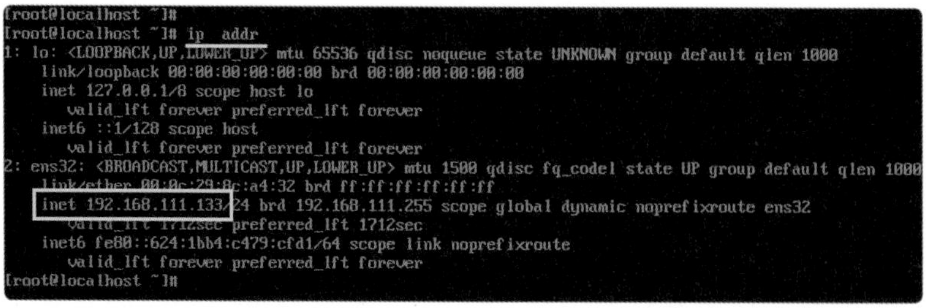

[그림 5-48] Linux 컴퓨터의 IP 주소 확인

0-3 Windows에서 명령 프롬프트를 하나 열고, **ping Linux_IP_주소** 명령을 입력하자. 필자와 같이 응답한다면 [그림 5-46]의 서버인 Linux 컴퓨터와 클라이언트인 Windows 컴퓨터가 네트워크로 잘 작동하는 상태인 것이다.

⚠ 부록에서 언급했지만, 게스트 컴퓨터와 호스트 컴퓨터의 포커스를 이동하는 키는 왼쪽 Ctrl + Alt 다.

[그림 5-49] 두 컴퓨터의 정상적인 네트워크 상태

⚠ 만약, 필자와 같이 ping 명령이 응답하지 않는다면 더 이상 실습을 진행할 수 없다. 부록의 실습을 다시 한 번 자세히 확인해야 한다.

`step 1`

[그림 5-46]에 나온 것처럼 Windows 환경의 HeidiSQL에서 Linux 환경의 MariaDB Server에 연결하자.

1-1 HeidiSQL을 실행하고, 왼쪽 아래 〈신규〉를 클릭한다.

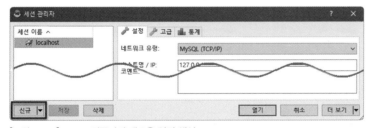

[그림 5-50] Linux 컴퓨터의 새로운 연결 생성 1

1-2 왼쪽 세션 이름 창에서 이름을 적당히 "Linux" 정도로 입력하고, [호스트명/IP]는 앞에서 알아낸 Linux 컴퓨터의 IP 주소를 적어준다. 사용자와 암호는 MariaDB 관리자인 root/1234를 입력하고 〈저장〉과 〈열기〉를 클릭한다.

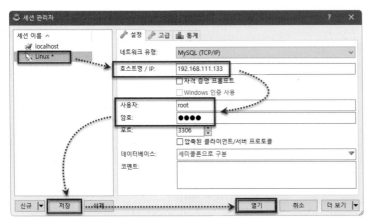

[그림 5-51] Linux 컴퓨터의 새로운 연결 생성 2

1-3 Linux와 연결된 것이 확인된다. [그림 5-46]의 환경이 완성된 것이다.

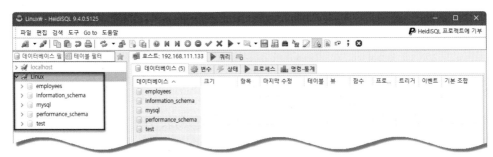

[그림 5-52] Linux 컴퓨터의 새로운 연결 생성 3

step 2

Linux의 MariaDB를 사용해 보자.

2-1 초기 화면이 Windows용 MariaDB에 접속하는 것과 다르지 않을 것이다. [쿼리] 탭을 클릭해서 기본적으로 쿼리문인 **SHOW databases**문을 실행해서 확인해 보자.

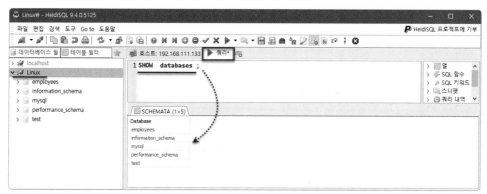

[그림 5-53] Linux 컴퓨터의 MariaDB를 사용 1

2-2 연습 삼아서 다음 쿼리를 입력한 후 실행해 보자. 그리고 왼쪽 [데이터베이스 목록]의 빈 곳에서 마우스 오른쪽 버튼을 클릭한 후, [새로 고침]을 하면 데이터베이스를 확인할 수 있다.

```
CREATE DATABASE myDB;
USE myDB;
CREATE TABLE myTBL (uname CHAR(10));
INSERT INTO myTBL VALUES ('전지적참견시점');
SELECT * FROM myTBL;
```

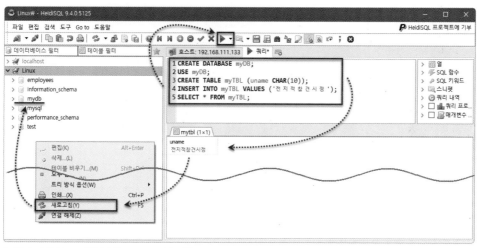

[그림 5-54] Linux 컴퓨터의 MariaDB를 사용 2

2-3 HeidiSQL을 종료한다.

Linux에서 입력된 데이터를 확인해 보자.

3-1 가상머신의 프롬프트(#)에서 **mysql -u root -p** 명령으로 접속하자. 비밀번호는 1234다.

3-2 다음 쿼리문으로 확인하자. 이 상태는 [그림 5-46]의 Linux 서버에서 직접 작업하는 것이다.

⚠ 만약 세미콜론(;)을 찍지 않고 [Enter]를 누르면 프롬프트가 →로 변경된다. 그때 세미콜론을 입력해도 된다. 어차피 세미콜론이 나올 때까지는 [Enter]를 아무리 눌러도 한 문장으로 취급한다.

```
USE myDB;
INSERT INTO myTBL VALUES ('MBC TV');
SELECT * FROM myTBL;;
```

3-3 최종적으로 한글은 깨져 보이지만, Linux 터미널 환경이 한글을 지원하지 못하는 것일 뿐 한글은 테이블에 잘 들어 있는 상태다. 즉, Linux 터미널에서 영문이나 숫자는 INSERT문으로 입력이 가능하지만, 한글 입력은 HeidiSQL과 같은 외부의 클라이언트 툴을 사용해야 한다.

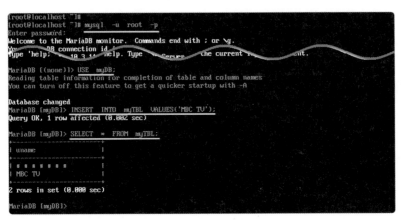

[그림 5-55] Linux 컴퓨터에서 작업하기

3-4 **exit**문과 **shutdown -h now** 명령으로 Linux를 종료하자.

이번 실습을 통해서 Windows에 MariaDB가 설치되어 있든, Linux에 MariaDB가 설치되어 있든 [그림 5-46]과 같이 Windows 클라이언트 컴퓨터에서 동일하게 접근하고 관리/운영할 수 있는 것을 확인했다.

Windows의 HeidiSQL에서 Linux의 MariaDB 서버에 접속해서, 3장의 [그림 3-1]의 쇼핑몰 데이터베이스를 구현하자. 그리고 인덱스, 뷰, 스토어드 프로시저, 트리거, 백업/복원, 웹 서비스 등도 구현해 보자. 즉, Windows의 MariaDB 대신에 Linux의 MariaDB를 사용해보는 것이다.

힌트 3장 전체를 참조해서 진행한다.

5.3 사용자 관리하기

지금까지 우리는 MariaDB 관리자인 root로 접속해서 사용했다. 그런데, 실무에서는 MariaDB 데이터베이스를 혼자 사용하는 것이 아니라 다양한 사용자나 응용프로그램이 접속해서 사용한다.

이렇게 MariaDB에 접속하는 사람들에게 모두 root의 비밀번호를 알려준다면 어떻게 될까? 고의든 실수든 문제가 발생한다면 회사의 중요한 데이터가 모두 유출되거나, 증발하는 끔찍한 일이 생길 수도 있다. 이런 것을 방지하기 위해서 root 외의 별도의 사용자를 만들고, 모든 권한이 아닌 적당한 권한을 부여해서 관리할 필요가 있다.

[그림 5-56]은 일반적인 회사의 사용자 및 권한에 대한 상황을 단순화한 예시다.

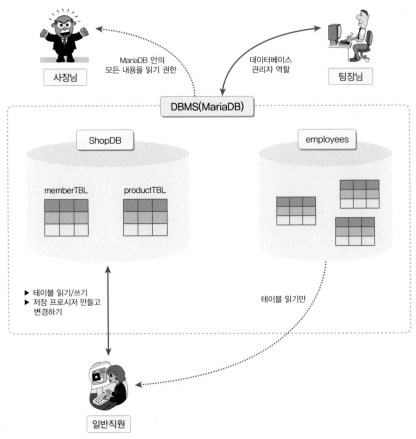

[그림 5-56] 사용자에게 부여된 다양한 권한

[그림 5-56]은 사용자에게 다양한 권한을 부여하는 형태다. 먼저 '팀장님'은 root와 동일한 데이터 베이스 관리자의 역할을 갖는다. 즉 모든 작업을 할 수 있다.

'사장님'은 특별히 데이터베이스 작업을 하지는 않지만, 회사의 모든 데이터를 읽을 수 있는 권한을 부여했다. '일반직원'은 자신의 업무인 ShopDB 데이터베이스의 모든 테이블을 읽기/쓰기할 수 있다. 또한, 스토어드 프로시저나 스토어드 함수를 만들거나 변경할 수 있는 권한을 부여한다. 추가로 업무에 참조할 수 있도록 employees 데이터베이스는 테이블에 대한 읽기 권한만 부여한다. 실습을 통해서 [그림 5-56]을 구현해 보자.

⚠ 권한Privileges은 단편적인 것을 말하는데, 예로 SELECT 권한, INSERT 권한, CREATE 권한 등을 말한다. 역할Role은 권한의 집합을 말하는데, 예로 DBA 역할은 SELECT 권한 등 모든 권한이 포함되어 있다.

MariaDB의 사용자 및 역할/권한을 관리하자.

HeidiSQL을 종료하고 다시 HeidiSQL을 실행해서 localhost에 접속하자. 그리고 왼쪽 [데이터베이스 목록] 창에서 localhost를 클릭한다.

[그림 5-56]의 팀장님^{director}을 생성하고 데이터베이스 관리자(DBA)의 역할을 부여하자.

1-1 메뉴의 [도구] 〉〉 [사용자 관리자]를 선택한다.

1-2 [사용자 관리자] 창에서 〈추가〉를 클릭한 후, 사용자 이름에 "director"로 입력하자. 호스트는 "%"를 입력한다. 암호도 기억하기 쉽게 "director"로 입력하고, 접근 허용에는 '전체 권한'을 체크한 후, 〈저장〉을 클릭하면 director 사용자가 등록된 것을 확인할 수 있다.

⚠ '호스트에서' 부분에서 지금 "%"를 입력한 것은 모든 컴퓨터를 의미한다. 즉, 어떤 컴퓨터든 director 사용자와 비밀번호로 접속이 가능하다는 의미다(보안에는 좀 취약하다).

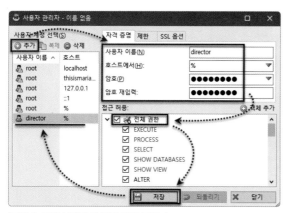

[그림 5-57] 사용자 생성 및 권한 부여 1

1-3 [제한] 탭을 클릭하면 시간당 쿼리, 시간당 업데이트, 시간당 연결, 동시 연결 등을 설정할 수 있다. 모두 0은 특별히 제한이 없다는 의미다. 특별히 제한할 것이 아니라면 그대로 두자.

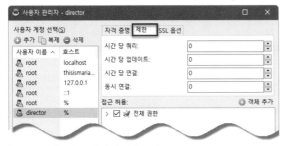

[그림 5-58] 사용자 생성 및 권한 부여 2

⚠ 다음 SQL문은 이용해도 팀장님^{director}을 HeidiSQL의 GUI에서 작업한 것과 동일한 결과를 얻을 수 있다. 주로 명령어 모드에서 사용자를 직접 만들 때 사용할 수 있으며, 테이블 단위 등의 더 세밀한 권한 부여도 가능하다.

```
CREATE USER director@'%' IDENTIFIED BY 'director';
GRANT ALL ON *.* TO director@'%' WITH GRANT OPTION;
```

`step 2`

[그림 5-56]의 사장님^{ceo}을 생성하고 MariaDB의 모든 데이터에 읽기^{Select} 권한을 부여하자.

2-1 다시 [사용자 관리자] 창에서 〈추가〉를 클릭한 후, 사용자 이름에 "ceo"로 입력하자. 호스트는 "%"를 입력한다. 암호도 기억하기 쉽게 "ceo"로 입력한다. [그림 5-56]에서 사장님은 MariaDB의 읽기^{SELECT}로 계획되어 있으므로, 접근 허용에는 '전체 권한'을 확장해서 'SELECT' 부분만 체크한다. 〈저장〉을 클릭하면 ceo 사용자를 저장하자.

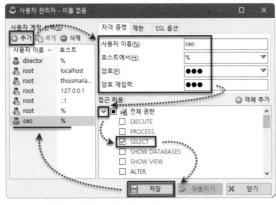

[그림 5-59] 사용자 생성 및 권한 부여 3

⚠️ 사장님(ceo)를 만드는 SQL은 다음과 같다.

```
CREATE USER ceo@'%' IDENTIFIED BY 'ceo';
GRANT SELECT ON *.* TO ceo@'%';
```

`step 3`

이번에는 [그림 5-56]의 일반직원staff을 생성하고, ShopDB 데이터베이스의 모든 테이블에 대해 읽기Select
쓰기Insert, Update, Delete 권한을 부여하자. 또, 스토어드 프로시저 등을 생성Create Routine하고 수정Alter Routine할 수 있
는 권한도 부여한다. 추가로 employees 데이터베이스의 테이블에 대해서는 읽기Select 권한만 부여하자.

3-1 다시 [사용자 관리자] 창에서 〈추가〉를 클릭한 후, 사용자 이름에 "staff"로 입력하자. 호스트는 "%"
를 입력한다. 암호도 "staff"로 입력한다. 〈객체 추가〉를 클릭해서 shopdb를 선택한다. 데이터베이스
shopdb가 추가되면 계획대로 SELECT, ALTER ROUTINE, CREATE ROUTINE, DELETE, INSERT,
UPDATE 등 6개를 체크하고 〈저장〉을 클릭한다.

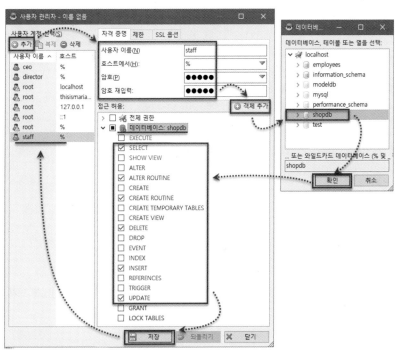

[그림 5-60] 사용자 생성 및 권한 부여 4

3-2 다시 〈객체 추가〉를 클릭한다. 이번에는 employees 데이터베이스의 SELECT 권한만 부여한다. 〈저장〉을 클릭해서 설정한 내용을 적용하자.

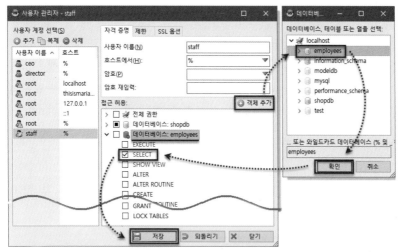

[그림 5-61] 사용자 생성 및 권한 부여 5

⚠ 일반직원staff을 만드는 SQL은 다음과 같다.

```
CREATE USER staff@'%' IDENTIFIED BY 'staff';
GRANT SELECT, INSERT, UPDATE, DELETE ON ShoDB.* TO staff@'%';
GRANT SELECT ON employees.* TO staff@'%';
```

3-3 [그림 5-56]의 구성이 완성되었다. 〈닫기〉를 클릭해서 [사용자 관리자] 창을 닫고, HeidiSQL도 종료한다.

---

step 4

팀장님director으로 접속해서 [그림 5-56]처럼 DBA 권한이 있는지 확인해 보자.

4-0 HeidiSQL을 실행한다. 아직 접속하지 말자.

4-1 [세션 관리자]에서 새로운 세션을 만들어도 되지만, 기존의 [localhost] 연결의 사용자를 변경해 보자. 사용자를 "director"로 변경하고, 암호도 "director"로 입력한 후 〈저장〉과 〈열기〉를 클릭한다.

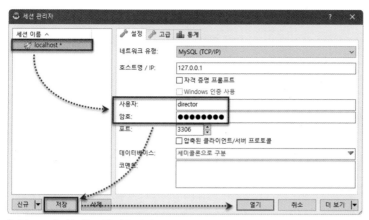

[그림 5-62] 접속하는 사용자를 변경

4-2 [쿼리] 탭을 클릭해서 데이터베이스를 하나 생성하고 다시 삭제해 보자. 오류 없이 잘 실행되면 DBA의 권한이 있는 것으로 보면 된다.

```
CREATE DATABASE sampleDB;
DROP DATABASE sampleDB;
```

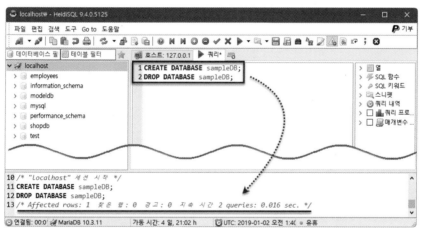

[그림 5-63] DBA 역할을 확인

4-3 HeidiSQL을 종료한다.

사장님^{ceo}으로 접속해서 [그림 5-56]처럼 전체 MariaDB에 읽기 권한만 있는지 확인해 보자.

5-1 HeidiSQL을 실행한다. [세션 관리자]에서 사용자를 "ceo"로 변경하고, 암호도 "ceo"로 입력한 후 〈저장〉과 〈열기〉를 클릭한다.

5-2 쿼리 창에서 읽기 SQL이 정상적으로 되는지 확인한다.

```
USE ShopDB;
SELECT * FROM membertbl;
```

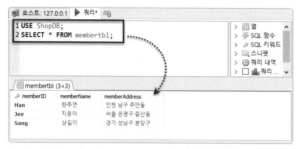

[그림 5-64] SELECT 권한을 확인

5-3 데이터를 삭제해 보자. 명령이 거부되었다는 메시지 창이 나올 것이다. ceo는 읽기(SELECT) 외에는 권한이 없으므로 삭제가 안되는 것이다. 그 외 INSERT, UPDATE, CREATE 등도 모두 실행되지 않을 것이다.

⚠ HeidiSQL은 DELETE문에 WHERE가 없으며 경고창이 나온다. 일반적으로 테이블의 모든 행을 제거하는 경우는 드물기 때문에 확인을 위해서 경고창이 나온다. 그냥 〈예〉를 클릭해서 진행하면 된다.

[그림 5-65] DELETE는 권한이 없음

5-4 HeidiSQL을 종료한다.

step 6

일반직원staff으로 접속해서 [그림 5-56]처럼 각 데이터베이스에 대한 권한을 확인해 보자.

6-1 HeidiSQL을 실행한다. 이번에는 staff로 접속한다.

6-2 왼쪽 [데이터베이스 목록]을 확장하면 employees와 shopdb만 확인된다. [그림 5-56]을 보면 staff 에게는 2개의 데이터베이스에만 접근 권한을 줬기 때문이다.

⚠ information_schema와 test 데이터베이스는 시스템용이어서 일반 사용자도 목록이 확인된다

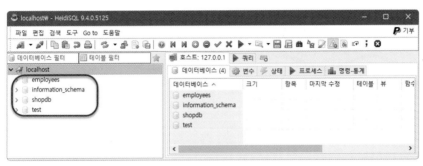

[그림 5-66] 2개의 DB만 보임

6-3 쿼리 창에서 다음 쿼리를 실행한다. 잘 수행될 것이다.

```
USE ShopDB;
DELETE FROM memberTBL WHERE memberID = 'Sang';
SELECT * FROM memberTBL;
```

6-4 테이블을 DROP으로 삭제해 보자. DROP 권한은 주지 않았으므로 실패할 것이다.

```
DROP TABLE memberTBL;
```

6-5 employees 데이터베이스도 SELECT문은 잘 작동하겠지만, 그 외에 다른 SQL문은 수행되지 않을 것 이다.

```
USE employees;
SELECT * FROM employees;
```

6-6 HeidiSQL을 종료한다.

HeidiSQL을 실행한다. [세션 관리자]에서 사용자를 원래대로 "root"로 변경하고, 암호는 "1234"로 입력한 후 〈저장〉을 클릭한다. [세션 관리자]를 종료한다.

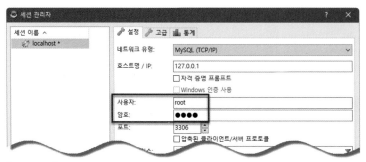

[그림 5-67] 다시 root 사용자로 변경

 비타민 퀴즈 5-2

Windows의 HeidiSQL에서 Linux의 MariaDB 서버에 접속해서, [그림 5-56]과 같이 사용자를 생성해 보자.

 비타민 퀴즈 5-3

Linux 가상머신의 명령어 모드에서, [그림 5-56]과 같이 사용자를 생성해 보자.

힌트 1 우선 다음 SQL문으로 [퀴즈 5-2]에서 만든 사용자를 삭제한다.

```
DROP USER director;
DROP USER ceo;
DROP USER staff;
```

힌트 2 〈실습 5〉에서 사용자를 생성하는 SQL문도 다뤘다.

힌트 3 명령어 모드에서 사용자로 접속하려면 **mysql -u 사용자이름 -p** 명령을 사용한다.

힌트 4 Linux 명령어로 MariaDB에 접속하기 위해서는, 사용자이름@'localhost' 사용자를 추가로 생성하고 권한도 줄 필요가 있다. 예로 팀장director는 다음과 같은 쿼리를 추가로 실행할 필요가 있다.

```
CREATE USER director@'localhost' IDENTIFIED BY 'director';
GRANT ALL ON *.* TO director@'localhost' WITH GRANT OPTION;
```

이 정도로 MariaDB의 툴 및 유틸리티의 사용법을 마치고자 한다. 물론, HeidiSQL의 많은 기능의 일부만 살펴본 셈이지만, 이 책에서 사용되는 필수적인 것을 위주로 살펴보았다.

또, 계속 HeidiSQL의 기능만 나열한다면 별로 효과적이지 못할 듯하다. 앞으로 다른 내용들을 계속 진행하면서 더 필요한 툴이나 유틸리티들은 그때마다 사용법을 살펴보는 것이 더 학습에 효과적일 것이다.

SQL 기본

SQL Structured Query Language, 구조화된 질의 언어문은 데이터베이스에서 사용되는 일종의 공통 언어다. 한국인에게는 한국어로, 중국인에게는 중국어로 얘기해야 서로 의사소통이 되듯이, DBMS에게는 SQL문으로 질문하고 명령을 지시해야만 DBMS가 알아듣고, 작업을 수행한 후 그 결과 값을 우리에게 준다. 그런데, 우리가 학습하는 MariaDB 외에도 많은 DBMS가 있기 때문에 모든 DBMS에서 통용되는 공통의 SQL 표준이 필요하다. 이를 위해 NCITS(국제 표준화 위원회)에서는 ANSI/ISO SQL이라는 명칭의 SQL의 표준을 관리하고 있으며, 이 중에서도 1992년에 제정된 ANSI-92 SQL과 1999년에 제정된 ANSI-99 SQL이라는 명칭의 표준이 대부분의 DBMS 회사에서 적용하는 기준이 되고 있다. 그러나, ANSI-92/99 SQL이 모든 DBMS 제품의 특성을 반영할 수가 없기 때문에, 각 회사들은 ANSI-92/99 SQL의 표준을 준수하면서도 자신들의 제품의 특성을 반영하는 SQL에 별도의 이름을 붙였다. 일례로, MariaDB나 MySQL에서는 그냥 SQL이라고 명명한 SQL문을, Oracle에서는 PL/SQL이라는 이름의 SQL문을, SQL Server는 Transact SQL(T-SQL)이라는 이름의 SQL문을 사용한다.

결론적으로 MariaDB가 사용하는 SQL은 대부분의 DBMS에 공통적으로 적용되는 ANSI-92/99 SQL의 내용을 포함하면서 MariaDB의 특징을 반영하는 내용이 포함된, 확장된 SQL이라고 생각하면 되겠다. 앞으로는 SQL을 문맥에 따라서 쿼리 또는 쿼리문이라고도 부를 것이다. 다 같은 의미이므로 혼동하지 말기 바란다.

이 장의 핵심 개념

6장은 데이터베이스를 운영하기 위한 기본적인 SQL문을 학습한다. 6장의 핵심 개념은 다음과 같다.

1. SELECT문의 기본 구조는 'SELECT 열이름 FROM 테이블이름 WHERE 조건'이다.

2. 책 전체 실습을 위해 쇼핑몰을 간략화한 sqlDB를 생성하고 사용한다.

3. WHERE절은 조회하는 결과에 특정한 조건을 줘서, 원하는 데이터만 보고 싶을 때 사용한다.

4. CREATE TABLE … SELECT 구문은 테이블을 복사해서 사용할 경우에 주로 사용된다.

5. GROUP BY절의 역할은 지정된 열을 그룹으로 묶어주는 역할을 하며, 주로 집계 함수와 함께 사용된다.

6. SQL문은 크게 DML, DDL, DCL로 분류한다.

7. INSERT/UPDATE/DELETE문은 데이터의 입력/수정/삭제의 기능을 한다.

이 장의 학습 흐름

> SELECT문의 형식과 사용법
>
> ⬇
>
> 책 전체에서 사용할 sqlDB 생성
>
> ⬇
>
> 특정 조건을 조회하는 WHERE절
>
> ⬇
>
> ORDER BY절 및 LIMIT절
>
> ⬇
>
> GROUP BY 및 HAVING 그리고 집계 함수
>
> ⬇
>
> INSERT/UPDATE/DELETE문의 형식

6.1 SELECT문

3장에서도 간단히 사용해 보았던, 기본적인 SQL 문장인 SELECT / INSERT / UPDATE / DELETE에 대해서 알아보자. 이 4개만 알아도 SQL 구문을 기본적으로는 사용할 수가 있다. 특히, 관리자보다는 응용프로그램 개발자가 이 4개를 잘 사용하는 것이 중요하다.

6.1.1 원하는 데이터를 가져와 주는 기본적인 〈SELECT... FROM〉

SELECT문은 가장 많이 사용하는 구문이다. 처음에는 쉬운 듯 별 것 아닌 것처럼 보이지만, 갈수록 어렵게 느껴지는 구문이다. SELECT는 한마디로 데이터베이스 내의 테이블에서 원하는 정보를 추출하는 명령이다.

SELECT의 구문 형식

다음은 MariaDB의 도움말에 나오는 SELECT의 구문 형식이다.

```
SELECT
    [ALL | DISTINCT | DISTINCTROW]
    [HIGH_PRIORITY]
    [STRAIGHT_JOIN]
    [SQL_SMALL_RESULT] [SQL_BIG_RESULT] [SQL_BUFFER_RESULT]
    [SQL_CACHE | SQL_NO_CACHE] [SQL_CALC_FOUND_ROWS]
    select_expr [, select_expr ...]
    [ FROM table_references
      [WHERE where_condition]
      [GROUP BY {col_name | expr | position} [ASC | DESC], ... [WITH ROLLUP]]
      [HAVING where_condition]
      [ORDER BY {col_name | expr | position} [ASC | DESC], ...]
      [LIMIT {[offset,] row_count | row_count OFFSET offset}]
      [PROCEDURE procedure_name(argument_list)]
      [INTO OUTFILE 'file_name' [CHARACTER SET charset_name] [export_options]
      INTO DUMPFILE 'file_name' INTO var_name [, var_name] ]
      [[FOR UPDATE | LOCK IN SHARE MODE] [WAIT n | NOWAIT] ] ]
  export_options:
      [{FIELDS | COLUMNS}
          [TERMINATED BY 'string']
          [[OPTIONALLY] ENCLOSED BY 'char']
```

```
            [ESCAPED BY 'char']
        ]
    [LINES
        [STARTING BY 'string']
        [TERMINATED BY 'string']
    ]
```

필자가 조금 전에 처음에는 쉽다고 얘기했는데, 위 형식을 보니 전혀 쉬워 보이지 않는다고 생각하는 독자가 많을 것이다.

SELECT문은 다양한 옵션으로 인해 전체 구문 형식은 복잡해 보이지만, 실제적으로 많이 사용되는 형태로 요약한 구조는 다음과 같다. 여기서 대괄호([ ])의 내용은 생략할 수 있다.

```
SELECT select_expr
    [FROM table_references]
    [WHERE where_condition]
    [GROUP BY {col_name | expr | position}]
    [HAVING where_condition]
    [ORDER BY {col_name | expr | position}]
```

처음보다는 훨씬 단순해졌다. 그래도 좀 복잡해 보인다면 다음과 같이 가장 자주 쓰이는 형식으로 줄이자.

```
SELECT 열이름
FROM 테이블이름
WHERE 조건
```

어떤가? 이 정도면 충분히 해볼 만하게 보일 것이다. 앞으로 쉬운 것부터 하나씩 해가면서, 추가적으로 살을 붙여가는 형식으로 SELECT문을 정복하자.

USE 구문

SELECT문을 학습하려면 먼저 사용할 데이터베이스를 지정해야 한다. 이번 장에서 주로 사용할 데이터베이스는 잠시 후에 만들게 될 sqlDB 데이터베이스와 MariaDB의 샘플 데이터베이스인 employees다. 현재 사용하는 데이터베이스를 지정 또는 변경하는 구문 형식은 다음과 같다.

```
USE 데이터베이스_이름;
```

만약, employees를 사용하기 위해서는 쿼리 창에서 다음과 같이 입력하면 된다.

```
USE employees;
```

이렇게 지정해 놓은 후에는 특별히 다시 USE문을 사용하거나, 다른 DB를 사용하겠다고 명시하지 않는 이상 모든 SQL문은 employees에서 수행된다. 한마디로 **"지금부터 employees를 사용하겠으니, 모든 쿼리는 employees에서 수행하라"**는 의미다.

여기서 잠깐

☼ SQL의 대소문자 구분

SQL은 일반적으로 대소문자를 구분하지 않는다. 즉, USE, use, uSE를 모두 동일하게 인식한다. 하지만, 여러 가지 면에서 전체 대문자 또는 소문자 등으로 통일하는 것이 구문을 읽기 쉽게 하며, MariaDB의 성능에도 약간의 도움이 된다. 필자는 독자가 읽기 쉽게 예약어(USE, SELECT 등)는 대문자로, 사용자 정의어(테이블 이름, 열 이름) 등은 대소문자를 섞어서 사용하겠다.

또는 [그림 6-1]과 같이 HeidiSQL에서 직접 선택하여 지정할 수도 있다. 왼쪽 [데이터베이스 목록]에서 employees 데이터베이스를 클릭하면 초록색 체크 모양 아이콘으로 표시된다(색상이 흐려서 자세히 봐야 한다). 또한 오른쪽 탭에는 [데이터베이스: employees] 탭이 추가되고 employees 데이터베이스에 있는 테이블의 목록이 보인다. 이제부터는 employees 데이터베이스가 기본적으로 사용된다. HeidiSQL의 제목표시줄도 localhost\employees\로 표시된다.

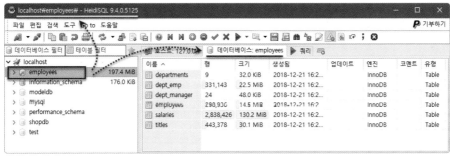

[그림 6-1] 현재 데이터베이스의 변경

만약, 다른 데이터베이스가 지정된 상태에서 조회하게 되면 주로 다음과 같은 메시지가 나온다.

```
USE mysql;
SELECT * FROM employees;
```

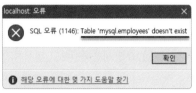

[그림 6-2] 오류 메시지

현재 선택된 mysql 데이터베이스에는 employees라는 테이블이 없기 때문에 나오는 메시지다. 따라서, 이런 경우에는 먼저 데이터베이스 이름을 확인하고, 데이터베이스가 제대로 지정되었다면 열이름이나 테이블 이름의 철자를 확인해 보자.

⚠ MariaDB 초보자가 가장 자주 만나는 오류 메시지다. 그러므로, 쿼리 창을 연 후에 가장 먼저 자신이 작업할 데이터베이스가 선택되어 있는가를 확인하는 습관이 필요하다.

SELECT와 FROM

다시 employees 데이터베이스를 선택한 후에, HeidiSQL의 쿼리 창에서 간단한 SQL문을 수행하자.

```
SELECT * FROM titles ;
```

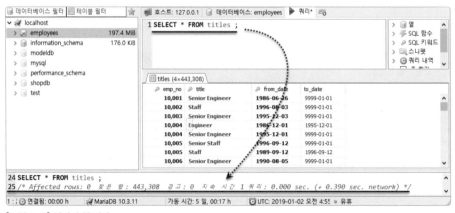

[그림 6-3] 쿼리 수행 결과

결과를 확인할 수 있다. [그림 6-3]에 표시해 놓은 아래쪽 결과 메시지를 간단히 살펴보자.

- **25**: MariaDB에서 처리된 순번을 나타낸다. 내부적으로 수행한 쿼리를 포함해서 번호가 부여된다.
- **Affected rows**: 변경된 행의 개수를 나타낸다. SELECT문이므로 변경된 행이 별도로 없다.
- **찾은 행**: SELECT문은 조회된 행의 개수가 나온다.
- **경고**: 경고가 발생될 경우 경고의 개수가 나온다.
- **지속시간 1 쿼리**: 실행된 쿼리의 개수와 쿼리가 실행된 시간을 나타낸다.
- **(+ 시간. network)**: 네트워크 전송시간을 나타낸다.

이제 SELECT문을 하나하나 뜯어보자. 일반적으로 *은 '모든 것'을 의미한다. 그런데 *가 사용된 곳이 열 이름이 나올 곳의 위치이므로, 이곳의 *은 모든 열을 의미한다. FROM 다음은 테이블/뷰 등의 항목이다. 결국 풀어서 쓰면, 'titles 테이블에서 모든 열의 내용을 가져와'라는 의미가 된다.

원래 테이블의 전체 이름은 '데이터베이스이름.테이블이름' 형식으로 표현된다. 필자를 예로 든다면, 이 테이블의 전체 이름은 employees.titles이므로 원칙적으로는 다음과 같이 사용하여야 한다.

```
SELECT * FROM employees.titles;
```

하지만 데이터베이스 이름을 생략하더라도 [그림 6-1]에서 선택된 데이터베이스 이름이 자동으로 붙게 된다. 그러므로 현재 선택된 데이터베이스가 employees라면 아래 두 쿼리는 동일하다.

```
SELECT * FROM employees.titles;
SELECT * FROM titles;
```

이번에는 해당 테이블에서 전체 열이 아닌 필요로 하는 열만 가져오자. 다음과 같이 사원 테이블의 이름만 가져와 보자.

```
SELECT first_name FROM employees;
```

사원의 이름만 얻을 수 있다. 실과 탭은 '테이블이름(열개수×행개수)'으로 표시된다. 여기서는 employees 테이블의 1개 행을 300,024개 조회했다는 의미이다.

[그림 6-4] 쿼리 실행 결과

여러 개의 열을 가져오고 싶으면 콤마(,)로 구분하면 된다. 또한, 열 이름의 순서는 사용자의 마음대로 바꿔도 된다.

```sql
SELECT first_name, last_name, gender FROM employees;
```

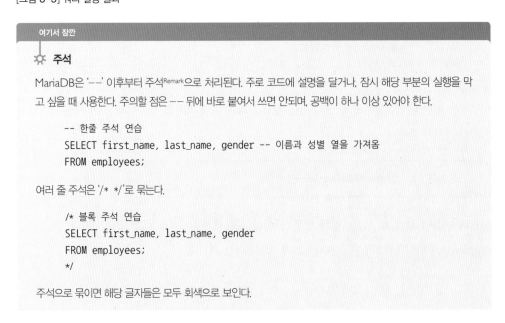

[그림 6-5] 쿼리 실행 결과

여기서 잠깐

☼ 주석

MariaDB은 '−−' 이후부터 주석Remark으로 처리된다. 주로 코드에 설명을 달거나, 잠시 해당 부분의 실행을 막고 싶을 때 사용한다. 주의할 점은 −− 뒤에 바로 붙여서 쓰면 안되며, 공백이 하나 이상 있어야 한다.

```sql
-- 한줄 주석 연습
SELECT first_name, last_name, gender -- 이름과 성별 열을 가져옴
FROM employees;
```

여러 줄 주석은 '/* */'로 묶는다.

```sql
/* 블록 주석 연습
SELECT first_name, last_name, gender
FROM employees;
*/
```

주석으로 묶이면 해당 글자들은 모두 회색으로 보인다.

데이터베이스 이름, 테이블 이름, 필드 이름이 정확히 기억나지 않거나, 또는 각 이름의 철자가 확실하지 않을 때 찾아서 조회하는 방법을 실습하자. 지금 조회하고자 하는 내용이 employees 데이터베이스에 있는 employees 테이블의 first_name 및 gender열이라고 가정한다.

step 0

HeidiSQL을 종료하고 다시 HeidiSQL을 실행해서 localhost에 접속하자. 그리고 왼쪽 [데이터베이스 목록] 창에서 localhost를 클릭한 후, 오른쪽 [쿼리] 탭을 클릭해서 쿼리 창을 준비하자.

step 1

현재 서버에 어떤 데이터베이스가 있는지 조회한다.

```
SHOW DATABASES;
```

SCHEMATA (1×7)	
Database	
employees	
information_schema	
modeldb	
mysql	
performance_schema	
shopdb	
test	

[그림 6-6] 데이터베이스의 이름 조회

step 2

우리가 찾던 데이터베이스 이름이 employees인 것 같다. employees 데이터베이스를 지정한다.

```
USE employees;
```

step 3

현재의 데이터베이스(employees)에 있는 테이블의 정보를 조회한다.

```
SHOW TABLE STATUS;
```

⚠ 테이블의 이름만 간단히 보려면 **SHOW TABLES** 쿼리문을 사용하면 된다.

TABLES (20×6)

Name	Engine	Version	Row_format	Rows	Avg_row_length	Data_length
departments	InnoDB	10	Dynamic	9	1,820	16,384
dept_emp	InnoDB	10	Dynamic	331,143	36	12,075,008
dept_manager	InnoDB	10	Dynamic	24	682	16,384
employees	InnoDB	10	Dynamic	298,936	50	15,220,736
salaries	InnoDB	10	Dynamic	2,838,426	35	100,270,080
titles	InnoDB	10	Dynamic	443,378	46	20,512,768

[그림 6-7] 테이블 이름 조회

그 중, 찾고자 하는 테이블 이름Name인 employees의 정확한 이름을 찾았다.

step 4

employees 테이블의 열이 무엇이 있는지 확인해 보자.

```
DESCRIBE employees; 또는 DESC employees;
```

COLUMNS (6×6)

Field	Type	Null	Key	Default	Extra
emp_no	int(11)	NO	PRI	(NULL)	
birth_date	date	NO		(NULL)	
first_name	varchar(14)	NO		(NULL)	
last_name	varchar(16)	NO		(NULL)	
gender	enum('M','F')	NO		(NULL)	
hire_date	date	NO		(NULL)	

[그림 6-8] 열 이름 조회

first_name과 gender 열 이름을 확인했다.

step 5

최종적으로 데이터를 조회한다.

```
SELECT first_name, gender FROM employees;
```

물론, 지금의 방법 외에 간단히 HeidiSQL의 왼쪽 [데이터베이스 목록] 창을 확인할 수도 있다. 하지만, 지금 〈실습 1〉 방법을 잘 알아두면 Linux 명령어 모드에서도 사용될 수 있을 것이다.

비타민 퀴즈 6-1

Linux 가상머신의 명령어 모드에서 〈실습 1〉을 진행해 보자.

여기서 잠깐

☆ 별칭

열 이름을 별도의 별칭Alias으로 지정할 수도 있다. 열 이름 뒤에 **AS 별칭** 형식으로 붙이면 된다. 하지만, 별칭의 중간에 공백이 있다면 꼭 홑따옴표(' ')로 별칭을 감싸줘야 한다. 또, AS는 붙여도 되고 생략해도 된다. 권장하기로는 별칭을 붙일 경우에는 되도록 ' ' 안에 별칭을 사용하기를 권장한다.

```
SELECT first_name AS 이름 , gender 성별, hire_date '회사 입사일'
FROM employees;
```

employees (3×300,024)		
이름	성별	회사 입사일
Georgi	M	1986-06-26
Bezalel	F	1985-11-21
Parto	M	1986-08-28
Chirstian	M	1986-12-01
Kyoichi	M	1989-09-12
Anneke	F	1989-06-02
Tzvet	F	1989-??-10

[그림 6-9] 열 이름 별칭

별칭을 사용하면 결과를 보기가 한결 편해지므로, 필드 제목이 좀 알아보기 힘들거나 계산식에 의해서 복잡한 열 이름이 되는 경우에 사용하면 좋다.

이제는 조건을 지정하는 WHERE문에 대해서 설명할 차례다. 기존의 employees를 가지고 설명해도 관계 없지만, MariaDB를 처음 대하는 대부분의 독자 입장에서는 employees의 구조가 조금 복잡해서 한눈에 보기가 쉽지 않다. 그래서 필자는 아주 간단하고, 보기 쉬운 테이블을 만들어서 주로 그 테이블을 사용하려고 한다. 이는 현실성은 조금 떨어져 보이지만, 조금 어려운 SQL의 구문을 이해하는 데는 훨씬 도움이 된다. 즉, 테이블의 구조에 부담이 없어져서 SQL 문법에 집중할 수가 있는 효과를 거둘 수 있을 것이다. employees도 필요한 경우에는 중간중간 계속 사용하게 될 것이다.

데이터베이스의 생성과 테이블의 생성은 8장에서 학습하겠지만, 우리는 3장에서 이미 맛보기로 만들어본 경험이 있으므로 그리 어색하지는 않을 것이다. 혹, 모르는 내용이 나와도 8장에서 자세히 다룰 것이므로 〈실습 2〉는 그냥 따라하기만 해도 관계 없다.

sqlDB

회원 테이블(userTbl)

아이디	이름	생년	지역	국번	전화번호	키	가입일
LSG	이승기	1987	서울	011	1111111	182	2008.8.8
KBS	김범수	1979	경남	011	2222222	173	2012.4.4
KKH	김경호	1971	전남	019	3333333	177	2007.7.7
JYP	조용필	1950	경기	011	4444444	166	2009.4.4
SSK	성시경	1979	서울			186	2013.12.12
LJB	임재범	1963	서울	016	6666666	182	2009.9.9
YJS	윤종신	1969	경남			170	2005.5.5
EJW	은지원	1978	경북	011	8888888	174	2014.3.3
JKW	조관우	1965	경기	018	9999999	172	2010.10.10
BBK	바비킴	1973	서울	010	0000000	176	2013.5.5

PK

구매 테이블(buyTbl)

순번	아이디	물품명	분류	단가	수량
1	KBS	운동화		30	2
2	KBS	노트북	전자	1000	1
3	JYP	모니터	전자	200	1
4	BBK	모니터	전자	200	5
5	KBS	청바지	의류	50	3
6	BBK	메모리	전자	80	10
7	SSK	책	서적	15	5
8	EJW	책	서적	15	2
9	EJW	청바지	의류	50	1
10	BBK	운동화		30	2
11	EJW	책	서적	15	1
12	BBK	운동화		30	2

PK FK

[그림 6-10] 샘플 데이터베이스(테이블의 내용은 필자가 임의로 작성한 것임)

이 구조는 간단히 인터넷 쇼핑몰 업체에서 운영하는 데이터베이스를 단순화한 것이라고 생각하면 된다(4장에서 했던 모델링의 결과와 비슷한 구조다). 대부분의 독자는 인터넷 쇼핑몰에서 물건을 구매해 봤을 것이다. 구매자가 물건을 사기 위해서 회원 가입을 하면, 가입한 회원 정보는 회원 테이블(userTbl)에 입력된다. 물론, 더 많은 정보를 입력해야 하지만 그냥 간단히 아이디/이름/출생연도/거주지역/휴대폰 국번/휴대폰 전화번호/키/가입일 등만 입력하는 것으로 하자. 회원 가입을 한 후에, 인터넷 쇼핑몰에서 물건을 구입하면 회원이 구매한 정보는 구매 테이블(buyTbl)에 기록된다. 그러면 이 쇼핑몰의 배송 담당자는 구매 테이블을 통해서 회원이 주문한 물건을 준비하고, 구매 테이블의 아이디와 일치하는 회원 테이블의 아이디를 찾아서 그 행의 주소로 회원에게 물품을 배송한다.

예로, 배송 담당자는 구매 테이블(buyTbl)의 아이디 'KBS'라는 사람이 구매한 운동화 2개, 노트북 1개, 청바지 3벌을 포장한 후에 회원 테이블(userTbl)의 'KBS'라는 아이디를 찾는다. 그리고 이름은 '김범수', 주소는 '경남', 연락처는 '011-222-2222'를 포장박스에 적어서 배송하게 될 것이다. 지금 얘기한 이 당연한(?) 과정을 SQL문에서도 거의 동일한 방식으로 수행하게 된다. 지금은 그냥 감만 잡아놓고 차근차근 학습해 보자.

앞으로 책의 전 과정에서 사용할 데이터베이스와 테이블을 생성하자.

아직 배우지 않은 문장이 많이 나올 것이므로 잘 이해가 안 가더라도 우선은 똑같이 진행하자. 앞으로 하나씩 계속 배워나갈 것이다.

step 0

HeidiSQL을 종료하고 다시 HeidiSQL을 실행해서 localhost에 접속하자. 그리고 왼쪽 [데이터베이스 목록] 창에서 localhost를 클릭한 후, 오른쪽 [쿼리] 탭을 클릭해서 쿼리 창을 준비하자. 이번에 입력할 쿼리는 앞으로 다른 장에서도 거의 비슷하게 많이 사용될 것이다. 그러므로, 이번 실습에서 입력한 쿼리를 저장해 놓는 것이 나중에 편리할 것이다.

step 1

우선 DB를 만들자.

⚠ 지금부터 입력하는 SQL문은 추후에 다시 사용할 수 있다. 그러므로 앞 번호의 SQL문을 지우지 말고, 추가로 입력한 후에 해당 부분의 SQL문을 마우스로 드래그한 후에 Ctrl + F9 를 눌러서 실행하자.

```
DROP DATABASE IF EXISTS sqlDB; -- 만약 sqlDB가 존재하면 우선 삭제한다(경고창은 무시한다).
CREATE DATABASE sqlDB;
```

step 2

테이블을 만들자.

```
USE sqlDB;
CREATE TABLE userTbl -- 회원 테이블
( userID        CHAR(8) NOT NULL PRIMARY KEY, -- 사용자 아이디(PK)
  name          VARCHAR(10) NOT NULL, -- 이름
  birthYear     INT NOT NULL,  -- 출생연도
  addr          CHAR(2) NOT NULL, -- 지역(경기,서울,경남 식으로 2글자만 입력)
  mobile1       CHAR(3), -- 휴대폰의 국번(011, 016, 017, 018, 019, 010 등)
  mobile2       CHAR(8), -- 휴대폰의 나머지 전화번호(하이픈 제외)
  height        SMALLINT,  -- 키
  mDate         DATE  -- 회원 가입일
);
CREATE TABLE buyTbl -- 회원 구매 테이블
( num           INT AUTO_INCREMENT NOT NULL PRIMARY KEY, -- 순번(PK)
  userID        CHAR(8) NOT NULL, -- 아이디(FK)
  prodName      CHAR(6) NOT NULL, --  물품명
```

```
    groupName      CHAR(4)  , -- 분류
    price          INT  NOT NULL, -- 단가
    amount         SMALLINT  NOT NULL, -- 수량
    FOREIGN KEY (userID) REFERENCES userTbl(userID) -- 외래 키 지정
);
```

⚠ 일부 DBMS에서는 CHAR와 VARCHAR는 영문자를 기준으로 1Byte를 할당하고, NCHAR와 NVARCHAR는 유
니코드를 기준으로 2Byte를 할당한다. 그래서 영문자를 입력할 계획이라면 CHAR나 VARCHAR를, 한글을 입력할 계
획이라면 NCHAR나 NVARCHAR를 사용한다. 하지만, 우리가 사용하는 MariaDB는 CHAR와 VARCHAR가 모두
UTF-8 코드를 사용한다. UTF-8 코드는 영문/숫자/기호를 입력하면 내부적으로 1바이트를 할당하고, 한글/중국어/일본
어 등을 입력하면 내부적으로 3Byte로 할당되므로 특별히 NCHAR와 NVARCHAR를 사용할 필요가 없다. 결론적으로
CHAR(10)으로 설정하면 영문이든 한글이든 10글자까지 입력할 수 있으며, 내부적으로는 MariaDB가 공간을 할당하므
로 사용자는 특별히 신경쓸 필요는 없다.

여기서 잠깐

☀ 데이터베이스 식별자

데이터베이스(=스키마) 개체의 이름을 식별자Identifier라고 한다. 데이터베이스 개체란 데이터베이스, 테이블,
인덱스, 열, 인덱스, 뷰, 트리거, 스토어드 프로시저 등과 같은 개체들을 의미한다. MariaDB에서 이러한 개체
를 정의할 때는 몇 가지 규칙을 따라야 한다. 즉, 데이터베이스 개체에 이름을 줄 때 따라야 할 규칙이다.

• 알파벳 a~z, A~Z, 0~9, $, _를 사용할 수 있다. 하지만 기본 설정은 영문 대문자나 소문자 어떤 것을 사용
  해도 소문자로 생성된다.

• 개체 이름은 최대 64자로 제한된다.

• 예약어를 사용하면 안 된다. 예로 CREATE TABLE select (...)는 안 된다. select는 예약어.

• 개체 이름은 원칙적으로 중간에 공백이 있으면 안되지만, 중간에 공백을 꼭 사용하려면 키보드 [Esc] 아래의
  백틱('`')으로 묶어야 한다. 예로 **CREATE TABLE `My Table` (...)**은 가능하다.

• 개체에 이름을 줄 때는 되도록 알기 쉽게 주는 것이 좋고 너무 길게 주는 것보다는 짧으면서도 이름만으로
  도 어떤 것인지 파악할 수 있는 것이 바람직하다. 다음은 좋지 않은 예다.

  – CREATE TABLE abc → 어떤 테이블인지 의미를 파악할 수 없음
  – CREATE TABLE sales(`Price of Production` int, …) → 열 이름이 의미 파악은 쉽게 되지만 너무 길다.

---

step 3

[그림 6-10] 같은 데이터를 입력하자(각각의 INSERT문을 한 줄씩 쓰자).

```
INSERT INTO userTbl VALUES('LSG', N'이승기', 1987, N'서울', '011', '11111111', 182, '2008-8-8');
INSERT INTO userTbl VALUES('KBS', N'김범수', 1979, N'경남', '011', '22222222', 173, '2012-4-4');
```

```
INSERT INTO userTbl VALUES('KKH', N'김경호', 1971, N'전남', '019', '33333333', 177, '2007-7-7');
INSERT INTO userTbl VALUES('JYP', N'조용필', 1950, N'경기', '011', '44444444', 166, '2009-4-4');
INSERT INTO userTbl VALUES('SSK', N'성시경', 1979, N'서울',  NULL, NULL    , 186, '2013-12-12');
INSERT INTO userTbl VALUES('LJB', N'임재범', 1963, N'서울', '016', '66666666', 182, '2009-9-9');
INSERT INTO userTbl VALUES('YJS', N'윤종신', 1969, N'경남', NULL, NULL    , 170, '2005-5-5');
INSERT INTO userTbl VALUES('EJW', N'은지원', 1972, N'경북', '011', '88888888', 174, '2014-3-3');
INSERT INTO userTbl VALUES('JKW', N'조관우', 1965, N'경기', '018', '99999999', 172, '2010-10-10');
INSERT INTO userTbl VALUES('BBK', N'바비킴', 1973, N'서울', '010', '00000000', 176, '2013-5-5');
INSERT INTO buyTbl VALUES(NULL, 'KBS', N'운동화', NULL , 30,   2);
INSERT INTO buyTbl VALUES(NULL, 'KBS', N'노트북', N'전자', 1000, 1);
INSERT INTO buyTbl VALUES(NULL, 'JYP', N'모니터', N'전자', 200,  1);
INSERT INTO buyTbl VALUES(NULL, 'BBK', N'모니터', N'전자', 200,  5);
INSERT INTO buyTbl VALUES(NULL, 'KBS', N'청바지', N'의류', 50,   3);
INSERT INTO buyTbl VALUES(NULL, 'BBK', N'메모리', N'전자', 80,  10);
INSERT INTO buyTbl VALUES(NULL, 'SSK', N'책'   , N'서적', 15,   5);
INSERT INTO buyTbl VALUES(NULL, 'EJW', N'책'   , N'서적', 15,   2);
INSERT INTO buyTbl VALUES(NULL, 'EJW', N'청바지', N'의류', 50,   1);
INSERT INTO buyTbl VALUES(NULL, 'BBK', N'운동화', NULL , 30,   2);
INSERT INTO buyTbl VALUES(NULL, 'EJW', N'책'   , N'서적', 15,   1);
INSERT INTO buyTbl VALUES(NULL, 'BBK', N'운동화', NULL , 30,   2);
```

⚠️ 문자형(char, varchar)에 데이터를 입력하려면 홑따옴표(' ')로 묶어줘야 한다. 또, 한글을 입력할 경우에는 그 앞에 영문자 N이나 n을 붙이는 것이 좋다. N을 붙이면 유니코드로 입력되는 것을 명시하는 것이다. HeidiSQL만 사용한다면 N을 안 붙여도 별 문제가 되지 않지만, 명령 프롬프트에서 실행할 경우에 'Incorrect string value' 관련 오류 메시지가 나올 수 있다. 예로 N'이승기' 또는 n'이승기'로 써도 된다.

step 4

데이터를 확인하자. 두 문장을 따로 실행하자.

```
SELECT * FROM userTbl;
SELECT * FROM buyTbl;
```

usertbl (8×10)

userID	name	birthYear	addr	mobile1	mobile2	height	mDate
BBK	바비킴	1,973	서울	010	00000000	176	2013-05-05
EJW	은지원	1,972	경북	011	88888888	174	2014-03-03
JKW	조관우	1,965	경기	018	99999999	172	2010-10-10
JYP	조용필	1,950	경기	011	44444444	166	2009-04-04
KBS	김범수	1,979	경남	011	22222222	173	2012-04-04
KKH	김경호	1,971	전남	019	33333333	177	2007-07-07
LJB	임재범	1,963	서울	016	66666666	182	2009-09-09
LSG	이승기	1,987	서울	011	11111111	182	2008-08-08
SSK	성시경	1,979	서울	(NULL)	(NULL)	186	2013-12-12
YJS	윤종신	1,969	경남	(NULL)	(NULL)	170	2005-05-05

[그림 6-11] 회원 테이블(userTbl)

⚠ 회원 테이블의 결과 순서가 입력한 순서와 다른 이유는 userID를 Primary Key로 지정했기 때문에 자동으로 클러스터형 인덱스가 생성돼서 입력 시에 userID열로 정렬되기 때문이다. 이에 대해서는 9장에서 자세히 얘기하겠다.

num	userID	prodName	groupName	price	amount
1	KBS	운동화	(NULL)	30	2
2	KBS	노트북	전자	1,000	1
3	JYP	모니터	전자	200	1
4	BBK	모니터	전자	200	5
5	KBS	청바지	의류	50	3
6	BBK	메모리	전자	80	10
7	SSK	책	서적	15	5
8	EJW	책	서적	15	2
9	EJW	청바지	의류	50	1
10	BBK	운동화	(NULL)	30	2
11	EJW	책	서적	15	1
12	BBK	운동화	(NULL)	30	2

buytbl (6×12)

[그림 6-12] 구매 테이블(buyTbl)

step 5

앞으로는 이 책의 많은 부분에서 이 sqlDB를 사용하게 될 것이다. 혹, 실수로 이 DB가 변경되어도 다시 입력하는 번거로움이 없도록 SQL문을 저장해 놓자.

5-1 메뉴의 [파일] 〉〉 [저장]을 선택하고, C:\SQL\ 폴더에 sqlDB.sql로 저장하자(필자는 C:\SQL\ 폴더를 미리 만들어 놓았다).

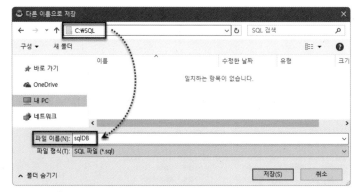

[그림 6-13] C:\SQL\sqlDB.sql로 스크립트를 저장

step 6

sqlDB 데이터베이스에 문제가 생겼을 경우에 초기화시키는 방법을 확인하자. 앞으로 자주 사용될 것이므로 방법을 잘 기억해 두자.

6-1 HeidiSQL을 종료하고 다시 HeidiSQL을 실행해서 localhost에 접속하자. 그리고 왼쪽 [데이터베이스 목록] 창에서 localhost를 클릭한다.

⚠ 이 책을 집필하는 시점의 HeidiSQL은 약간의 버그가 있어서, 처음 실행한 후 왼쪽 [데이터베이스 목록]의 localhost 또는 다른 데이터베이스를 클릭하지 않으면 HeidiSQL이 중단될 수 있다. 그러므로 HeidiSQL을 실행한 후에는 꼭 왼쪽 [데이터베이스 목록]의 localhost를 클릭한 후 작업을 진행하자.

6-2 메뉴의 [파일] 》 [SQL 파일 불러오기]를 선택한 후, C:\SQL\sqlDB.sql 파일을 선택하고 〈열기〉를 클릭한다.

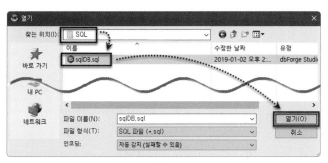

[그림 6-14] C:\SQL\sqlDB.sql 파일을 불러오기

6-3 쿼리 창이 열리면 왼쪽 [localhost]를 더블클릭해서 데이터베이스를 확장한다. 툴바의 〈SQL 실행〉 아이콘을 클릭하거나 F9를 눌러서 전체 SQL 문장을 실행한다.

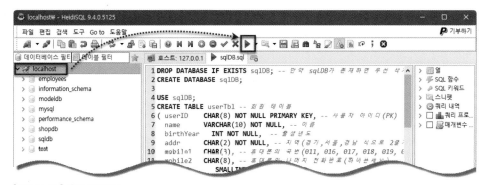

[그림 6-15] 쿼리 실행하기

6-4 결과 창에 2개의 테이블이 조회된 것이 보일 것이다.

6-5 HeidiSQL을 종료한다.

⚠ Windows의 명령어 모드에서 초기화하려면, Windows의 [시작] 》 [모든 앱] 》 [MariaDB 10.3] 》 [MySQL Client] 를 실행해서 root의 비밀번호인 1234를 입력하고 접속한다.

그리고 다음 SQL문을 입력하면 된다.

```
source C:\SQL\sqlDB.sql
exit
```

비타민 퀴즈 6-2

HeidiSQL에서 Linux의 MariaDB 서버에 접속한 후, [그림 6-10]의 sqlDB를 구축하자.

힌트 새로 입력하지 말고, 저장해 놓은 sqlDB.sql을 활용한다(〈실습 2〉의 step 6 을 참조).

6.1.2 특정한 조건의 데이터만 조회하는 〈SELECT… FROM … WHERE〉

기본적인 WHERE절

WHERE절은 조회하는 결과에 특정한 조건을 줘서 원하는 데이터만 보고 싶을 때 사용하는데, 다음과 같은 형식을 갖는다.

```
SELECT 필드이름 FROM 테이블이름 WHERE 조건식;
```

만약 WHERE 조건 없이 다음을 조회해 보자.

```
USE  sqlDB;
SELECT * FROM userTbl;
```

지금 userTbl은 우리가 10건의 데이터만 넣었지만, 만약 실제로 대형 인터넷 쇼핑몰의 가입 회원으로 생각하면 수백만 명이 될 수도 있다. 그렇다면, 전체 데이터가 스크롤되어 넘어가는 데에도 많은 시간이 걸릴 것이다. 예로, 지금 찾는 이름이 '김경호'라면 수백만 건을 조회한 후에 스크롤해서 찾을 필요는 없다.

```
SELECT * FROM userTbl WHERE name = '김경호';
```

userID	name	birthYear	addr	mobile1	mobile2	height	mDate
KKH	김경호	1,971	전남	019	3333333	177	2007-07-07

usertbl (8×1)

[그림 6-16] 쿼리 실행 결과

관계 연산자의 사용

1970년 이후에 출생하고, 신장이 182 이상인 사람의 아이디와 이름을 조회해 보자.

```
SELECT userID, Name FROM userTbl WHERE birthYear >= 1970 AND height >= 182;
```

이승기, 성시경 등 2명만 결과에 나올 것이다.

이번에는 1970년 이후에 출생했거나, 신장이 182 이상인 사람의 아이디와 이름을 조회해 보자.

```
SELECT userID, Name FROM userTbl WHERE birthYear >= 1970 OR height >= 182;
```

7명의 결과가 나올 것이다. '…했거나', '… 또는' 등은 OR 연산자를 사용하면 된다. '…하고', '…면서', '… 그리고' 등의 조건은 AND 연산자를 이용하면 된다.

이렇듯 조건 연산자(=, 〈, 〉, 〈=, 〉=, 〈 〉, != 등)와 관계 연산자(NOT, AND, OR 등)를 잘 조합하면 다양한 조건의 쿼리를 생성할 수 있다.

BETWEEN… AND와 IN() 그리고 LIKE

이번에는 키가 180 ~ 183인 사람을 조회해 보자.

```
SELECT Name, height FROM userTbl WHERE height >= 180 AND height <= 183;
```

임재범, 이승기 등 2명이 나올 것이다.

동일한 방식으로 BETWEEN… AND를 사용할 수 있다.

```
SELECT Name, height FROM userTbl WHERE height BETWEEN 180 AND 183;
```

키의 경우에는 숫자로 구성되어 있고 연속적인 값을 가지고 있어서 BETWEEN… AND를 사용했지만, 지역이 '경남'이거나 '전남'이거나 '경북'인 사람을 찾을 경우에 연속된 값이 아니기에 BETWEEN… AND를 사용할 수 없다.

지역이 경남, 전남, 경북인 사람의 정보를 확인해 보자.

```
SELECT Name, addr FROM userTbl WHERE addr='경남' OR  addr='전남' OR addr='경북';
```

이와 동일하게 연속적인Continuous 값이 아닌 이산적인Discrete 값을 위해 IN()을 사용할 수 있다.

```
SELECT Name, addr FROM userTbl WHERE addr IN ('경남','전남','경북');
```

문자열의 내용을 검색하기 위해서는 LIKE 연산자를 사용할 수 있다.

```
SELECT Name, height FROM userTbl WHERE name LIKE '김%';
```

위 조건은 성이 '김'씨이고 그 뒤는 무엇이든(%) 허용한다는 의미다. 즉, '김'이 제일 앞 글자인 것들을 추출한다. 그리고, 한 글자와 매치하기 위해서는 '_'를 사용한다. 다음은 맨 앞 글자가 한 글자이고, 그 다음이 '종신'인 사람을 조회해 준다.

```
SELECT Name, height FROM userTbl WHERE name LIKE '_종신';
```

이 외에도 '%'와 '_'를 조합해서 사용할 수 있다. 조건에 '_용%'라고 사용하면 앞에 아무거나 한 글자가 오고 두 번째는 '용', 그리고 세 번째 이후에는 몇 글자든 아무거나 오는 값을 추출해 준다.

예를 들어 "조용필", "사용한 사람", "이용해 줘서 감사합니다" 등의 문자열이 해당될 수 있다.

⚠ %나 _가 검색할 문자열의 제일 앞에 들어가는 것은 MariaDB 성능에 나쁜 영향을 끼칠 수 있다. 예로 name열을 '%용'이나 '_용필' 등으로 검색하면, name열에 인덱스Index가 있더라도 인덱스를 사용하지 않고 전체 데이터를 검색하게 된다. 지금은 데이터 양이 얼마되지 않으므로 그 차이를 느낄 수 없겠으나, 대용량 데이터를 사용할 경우에는 아주 비효율적인 결과를 낳게 된다. 인덱스에 대해서는 9장에서 상세히 다루겠다.

ANY/ALL/SOME 그리고 서브쿼리(SubQuery, 하위쿼리)

서브쿼리란 간단히 얘기하면 쿼리문 안에 또 쿼리문이 들어 있는 것을 얘기한다. 예로 김경호보다 키가 크거나 같은 사람의 이름과 키를 출력하려면, WHERE 조건에 김경호의 키를 직접 써줘야 한다.

```
SELECT Name, height FROM userTBL WHERE height  > 177;
```

그런데 이 177이라는 키를 직접 써주는 것이 아니라, 이것도 쿼리를 통해서 사용하려는 것이다.

```
SELECT Name, height FROM userTbl
    WHERE height > (SELECT height FROM userTbl WHERE Name = '김경호');
```

후반부의 **(SELECT height FROM userTbl WHERE Name = '김경호')**는 177이라는 값을 돌려주므로, 결국 177이라는 값과 동일한 값이 되어서, 위 두 쿼리는 동일한 결과를 내주는 것이다.

이번에는 지역이 '경남' 사람의 키보다 키가 크거나 같은 사람을 추출해 보자. [그림 6-10]을 보고 미리 결과를 예측해 보자. 경남인 사람은 김범수(키 173)와 윤종신(키 170)이므로 173 또는 170보다 작은 조용필을 제외한 나머지 9명이 출력되면 된다. 다음을 안보고도 직접 쿼리문을 만들어 보자.

```
SELECT Name, height FROM userTbl
    WHERE height >= (SELECT height FROM userTbl WHERE addr = '경남');
```

위와 동일하게 생각했는가? 그렇다면 실행해 보자.

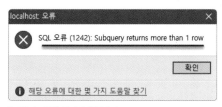

[그림 6-17] 쿼리 실행 결과

논리적으로 틀린 것은 없는 듯하지만, 오류가 나온다. 오류 메시지를 보니 서브쿼리가 둘 이상의 값을 반환하기 때문이다. 즉 **(SELECT height FROM userTbl WHERE addr = '경남')**이 173과 170이라는 두 개의 값을 반환하기 때문에 오류가 나는 것이다.

그래서 필요한 구문이 ANY 구문이다. 다음과 같이 고쳐서 실행해 보자.

```
SELECT Name, height FROM userTbl
    WHERE height >= ANY (SELECT height FROM userTbl WHERE addr = '경남');
```

예상한대로 키가 173보다 크거나 같은 사람 또는 키가 170보다 크거나 같은 사람이 모두 출력될 것이다. 결국 키가 170보다 크거나 같은 사람이 해당된다.

Name	height
바비킴	176
은지원	174
조관우	172
김범수	173
김경호	177
임재범	182
이승기	182
성시경	186
윤종신	170

usertbl (2×9)

[그림 6-18] 쿼리 실행 결과

이번에는 ANY를 ALL로 바꿔서 실행해 보자. 7명만 출력되었다. 그 이유는 키가 170보다 크거나 같아야 할 뿐만 아니라, 173보다 크거나 같아야 하기 때문이다. 결국 키가 173보다 크거나 같은 사람만 해당된다.

Name	height
바비킴	176
은지원	174
김범수	173
김경호	177
임재범	182
이승기	182
성시경	186

usertbl (2×7)

[그림 6-19] 쿼리 실행 결과

결론적으로 ANY는 서브쿼리의 여러 개의 결과 중 한 가지만 만족해도 되며, ALL은 서브쿼리의 여러 개의 결과를 모두 만족시켜야 한다. 참고로, SOME은 ANY와 동일한 의미로 사용된다.

이번에는 '>= ANY' 대신에 '= ANY'를 사용해 보자.

```
SELECT Name, height FROM userTbl
    WHERE height = ANY (SELECT height FROM userTbl WHERE addr = '경남');
```

Name	height
김범수	173
윤종신	170

[그림 6-20] 쿼리 실행 결과

정확히 ANY 다음의 서브쿼리 결과와 동일한 값인 173, 170에 해당되는 사람만 출력되었다.

이는 다음과 동일한 구문이다. 즉 '=ANY (서브쿼리)'는 'IN(서브쿼리)'와 동일한 의미다.

```
SELECT Name, height FROM userTbl
    WHERE height IN (SELECT height FROM userTbl WHERE addr = '경남');
```

원하는 순서대로 정렬하여 출력: ORDER BY

ORDER BY절은 결과물에 대해 영향을 미치지는 않지만, 결과가 출력되는 순서를 조절하는 구문이다.

먼저 가입한 순서로 회원들을 출력해 보자.

```
SELECT Name, mDate FROM userTbl ORDER BY mDate;
```

usertbl (2×10)

Name	mDate
윤종신	2005-05-05
김경호	2007-07-07
이승기	2008-08-08
조용필	2009-04-04
임재범	2009-09-09
조관우	2010-10-10
김범수	2012-04-04
바비킴	2013-05-05
성시경	2013-12-12
은지원	2014-03-03

[그림 6-21] 쿼리 실행 결과

기본적으로 오름차순ASCENDING으로 정렬된다. 내림차순DESCENDING으로 정렬하기 위해서는 열 이름 뒤에 DESC라고 적어주면 된다.

```
SELECT Name, mDate FROM userTbl ORDER BY mDate DESC;
```

이번에는 여러 개로 정렬해 보자. 키가 큰 순서로 정렬하되, 만약 키가 같을 경우에 이름 순으로 정렬하려면 다음과 같이 사용하면 된다. ASC(오름차순)는 디폴트 값이므로 생략해도 된다.

```
SELECT Name, height FROM userTbl ORDER BY height DESC, name ASC;
```

ORDER BY에 나온 열이 SELECT 다음에 꼭 있을 필요는 없다. 즉, **SELECT userID FROM userTbl ORDER BY height** 구문을 사용해도 된다.

ORDER BY는 어렵지 않은 개념이므로 이 정도면 충분하다. ORDER BY는 WHERE절과 같이 사용되어도 무방하다. 그리고, ORDER BY절은 SELECT, FROM, WHERE, GROUP BY, HAVING, ORDER BY 중에서 제일 뒤에 와야 한다는 것을 잊지 말자.

⚠ ORDER BY절은 MariaDB의 성능을 상당히 떨어뜨릴 소지가 있다. 꼭 필요한 경우가 아니라면 되도록 사용하지 않는 것이 좋다.

중복된 것은 하나만 남기는 DISTINCT

회원 테이블에서 회원들의 거주지역이 몇 군데인지 출력해 보자.

```
SELECT addr FROM userTbl;
```

[그림 6-22] 쿼리 실행 결과

10개 행밖에 안 되는 데도 중복된 것을 세는 것이 어렵다. 조금 전에 배운 ORDER BY를 사용해 보자.

```
SELECT addr FROM userTbl ORDER BY addr;
```

[그림 6-23] 쿼리 실행 결과

처음보다는 나아졌으나 중복된 것을 골라서 세기가 좀 귀찮다. 또, 몇 만 건이라면 정렬되어 있어도
세는 것을 포기해야 할 것이다. 이때 사용하는 구문이 DISTINCT다.

```
SELECT DISTINCT addr FROM userTbl;
```

[그림 6-24] 쿼리 실행 결과

중복된 것은 1개씩만 보여주면서 출력되었다.

출력하는 개수를 제한하는 LIMIT

이번에는 employees DB를 잠깐 사용해 보자. hire_date(회사 입사일)열이 있는데, 입사일이 오
래된 직원 5명의 emp_no(사원번호)를 알고 싶다면 어떻게 해야 할까? 조금 전에 배운 ORDER
BY절을 사용하면 된다.

```
USE employees;
SELECT emp_no, hire_date FROM employees
    ORDER BY hire_date ASC;
```

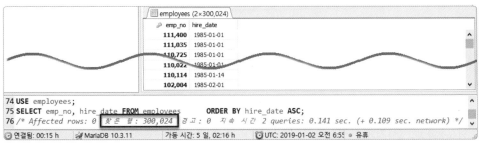

[그림 6-25] 쿼리 실행 결과

위의 결과에서 제일 앞의 5건만 사용하면 된다. 그런데, 5건을 보기 위해서 필요 없는 약 30만 건을 더 출력하였다. 어쩌면 이런 것이 별것 아니라고 생각할 수도 있겠지만, 이러한 조회가 자주 일어난다면 필요 없는 부담을 MariaDB에게 많이 준다. 그래서, 상위의 N개만 출력하는 'LIMIT N' 구문을 사용하면 된다.

```
USE employees;
SELECT emp_no, hire_date FROM employees
    ORDER BY hire_date ASC
    LIMIT 5 ;
```

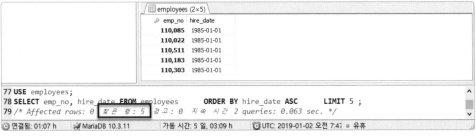

[그림 6-26] 쿼리 실행 결과

딱 원하는 개수만큼 출력되었다. 이는 개수의 문제보다는 MariaDB의 부담을 많이 줄여주는 방법이기도 하다.

LIMIT절은 'LIMIT 시작, 개수' 또는 'LIMIT 개수 OFFSET 시작' 형식으로도 사용할 수 있다. 시작은 0부터 한다. 그러므로 5개를 출력하기 위해서는 다음과 같이 사용해도 된다.

```
SELECT emp_no, hire_date FROM employees
    ORDER BY hire_date ASC
    LIMIT 0, 5;  -- LIMIT 5 OFFSET 0 과 동일
```

테이블을 복사하는 CREATE TABLE … SELECT

CREATE TABLE … SELECT 구문은 테이블을 복사해서 사용할 경우에 주로 사용된다.

```
형식:
CREATE TABLE 새로운테이블 (SELECT 복사할열 FROM 기존테이블)
```

다음은 buyTbl을 buyTbl2로 복사하는 구문이다.

```
USE sqlDB;
CREATE TABLE buyTbl2 (SELECT * FROM buyTbl);
SELECT * FROM buyTbl2;
```

필요하다면 지정한 일부 열만 복사할 수도 있다.

```
CREATE TABLE buyTbl3 (SELECT userID, prodName FROM buyTbl);
SELECT * FROM buyTbl3;
```

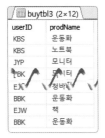

[그림 6-27] 쿼리 실행 결과

그런데, buyTbl은 Primary Key 및 Foreign Key가 지정되어 있다. 그것들도 복사가 될까?
HeidiSQL에서 확인해 보면, PK나 FK 등의 제약 조건은 복사되지 않는 것을 알 수 있다.

⚠ [데이터베이스 목록]의 데이터베이스에서 테이블이 안보이면 해당 데이터베이스에서 마우스 오른쪽 버튼을 클릭하고 [새로
고침]을 선택한다. 전에도 얘기했지만, 쿼리문으로 데이터베이스나 테이블 생성 시에 [데이터베이스 목록]에는 바로 보이지
않을 수 있다. 그럴 때는 [새로 고침]을 해주면 된다.

[그림 6-28] HeidiSQL에서 PK, FK 확인

6.1.3 GROUP BY 및 HAVING 그리고 집계 함수

GROUP BY절

이제는 SELECT 형식 중에서 GROUP BY, HAVING절에 대해서 파악해 보자.

```
형식 :
SELECT select_expr
    [FROM table_references]
    [WHERE where_condition]
    [GROUP BY {col_name | expr | position}]
    [HAVING where_condition]
    [ORDER BY {col_name | expr | position}]
```

먼저 GROUP BY절을 살펴보자. 이 절이 하는 역할은 말 그대로 그룹으로 묶어주는 역할을 한다. sqlDB의 구매 테이블(buyTbl)에서 사용자(userID)가 구매한 물품의 개수amount를 보려면 다음과 같이 하면 된다.

```
SELECT userID, amount FROM buyTbl ORDER BY userID;
```

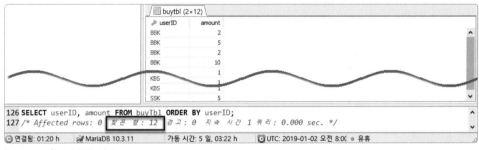

[그림 6-29] 쿼리 실행 결과

위 결과를 보면 사용자별로 여러 번의 물건 구매가 이루어져서, 각각의 행이 별도로 출력된다. BBK 사용자의 경우에는 2+5+2+10=19개를 구매했다. 합계를 낼 때 이렇게 손이나 전자계산기를 두드려서 계산한다면, MariaDB를 사용할 이유가 없을 것이다.

이럴 때는 집계 함수를 사용하면 된다. 집계 함수Aggregate Function는 주로 GROUP BY절과 함께 쓰이며 데이터를 그룹화Grouping 해주는 기능을 한다. 상세한 내용은 잠시 후에 살펴보자.

위의 결과에서 우리가 원하는 바는 BBK:19개, EJW:4개, JYP:1개, KBS:6개, SSK:5개와 같이 각 사용자(userID)별로 구매한 개수amount를 합쳐서 출력하는 것이다. 이럴 경우에는 집계 함수인 SUM()과 GROUP BY절을 사용하면 된다. 즉, 사용자(userID)별로 GROUP BY로 묶어준 후에 SUM() 함수로 구매 개수를 합치면 된다.

```
SELECT userID, SUM(amount) FROM buyTbl GROUP BY userID;
```

📎 userID	SUM(amount)
BBK	19
EJW	4
JYP	1
KBS	6
SSK	5

[그림 6-30] GROUP BY 사용 결과

그런데, SUM(amount)의 결과 열에는 제목이 함수 이름 그대로 나왔다. 전에 배운 별칭alias을 사용해서 결과를 보기 편하게 만들자.

```
SELECT userID AS '사용자 아이디', SUM(amount) AS '총 구매 개수'
    FROM buyTbl GROUP BY userID;
```

📎 사용자 아이디	총 구매 개수
BBK	19
EJW	4
JYP	1
KBS	6
SSK	5

[그림 6-31] 별칭의 활용

이번에는 구매액의 총합을 출력하자. 구매액은 가격Price * 수량amount이므로, 총합은 SUM()을 사용하면 된다.

```
SELECT userID AS '사용자 아이디', SUM(price*amount) AS '총 구매액'
    FROM buyTbl GROUP BY userID;
```

buytbl (2×5)

사용자 아이디	총 구매액
BBK	1,920
EJW	95
JYP	200
KBS	1,210
SSK	75

[그림 6-32] 총 구매액

집계 함수

SUM() 외에 GROUP BY와 함께 자주 사용되는 집계 함수(또는 집합 함수)는 [표 6-1]과 같다.

⚠ 집계 함수 외의 MariaDB 내장 함수는 7장에서 확인해 보겠다.

함수명	설명
AVG()	평균을 구한다.
MIN()	최소값을 구한다.
MAX()	최대값을 구한다.
COUNT()	행의 개수를 센다.
COUNT(DISTINCT)	행의 개수를 센다(중복은 1개만 인정).
STDEV()	표준편차를 구한다.
VAR_SAMP()	분산을 구한다.

[표 6-1] GROUP BY와 함께 사용되는 집계 함수

전체 구매자가 구매한 물품 개수^{amount}의 평균을 구해보자.

```
USE sqlDB;
SELECT AVG(amount) AS '평균 구매 개수' FROM buyTbl ;
```

결과 #1 (1×1)

평균 구매 개수
2.9167

[그림 6-33] 쿼리 실행 결과

평균 구매 개수의 결과가 2.9167개가 나왔다.

이번에는 각 사용자 별로 한 번 구매 시 물건을 평균 몇 개 구매했는지 평균을 내보자. GROUP BY
를 사용하면 된다.

```
SELECT userIQ, AVG(amount) AS '평균 구매 개수' FROM buyTbl   GROUP BY userID;
```

buytbl (2×5)	
🔑 userID	평균 구매 개수
BBK	4.7500
EJW	1.3333
JYP	1.0000
KBS	2.0000
SSK	5.0000

[그림 6-34] 쿼리 실행 결과

다른 예를 살펴보자. 가장 큰 키와 가장 작은 키의 회원 이름과 키를 출력하는 쿼리를 만들어서 직접 실행해 보자.

```
SELECT name, MAX(height), MIN(height) FROM userTbl;
```

usertbl (3×1)		
name	MAX(height)	MIN(height)
바비킴	186	166

[그림 6-35] 쿼리 실행 결과

결과가 예상한 대로는 아니다. 가장 큰 키와 가장 작은 키는 나왔으나, 이름은 하나뿐이라 어떤 것에 해당하는지 알 수가 없다. GROUP BY를 활용해서 다음과 같이 고쳐보았다.

```
SELECT Name, MAX(height), MIN(height) FROM userTbl GROUP BY Name;
```

usertbl (3×10)		
Name	MAX(height)	MIN(height)
김경호	177	177
김범수	173	173
바비킴	176	176
성시경	186	186
윤종신	170	170
은지원	174	174
이승기	182	182
임재범	182	182
조관우	172	172
조용필	166	166

[그림 6-36] 쿼리 실행 결과

역시 원하는 결과가 아니다. 그냥 모두다 나왔다.

이런 경우에는 앞에서 배운 서브쿼리와 조합을 하는 것이 비교적 수월하다.

```
SELECT Name, height
    FROM userTbl
    WHERE height = (SELECT MAX(height)FROM userTbl)
        OR height = (SELECT MIN(height)FROM userTbl) ;
```

[그림 6-37] 쿼리 실행 결과

이번에는 휴대폰이 있는 사용자의 수를 카운트하자.

```
SELECT COUNT(*) FROM userTbl;
```

위 쿼리의 결과는 전체 회원인 10명이 나올 것이다. 휴대폰이 있는 회원만 카운트하려면 휴대폰 열 이름(mobile1)을 지정해야 한다. 그럴 경우에, NULL 값인 것은 제외하고 카운트를 한다.

```
SELECT COUNT(mobile1) AS '휴대폰이 있는 사용자' FROM userTbl;
```

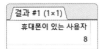

[그림 6-38] 쿼리 실행 결과

Having 절

앞에서 사용했던 SUM( )을 다시 사용해서 사용자별 총 구매액을 보자.

```
USE sqlDB;
SELECT userID AS '사용자', SUM(price*amount) AS '총구매액'
    FROM buyTbl
    GROUP BY userID ;
```

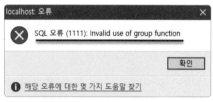

🔑 사용자	총구매액
BBK	1,920
EJW	95
JYP	200
KBS	1,210
SSK	75

buytbl (2×5)

[그림 6-39] 쿼리 실행 결과

그런데, 이 중에서 총 구매액이 1000 이상인 사용자에게만 사은품을 증정하고 싶다면, 앞에서 배운 조건을 포함하는 WHERE 구문을 생각했을 것이다.

```
SELECT userID AS '사용자', SUM(price*amount) AS '총구매액'
    FROM buyTbl
    WHERE SUM(price*amount) > 1000
    GROUP BY userID ;
```

localhost: 오류

❌ SQL 오류 (1111): Invalid use of group function

확인

ⓘ 해당 오류에 대한 몇 가지 도움말 찾기

[그림 6-40] 오류 메시지

오류 메시지를 보면 집계 함수는 WHERE절에 나타날 수 없다는 얘기다. 이럴 때 사용되는 것이 HAVING절이다. HAVING은 WHERE와 비슷한 개념으로 조건을 제한하는 것이지만, 집계 함수에 대해서 조건을 제한하는 것이라고 생각하면 된다. 그리고, HAVING절은 꼭 GROUP BY절 다음에 나와야 한다. 순서가 바뀌면 안 된다.

```
SELECT userID AS '사용자', SUM(price*amount) AS '총구매액'
    FROM buyTbl
    GROUP BY userID
    HAVING SUM(price*amount) > 1000 ;
```

📑 사용자	총구매액
BBK	1,920
KBS	1,210

buytbl (2×2)

[그림 6-41] 쿼리 실행 결과

추가로 총 구매액이 적은 사용자부터 나타내려면 ORDER BY를 사용하면 된다.

```
SELECT userID AS '사용자', SUM(price*amount) AS '총구매액'
    FROM buyTbl
    GROUP BY userID
    HAVING SUM(price*amount) > 1000
    ORDER BY SUM(price*amount) ;
```

ROLLUP

총합 또는 중간 합계가 필요하다면 GROUP BY절과 함께 WITH ROLLUP문을 사용하면 된다. 만약 분류(groupName)별로 합계 및 그 총합을 구하고 싶다면 다음의 구문을 사용하자.

```
SELECT num, groupName, SUM(price * amount) AS '비용'
    FROM buyTbl
    GROUP BY  groupName, num
    WITH ROLLUP;
```

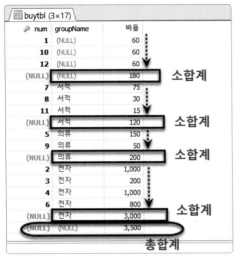

[그림 6-42] ROLLUP( )의 결과

중간중간에 num열이 NULL로 되어 있는 추가된 행이 각 그룹의 소합계를 의미한다. 또 마지막 행은 각 소합계의 합계, 즉 총합계의 결과가 나왔다.

위 구문에서 num은 Primary Key며, 각 항목이 보이는 효과를 위해서 넣어준 것이다. 만약 소합계 및 총합계만 필요하다면 다음과 같이 num을 빼면 된다.

```
SELECT groupName, SUM(price * amount) AS '비용'
    FROM buyTbl
    GROUP BY  groupName
    WITH ROLLUP;
```

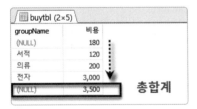

[그림 6-43] 쿼리 실행 결과

이로써 기본적이 SELECT문의 틀을 살펴보았다.

```
형식 :
SELECT select_expr
    [FROM table_references]
    [WHERE where_condition]
    [GROUP BY {col_name ¦ expr ¦ position}]
    [HAVING where_condition]
    [ORDER BY {col_name ¦ expr ¦ position}]
```

SELECT문은 가장 많이 사용되는 쿼리문이며, 가장 쉬우면서도 동시에 가장 어려운 부분이기도 하다.

이 책에서 다룬 내용은 일부일 뿐이므로, 앞으로 실무에서 적용할 더욱 전문적인 고급 SQL을 익히기 위해서는 다른 SQL 책이나 도움말, 인터넷 등을 통해서 더욱 깊게 학습하기 바란다.

이쯤에서 SQL문의 분류에 대해서 짧게 살펴보고, 계속 기본 SQL문인 INSERT/UPDATE/DELETE를 익히자.

6.1.4 SQL의 분류

SQL문은 크게 DML, DDL, DCL로 분류한다.

DML

DML[Data Manipulation Language, 데이터 조작 언어]은 데이터를 조작(선택, 삽입, 수정, 삭제)하는 데 사용되는 언어다. DML 구문이 사용되는 대상은 테이블의 행이다. 그러므로, DML을 사용하기 위해서는 꼭 그 이전에 테이블이 정의되어 있어야 한다.

SQL문 중에 SELECT, INSERT, UPDATE, DELETE가 이 구문에 해당된다. 또, 트랜잭션[Transaction]이 발생하는 SQL도 이 DML이다.

트랜잭션이란 쉽게 표현하면, 테이블의 데이터를 변경(입력/수정/삭제)할 때 실제 테이블에 완전히 적용하지 않고, 임시로 적용시키는 것을 말한다. 그래서, 만약 실수가 있었을 경우에 임시로 적용시킨 것을 취소시킬 수 있게 해준다.

⚠ SELECT도 트랜잭션을 발생시키기는 하지만, INSERT/UPDATE/DELETE와는 조금 성격을 달리하므로 별도로 생각하는 것이 좋다.

DDL

DDL^{Data Definition Language, 데이터 정의 언어}은 데이터베이스, 테이블, 뷰, 인덱스 등의 데이터베이스 개체를 생성/삭제/변경하는 역할을 한다. 자주 사용하는 DDL은 CREATE, DROP, ALTER 등이다. DDL은 이번 장 이후부터 종종 나오게 될 것이므로 그때마다 다시 살펴보자. 한 가지 기억할 것은 DDL은 트랜잭션을 발생시키지 않는다는 것이다. 따라서 되돌림(ROLLBACK)이나 완전적용(COMMIT)을 시킬 수가 없다. 즉, DDL문은 실행 즉시 MariaDB에 적용된다.

DCL

DCL^{Data Control Language, 데이터 제어 언어}은 사용자에게 어떤 권한을 부여하거나 빼앗을 때 주로 사용하는 구문으로, GRANT/REVOKE/ DENY 등이 이에 해당된다.

⚠ 사용자에게 권한을 부여하는 방법은 5장의 〈실습 5〉에서 학습했다.

6.2 데이터의 변경을 위한 SQL문

6.2.1 데이터의 삽입: INSERT

INSERT문 기본 형식

INSERT는 테이블에 데이터를 삽입하는 명령어다. 어렵지 않고 간단하다. 기본적인 형식은 다음과 같다.

```
INSERT [INTO] 테이블[(열1, 열2, …)] VALUES (값1, 값2 …)
```

INSERT문은 별로 어려울 것이 없으며, 몇 가지만 주의하면 된다.

우선 테이블 이름 다음에 나오는 열은 생략이 가능하다. 하지만, 생략할 경우에 VALUE 다음에 나오는 값들의 순서 및 개수가 테이블이 정의된 열 순서 및 개수와 동일해야 한다.

```
USE sqlDB;
CREATE TABLE testTBL1 (id  int, userName char(3), age int);
INSERT INTO testTBL1 VALUES (1, '홍길동', 25);
```

만약, 위의 예에서 id와 이름만을 입력하고 나이를 입력하고 싶지 않다면, 다음과 같이 테이블 이름 뒤에 입력할 열의 목록을 나열해 줘야 한다.

```
INSERT INTO testTBL1(id, userName) VALUES (2, '설현');
```

이 경우 생략한 age에는 NULL 값이 들어간다.

열의 순서를 바꿔서 입력하고 싶을 때는 꼭 열 이름을 입력할 순서에 맞춰 나열해 줘야 한다.

```
INSERT INTO testTBL1(userName, age, id) VALUES ('초아', 26,  3);
```

자동으로 증가하는 AUTO_INCREMENT

테이블의 속성이 AUTO_INCREMENT로 지정되어 있다면, INSERT에서는 해당 열이 없다고 생각하고 입력하면 된다. AUTO_INCREMENT는 자동으로 1부터 증가하는 값을 입력해 준다. AUTO_INCREMENT로 지정할 때는 꼭 PRIMARY KEY 또는 UNIQUE로 지정해 줘야 하며, 데이터 형은 숫자 형식만 사용할 수 있다. AUTO_INCREMENT로 지정된 열은 INSERT문에서 NULL값을 지정하면 자동으로 값이 입력된다.

```
USE  sqlDB;
CREATE TABLE testTBL2
   (id  int AUTO_INCREMENT PRIMARY KEY,
    userName char(3),
    age int );
INSERT INTO testTBL2 VALUES (NULL, '지민', 25);
INSERT INTO testTBL2 VALUES (NULL, '유나', 22);
INSERT INTO testTBL2 VALUES (NULL, '유경', 21);
SELECT * FROM testTBL2;
```

testtbl2 (3×3)

id	userName	age
1	지민	25
2	유나	22
3	유경	21

[그림 6-44] 쿼리 실행 결과

계속 입력을 하다 보면 현재 어느 숫자까지 증가되었는지 확인할 필요도 있다. **SELECT LAST_INSERT_ID()**문을 사용하면 마지막에 입력된 값을 보여준다. 이 경우에는 3을 보여줄 것이다.

그런데, 이후에는 AUTO_INCREMENT 입력값을 100부터 입력되도록 변경하고 싶다면 다음과 같이 수행하면 된다.

```
ALTER TABLE testTBL2 AUTO_INCREMENT=100;
INSERT INTO testTBL2 VALUES (NULL, '찬미', 23);
SELECT * FROM testTBL2;
```

testtbl2 (3×4)

id	userName	age
1	지민	25
2	유나	22
3	유경	21
100	찬미	23

[그림 6-45] 쿼리 실행 결과

증가값을 지정하려면 서버 변수인 @@auto_increment_increment 변수를 변경시켜야 한다. 다음 예제는 초기값을 1000으로 하고 증가값은 3으로 변경하는 예제다.

```
USE  sqlDB;
CREATE TABLE testTBL3
  (id  int AUTO_INCREMENT PRIMARY KEY,
   userName char(3),
   age int );
ALTER TABLE testTBL3 AUTO_INCREMENT=1000;
SET @@auto_increment_increment=3;
INSERT INTO testTBL3 VALUES (NULL, '나연', 20);
INSERT INTO testTBL3 VALUES (NULL, '정연', 18);
INSERT INTO testTBL3 VALUES (NULL, '모모', 19);
SELECT * FROM testTBL3;
```

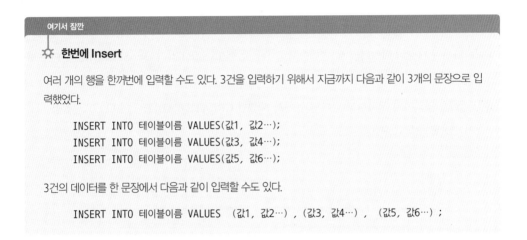

[그림 6-46] 쿼리 실행 결과

☆ 한번에 Insert

여러 개의 행을 한꺼번에 입력할 수도 있다. 3건을 입력하기 위해서 지금까지 다음과 같이 3개의 문장으로 입력했었다.

```
INSERT INTO 테이블이름 VALUES(값1, 값2…);
INSERT INTO 테이블이름 VALUES(값3, 값4…);
INSERT INTO 테이블이름 VALUES(값5, 값6…);
```

3건의 데이터를 한 문장에서 다음과 같이 입력할 수도 있다.

```
INSERT INTO 테이블이름 VALUES  (값1, 값2…) , (값3, 값4…) ,  (값5, 값6…) ;
```

대량의 샘플 데이터 생성

이번에는 샘플 데이터를 입력하는 경우를 생각해보자. 지금까지 했던 방식으로 직접 키보드로 입력하려면 많은 시간이 걸릴 것이다. 이럴 때 INSERT INTO… SELECT 구문을 사용할 수 있다. 이는 다른 테이블의 데이터를 가져와서 대량으로 입력하는 효과를 낸다.

```
형식:
INSERT INTO 테이블이름 (열이름1, 열이름2, …)
    SELECT문  ;
```

물론, SELECT문의 결과 열의 개수는 INSERT를 할 테이블의 열 개수와 일치해야 한다.

employees의 데이터를 가져와서 입력해 보자.

```
USE sqlDB;
CREATE TABLE testTBL4 (id int, Fname varchar(50), Lname varchar(50));
INSERT INTO testTBL4
  SELECT emp_no, first_name, last_name
    FROM employees.employees ;
```

결과 메시지 창에 "Affected rows: 300,024"로 표시되었을 것이다.

이렇듯 기존의 대량의 데이터를 샘플 데이터로 사용할 때 INSERT INTO… SELECT문은 아주 유용하다.

아예, 테이블 정의까지 생략하고 싶다면 앞에서 배웠던 CREATE TABLE… SELECT 구문을 다음과 같이 사용할 수도 있다.

```
USE sqlDB;
CREATE TABLE testTBL5
   (SELECT emp_no, first_name, last_name  FROM employees.employees) ;
```

6.2.2 데이터의 수정: UPDATE

기존에 입력되어 있는 값을 변경하기 위해서는 UPDATE문을 다음과 같은 형식으로 사용한다.

```
UPDATE 테이블이름
    SET 열1=값1, 열2=값2 …
    WHERE 조건 ;
```

UPDATE도 사용법은 간단하지만, 주의할 사항이 있다. WHERE절은 생략이 가능하지만 WHERE절을 생략하면 테이블 전체의 행이 변경된다.

다음 예는 'Kyoichi'의 Lname을 '없음'으로 변경하는 예다. 251건이 변경될 것이다.

```
UPDATE testTBL4
    SET Lname = '없음'
    WHERE Fname = 'Kyoichi';
```

만약, 실수로 WHERE절을 빼먹고 **UPDATE testTBL4 SET Lname = '없음'**을 실행했다면, 전체 행의 Lname이 모두 '없음'으로 변경된다. 실무에서도 이러한 실수가 종종 일어날 수 있으므로 주의가 필요하다. 원상태로 복구하기 위해서는 많은 복잡한 절차가 필요할 뿐만 아니라, 다시 되돌릴 수 없는 경우도 있다.

가끔은 전체 테이블의 내용을 변경하고 싶을 때 WHERE를 생략할 수도 있는데, 예로 구매 테이블에서 현재의 단가가 모두 1.5배 인상되었다면, 다음과 같이 사용할 수 있다. 경고 창이 나와도 〈예〉를 클릭한다.

```
USE sqlDB;
UPDATE buyTBL2 SET price = price * 1.5 ;
```

6.2.3 데이터의 삭제: DELETE FROM

DELETE도 UPDATE와 거의 비슷한 개념이다. DELETE는 행 단위로 삭제하는데, 형식은 다음과 같다.

```
DELETE FROM 테이블이름 WHERE 조건 ;
```

만약, WHERE문이 생략되면 전체 데이터를 삭제한다.

testTBL4에서 'Aamer' 사용자가 필요 없다면 다음과 같은 구문을 사용하면 된다('Aamer'라는 이름의 사용자는 228명이 있다).

```
USE sqlDB;
DELETE FROM testTBL4 WHERE Fname = 'Aamer';
```

이 예에서는 228건의 행이 삭제될 것이다.

만약 이름 전체를 지우는 것이 아니라 조건에 맞는 결과 중에서 상위 몇 건만 삭제하려면 LIMIT 구문과 함께 사용하면 된다. 다음은 224건의 'Mary' 중에서 상위 5건만 삭제된다.

```
DELETE FROM testTBL4 WHERE Fname = 'Mary' LIMIT 5;
```

이번에는 대용량 테이블의 삭제에 대해서 생각해 보자. 만약 대용량의 테이블이 더 이상 필요 없다면 어떻게 삭제하는 것이 좋을까? 실습을 통해서 삭제하는 방법을 확인하자. 또, 트랜잭션의 개념도 함께 살펴보자.

실습3

대용량의 테이블을 삭제하자.

step 1

대용량의 테이블을 세 개 생성하자. employees에서 약 30만 건이 있는 테이블을 복사해서 사용하겠다.

```
USE sqlDB;
CREATE TABLE bigTBL1 (SELECT * FROM employees.employees);
CREATE TABLE bigTBL2 (SELECT * FROM employees.employees);
CREATE TABLE bigTBL3 (SELECT * FROM employees.employees);
```

step 2

HeidiSQL 쿼리 창에서 DELETE/DROP/TRUNCATE문으로 세 테이블 모두 삭제한다. 세 구문 모두 테이블의 행을 모두 삭제한다(단, DROP문은 테이블 자체를 삭제한다). 다음 쿼리를 각 한 행씩 선택해서 실행한다.

```
DELETE FROM bigTBL1;
DROP TABLE bigTBL2;
TRUNCATE TABLE bigTBL3;
```

step 3

[결과 메시지]를 비교하면 DELETE만 Affected rows가 300,024로 나오고, DROP과 TRUNCATE는 0으로 나왔다.

```
16 DELETE FROM bigTBL1;
17 /* Affected rows: 300,024  찾은 행: 0  경고: 0  지속 시간 1 쿼리: 0.468 sec. */
18 DROP TABLE bigTBL2;
19 /* Affected rows: 0  찾은 행: 0  경고: 0  지속 시간 1 쿼리: 0.406 sec. */
20 TRUNCATE TABLE bigTBL3;
21 /* Affected rows: 0  찾은 행: 0  경고: 0  지속 시간 1 쿼리: 0.485 sec. */
```
연결됨: 00:02 h　　MariaDB 10.3.11　　가동 시간: 5 일, 04:20 h　　UTC: 2019-01-02 오전 8:59 ● 유휴

[그림 6-47] 삭제 결과

DML문인 DELETE는 트랜잭션 로그를 기록하는 작업 때문에 Affected rows가 표시된 것이다. DDL문인 DROP문은 테이블 자체를 삭제한다. DDL문은 트랜잭션을 발생시키지 않는다. 역시 DDL문인 TRUNCATE문의 결과는 DELETE와 동일하지만, TRUNCATE도 트랜잭션 로그를 기록하지 않는다.

6.2.4 조건부 데이터 입력, 변경

INSERT문이 행 데이터를 입력해 주는 것에 대해 배웠다. 그러면 기본 키가 중복된 데이터를 입력하면 어떻게 될까? 당연히 입력되지 않는다. 하지만, 100건을 입력하고자 하는데 첫 번째 한 건의 오류 때문에 나머지 99건도 입력되지 않는 것도 문제가 될 수 있다. MariaDB는 오류가 발생해도 계속 진행하는 방법을 제공한다. 실습을 통해서 확인해 보자.

실습4

INSERT의 다양한 방식을 실습하자.

step 1

우선 멤버 테이블(memberTBL)을 정의하고, 데이터를 입력하자. 지금은 연습 중이므로 기존 userTBL에서 아이디, 이름, 주소만 가져와서 간단히 만들겠다. 앞에서 배운 CREATE TABLE… SELECT문을 활용하면 된다.

```
USE sqlDB;
CREATE TABLE memberTBL (SELECT userID, name, addr FROM userTbl LIMIT 3); -- 3건만 가져옴
ALTER TABLE memberTBL
    ADD CONSTRAINT pk_memberTBL PRIMARY KEY (userID); -- PK를 지정함
SELECT * FROM memberTBL;
```

[그림 6-48] 멤버 테이블

여러 건을 입력 시에, 오류가 발생해도 나머지는 계속 입력되도록 하자.

2-1 데이터를 추가로 3건 입력해 보자. 그런데, 첫 번째 데이터에서 PK를 중복하는 실수를 했다.

```
INSERT INTO memberTBL VALUES('BBK' , '비비코', '미국');
INSERT INTO memberTBL VALUES('SJH' , '서장훈', '서울');
INSERT INTO memberTBL VALUES('HJY' , '현주엽', '경기');
SELECT * FROM memberTBL;
```

1행에서 오류가 발생하고, 테이블을 다시 조회해보면 데이터가 그대로 3건뿐일 것이다. 즉, 첫 번째 오류 때문에 나머지 2건도 입력되지 않았다.

2-2 INSERT IGNORE문으로 바꿔서 다시 실행해 보자(경고 창이 나오면 그냥 무시한다).

```
INSERT IGNORE INTO memberTBL VALUES('BBK' , '비비코', '미국');
INSERT IGNORE INTO memberTBL VALUES('SJH' , '서장훈', '서울');
INSERT IGNORE INTO memberTBL VALUES('HJY' , '현주엽', '경기');
SELECT * FROM memberTBL;
```

[그림 6-49] 2건이 입력된 멤버 테이블

첫 번째 데이터는 비록 오류 때문에 들어가지 않았지만, 2건은 추가로 입력되었다. INSERT IGNORE는 PK 중복이더라도 오류를 발생시키지 않고 무시하고 넘어간다([Output] 메시지를 보면 중복키 경고 메시지가 보일 것이다).

이번에는 입력 시에, 기본 키가 중복되면 데이터를 수정되도록 해보자.

```
INSERT INTO memberTBL VALUES('BBK' , '비비코', '미국')
    ON DUPLICATE KEY UPDATE name='비비코', addr='미국';
INSERT INTO memberTBL VALUES('DJM' , '동짜몽', '일본')
    ON DUPLICATE KEY UPDATE name='동짜몽', addr='일본';
SELECT * FROM memberTBL;
```

userID	name	addr
BBK	비비코	미국
DJM	동짜몽	일본
EJW	은지원	경북
HJY	현주엽	경기
JKW	조관우	경기
SJH	서장훈	서울

membertbl (3×6)

[그림 6-50] 1건 수정, 1건 입력된 멤버 테이블

비타민 퀴즈 6-3

Windows의 HeidiSQL에서 Linux의 MariaDB 서버에 접속한 후, 〈실습 4〉를 진행하자.

첫 번째 행에서 BBK는 중복되었으므로 UPDATE문이 수행되었다. 그리고 두 번째 입력한 DJM은 없으므로 일반적인 INSERT처럼 데이터가 입력되었다. 결국 ON DUPLICATE UPDATE는 PK가 중복되지 않으면 일반 INSERT가 되는 것이고, PK가 중복되면 그 뒤의 UPDATE문이 수행되는 것이다.

6.3 WITH절과 CTE

6.3.1 WITH절과 CTE 개요

WITH절은 CTE^{Common Table Expression}를 표현하기 위한 구문이다. CTE는 기존의 뷰, 파생 테이블, 임시 데이블 등으로 사용되던 것을 대신할 수 있으며, 더 간결한 식으로 보여지는 장점이 있다. CTE는 ANSI-SQL99 표준에서 나온 것이다. 기존의 SQL은 ANSI-SQL92를 기준으로 한다. 하지만, 최근의 DBMS는 대개 ANSI-SQL99와 호환이 되므로 다른 DBMS에서도 같거나 비슷한 방식으로 응용된다.

CTE는 비재귀적^{Non-Recusive} CTE와 재귀적^{Recursive} CTE 두 가지가 있다. 이 책에서는 주로 사용되는 비재귀적 CTE에 대해서 학습하겠다.

6.3.2 비재귀적 CTE

비재귀적 CTE는 말그대로 재귀적이지 않은 CTE다. 단순한 형태이며, 복잡한 쿼리 문장을 단순화시키는 데 적합하게 사용될 수 있다. 우선 비재귀적 CTE의 형식을 살펴보자.

```
WITH CTE_테이블이름(열이름)
AS
(
    <쿼리문>
)
SELECT 열이름 FROM CTE_테이블이름 ;
```

⚠ 비재귀적 CTE에는 **SELECT 필드들 FROM CTE_테이블이름** 구문 외에 UPDATE 등도 가능하지만, 주로 사용되는 것은 SELECT문이다.

위의 형식이 좀 생소해 보일 수도 있지만, 위쪽을 떼버리고 그냥 **SELECT 열이름 FROM CTE_테이블이름** 구문만 생각해도 된다. 그런데 이 테이블을 기존에는 실제 DB에 있는 테이블을 사용했지만, CTE는 바로 위의 WITH절에서 정의한 'CTE_테이블이름'을 사용하는 것만 다르다. 즉, **WITH CTE_테이블이름(열이름) AS**⋯ 형식의 테이블이 하나 더 있다고 생각하면 된다.

쉽게 이해하기 위해서 앞에서 했던 buyTBL에서 총 구매액을 구하는 것을 다시 살펴보자.

```
USE sqlDB;
SELECT userid AS '사용자', SUM(price*amount) AS '총구매액'
    FROM buyTBL GROUP BY userid;
```

🖻 buytbl (2×5)	
🔑 사용자	총구매액
BBK	1,920
EJW	95
JYP	200
KBS	1,210
SSK	75

[그림 6-51] 쿼리의 결과

위의 결과를 총 구매액이 많은 사용자 순서로 정렬하고 싶다면 어떻게 해야 할까? 물론, 앞의 쿼리에 이어서 ORDER BY문을 첨가해도 된다. 하지만, 그럴 경우에는 SQL문이 더욱 복잡해 보일 수 있으므로 이렇게 생각해 보자. 위의 쿼리의 결과가 바로 abc라는 이름의 테이블이라고 생각하면 어떨까? 그렇다면, 정렬하는 쿼리는 다음과 같이 간단해진다.

```
SELECT * FROM abc ORDER BY 총구매액 DESC
```

이것이 CTE의 장점 중 하나다. 구문을 단순화시켜 준다. 지금까지 얘기한 실질적인 쿼리문은 다음과 같이 작성하면 된다.

```
WITH abc(userid, total)
AS
(SELECT userid, SUM(price*amount)
  FROM buyTBL GROUP BY userid )
SELECT * FROM abc ORDER BY total DESC ;
```

userid	total
BBK	1,920
KBS	1,210
JYP	200
EJW	95
SSK	75

buytbl (2×5)

[그림 6-52] CTE 쿼리의 결과

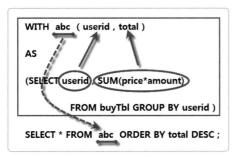

[그림 6-53] CTE의 작동

제일 아래의 'FROM abc' 구문에서 abc는 실존하는 테이블이 아니라, 바로 위에 네모로 표시된 WITH 구문으로 만든 SELECT의 결과다. 단, 여기서 'AS (SELECT …'에서 조회하는 열과 'WITH abc (…'과는 개수가 일치해야 한다.

즉, 위의 네모상자 안의 구문은 결국 abc라는 [그림 6-52]와 같은 테이블이라고 간주하면 된다.

다른 예로 하나 더 연습을 해보자. 회원 테이블(userTBL)에서 각 지역별로 가장 큰 키를 1명씩 뽑은 후에, 그 사람들 키의 평균을 내보자. 만약, 전체의 평균이라면 AVG(height)만 사용하면 되지만, 각 지역별로 가장 큰 키의 1명을 우선 뽑아야 하므로 얘기가 좀 복잡해진다. 이럴 때 CTE를 유용하게 사용할 수 있다. 한꺼번에 생각하지 말고, 하나씩 분할해서 생각해 보자.

1단계 → "각 지역별로 가장 큰 키"를 뽑는 쿼리는 다음과 같다.

```
SELECT addr, MAX(height) FROM userTBL GROUP BY addr
```

2단계 → 위 쿼리를 WITH 구문으로 묶는다.

```
WITH cte_userTBL(addr, maxHeight)
AS
  ( SELECT addr, MAX(height) FROM userTBL GROUP BY addr)
```

3단계 → "키의 평균을 구하는 쿼리를 작성한다."

```
SELECT AVG(키) FROM CTE_테이블이름
```

4단계 → 2단계와 3단계의 쿼리를 합친다. 이 예에서는 키의 평균을 실수로 만들기 위해서 키에 1.0을 곱해서 실수로 변환했다.

```
WITH cte_userTBL(addr, maxHeight)
AS
  ( SELECT addr, MAX(height) FROM userTBL GROUP BY addr)
SELECT AVG(maxHeight*1.0) AS '각 지역별 최고키의 평균' FROM cte_userTBL;
```

결과 #1 (1×1)
각 지역별 최고키의 평균
176.40000

[그림 6-54] CTE 쿼리의 결과

이제는 복잡한 쿼리를 작성해야 할 경우에 이러한 단계로 분할해서 생각하면, 이전보다 더 쉽게 SQL문을 작성할 수 있을 것이다.

CTE는 뷰와 그 용도는 비슷하지만 개선된 점이 많다. 또한, 뷰는 계속 존재해서 다른 구문에서도 사용할 수 있지만, CTE와 파생 테이블은 구문이 끝나면 같이 소멸하게 된다. 즉, 위의 예에서 cte_userTBL은 다시 사용할 수 없다.

추가로 좀더 CTE에 대해서 얘기하면 CTE는 다음 형식과 같은 중복 CTE가 허용된다.

```
WITH
AAA (컬럼들)
AS ( AAA의 쿼리문 ),
    BBB (컬럼들)
      AS ( BBB의 쿼리문 ),
    CCC (컬럼들)
      AS ( CCC의 쿼리문 )
SELECT * FROM [AAA 또는 BBB 또는 CCC]
```

주의할 점은 CCC의 쿼리문에서는 AAA나 BBB를 참조할 수 있지만, AAA의 쿼리문이나 BBB의 쿼리문에서는 CCC를 참조할 수 없다. 즉, 아직 정의되지 않은 CTE를 미리 참조할 수 없다.

이상으로 MariaDB에서 사용되는 기본적인 SQL문에 대해서 살펴봤다. 다음 장에서는 추가로 고급 용도의 SQL문에 대한 좀 더 심도있는 내용을 다뤄보자.

SQL 고급

6장에서 SQL의 기본 내용을 살펴보았다. 이번에는 MariaDB에서 제공하는 데이터 형식과 변수의 사용, 내장 함수와 윈도우 함수, 대용량 데이터의 저장 방식, 피벗과 JSON, 그리고 MariaDB 프로그래밍을 위한 내용을 살펴보겠다.

이 장의 핵심 개념

7장은 SQL문의 데이터 형식 및 변수, 대용량 데이터의 저장에 대해서 학습한다. 추가적으로 MariaDB 프로그래밍을 학습한다. 7장의 핵심 개념은 다음과 같다.

1. MariaDB는 숫자, 문자, 날짜 등의 다양한 데이터 형식을 지원한다.

2. 대용량 데이터의 저장과 추출을 위해서는 LONGTEXT, LONGBLOB 데이터 형식을 사용한다.

3. MariaDB도 변수를 사용할 수 있는데, 앞에 @를 붙여서 사용해야 한다.

4. MariaDB는 제어 흐름 함수, 문자열 함수, 수학 함수, 날짜/시간 함수, 전체 텍스트 검색 함수, 형 변환 함수 등 다양한 내장 함수를 제공한다.

5. MariaDB 10.2.7 버전부터는 데이터 교환을 위한 JSON 데이터 형식을 지원한다.

6. 두 개 이상의 테이블을 묶는 조인은 내부 조인, 외부 조인 등이 있다.

7. MariaDB는 일반 프로그래밍 언어와 비슷한 프로그래밍 문법을 지원한다.

이 장의 학습 흐름

7.1 MariaDB의 데이터 형식

앞에서 SELECT/INSERT/UPDATE/DELETE문에 대해서 살펴보았다. 6장의 내용 정도만 충분히 숙지해도, 기본적인 SQL문은 만들 수 있다. 이제는 지금까지 은연 중에 계속 사용했지만, 특별히 얘기하지 않았던 MariaDB의 데이터 형식^{Data Types}에 대해서 살펴보겠다. 원래 이 부분이 SQL문을 배우기 전에 나오는 것이 순서라고 생각되나, 처음에 그냥 나열만 해서는 이해하기 어렵고 또 별흥미도 느끼지 못할 것 같아서, SQL문이 어느 정도 익숙해진 지금에서 소개한다.

영문 용어인 Data Type은 데이터 형식, 데이터형, 자료형, 데이터 타입 등 다양하게 불릴 수 있다. SELECT문을 더욱 잘 활용하고 테이블을 효율적으로 생성하기 위해서는 데이터 형식에 대한 이해가 반드시 필요하다.

7.1.1 MariaDB에서 지원하는 데이터 형식의 종류

MariaDB에서 데이터 형식의 종류는 30개 가까이 된다. 이를 모두 외우는 것은 무리이며 거의 쓰이지 않는 것도 있으니 그럴 필요도 없다. 또한, 각각의 바이트 수나 숫자의 범위를 외우는 것도 당장 MariaDB를 학습하는 데 큰 도움이 되는 것은 아니다(필요 없다는 얘기가 아니라, 당장 모두 외울 필요가 없다는 의미다).

우선은 꼭 필요한 것만 눈으로 한번 익히는 시간을 갖도록 하자. 잘 사용하지 않는 것은 추후에 다시 이 부분을 참조하거나, 도움말을 찾아보는 것이 좋겠다. 자주 사용되는 것은 이름 앞에 별표(★)를 해 놓았으니 유심히 보자.

숫자 데이터 형식

숫자형 데이터 형식은 정수, 실수 등의 숫자를 표현한다.

데이터 형식	바이트 수	숫자 범위	설명
BIT(N)	N/8		1~64bit를 표현. b'0000' 형식으로 표현
TINYINT	1	−128~127	정수
★SMALLINT	2	−32,768~32,767	정수
MEDIUMINT	3	−8,388,608~8,388,607	정수
★INT INTEGER	4	약 −21억~+21억	정수
★BIGINT	8	약 −900경~+900경	정수
★FLOAT	4	−3.40E+38~−1.17E−38	소수점 아래 7자리까지 표현
★DOUBLE REAL	8	−1.22E−308~1.79E+308	소수점 아래 15자리까지 표현
★DECIMAL(m, [d]) NUMERIC(m, [d])	5~17	$-10^{38}+1$~$+10^{38}-1$	전체 자릿수(m)와 소수점 이하 자릿수(d)를 가진 숫자형 예) decimal(5, 2)는 전체 자릿수를 5자리로 하되, 그 중 소수점 이하를 2자리로 하겠다는 의미

[표 7-1] 숫자 데이터 형식

DECIMAL 데이터 형식은 정확한 수치를 저장하게 되고 FLOAT, REAL은 근사치의 숫자를 저장한다. 대신 FLOAT, REAL은 상당히 큰 숫자를 저장할 수 있는 장점이 있다.

그러므로, 소수점이 들어간 실수를 저장하려면 되도록 DECIMAL을 사용하는 것이 바람직하다. 예로 −999999.99부터 +999999.99까지의 숫자를 저장할 경우에는 DECIMAL(9,2)로 설정하면 된다.

또 MariaDB는 부호없는 정수를 지원하는데 부호없는 정수로 지정하면 TYNYINT는 0~255, SMALLINT는 0~65535, MIDIUMINT는 0~16777215, INT는 0~약 42억, BIGINT는 0~약 1800경으로 표현할 수 있다. 부호없는 정수를 지정할 때는 UNSIGNED 예약어를 붙여주면 된다. FLOAT, DOUBLE, DECIMAL도 UNSIGNED 예약어를 사용할 수 있지만 별로 사용되지는 않는다.

문자 데이터 형식

데이터 형식		바이트 수	설명
★CHAR(n)		1~255	고정길이 문자형. n을 1부터 255까지 지정. character의 약자 그냥 CHAR만 쓰면 CHAR(1)과 동일
★VARCHAR(n)		1~65535	가변길이 문자형. n을 사용하면 1부터 65535까지 지정. Variable character의 약자
BINARY(n)		1~255	고정길이의 이진 데이터 값
VARBINARY(n)		1~255	가변길이의 이진 데이터 값
TEXT 형식	TINYTEXT	1~255	255 크기의 TEXT 데이터 값
	TEXT	1~65535	N 크기의 TEXT 데이터 값
	MEDIUMTEXT	1~16777215	16777215 크기의 TEXT 데이터 값
	★LONGTEXT	1~4294967295	최대 4GB 크기의 TEXT 데이터 값
BLOB 형식	TINYBLOB	1~255	255 크기의 BLOB 데이터 값
	BLOB	1~65535	N 크기의 BLOB 데이터 값
	MEDIUMBLOB	1~16777215	16777215 크기의 BLOB 데이터 값
	★LONGBLOB	1~4294967295	최대 4GB 크기의 BLOB 데이터 값
ENUM(값들…)		1 또는 2	최대 65535개의 열거형 데이터 값
SET(값들…)		1, 2, 3, 4, 8	최대 64개의 서로 다른 데이터 값

[표 7-2] 문자 데이터 형식

CHAR 형식은 고정길이 문자형으로 자릿수가 고정되어 있다. 예를 들어, CHAR(100)에 'ABC' 3글자만 저장해도, 100자리를 모두 확보한 후에 앞에 3자리를 사용하고 뒤의 97자리는 낭비하게 되는 결과가 나온다. VARCHAR 형식은 가변길이 문자형으로 VARCHAR(100)에 'ABC' 3글자를 저장할 경우에 3자리만 사용하게 된다. 그래서 공간을 효율적으로 운영할 수 있다. 하지만, CHAR 형식으로 설정하는 것이 INSERT/UPDATE 시에 일반적으로 더 좋은 성능을 발휘한다.

☆ **MariaDB의 문자 세트**

MariaDB에서 기본적으로 CHAR, VARCHAR는 모두 UTF-8 형태를 지니므로, 입력한 글자가 영문, 한글 등에 따라서 내부적으로 크기가 달라진다. 하지만 사용자 입장에서는 CHAR(100)은 영문, 한글 구분없이 100글자를 입력하는 것으로 알고 있으면 되며, 내부적인 할당 크기는 신경 쓸 필요가 없다.

참고로 Windows용 MariaDB 10.3의 설정 파일은 C:\Program Files\MariaDB 10.3\data\my.ini 파일이며, Linux용 MariaDB의 설정 파일은 /etc/my.cnf.d/ 폴더 아래에 여러 개로 설정되어 있다.

기본 문자 세트Default Character Set는 주로 다음과 같이 기본적으로 설정되어 있다.

```
# 클라이언트 문자 세트
[client]
default-character-set=utf8
# 서버 문자 세트
[mysqld]
character-set-server=utf8
```

BINARY와 VARBINARY는 바이트 단위의 이진 데이터 값을 저장하는 데 사용된다. TEXT 형식은 대용량의 글자를 저장하기 위한 형식으로 필요한 크기에 따라서 TINYTEXT, TEXT, MEDIUMTEXT, LONGTEXT 등의 형식을 사용할 수 있다. BLOBBinary Large OBject은 사진 파일, 동영상 파일, 문서 파일 등의 대용량의 이진 데이터를 저장하는 데 사용될 수 있다. BLOB도 필요한 크기에 따라서 TINYBLOB, BLOB, MEDIUMBLOB, LONGBLOB 등의 형식을 사용할 수 있다.

ENUM은 열거형 데이터를 사용할 때 사용될 수 있는데 예로 요일(월, 화, 수, 목, 금, 토, 일)을 ENUM 형식으로 설정할 수 있다. SET은 최대 64개를 준비한 후에 입력은 그 중에서 2개씩 세트로 데이터를 저장시키는 방식을 사용한다.

날짜와 시간 데이터 형식

데이터 형식	바이트 수	설명
★DATE	3	날짜는 1001-01-01~9999-12-31까지 저장되며 날짜 형식만 사용 'YYYY-MM-DD' 형식으로 사용됨
TIME	3	-838:59:59.000000~838:59:59.000000까지 저장되며 'HH:MM:SS' 형식으로 사용

★DATETIME	8	날짜는 1001-01-01 00:00:00~9999-12-31 23:59:59까지 저장되며 형식은 'YYYY-MM-DD HH:MM:SS' 형식으로 사용
TIMESTAMP	4	날짜는 1001-01-01 00:00:00~9999-12-31 23:59:59까지 저장되며 형식은 'YYYY-MM-DD HH:MM:SS' 형식으로 사용. time_zone 시스템 변수와 관련이 있으며 UTC 시간대로 변환하여 저장
YEAR	1	1901~2155까지 저장. 'YYYY' 형식으로 사용

[표 7-3] 날짜 및 시간 데이터 형식

날짜와 시간형 데이터에 대해서는 간단한 예를 통해서 그 차이를 확인하자.

```
SELECT CAST('2020-10-19 12:35:29.123' AS DATE) AS 'DATE' ;
SELECT CAST('2020-10-19 12:35:29.123' AS TIME) AS 'TIME' ;
SELECT CAST('2020-10-19 12:35:29.123' AS DATETIME) AS 'DATETIME' ;
```

[그림 7-1] 날짜형과 시간형 데이터 비교

기타 데이터 형식

데이터 형식	바이트 수	설명
GEOMETRY	N/A	공간 데이터 형식으로 선, 점 및 다각형 같은 공간 데이터 개체를 저장하고 조작
JSON	8	JSON (JavaScript Object Notation) 문서를 저장

[표 7-4] 기타 데이터 형식

⚠ JSON 데이터 형식은 MariaDB 10.2.7 버전부터 지원된다.

LONGTEXT, LONGBLOB

MariaDB는 LOB^Large Object, 대강의 데이터를 저장하기 위해서 LONGTEXT, LONGBLOB 데이터 형식을 지원한다.

지원되는 데이터 크기는 약 4GB 크기의 파일을 하나의 데이터로 저장할 수 있다. 예로 장편소설과 같은 큰 텍스트 파일이라면, 그 내용을 전부 LONGTEXT 형식으로 지정된 하나의 컬럼에 넣을 수 있고, 동영상 파일과 같은 큰 바이너리 파일이라면, 그 내용을 전부 LONGBLOB 형식으로 지정된 하나의 컬럼에 넣을 수 있다. 예로 [그림 7-2]와 같은 구성이 가능하다.

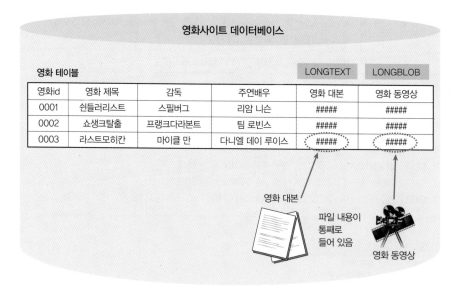

[그림 7-2] LONGTEXT, LONGBLOB 데이터 형식의 활용 예

[그림 7-2]의 예를 보면 영화 대본 열에는 영화 대본 전체가 들어가고, 영화 동영상 열에는 실제 영화 파일 전체가 들어갈 수 있다. 실무에서는 이러한 방식도 종종 사용되니 잘 기억해 놓으면 도움이 된다. 대량의 데이터를 입력하는 실습은 잠시 후에 〈실습 2〉에서 해보겠다.

7.1.2 변수의 사용

SQL도 다른 일반적인 프로그래밍 언어처럼 변수^{Variable}를 선언하고 사용할 수 있다. 변수의 선언과 값의 대입은 다음의 형식을 따른다.

```
SET @변수이름 = 변수의 값 ;        -- 변수의 선언 및 값 대입
SELECT @변수이름 ;               -- 변수의 값 출력
```

⚠ 스토어드 프로시저나 함수 안에서의 변수를 사용하는 방법은 DECLARE문으로 선언한 후에 사용할 수 있다. 또한, 스토어드 프로시저나 함수 안에서는 @변수명 형식이 아닌 그냥 변수명만 사용한다. 구분하자면 @변수명은 '전역 변수'처럼, DECLARE 변수명은 스토어드 프로시저나 함수 안에서 '지역 변수'처럼 사용된다. 이 장의 후반부에서 다시 살펴보겠다.

변수는 HeidiSQL을 재시작할 때까지는 계속 유지되지만, HeidiSQL을 닫았다가 재시작하면 소멸된다.

실습1

간단히 변수의 사용을 실습하자.

step 0

HeidiSQL을 종료하고 새로 실행한 후, 저장해 놓은 sqlDB.sql을 이용해서 sqlDB 데이터베이스를 초기화 시키자.

⚠ 방법이 기억나지 않으면 6장 〈실습 2〉의 step 6 을 참조한다. C:\SQL\sqlDB.sql 파일이 없는 독자는 6장의 〈실습 2〉를 다시 수행하거나, 책의 사이트인 http://cafe.naver.com/thisismysql/ 에서 sqlDB.sql을 다운로드해서 C:\SQL\에 저장하자.

step 1

메뉴의 [파일] 〉〉 [새 쿼리 탭]을 선택해서 쿼리 창을 하나 열자. 변수를 몇 개 지정하고, 변수에 값을 대입한 후에 출력해 본다(전체를 한 번에 실행한다).

```
USE sqlDB;

SET @myVar1 = 5 ;
SET @myVar2 = 3 ;
SET @myVar3 = 4.25 ;
SET @myVar4 = '가수 이름==> ' ;

SELECT @myVar1 ;
SELECT @myVar2 + @myVar3 ;

SELECT @myVar4 , Name FROM userTBL WHERE height > 180 ;
```

변수의 값은 일반적인 SELECT... FROM문과도 같이 사용할 수 있다.

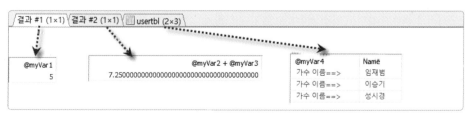

[그림 7-3] 변수 출력 결과

LIMIT에는 원칙적으로 변수를 사용할 수 없으나 PREPARE와 EXECUTE문을 활용해서 변수의 활용도 가능하다.

```
SET @myVar1 = 3 ;
PREPARE myQuery
    FROM 'SELECT Name, height FROM userTBL ORDER BY height LIMIT ?';
EXECUTE myQuery USING @myVar1 ;
```

Name	height
조용필	166
윤종신	170
조관우	172

usertbl (2×3)

[그림 7-4] LIMIT에 변수 사용

LIMIT는 **LIMIT 3**과 같이 직접 숫자를 넣어야 하며, **LIMIT @변수** 형식으로 사용하면 오류가 발생하기 때문에 다른 방식을 사용해야 한다. **PREPARE 쿼리이름 FROM '쿼리문'** 구문은 쿼리 이름에 '쿼리문'을 준비만 해놓고 실행하지는 않는다. 그리고 EXECUTE 쿼리 이름을 만나는 순간에 실행된다. EXECUTE는 **USING @변수**를 이용해서 '쿼리문'에서 ?으로 처리해 놓은 부분에 대입된다. 결국 **LIMIT @변수** 형식으로 사용된 것과 동일한 효과를 갖는다.

이에 대한 활용은 이번 장의 끝부분에서 다시 다루겠다.

비타민 퀴즈 7-1

Linux 가상머신의 명령어 모드에서 앞 〈실습 1〉을 진행해 보자.

힌트 한글이 입력되지 않으므로, 모두 영문으로 사용한다.

7.1.3 데이터 형식과 형 변환

데이터 형식과 관련된 함수는 자주 사용되므로 잘 기억하자.

데이터 형식 변환 함수

가장 일반적으로 사용되는 데이터 형식 변환과 관련해서는 CAST(), CONVERT() 함수를 사용한다. CAST(), CONVERT()는 형식만 다를 뿐 거의 비슷한 기능을 한다.

```
CAST ( expression AS 데이터형식 [ (길이) ] )
CONVERT ( expression ,   데이터형식 [ (길이) ] )
```

데이터 형식 중에서 가능한 것은 BINARY, CHAR, DATE, DATETIME, DECIMAL, JSON, SIGNED INTEGER, TIME, UNSIGNED INTEGER 등이다.

사용 예를 보면 좀 더 쉽게 이해가 갈 것이다. 다음은 sqlDB의 구매 테이블(buyTBL)에서 평균 구매 개수를 구하는 쿼리문이다.

```
USE sqlDB ;
SELECT AVG(amount) AS '평균 구매 개수' FROM buyTBL ;
```

결과는 2.9167개가 나왔다.

[그림 7-5] 쿼리 실행 결과

그런데, 개수이므로 정수로 보기 위해서 다음과 같이 CAST( ) 함수나 CONVERT( ) 함수를 사용할 수 있다.

```
SELECT CAST(AVG(amount) AS SIGNED INTEGER) AS '평균 구매 개수'  FROM buyTBL ;
-- 또는
SELECT CONVERT(AVG(amount) , SIGNED INTEGER) AS '평균 구매 개수'  FROM buyTBL ;
```

[그림 7-6] 쿼리 실행 결과

위 실과를 보면 반올림한 정수의 결과를 확인할 수 있다.

다양한 구분자를 날짜 형식으로도 변경할 수 있다.

```
SELECT CAST('2022$12$12' AS DATE);
SELECT CAST('2022/12/12' AS DATE);
SELECT CAST('2022%12%12' AS DATE);
SELECT CAST('2022@12@12' AS DATE);
```

결과 #1 (1×1)	결과 #2 (1×1)	결과 #3 (1×1)	결과 #4 (1×1)

CAST('2022$12$12' AS DATE)
2022-12-12

[그림 7-7] 쿼리 실행 결과 (4개 모두 동일)

쿼리의 결과를 보기 좋도록 처리할 때도 사용된다. 단가price와 수량amount를 곱한 실제 입금액을 표시하는 쿼리는 다음과 같이 사용할 수 있다.

```
SELECT num, CONCAT(CAST(price AS CHAR(10)), 'X', CAST(amount AS CHAR(4)) ,'=' )  AS
        '단가X수량',
    price*amount AS '구매액'
  FROM buyTBL ;
```

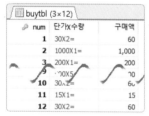

[그림 7-8] 쿼리 실행 결과

암시적인 형 변환

형 변환 방식에는 명시적인 변환과 암시적인 변환, 두 가지가 있다. 명시적인 변환Explicit conversion이란 위에서 한 CAST() 또는 CONVERT() 함수를 이용해서 데이터 형식을 변환하는 것을 말한다. 암시적인 변환Implicit conversion이란 CAST()나 CONVERT() 함수를 사용하지 않고 형이 변환되는 것을 말한다. 다음의 예를 보자.

```
SELECT '100' + '200' ; -- 문자와 문자를 더함(정수로 변환되서 연산됨)
SELECT CONCAT('100', '200'); -- 문자와 문자를 연결(문자로 처리)
SELECT CONCAT(100, '200'); -- 정수와 문자를 연결(정수가 문자로 변환되서 처리)
SELECT 1 > '2mega'; -- 정수 2로 변환되어서 비교
SELECT 3 > '2MEGA'; -- 정수 2로 변환되어서 비교
SELECT 0 = 'mega2'; -- 문자는 0으로 변환됨
```

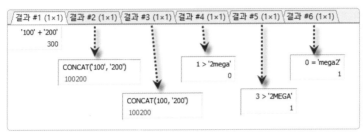

[그림 7-9] 쿼리 실행 결과

첫 번째 결과인 문자열+문자열은 더하기 연산자 때문에 문자열이 숫자로 변경되어서 계산되었다. 두 번째는 문자열을 연결해주는 CONCAT() 함수이기에 문자열이 그대로 문자열로 처리되었다. 세 번째도 CONCAT() 함수 안의 숫자는 문자열로 변환되어 처리되었다.

네 번째와 비교 연산자인데 앞에 '2'가 들어간 문자열이 숫자로 변경되어서 결국 '1 > 2'의 비교가 된다. 결과는 거짓(0)이 나왔다. 다섯 번째도 마찬가지 방식이다. 마지막은 'mega2' 문자열은 숫자로 변경되어도 그냥 0으로 되기 때문에 결국 '0 = 0'이 되어 true(1)의 결과가 나왔다.

⚠ 다른 DBMS에서는 암시적인 형 변환의 결과가 MariaDB와 다를 수 있다. 예로 어떤 DBMS에서 **SELECT '100' + '200'**의 결과가 '100200' 문자열로 처리되기도 한다.

7.2 MariaDB의 내장 함수와 윈도 함수

7.2.1 MariaDB 내장 함수

MariaDB는 많은 내장 함수를 포함하고 있다. 내장 함수는 크게 세어 흐름 함수, 문자열 함수, 수학 함수, 날짜/시간 함수, 전체 텍스트 검색 함수, 형 변환 함수, XML 함수, 비트 함수, 보안/압축 함수, 정보 함수, 공간 분석 함수, 기타 함수 등으로 나눌 수 있다. 전체 함수의 개수는 수백 개가 넘으며

이 중 일부는 이미 책의 중간중간에 사용해 왔다. 지금까지 다루지 않았던 내장 함수 중에서 자주 사용되는 것을 소개하겠다. 각각 소개된 함수의 예를 직접 쿼리 창에서 실행해 보기 바란다. 그러면, 더 이해가 빨리 될 것이다.

제어 흐름 함수

프로그램의 흐름을 제어한다.

• IF(수식, 참, 거짓)

수식이 참 또는 거짓인지 결과에 따라서 2중 분기한다.

```
SELECT IF (100>200, '참이다', '거짓이다');
```

거짓이 출력된다.

• IFNULL(수식1, 수식2)

수식1이 NULL이 아니면 수식1이 반환되고, 수식1이 NULL이면 수식2가 반환된다.

```
SELECT IFNULL(NULL, '널이군요'), IFNULL(100, '널이군요');
```

첫 번째는 '널이군요'가 출력되고, 두 번째는 100이 출력된다.

• NULLIF(수식1, 수식2)

수식1과 수식2가 같으면 NULL을 반환하고, 다르면 수식1을 반환한다.

```
SELECT NULLIF(100,100), NULLIF(200,100);
```

첫 번째는 NULL이, 두 번째는 200이 반환된다.

• CASE ~ WHEN ~ ELSE ~ END

CASE는 내장 함수는 아니며 연산자Operator로 분류된다. 다중 분기에 사용될 수 있으므로 내장 함수와 함께 알아두자.

```
SELECT      CASE 10
            WHEN 1  THEN  '일'
            WHEN 5  THEN  '오'
            WHEN 10 THEN  '십'
            ELSE '모름'
    END;
```

CASE 뒤의 값이 10이므로 세 번째 WHEN이 수행되어 '십'이 반환된다. 만약, 해당하는 사항이
없다면 ELSE 부분이 반환된다.

문자열 함수

문자열을 조작한다. 활용도가 높으므로 잘 알아두도록 한다.

• ASCII(아스키코드), CHAR(숫자)

문자의 아스키 코드값을 돌려주거나, 숫자의 아스키 코드값에 해당하는 문자를 돌려준다.

```
SELECT ASCII('A'), CHAR(65);
```

65와 'A'를 돌려준다.

• BIT_LENGTH(문자열), CHAR_LENGTH(문자열), LENGTH(문자열)

할당된 Bit 크기, 또는 문자 크기를 반환한다. CHAR_LENGTH()는 문자의 개수를 반환하며
LENGTH()는 할당된 Byte 수를 반환한다.

```
SELECT BIT_LENGTH('abc'),  CHAR_LENGTH('abc'), LENGTH('abc');
SELECT BIT_LENGTH('가나다'),  CHAR_LENGTH('가나다'), LENGTH('가나다');
```

MariaDB 10.3은 기본으로 UTF-8 코드를 사용하기 때문에 영문은 3Byte를, 한글은 3×3 =
9Byte를 할당한다.

- **CONCAT(문자열1, 문자열2,…), CONCAT_WS(구분자, 문자열1, 문자열2,…)**

문자열을 이어준다. CONCAT()은 앞에서 여러 번 사용해 봤다. CONCAT_WS()는 구분자와 함께 문자열을 이어준다.

```
SELECT CONCAT_WS('/', '2022', '01', '01');
```

구분자 '/'를 추가해서 '2022/01/01'이 반환된다.

- **ELT(위치, 문자열1, 문자열2, ….), FIELD(찾을 문자열, 문자열1, 문자열2, …), FIND_IN_SET(찾을 문자열, 문자열 리스트), INSTR(기준 문자열, 부분 문자열) , LOCATE(부분 문자열, 기준 문자열)**

ELT()는 위치 번째에 해당하는 문자열을 반환한다. FIELD()는 찾을 문자열의 위치를 찾아서 반환한다. FILED()는 매치되는 문자열이 없으면 0을 반환한다. FIND_IN_SET()은 찾을 문자열을 문자열 리스트에서 찾아서 위치를 반환한다. 문자열 리스트는 콤마(,)로 구분되어 있어야 하며, 공백이 없어야 한다. INSTR()은 기준 문자열에서 부분 문자열을 찾아서 그 시작 위치를 반환한다. LOCATE()는 INSTR()과 동일하지만 파라미터의 순서가 반대로 되어 있다.

```
SELECT ELT(2, '하나', '둘', '셋'), FIELD('둘', '하나', '둘', '셋'), FIND_IN_SET('둘',
'하나,둘,셋'), INSTR('하나둘셋', '둘'), LOCATE('둘', '하나둘셋');
```

'둘', 2, 2, 3, 3을 반환한다.

⚠ LOCATE()와 POSITION()은 동일한 함수다.

- **FORMAT(숫자, 소수점 자릿수)**

숫자를 소수점 아래 자릿수까지 표현한다. 또한 1000단위마다 콤마(,)를 표시해 준다.

```
SELECT FORMAT(123456.123456, 4);
```

'123,456.1235'를 반환한다.

- **BIN(숫자), HEX(숫자), OCT(숫자)**

2진수, 16진수, 8진수의 값을 반환한다.

```
SELECT BIN(31), HEX(31), OCT(31);
```

2진수 11111, 16진수 1F, 8진수 37을 반환한다.

- **INSERT(기준 문자열, 위치, 길이, 삽입할 문자열)**

기준 문자열의 위치부터 길이만큼을 지우고 삽입할 문자열을 끼워 넣는다.

```
SELECT INSERT('abcdefghi', 3, 4, '@@@@'), INSERT('abcdefghi', 3, 2, '@@@@');
```

'ab@@@@ghi'와 'ab@@@@efghi'를 반환한다.

- **LEFT(문자열, 길이), RIGHT(문자열, 길이)**

왼쪽 또는 오른쪽에서 문자열의 길이만큼 반환한다.

```
SELECT LEFT('abcdefghi', 3), RIGHT('abcdefghi', 3);
```

'abc'와 'ghi'를 반환한다.

- **UPPER(문자열), LOWER(문자열)**

소문자를 대문자로, 대문자를 소문자로 변경한다.

```
SELECT LOWER('abcdEFGH'), UPPER('abcdEFGH');
```

'abcdefgh'와 'ABCDEFGH'를 반환한다.

⚠ LOWER( )는 LCASE( )와 UPPER( )는 UCASE( )와 동일한 함수다.

• LPAD(문자열, 길이, 채울 문자열), RPAD(문자열, 길이, 채울 문자열)

문자열을 길이만큼 늘린 후에, 빈 곳을 채울 문자열로 채운다.

```
SELECT LPAD('이것이', 5, '##'), RPAD('이것이', 5, '##');
```

'##이것이'와 '이것이##'을 반환한다.

• LTRIM(문자열), RTRIM(문자열)

문자열의 왼쪽/오른쪽 공백을 제거한다. 중간의 공백은 제거되지 않는다.

```
SELECT LTRIM('    이것이'), RTRIM('이것이    ');
```

둘다 공백이 제거된 '이것이'를 반환한다.

• TRIM(문자열), TRIM(방향 자를_문자열 FROM 문자열)

TRIM(문자열)은 문자열의 앞뒤 공백을 모두 없앤다. TRIM(방향 자를_문자열 FROM 문자열)에서 방향은 LEADING(앞), BOTH(양쪽), TRAILING(뒤)이 나올 수 있다.

```
SELECT TRIM('    이것이    '), TRIM(BOTH 'ㅋ' FROM 'ㅋㅋㅋ재밌어요.ㅋㅋㅋ');
```

'이것이'와 '재밌어요.'를 반환한다.

• REPEAT(문자열, 횟수)

문자열을 횟수만큼 반복한다.

```
SELECT REPEAT('이것이', 3);
```

'이것이이것이이것이'를 반환한다.

• REPLACE(문자열, 원래 문자열, 바꿀 문자열)

문자열에서 원래 문자열을 찾아서 바꿀 문자열로 바꿔준다.

```
SELECT REPLACE ('이것이 MariaDB다', '이것이' , 'This is');
```

'This is MariaDB다'를 반환한다.

• REVERSE(문자열)

문자열의 순서를 거꾸로 만든다.

```
SELECT REVERSE ('MariaDB');
```

'BDairaM'을 반환한다.

• SPACE(길이)

길이 만큼의 공백을 반환한다.

```
SELECT CONCAT('이것이', SPACE(10), 'MariaDB다');
```

'이것이   MariaDB다'를 반환한다.

• SUBSTRING(문자열, 시작위치, 길이) 또는 SUBSTRING(문자열 FROM 시작위치 FOR 길이)

시작 위치부터 길이만큼 문자를 반환한다. 길이가 생략되면 문자열의 끝까지 반환한다.

```
SELECT SUBSTRING('대한민국만세', 3, 2);
```

'민국'을 반환한다.

⚠ SUBSTRING(), SUBSTR(), MID()는 모두 동일한 함수다.

• SUBSTRING_INDEX(문자열, 구분자, 횟수)

문자열에서 구분자가 왼쪽부터 횟수 번째 나오면 그 이후의 오른쪽은 버린다. 횟수가 음수면 오른쪽부터 세고 왼쪽을 버린다. 예를 보면 쉽게 이해가 된다.

```
SELECT SUBSTRING_INDEX('cafe.naver.com', '.', 2),  SUBSTRING_INDEX('cafe.naver.
com', '.', -2);
```

'cafe.naver'와 'naver.com'을 반환한다.

수학 함수

다양한 수학 함수도 제공된다.

• ABS(숫자)

숫자의 절대값을 계산한다.

```
SELECT ABS(-100);
```

절대값인 100을 반환한다.

• ACOS(숫자), ASIN(숫자), ATAN(숫자), ATAN2(숫자1, 숫자2), SIN(숫자), COS(숫자), TAN(숫자)

삼각 함수와 관련된 함수를 제공한다.

• CEILING(숫자), FLOOR(숫자), ROUND(숫자)

올림, 내림, 반올림을 계산한다.

```
SELECT CEILING(4.7), FLOOR(4.7), ROUND(4.7);
```

5, 4, 5를 반환한다.

⚠ CELING()과 CEIL()은 동일한 함수다.

• CONV(숫자, 원래 진수, 변환할 진수)

숫자를 원래 진수에서 변환할 진수로 계산한다.

```
SELECT CONV('AA', 16, 2), CONV(100, 10, 8);
```

16진수 AA를 2진수로 변환한 10101010과 100을 8진수로 변환한 144가 반환된다.

• DEGREES(숫자), RADIANS(숫자), PI( )

라디안 값을 각도값으로, 각도값을 라디안 값으로 변환한다. PI( )는 파이값인 3.141592를 반환한다.

```
SELECT DEGREES(PI()), RADIANS(180);
```

파이의 각도값인 180과 180의 라디안 값이 출력된다.

• EXP(X), LN(숫자), LOG(숫자), LOG(밑수, 숫자), LOG2(숫자), LOG10(숫자)

지수, 로그와 관련된 함수를 제공한다.

• MOD(숫자1, 숫자2) 또는 숫자1 % 숫자2 또는 숫자1 MOD 숫자2

숫자1을 숫자2로 나눈 나머지 값을 구한다.

```
SELECT MOD(157, 10), 157 % 10, 157 MOD 10;
```

모두 157을 10으로 나눈 나머지값 7을 반환한다.

• POW(숫자1, 숫자2), SQRT(숫자)

거듭제곱값 및 제곱근을 구한다.

```
SELECT POW(2,3), SQRT(9);
```

2의 3제곱과 루트9의 값을 반환한나.

⚠ POW( )와 POWER( )는 동일한 함수다.

• RAND()

RAND()는 0 이상 1 미만의 실수를 구한다. 만약, 'm<= 임의의 정수 < n'를 구하고 싶다면 FLOOR(m + (RAND() * (n-m)))을 사용하면 된다.

```
SELECT RAND(), FLOOR(1 + (RAND() * (7-1)) );
```

0~1 미만의 실수와 주사위 숫자를 구한다.

• SIGN(숫자)

숫자가 양수, 0, 음수인지를 구한다. 결과는 1, 0, −1 셋 중에 하나를 반환한다.

```
SELECT SIGN(100), SIGN(0), SIGN(-100.123);
```

1, 0, −1을 반환한다.

• TRUNCATE(숫자, 정수)

숫자를 소수점을 기준으로 정수 위치까지 구하고 나머지는 버린다.

```
SELECT TRUNCATE(12345.12345, 2), TRUNCATE(12345.12345, -2);
```

12345.12와 12300을 반환한다.

날짜 및 시간 함수

날짜 및 시간을 조작하는 다양한 함수를 사용할 수 있다.

• ADDDATE(날짜, 차이), SUBDATE(날짜, 차이)

날짜를 기준으로 차이를 더하거나 뺀 날짜를 구한다.

```
SELECT ADDDATE('2022-01-01', INTERVAL 31 DAY), ADDDATE('2022-01-01', INTERVAL
    1 MONTH);
SELECT SUBDATE('2022-01-01', INTERVAL 31 DAY), SUBDATE('2022-01-01', INTERVAL
    1 MONTH);
```

31일 후 또는 한달 후인 '2022-02-01'과 31일 전 또는 한달 전인 '2021-12-01'을 반환한다.

⚠ ADDDATE()와 DATE_ADD()는 동일한 함수며, SUBDATE()와 DATE_SUB()도 동일한 함수다.

• ADDTIME(날짜/시간, 시간), SUBTIME(날짜/시간, 시간)

날짜/시간을 기준으로 시간을 더하거나 뺀 결과를 구한다.

```
SELECT ADDTIME('2022-01-01 23:59:59', '1:1:1'), ADDTIME('15:00:00', '2:10:10');
SELECT SUBTIME('2022-01-01 23:59:59', '1:1:1'), SUBTIME('15:00:00', '2:10:10');
```

1시간 1분 1초 후인 '2022-01-02 01:01:00'과 2시간 10분 10초 후인 '17:10:10'을 반환한다. 또, 1시간 1분 1초 전인 '2022-01-01 22:58:58'과 2시간 10분 10초 전인 '12:49:50'을 반환한다.

• CURDATE(), CURTIME(), NOW(), SYSDATE()

CURDATE()는 현재 연-월-일을, CURTIME()은 현재 시:분:초를 구한다. NOW()와 SYSDATE()는 현재 '연-월-일 시:분:초'를 구한다.

⚠ CURDATE(), CURRENT_DATE(), CURRENT_DATE는 모두 동일하며 CURTIME(), CURRENT_TIME(), CURRENT_TIME도 모두 동일하다. NOW(), LOCALTIME, LOCALTIME(), LOCALTIMESTAMP, LOCALTIMESTAMP()도 모두 동일하다.

• YEAR(날짜), MONTH(날짜), DAY(날짜), HOUR(시간), MINUTE(시간), SECOND(시간), MICROSECOND(시간)

날짜 또는 시간에서 연, 월, 일, 시, 분, 초, 밀리초를 구한다.

```
SELECT YEAR(CURDATE()), MONTH(CURRENT_DATE()), DAYOFMONTH(CURRENT_DATE);
SELECT HOUR(CURTIME()), MINUTE(CURRENT_TIME()), SECOND(CURRENT_TIME),
MICROSECOND (CURRENT_TIME);
```

현재 연, 월, 일 및 시, 분, 초, 밀리초를 구한다.

⚠ DAYOFMONTH()와 DAY()는 동일한 함수다.

• DATE(), TIME()

DATETIME 형식에서 연-월-일 및 시:분:초만 추출한다.

```
SELECT DATE(NOW()), TIME(NOW());
```

현재 연-월-일 및 시:분:초를 반환한다.

• DATEDIFF(날짜1, 날짜2), TIMEDIFF(날짜1 또는시간1, 날짜1 또는시간2)

DATEDIFF()는 날짜1-날짜2의 일수 결과를 구한다. 즉, 날짜2에서 날짜1까지 몇 일이 남은지 구한다. TIMEDIFF()는 시간1-시간2의 결과를 구한다.

```
SELECT DATEDIFF('2022-01-01', NOW()), TIMEDIFF('23:23:59', '12:11:10');
```

2022년1월1일에서 오늘의 날짜를 뺀 일자와 11:12:49가 반환된다.

• DAYOFWEEK(날짜), MONTHNAME(), DAYOFYEAR(날짜)

요일(1:일, 2:월~7:토) 및 1년 중 몇 번째 날짜인지를 구한다.

```
SELECT DAYOFWEEK(CURDATE()), MONTHNAME(CURDATE()), DAYOFYEAR(CURDATE());
```

현재 요일과 월 이름 그리고 일년 중 몇 일이 지났는지 반환한다.

• LAST_DAY(날짜)

주어진 날짜의 마지막 날짜를 구한다. 주로 그 달이 몇 일까지 있는지 확인할 때 사용한다.

```
SELECT LAST_DAY('2022-02-01');
```

'2022-02-28'을 반환한다.

• MAKEDATE(연도, 정수)

연도에서 정수만큼 지난 날짜를 구한다.

```
SELECT MAKEDATE(2022, 32);
```

2022년의 32일이 지난 날짜인 '2022-02-01'을 반환한다.

• MAKETIME(시, 분, 초)

시, 분, 초를 이용해서 '시:분:초'의 TIME 형식을 만든다.

```
SELECT MAKETIME(12, 11, 10);
```

'12:11:10'의 TIME 형식을 반환한다.

• PERIOD_ADD(연월, 개월수), PERIOD_DIFF(연월1, 연월2)

PERIOD_ADD()는 연월에서 개월만큼의 개월이 지난 연월을 구한다. 연월은 YYYY 또는 YYYYMM 형식을 사용한다. PERIOD_DIFF()는 연월1-연월2의 개월수를 구한다.

```
SELECT PERIOD_ADD(202201, 11), PERIOD_DIFF(202201, 201812);
```

2022년 12월과 37개월을 반환한다.

• QUARTER(날짜)

날짜가 4분기 중에서 몇 분기인지를 구한다.

```
SELECT QUARTER('2022-07-07');
```

7월7일에 해당하는 3분기를 반환한다.

• TIME_TO_SEC(시간)

시간을 초 단위로 구한다.

```
SELECT TIME_TO_SEC('12:11:10');
```

43870초가 반환된다.

시스템 정보 함수

시스템의 정보를 출력하는 함수를 제공한다.

• USER(), DATABASE()

현재 사용자 및 현재 선택된 데이터베이스를 구한다.

```
SELECT CURRENT_USER(), DATABASE();
```

현재 사용자와 현재 선택된 데이터베이스를 반환한다.

⚠ USER(), SESSION_USER(), CURRENT_USER()는 모두 동일하다. DATABASE()와 SCHEMA()도 동일한 함수다.

• FOUND_ROWS()

바로 앞의 SELECT문에서 조회된 행의 개수를 구한다.

```
USE sqlDB;
SELECT * FROM userTBL;
SELECT FOUND_ROWS();
```

고객 테이블의 10개 행을 조회했으므로 10이 반환된다.

• ROW_COUNT()

바로 앞의 INSERT, UPDATE, DELETE문에서 입력, 수정, 삭제된 행의 개수를 구한다. CREATE, DROP문은 0을 반환하고, SELECT문은 −1을 반환한다.

```
USE sqlDB;
UPDATE buyTBL SET price=price*2;
SELECT ROW_COUNT();
```

구매 테이블의 12개 행을 변경했으므로 12가 반환된다.

⚠ HeidiSQL의 약간의 버그 때문에 UPDATE 후에 ROW_COUNT()가 0이 나올 수 있다. 명령 창에서 수행하면 12개로 잘 수행된다.

- **VERSION()**

현재 MariaDB의 버전을 구한다.

- **SLEEP(초)**

쿼리의 실행을 잠깐 멈춘다.

```
SELECT SLEEP(5);
SELECT '5초후에 이게 보여요';
```

5초를 멈춘 후에 결과가 보인다.

그 외의 함수

지금 소개한 함수 외에도 비트 함수, 전체 텍스트 검색 함수, 보안 및 압축 함수, 암호화 함수, XML 함수, 공간 분석 함수, JSON 함수 등이 있지만, 너무 많이 나열하는 것보다는 앞으로 필요할 때 소개하는 것으로 하겠다.

⚠ 이 책에서 생략된 MariaDB에서 제공하는 나머지 내장 함수에 대해서는 https://mariadb.com/kb/en/library/built-in-functions/ 주소에서 확인할 수 있다.

내장 함수에 대해서 어느 정도 익혔으니 함수도 활용할 겸해서, 대량의 문자를 저장할 수 있는 TEXT 데이터 형식에 대한 실습을 해보자.

실습2

TEXT 데이터 형식을 이용해서 대량의 데이터를 입력하자.

step 1

대용량 데이터를 입력하기 위한 테이블을 정의한다.

```
USE  sqlDB;
CREATE TABLE maxtbl ( col1 LONGTEXT,  col2 LONGTEXT);
```

⚠ 이번 장의 앞에서도 소개했지만, LONGTEXT는 최대 4GB까지 저장할 수 있다.

각각 1,000,000(백만)개 문자의 대량 데이터를 입력하자.

2-1 REPEAT() 함수를 활용해서 백만 개씩 입력하자. 잘 입력될 것이다.

```
INSERT INTO maxTbl VALUES (REPEAT('A', 1000000), REPEAT('가',1000000));
```

2-2 입력된 값의 크기를 확인해 보자.

```
SELECT LENGTH(col1), LENGTH(col2) FROM maxTBL;
```

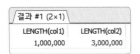

LENGTH(col1)	LENGTH(col2)
1,000,000	3,000,000

결과 #1 (2×1)

[그림 7-10] 쿼리 실행 결과

약 1M와 3M의 크기가 입력되었다. 크기가 다른 이유는 영문자는 1Byte를 차지하지만, 한글은 utf-8 코드이므로 3Byte를 차지하기 때문이다.

좀 더 큰 값을 입력해 보자. 각각 10,000,000(천만)개 문자의 대량 데이터를 입력하자.

```
INSERT INTO maxTbl VALUES (REPEAT('A', 10000000), REPEAT('가',10000000));
```

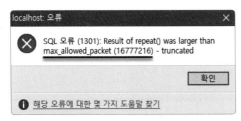

localhost: 오류

SQL 오류 (1301): Result of repeat() was larger than max_allowed_packet (16777216) - truncated

확인

ℹ 해당 오류에 대한 몇 가지 도움말 찾기

[그림 7-11] 오류 메시지

오류가 발생했다. 메시지를 보면 max_allowed_packet의 최대값이 약 1천6백만 바이트(=16M)이기 때문이다.

step 4

max_allowed_packet 시스템 변수 값을 변경해서 다시 입력해 보자.

4-0 HeidiSQL을 종료한다.

4-1 명령 프롬프트를 관리자 모드로 연다.

4-2 파일 탐색기에서 C:\Program Files\MariaDB 10.3\data\ 폴더의 **my.ini** 파일을 더블클릭해서 열고 [mysqld] 아랫 부분에 다음 내용을 추가하자.

```
max_allowed_packet=1000M
```

[그림 7-12] max_allowed_packet 값 추가

4-3 저장하고 메모장을 종료하자.

4-4 MariaDB 서버를 재시작해야 하므로, 컴퓨터를 재부팅하자.

⚠ MariaDB 서버를 재시작하는 다른 방법은 명령 프롬프트를 관리자 권한으로 열고 다음 명령을 차례로 수행해도 된다.

```
NET STOP MySQL
NET START MySQL
```

step 5

다시 입력해 보자.

5-0 HeidiSQL을 종료하고 다시 HeidiSQL을 실행해서 localhost에 접속하자. 그리고 왼쪽 [데이터베이스 목록] 창에서 localhost를 클릭한 후, 오른쪽 [쿼리] 탭을 클릭해서 쿼리 창을 준비하자.

5-1 다시 각각 10,000,000(천만)개 문자의 대량 데이터를 입력하자. 이번에는 잘 입력될 것이다.

```
USE sqlDB;
INSERT INTO maxTbl VALUES (REPEAT('A', 10000000), REPEAT('가',10000000));
```

5-2 입력된 값의 크기를 확인해 보자. 예상대로 약 10M와 30M가 확인된다.

```
SELECT LENGTH(col1), LENGTH(col2) FROM maxTBL;
```

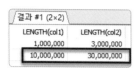

[그림 7-13] 쿼리 실행 결과

5-3 SHOW VARIABLES 명령으로 MariaDB의 시스템 변수 값을 확인해 보자. 시스템 변수의 종류가 너무 많으므로 LIKE를 함께 활용하자.

```
SHOW variables LIKE 'max%';
```

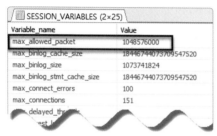

[그림 7-14] 쿼리 실행 결과

my.ini에서 설정했던 1000M값이 확인된다.

---

step 6

쿼리의 결과를 파일로 저장하거나, 저장된 내용을 다시 테이블에 입력해 보자.

6-1 파일 탐색기에서 C:\SQL\ 폴더가 있는지 확인하고, 다음 쿼리로 결과를 파일에 저장해 보자.

```
USE sqlDB;
SELECT * INTO OUTFILE 'C:/SQL/userTBL.txt' FROM userTBL;  -- 폴더 경로를 슬래쉬(/)로 사용한다.
```

잘 저장되었을 것이다.

6-2 저장된 파일을 열어보자. UNIX 형태의 줄 바꿈 때문에 메모장에서는 한 줄로 이어져서 보일 것이지만, 데이터는 잘 있는 것이므로 상관없다.

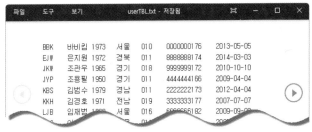

[그림 7-15] 저장된 파일 확인(MS-Word에서 읽음)

6-3 이번에는 userTBL과 동일한 구조의 memberTBL을 만들고, 파일의 내용을 memberTBL에 한 번에 입력시켜 보자.

```
CREATE TABLE memberTBL LIKE userTBL; -- 테이블 구조만 복사
LOAD DATA LOCAL INFILE 'C:/SQL/userTBL.txt' INTO TABLE memberTBL;
SELECT * FROM memberTBL;
```

잘 입력되었을 것이다. 이러한 방식은 기존의 대량의 데이터를 엑셀이나 텍스트 파일로 가지고 있을 때 한 꺼번에 테이블에 입력하기 위한 방법으로 활용된다.

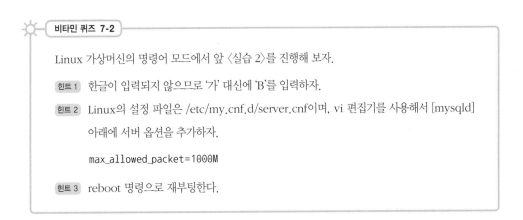

비타민 퀴즈 7-2

Linux 가상머신의 명령어 모드에서 앞 〈실습 2〉를 진행해 보자.

힌트 1 한글이 입력되지 않으므로 '가' 대신에 'B'를 입력하자.

힌트 2 Linux의 설정 파일은 /etc/my.cnf.d/server.cnf이며, vi 편집기를 사용해서 [mysqld] 아래에 서버 옵션을 추가하자.

max_allowed_packet=1000M

힌트 3 reboot 명령으로 재부팅한다.

7.2.2 MariaDB 윈도우 함수

윈도우 함수의 개념

윈도우 함수Window Function는 행과 행 사이의 관계를 쉽게 정의하기 위해서 제공되는 함수다. 윈도우 함수를 잘 활용한다면 복잡한 SQL을 쉽게 활용할 수 있다. 윈도우 함수를 쉽게 생각하면 OVER절이

들어간 함수라고 보면 되는데, 윈도우 함수와 함께 사용되는 집계 함수로는 AVG(), COUNT(), MAX(), MIN(), STDDEV(), SUM(), VARIANCE() 등이 있다. 윈도우 함수와 함께 사용되는 비집계 함수^{Nonaggregate Function}에는 CUME_DIST(), DENSE_RANK(), FIRST_VALUE(), LAG(), LAST_VALUE(), LEAD(), NTH_VALUE(), NTILE(), PERCENT_RANK(), RANK(), ROW_NUMBER() 등이 있다.

집계 함수는 6장 GROUP BY절에서 이미 설명하였으므로, 이번에는 비집계 함수와 함께 사용되는 윈도우 함수를 알아보자.

⚠ 윈도우 함수는 MariaDB 10.2부터 지원된다.

순위 함수

비집계 함수 중에서 RANK(), NTILE(), DENSE_RANK(), ROW_NUMBER() 등 4가지 순위를 표현하는 함수를 사용하면 상당히 유용할 때가 있다. 이 함수들의 기능은 순번을 처리하기 위해서 필요했던 복잡한 과정들을 단순화시켜서 쿼리의 작성 시간을 단축시켜 준다.

순위 함수는 한마디로 결과에 순번 또는 순위(등수)를 매기는 역할을 하는 함수다. 순위 함수의 형식은 다음과 같다.

```
<순위함수이름>( ) OVER(
    [PARTITION BY <partition_by_list>]
    ORDER BY <order_by_list>)
```

순위 함수의 가장 큰 장점은 구문이 단순하다는 것이다. 단순한 구문은 코드를 명확하게 만들고, 수정을 쉽게 한다. 또한, 효율성(성능)도 뛰어나다. 즉, MariaDB에 부하를 최소화하면서 순위를 매기는 결과를 준다. 직접 실습을 통해서 사용법을 익히자.

실습3

순위 함수를 실습해 보자.

step 0

sqlDB 데이터베이스를 사용하겠다. sqlDB는 그 구조가 간단하여 순위 함수를 쉽게 이해하는 데 도움을 준다. 6장 [그림 6-10]에 그 구조가 나와 있다.

0-1 HeidiSQL을 종료하고 새로 실행한 후, 저장해 놓은 sqlDB.sql을 이용해서 sqlDB 데이터베이스를 초기화시키자(방법이 기억나지 않으면 6장 〈실습 2〉의 step 6 을 참조한다).

0-2 메뉴의 [파일] 〉〉 [새 쿼리 탭]을 선택해서 쿼리 창을 하나 열자.

step 1

회원 테이블(userTBL)에서 키가 큰 순으로 순위를 정하고 싶을 경우에는 ROW_NUMBER( ) 함수를 사용하면 된다.

```
USE sqlDB;
SELECT ROW_NUMBER( ) OVER(ORDER BY height DESC) "키큰순위", name, addr, height
    FROM userTBL ;
```

키큰순위	name	addr	height
1	성시경	서울	186
2	임재범	서울	182
3	이승기	서울	182
4	김경호	전남	177
5	바비킴	서울	176
6	은지원	경북	174
7	김범수	경남	173
8	조관우	경기	172
9	윤종신	경남	170
10	조용필	경기	166

usertbl (4×10)

[그림 7-16] 쿼리 실행 결과

그런데, 동일한 키(임재범, 이승기)의 경우에는 특별한 출력 순서를 지정하지 않았다. 키가 동일할 경우에는 이름 가나다순으로 정렬하도록 수정하자.

```
SELECT ROW_NUMBER( ) OVER(ORDER BY height DESC, name ASC) "키큰순위", name, addr, height
    FROM userTBL ;
```

키큰순위	name	addr	height
1	성시경	서울	186
2	이승기	서울	182
3	임재범	서울	182
4	김경호	전남	177
5	바비킴	서울	176
	지원	북	174

usertbl (4×10)

[그림 7-17] 쿼리 실행 결과

step 2

이번에는 전체 순위가 아닌 각 지역별로 순위를 주고 싶은 경우를 생각해 보자. 즉, 경기별, 경남별 등 지역 으로 나눈 후에 키 큰 순위를 매기는 경우다. 이 경우에는 PARTITION BY절을 사용하면 된다.

```
SELECT addr, ROW_NUMBER( ) OVER(PARTITION BY addr ORDER BY height DESC, name ASC)
"지역별키큰순위", name, height
    FROM userTBL ;
```

addr	지역별키큰순위	name	height
경기	1	조관우	172
경기	2	조용필	166
경남	1	김범수	173
경남	2	윤종신	170
경북	1	은지원	174
서울	1	성시경	186
서울	2	이승기	182
서울	3	임재범	182
서울	4	바비킴	176
전남	1	김경호	177

[그림 7-18] 쿼리 실행 결과

경기, 경남, 서울의 경우에는 각 지역별로 별도의 순위가 매겨져 있다. 데이터의 개수가 작아서 그리 효과적 이지 않은 듯 하지만, 대량의 데이터에서는 큰 효과를 느낄 수 있다.

step 3

이번에는 전체 순위 결과를 다시 살펴보도록 하자.

앞 step 1 의 결과를 보면 이승기와 임재범은 키가 같은 182인데도 키 순위가 2등과 3등으로 나뉘어져 있 다. 같은 키인데도 3등이 된 사람의 입장에서는 상당히 불공평하게 느껴질 것이다. 이럴 경우에, 두 개의 데 이터를 동일한 등수로 처리하는 함수가 DENSE_RANK( ) 함수다.

```
SELECT DENSE_RANK( ) OVER(ORDER BY height DESC) "키큰순위", name, addr, height
    FROM userTBL ;
```

키큰순위	name	addr	height
1	성시경	서울	186
2	임재범	서울	182
2	이승기	서울	182
3	김경호	전남	177
4	바비킴	서울	176
5	은지원	경북	174
6	김범수	경남	173
7	조관우	경기	172
8	윤종신	경남	170
9	조용필	경기	166

[그림 7-19] 쿼리 실행 결과

위의 결과가 만족스러울 수도 있겠지만, 2등이 두 명 나온 후에 3등(김경호)이 나왔다. 어떤 경우에는 2등이 두 명이라면 2등, 2등, 4등 식으로 3등을 빼고 4등부터 순위를 매길 필요도 있다. 이럴 때는 RANK() 함수를 사용하면 된다.

```sql
SELECT RANK( ) OVER(ORDER BY height DESC) "키큰순위", name, addr, height
    FROM userTBL ;
```

usertbl (4×10)			
키큰순위	name	addr	height
1	성시경	서울	186
2	임재범	서울	182
2	이승기	서울	182
4	김경호	전남	177
5	바비킴	서울	176
6	은지원	경북	174
7	김범수	경남	173
8	조관우	경기	172
9	윤종신	경남	170
10	조용필	경기	166

[그림 7-20] 쿼리 실행 결과

이번에는 전체 인원을 키순으로 세운 후에, 몇 개의 그룹으로 분할하고 싶은 경우다. 예를 들면 10명의 사용자를 키순으로 세운 후에, 2개의 반으로 분반하고 싶은 경우가 이런 경우다. 이럴 때는 단순히 5명씩 나눠지면 된다. 이때 사용하는 함수가 NTILE(나눌 그룹 개수) 함수다.

```sql
SELECT NTILE(2) OVER(ORDER BY height DESC) "반번호", name, addr, height
    FROM userTBL;
```

usertbl (4×10)			
반번호	name	addr	height
1	성시경	서울	186
1	임재범	서울	182
1	이승기	서울	182
1	김경호	전남	177
1	바비킴	서울	176
2	은지원	경북	174
2	김범수	경남	173
2	조관우	경기	172
2	윤종신	경남	170
2	조용필	경기	166

[그림 7-21] 쿼리 실행 결과

그런데, 반을 3개로 분리하면 어떻게 될까? 답부터 얘기하면 우선 동일하게 나눈 후에, 나머지 인원을 처음 그룹부터 하나씩 배당하게 된다. 이 예에서는 1반 3명, 2반 3명, 3반 3명으로 한 후에 남는 1명을 처음인 1반에 할당한다. 만약, 4개로 분리하면 1반 2명, 2반 2명, 3반 2명, 4반 2명으로 나눈 후에 남는 2명을 1반과 2반에 한 명씩 할당한다. 결국 1반 3명, 2반 3명, 3반 2명, 4반 2명으로 배정된다.

```
SELECT NTILE(4) OVER(ORDER BY height DESC) "반번호", name, addr, height
    FROM userTBL;
```

반번호	name	addr	height
1	성시경	서울	186
1	임재범	서울	182
1	이승기	서울	182
2	김경호	전남	177
2	바비킴	서울	176
2	은지원	경북	174
3	김범수	경남	173
3	조관우	경기	172
4	윤종신	경남	170
4	조용필	경기	166

usertbl (4×10)

[그림 7-22] 쿼리 실행 결과

이상으로 순위 함수를 소개하였다. 유용하게 사용될 수 있으므로 사용법을 잘 기억하자.

분석 함수

비집계 함수 중에서 CUME_DIST(), LEAD(), FIRST_VALUE(), LAG(), LAST_VALUE(), PERCENT_RANK() 등을 분석 함수라 부른다. 분석 함수를 이용하면 이동 평균, 백분율, 누계 등의 결과를 계산할 수 있다. 실습을 통해 그 용도를 익히자.

실습4

분석 함수를 실습해 보자.

step 1

회원 테이블(userTBL)에서 키가 큰 순서로 정렬한 후에, 다음 사람과 키 차이를 미리 알려면 LEAD() 함수를 사용할 수 있다.

```
USE sqlDB;
SELECT  name, addr, height AS "키",
        height - (LEAD(height, 1) OVER (ORDER BY height DESC)) AS "다음 사람과 키 차이"
    FROM userTBL ;
```

[그림 7-23] 쿼리 실행 결과

LEAD() 함수에서 사용되는 인자는 열 이름, 다음 행 위치를 지정할 수 있다. 여기서는 height열을 사용했고, 다음 1번째 행(즉, 바로 다음 행)을 비교 대상으로 했다. 마지막 조용필은 다음 행이 없으므로 키 차이는 NULL이 출력되었다. OVER절에서는 키 순서로 정렬했다.

거의 같은 용도로 LAG()함수를 사용할 수 있는데, LEAD()가 다음 행과의 차이라면, LAG()는 이전 행과의 차이를 구하는 것만 다를 뿐이다.

step 2

이번에는 지역별로 가장 키가 큰 사람과의 차이를 알고 싶다면 FIRST_VALUE()를 활용하면 된다. 예로 바비킴의 경우 자신이 속한 지역(서울)의 가장 큰 키인 성시경의 키 186cm와 자신이 몇 cm 차이가 나는지 출력된다.

```
SELECT addr, name, height AS "키",
       height - ( FIRST_VALUE(height) OVER (PARTITION BY addr ORDER BY height DESC) )
             AS "지역별 최대키와 차이"
    FROM userTBL ;
```

[그림 7-24] 쿼리 실행 결과

OVER 문장의 PARTITION BY addr에 의해서 지역별로 그룹화한다. 또, ORDER BY height DESC에 의해서 키로 내림차순 정렬한 후에, FIRST_VALUE(height)로 각 지역별 첫 번째 값(즉, 가장 큰 키)을 추출하게 된다. 서울 지역의 결과를 보면 이해가 갈 것이다.

step 3

누적 합계를 내보자. 예로 현 지역에서 자신보다 키가 같거나 큰 인원의 백분율을 구할 수 있다. CUME_DIST() 함수를 사용해 보자.

```
SELECT   addr, name, height AS "키",
      CAST( CUME_DIST() OVER (PARTITION BY addr ORDER BY height DESC)) * 100 AS
          INTEGER) AS "누적인원 백분율%"
    FROM userTBL ;
```

usertbl (4×10)			
addr	name	키	누적인원 백분율%
경기	조관우	172	50
경기	조용필	166	100
경남	김범수	173	50
경남	윤종신	170	100
경북	은지원	174	100
서울	성시경	186	25
서울	임재범	182	75
서울	이승기	182	75
서울	바비킴	176	100
전남	김경호	177	100

[그림 7-25] 쿼리 실행 결과

경남의 결과를 보면 김범수는 전체 경남 인원 2명 중에서 자신보다 키가 크거나 같은 사람이 1명(자신 포함)이므로 50%가 된다. 또, 윤종신은 2명 중에서 자신보다 키가 크거나 같은 사람이 2명이므로 100%가 출력되었다.

지금 필자가 든 예는 기존 테이블을 사용하느라고 좀 부자연스럽게 느껴지겠지만, 다른 예로 직원별 연봉이 소속 부서 중에서 몇 퍼센트 안에 드는지 확인하는 경우에는 유용하게 사용될 수 있다. 또, PERCENT_RANK()도 CUME_DIST()와 유사한 기능을 한다.

이상으로 MariaDB에서 제공하는 분석 함수에 대해서 알아봤다. 지금 소개한 분석 함수를 잘 알아두면 종종 유용하게 사용될 것이다.

7.2.3 피벗과 JSON

피벗의 구현

피벗Pivot은 한 열에 포함된 여러 값을 출력하고, 이를 여러 열로 변환하여 테이블 반환 식을 회전하고 필요하면 집계까지 수행하는 것을 말한다. 다음 예를 보자.

[그림 7-26] 피벗 테이블 사례

왼쪽은 판매자 이름, 판매 계절, 판매 수량으로 구성된 테이블이다. 이를 각 판매자가 계절별로 몇 개 구매했는지 표로 나타내고 싶을 때 SUM()과 IF() 함수를 활용해서 피벗 테이블을 만들 수 있다.

실습5

간단한 피벗 테이블을 실습하자.

step 1

[그림 7-26]과 같은 샘플 테이블을 만든다.

```
USE sqlDB;
CREATE TABLE pivotTest
    (   uName CHAR(3),
        season CHAR(2),
        amount INT );
```

step 2

[그림 7-26] 왼쪽과 동일하게 데이터를 9건 입력한다.

```
INSERT INTO pivotTest VALUES
    ('김범수', '겨울', 10), ('윤종신', '여름', 15), ('김범수', '가을', 25), ('김범수', '봄',    3),
    ('김범수', '봄',   37), ('윤종신', '겨울', 40), ('김범수', '여름', 14), ('김범수', '겨울', 22),
    ('윤종신', '여름', 64) ;
SELECT * FROM pivotTest;
```

SUM()과 IF() 함수, 그리고 GROUP BY를 활용해 보자. [그림 7-26]의 오른쪽과 같은 결과가 나온다.

```
SELECT uName,
    SUM(IF(season='봄', amount, 0)) AS '봄',
    SUM(IF(season='여름', amount, 0)) AS '여름',
    SUM(IF(season='가을', amount, 0)) AS '가을',
    SUM(IF(season='겨울', amount, 0)) AS '겨울',
    SUM(amount) AS '합계' FROM pivotTest GROUP BY uName ;
```

간단한 예이므로 별로 어렵지 않았을 것이다. 피벗 테이블은 한 눈에 테이블 내용을 파악할 수 있는 장점이 있으므로 종종 유용하게 사용된다.

비타민 퀴즈 7-3

Windows의 HeidiSQL에서 Linux에 접속한 후, [그림 7-26]의 왼쪽 테이블이 다음과 같이 계절 별로 나오도록 피벗 테이블을 만드는 SQL을 만들자.

season	김범수	윤종신	합계
가을	25	0	25
겨울	32	40	72
봄	40	0	40
여름	14	79	93

pivottest (4×4)

[그림 7-27] 피벗 테이블 결과

JSON 데이터

JSON^{JavaScript Object Notation}은 현대의 웹과 모바일 응용프로그램 등과 데이터를 교환하기 위한 개방형 표준 포맷을 말하는데, 속성^{Key}과 값^{Value}으로 쌍을 이루며 구성되어 있다. JSON은 비록 JavaScript 언어에서 파생되었지만, 특정한 프로그래밍 언어에 종속되어 있지 않은 독립적인 데이터 포맷이라고 생각하면 된다. 즉, 그 포맷이 단순하고 공개되어 있기에 거의 대부분의 프로그래밍 언어에서 쉽게 읽거나 쓸 수 있도록 코딩할 수 있다.

⚠ JSON은 MariaDB 10.2부터 지원한다.

JSON의 가장 단순한 형태의 예를 들면 다음과 같다. 다음은 한 명의 사용자를 JSON 형태로 표현한 것이다. 속성^{Key}과 값^{Value}으로 쌍을 이루는 것을 확인할 수 있다.

```
{
    "아이디" : "BBK" ,
    "이름" : "바비킴" ,
    "생년" : 1973 ,
    "지역" : "서울" ,
    "국번" : "010" ,
    "전화번호" : "00000000" ,
    "키" : 178 ,
    "가입일" : "2013.5.5"
}
```

MariaDB는 JSON 관련된 다양한 내장 함수를 제공해서 다양한 조작이 가능하다. 우선 테이블의 데이터를 JSON 데이터로 표현하면 [그림 7-28]과 같다.

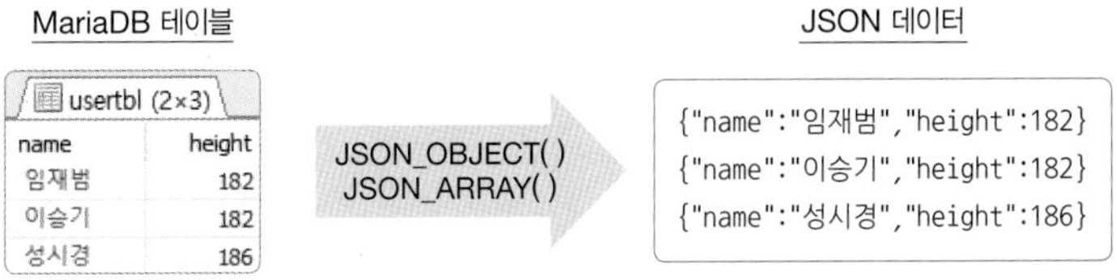

[그림 7-28] 테이블과 JSON의 변환 개념

우선 [그림 7-28] 왼쪽의 테이블은 userTBL에서 키가 180 이상인 사람의 이름과 키를 나타내며, 이것을 JSON으로 변환하려면 JSON_OBJECT()나 JSON_ARRAY() 함수를 이용하면 된다.

```
USE sqlDB;
SELECT JSON_OBJECT('name', name, 'height', height) AS 'JSON 값'
    FROM userTBL
    WHERE height >= 180;
```

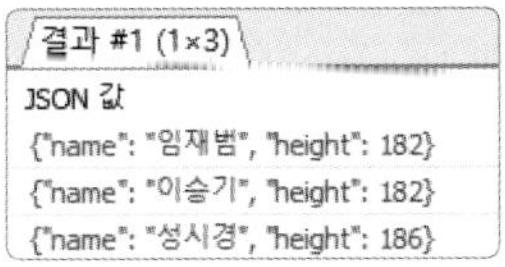

[그림 7-29] 쿼리 실행 결과

결과 값은 JSON 형태로 구성되었다. 이렇게 구성된 JSON을 MariaDB에서 제공하는 다양한 내장 함수를 사용해서 운영할 수 있다. JSON 관련 함수의 사용법을 확인해 보자.

```
SET @json='{ "userTBL" :
  [
      {"name":"임재범","height":182},
      {"name":"이승기","height":182},
      {"name":"성시경","height":186}
  ]
}' ;
SELECT JSON_VALID(@json);
SELECT JSON_SEARCH(@json, 'one', '성시경');
SELECT JSON_EXTRACT(@json, '$.userTBL[2].name');
SELECT JSON_INSERT(@json, '$.userTBL[0].mDate', '2009-09-09');
SELECT JSON_REPLACE(@json, '$.userTBL[0].name', '홍길동');
SELECT JSON_REMOVE(@json, '$.userTBL[0]');
```

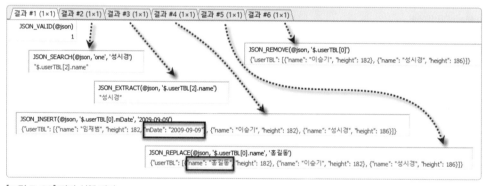

[그림 7-30] 쿼리 실행 결과

위 코드에서 @json 변수에 JSON 데이터를 우선 대입하면서 테이블의 이름은 userTBL로 지정했다. JSON_VALID() 함수는 문자열이 JSON 형식을 만족하면 1을, 그렇지 않으면 0을 반환한다. JSON_SEARCH() 함수는 세 번째 파라미터에 주어진 문자열의 위치를 반환한다. 두 번째 파라미터는 'one'과 'all' 중 하나가 올 수 있다. 'one'은 처음으로 매치되는 하나만 반환하며 'all'은 매치되는 모든 것을 반환한다. 결과를 보면 '성시경'은 userTBL의 두 번째의 name에 해당하는 부분에 위치하는 것을 확인할 수 있다.

JSON_EXTRACT()는 JSON_SEARCH()와 반대로 지정된 위치의 값을 추출한다. JSON_

INSERT()는 새로운 값을 추가한다. 결과를 보면 userTBL의 첫 번째(0)에 mDate를 추가했다. JSON_REPLACE()는 값을 변경한다. 이 예에서는 첫 번째(0)의 name 부분을 '홍길동'으로 변경했다. JSON_REMOVE()는 지정된 항목을 삭제한다. 이 예에서는 첫 번째(0)의 항목을 통째로 삭제했다.

간단한 예로 MariaDB에서 지원하는 JSON을 확인해 봤다. JSON과 관련된 내용은 앞으로 지속적으로 활용도가 높아질 것이므로 잘 기억해 두기 바란다.

> **비타민 퀴즈 7-4**
>
> Linux 가상머신의 명령어 모드에서 JSON 데이터를 연습해 보자. 이번에는 구매 테이블(buyTBL)의 구조를 활용해 본다.

7.3 조인

지금까지 우리는 대개 하나의 테이블을 다루는 작업을 위주로 수행했다. 이를 기반으로 해서 지금부터는 두 개 이상의 테이블이 서로 관계되어 있는 상태를 고려해 보자.

조인Join이란 두 개 이상의 테이블을 서로 묶어서 하나의 결과 집합으로 만들어 내는 것을 말한다.

지금부터 나오는 것은 1장에서 이미 나온 얘기도 있지만, 조인을 이해하기 위해서 꼭 필요한 개념이므로, 복습을 겸해서 다시 살펴보자.

데이터베이스의 테이블은 중복과 공간 낭비를 피하고 데이터의 무결성을 위해서 여러 개의 테이블로 분리하여 저장한다. 그리고, 이 분리된 테이블들은 서로 관계Relation를 맺고 있다. 그 중에서 간단하지만 가장 많이 사용되는 보편적인 관계가 6장 [그림 6-10]에 나타난 sqlDB의 userTBL과 buyTBL의 관계인 '1대다'의 관계다. 이 데이터베이스는 간단한 가상의 쇼핑몰에서 운영하는 데이터베이스라고 가정한 것이며 [그림 6-10]은 그 중에서 회원의 기본 정보(userTBL)와 회원이 구매한 구매 정보(buyTBL)만 표시한 것이다. 1대다 관계란 한쪽 테이블에는 하나의 값만 존재해야 하지만, 다른 쪽 테이블에는 여러 개가 존재할 수 있는 관계다. [그림 6 10]을 계속 보면서 살펴보자.

먼저 회원 테이블(userTBL)을 보자. 김범수 사용자는 회원 가입 시에 ID를 KBS로 생성했다. 그런데, 만약 이 'KBS'를 다른 사람도 사용할 수 있을까? 아이디 열은 Primary Key로 지정되어 있으므로 절대 동일한 아이디를 사용할 수가 없다. 그래서 KBS는 하나만 존재한다. 이것이 1대다 관계에서 '1'이다.

이번에는 구매 테이블(buyTBL)을 살펴보자. 만약, 구매 테이블의 아이디 열을 회원 테이블과 동일하게 Primary Key로 지정한다면 어떻게 될까? 그럴 경우에는 Primary Key는 한번만 들어갈 수 있으므로 KBS라는 아이디를 가진 사람은 물건을 한 번 구매한 후에는, 두 번 다시 이 가상의 쇼핑몰에서 물건을 살 수가 없다. 그래서, 한 명의 회원이 당연히 여러 건의 구매를 할 수 있도록 설정되어야 한다. 이러한 설정이 바로 1대다 관계의 설정인 것이다. 그래서, 회원 테이블의 아이디는 Primary Key로 지정한 것이며, 구매 테이블의 아이디는 Primary Key와 관련되는 Foreign Key로 지정한 것이다.

이러한 1대다 관계는 많은 현실의 업무에서 발견할 수 있다. 회사원 테이블과 급여 테이블도 마찬가지다. 회사원은 한 명이 여러 번의 급여를 받아야 하므로 1대다 관계다. 또, 학생과 학점 테이블의 관계도 마찬가지다. 학생 한 명이 여러 과목의 학점을 받아야 하므로 1대다 관계로 설정된다.

아무튼, 직접 조인을 다루기 위한 SQL문은 [그림 6-10]의 관계를 기준으로, 두 테이블을 조인해서 결과를 추출하는 방법을 통해 익혀보겠다.

7.3.1 INNER JOIN(내부 조인)

조인 중에서 가장 많이 사용되는 조인이다. 대개의 업무에서 조인은 INNER JOIN을 사용한다. 일반적으로 JOIN이라고 얘기하는 것이 이 INNER JOIN을 지칭하는 것이다.

INNER JOIN을 사용하기 위한 경우를 생각해 보자. 지금 구매 테이블을 보면, 물건을 구매한 사용자의 아이디와 물건 등의 정보만 나타난다. 그런데, 이 물건을 배송하기 위해서는 구매한 회원의 주소를 알아야 한다. 이 회원의 주소 정보를 알기 위해 주소 정보가 있는 회원 테이블과 결합하는 조인이 INNER JOIN이다. 우선, 형식을 살펴보자.

```
SELECT <열 목록>
FROM <첫 번째 테이블>
        INNER JOIN <두 번째 테이블>
        ON <조인될 조건>
[WHERE 검색조건]
```

위의 형식에서 INNER JOIN을 그냥 JOIN이라고만 써도 INNER JOIN으로 인식한다.

구매 테이블 중에서 JYP라는 아이디를 가진 사람이 구매한 물건을 발송하기 위해서, 이름/주소/연락처 등을 조인해서 검색하려면 다음과 같이 사용하면 된다.

```sql
USE sqlDB;
SELECT *
    FROM buyTBL
        INNER JOIN userTBL
            ON buyTBL.userID = userTBL.userID
    WHERE buyTBL.userID = 'JYP';
```

결과 #1 (14×1)

num	userID	prodName	groupName	price	amount	userID	name	birthYear	addr	mobile1	mobile2	height	mDate
3	JYP	모니터	전자	200	1	JYP	조용필	1,950	경기	011	4444444	166	2009-04-04

[그림 7-31] INNER JOIN 결과 1

⚠ ON 구문과 WHERE 구문에는 '테이블이름.열이름'의 형식으로 되어 있다. 그렇게 해야 하는 이유는 두 개의 테이블(buyTBL, userTBL)에 동일한 열 이름이 모두 존재하기 때문이다. 그래서, 두 개 테이블을 결합하는 경우에 동일한 열 이름이 있다면 꼭 '테이블명.열이름' 형식으로 표기해 줘야 한다.

위 결과를 생성하기 위해서 [그림 7-32]와 같은 과정을 거친다.

우선, 구매 테이블의 userID(buyTBL.userID)인 'JYP'를 추출하게 된다. 그리고 'JYP'과 동일한 값을 회원 테이블의 userID(userTBL.userID) 열에서 검색한 후, 'JYP'라는 아이디를 찾게 되면 구매 테이블과 회원 테이블의 두 행을 결합(JOIN)한다.

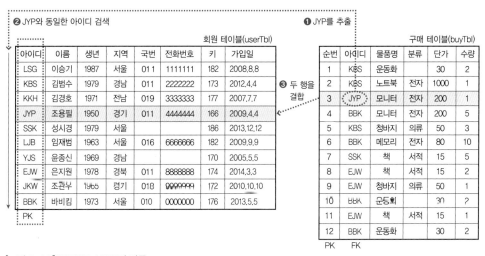

[그림 7-32] INNER JOIN의 작동

만약, **WHERE buyTBL.userID = 'JYP'** 구문을 생략하면, buyTBL의 모든 행에 대해서 위와 동일한 방식으로 반복하게 되는 것이다. WHERE를 뺀 결과는 [그림 7-33]과 같다.

num	userID	prodName	groupName	price	amount	userID	name	birthYear	addr	mobile1	mobile2	height	mDate
1	KBS	운동화	(NULL)	30	2	KBS	김범수	1,979	경남	011	2222222	173	2012-04-04
2	KBS	노트북	전자	1,000	1	KBS	김범수	1,979	경남	011	2222222	173	2012-04-04
3	JYP	모니터	전자	200	1	JYP	조용필	1,950	경기	011	4444444	166	2009-04-04
4	BBK	모니터	전자	200	5	BBK	바비킴	1,973	서울	010	0000000	176	2013-05-05
5	KBS	청바지	의류	50	3	KBS	김범수	1,979	경남	011	2222222	173	2012-04-04
6	BBK	메모리	전자	80	10	BBK	바비킴	1,973	서울	010	0000000	176	2013-05-05
7	SSK	책	서적	15	5	SSK	성시경	1,979	서울	(NULL)	(NULL)	186	2013-12-12
8	EJW	책	서적	15	2	EJW	은지원	1,972	경북	011	8888888	174	2014-03-03
9	EJW	청바지	의류	50	1	EJW	은지원	1,972	경북	011	8888888	174	2014-03-03
10	BBK	운동화	(NULL)	30	2	BBK	바비킴	1,973	서울	010	0000000	176	2013-05-05
11	EJW	책	서적	15	1	EJW	은지원	1,972	경북	011	8888888	174	2014-03-03
12	BBK	운동화	(NULL)	30	2	BBK	바비킴	1,973	서울	010	0000000	176	2013-05-05

[그림 7-33] INNER JOIN 결과 2

열의 항목이 너무 많은 것 같아서 복잡해 보이므로, 이번에는 필요한 열만 추출해 보자. 아이디/이름/구매물품/주소/연락처만 추출하자.

```
SELECT userID, name, prodName, addr, CONCAT(mobile1, mobile2) AS '연락처'
    FROM buyTBL
      INNER JOIN userTBL
        ON buyTBL.userID = userTBL.userID ;
```

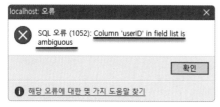

[그림 7-34] 오류 메시지

열 이름 userID가 불확실하다는 오류 메시지가 나왔다. userID의 경우에는 두 테이블 모두에 들어 있어서 어느 테이블의 userID를 추출할지 명시해 줘야 한다. 이 경우에는 어느 테이블의 userID를 추출할지 선택해야 한다. 동일한 값이지만 지금은 buyTBL을 기준으로 하는 것이므로, buyTBL의 userID가 더 정확하다.

```
SELECT buyTBL.userID, name, prodName, addr, CONCAT(mobile1, mobile2) AS '연락처'
    FROM buyTBL
      INNER JOIN userTBL
        ON buyTBL.userID = userTBL.userID;
```

다음과 같은 WHERE 구문으로도 INNER JOIN을 표현할 수도 있다. 하지만, 호환성 등의 문제로 별로 권장하지 않는 방식이다. 개발자에 따라서 다음의 방식으로 조인하는 경우도 있으니 알아 둘 필요는 있다.

```
SELECT buyTBL.userID, name, prodName, addr, CONCAT(mobile1, mobile2) AS '연락처'
  FROM buyTBL, userTBL
    WHERE buyTBL.userID = userTBL.userID ;
```

🔑 userID	name	prodName	addr	연락처
KBS	김범수	운동화	경남	0112222222
KBS	김범수	노트북	경남	0112222222
JYP	조용필	모니터	경기	0114444444
BBK	바비킴	모니터	서울	0100000000
KBS	김범수	청바지	경남	0112222222
BBK	바비킴	메모리	서울	0100000000
SSK	성시경	책	서울	(NULL)
EJW	은지원	책	경북	0118888888
EJW	은지원	청바지	경북	0118888888
BBK	바비킴	운동화	서울	0100000000
EJW	은지원	책	경북	0118888888
BBK	바비킴	운동화	서울	0100000000

결과 #1 (5×12)

[그림 7-35] INNER JOIN 결과 3

예상대로 구매 테이블의 12건에 대해서, 각각의 구매자 이름/주소/연락처 등을 조회할 수 있었다.

코드를 좀 더 명확히 하기 위해서 SELECT 다음의 컬럼 이름(열 이름)에도 모두 '테이블이름.열이름' 식으로 붙여주자.

```
SELECT buyTBL.userID, userTBL.name, buyTBL.prodName, userTBL.addr,
        CONCAT(userTBL.mobile1, userTBL.mobile2)  AS '연락처'
    FROM buyTBL
      INNER JOIN userTBL
        ON buyTBL.userID = userTBL.userID;
```

각 열이 어느 테이블에 속한 것인지는 명확해졌지만, 코드가 너무 길어져 오히려 복잡해 보인다. 이를 간편하게 하기 위해서 다음과 같이 각 테이블에 별칭^Alias^을 줄 수 있다. 다음 코드는 위와 동일하지만 훨씬 간결하다.

```
SELECT B.userID, U.name, B.prodName, U.addr, CONCAT(U.mobile1, U.mobile2) AS '연락처'
    FROM buyTBL B
      INNER JOIN userTBL U
        ON B.userID = U.userID;
```

테이블에 별칭을 주기 위해서는 간단히 FROM절에 나오는 테이블의 이름 뒤에 별칭을 붙여주면 된다. 앞으로는 여러 개의 테이블이 관련되는 조인에서는 이러한 방식을 사용할 것을 적극 권장한다.

[그림 7-32]에서 JYP아이디의 사용자가 구매했던 것과 조인한 것을 다시 생각해보자. 같은 결과이지만, 다음과 같이 아이디/이름/물품/주소/연락처만 출력되도록 하고, 코드도 간결하게 수정했다.

```
SELECT B.userID, U.name, B.prodName, U.addr, CONCAT(U.mobile1, U.mobile2)  AS '연락처'
    FROM buyTBL B
      INNER JOIN userTBL U
        ON B.userID = U.userID
    WHERE B.userID = 'JYP';
```

🔑 userID	name	prodName	addr	연락처
JYP	조용필	모니터	경기	0114444444

결과 #1 (5×1)

[그림 7-36] 구매 테이블 기준의 조회 결과

구매 테이블의 JYP라는 아이디가 구매한 물품을 배송하기 위해서 회원 테이블에서 JYP에 해당하는 이름/주소/연락처를 가져온 것이다. 이를 반대로 생각해 보자. 이번에는 회원 테이블(userTBL)을 기준으로 JYP라는 아이디가 구매한 물건의 목록을 보자.

```
SELECT U.userID, U.name, B.prodName, U.addr, CONCAT(U.mobile1, U.mobile2)  AS '연락처'
    FROM userTBL U
      INNER JOIN buyTBL B
        ON U.userID = B.userID
    WHERE B.userID = 'JYP';
```

구매 테이블을 기준으로 한 것에서 순서 정도만 바꾸었을 뿐, 큰 차이는 없다. 결과도 [그림 7-36]과 동일하다.

이번에는 전체 회원들이 구매한 목록을 모두 출력해 보자. 지금 필자가 '전체 회원들'이라고 얘기한 것에 주목하자. 위의 쿼리문에서 WHERE 조건만 빼면 된다. 그리고, 결과를 보기 쉽게 회원ID 순으로 정렬하도록 하자.

```
SELECT U.userID, U.name, B.prodName, U.addr, CONCAT(U.mobile1, U.mobile2)  AS '연락처'
   FROM userTBL U
     INNER JOIN buyTBL B
        ON U.userID = B.userID
     ORDER BY U.userID;
```

userID	name	prodName	addr	연락처
BBK	바비킴	운동화	서울	0100000000
BBK	바비킴	운동화	서울	0100000000
BBK	바비킴	메모리	서울	0100000000
BBK	바비킴	모니터	서울	0100000000
EJW	은지원	책	경북	0118888888
EJW	은지원	책	경북	0118888888
EJW	은지원	청바지	경북	0118888888
JYP	조용필	모니터	경기	0114444444
KBS	김범수	청바지	경남	0112222222
KBS	김범수	운동화	경남	0112222222
KBS	김범수	노트북	경남	0112222222
SSK	성시경	책	서울	(NULL)

결과 #1 (5×12)

[그림 7-37] 전체 회원의 구매 목록 조회

어차피 구매 테이블의 목록이 12건이었으므로, 이상 없이 잘 나왔다.

위의 결과는 아무런 이상이 없기는 하지만, 필자가 조금 전에 말했던 '전체 회원들'과는 차이가 있다. 위의 결과는 '전체 회원들'이 아닌 '구매한 기록이 있는 회원들'의 결과다.

위의 결과에서 한 번도 구매하지 않은 회원인 이승기, 김경호, 임재범, 윤종신, 조관우는 나타나지 않았다. 여기서는 구매한 회원의 기록도 나오면서, 더불어 구매하지 않아도 회원의 이름/주소 등은 나오도록 조인할 필요도 있을 수 있다. 이렇게 조인해주는 방식이 OUTER JOIN이다. 결국, INNER JOIN은 양쪽 테이블에 모두 내용이 있는 것만 조인되는 방식이고, OUTER JOIN은 INNER JOIN과 마찬가지로 양쪽에 내용이 있으면 당연히 조인되고, 한쪽에만 내용이 있어도 그 결과가 표시되는 조인 방식이다. OUTER JOIN은 잠시 후에 상세히 알아보겠다.

앞의 INNER JOIN이 양쪽에 모두 있는 목록만 나오기 때문에 유용한 경우도 있다. 예를 들어, '쇼핑몰에서 한 번이라도 구매한 기록이 있는 우수회원들에게 감사의 안내문을 발송하자'의 경우에는 다음과 같이 DISTINCT문을 활용해서 회원의 주소록을 뽑을 수 있다.

```
SELECT DISTINCT U.userID, U.name,  U.addr
    FROM userTBL U
      INNER JOIN buyTBL B
        ON U.userID = B.userID
    ORDER BY U.userID ;
```

userID	name	addr
BBK	바비킴	서울
EJW	은지원	경북
JYP	조용필	경기
KBS	김범수	경남
SSK	성시경	서울

usertbl (3×5)

[그림 7-38] 구매한 적이 있는 회원 조회

위의 결과를 EXISTS문을 사용해서도 동일한 결과를 낼 수 있다.

```
SELECT U.userID, U.name,  U.addr
    FROM userTBL U
    WHERE EXISTS (
        SELECT *
        FROM buyTBL B
        WHERE U.userID = B.userID );
```

이번에는 세 개 테이블의 조인을 살펴보자.

세 개의 테이블을 테스트하기 위한 예를 보자. 학생과 동아리의 관계를 생각해 보자. 한 학생은 여러 개의 동아리에 가입해서 활동을 할 수 있고, 하나의 동아리에는 여러 명의 학생이 가입할 수 있으므로 두 개는 서로 '다대다'(many-to-many)의 관계라고 표현할 수 있다. 다대다 관계는 논리적으로는 구성이 가능하지만, 이를 물리적으로 구성하기 위해서는 두 테이블의 사이에 연결 테이블을 둬서 이 연결 테이블과 두 테이블이 일대다 관계를 맺도록 구성해야 한다.

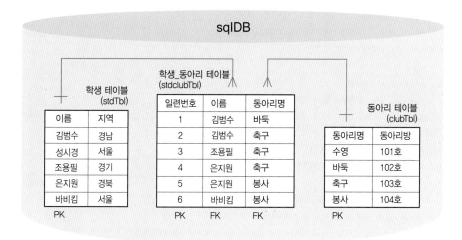

[그림 7-39] 세 개의 테이블 샘플

[그림 7-39]의 구조는 테이블의 복잡성을 없애려고, 학생의 이름 및 동아리명을 Primary Key로 설정했다.

⚠ 실제로는 학생 이름으로 Primary Key를 설정하지 않는다. 왜냐하면, 이름이 같은 학생이 있다면 한 명만 빼고 나머지는 자퇴해야 하는 웃지 못할 상황이 생길 수 있다.

이 구조를 보면 학생 테이블과 동아리 테이블은 서로 직접적인 관련이 없다. 하지만, 중간의 학생_동아리 테이블이 두 테이블의 연관관계를 맺어주고 있다.

실습6

세 개 테이블의 조인을 실습하자.

[그림 7-39]를 보고 3개 테이블을 정의하고 데이터를 입력하자. 연습을 위해서 6장 [그림 6-10]을 만들 때 사용한 쿼리문을 참조해서, 독자가 다음의 쿼리문을 보지 않고 [그림 7-39]를 정의해 보자. 테이블 생성은 8장에서 배우지만, 미리 좋은 연습이 될 것이다.

step 1

테이블을 생성하고, 데이터를 입력하는 쿼리문을 작성하자.

```
USE sqlDB;
CREATE TABLE stdTBL
( stdName      VARCHAR(10) NOT NULL PRIMARY KEY,
    addr       CHAR(4) NOT NULL
);
```

```
CREATE TABLE clubTBL
( clubName    VARCHAR(10) NOT NULL PRIMARY KEY,
    roomNo     CHAR(4) NOT NULL
);
CREATE TABLE stdclubTBL
(   num int AUTO_INCREMENT NOT NULL PRIMARY KEY,
    stdName    VARCHAR(10) NOT NULL,
    clubName    VARCHAR(10) NOT NULL,
FOREIGN KEY(stdName) REFERENCES stdTBL(stdName),
FOREIGN KEY(clubName) REFERENCES clubTBL(clubName)
);
INSERT INTO stdTBL VALUES (N'김범수', N'경남'), (N'성시경', N'서울'), (N'조용필', N'경기'),
        (N'은지원', N'경북'),(N'바비킴', N'서울');
INSERT INTO clubTBL VALUES (N'수영', N'101호'), (N'바둑', N'102호'), (N'축구', N'103호'),
        (N'봉사', N'104호');
INSERT INTO stdclubTBL VALUES (NULL, N'김범수', N'바둑'), (NULL, N'김범수', N'축구'),
        (NULL, N'조용필', N'축구'), (NULL, N'은지원', N'축구'), (NULL, N'은지원', N'봉사'),
        (NULL, N'바비킴', N'봉사');
```

---

step 2

학생 테이블, 동아리 테이블, 학생동아리 테이블을 이용해서 학생을 기준으로 학생 이름/지역/가입한 동아리/동아리방을 출력하자.

```
SELECT S.stdName, S.addr, C.clubName, C.roomNo
    FROM stdTBL S
        INNER JOIN stdclubTBL SC
            ON S.stdName = SC.stdName
        INNER JOIN clubTBL C
            ON SC.clubName = C.clubName
    ORDER BY S.stdName;
```

결과 #1 (4×6)

stdName	addr	clubName	roomNo
김범수	경남	바둑	102호
김범수	경남	축구	103호
바비킴	서울	봉사	104호
은지원	경북	봉사	104호
은지원	경북	축구	103호
조용필	경기	축구	103호

[그림 7-40] 3개 테이블 조인 결과

이 쿼리문은 학생동아리 테이블과 학생 테이블의 일대다 관계를 INNER JOIN하고, 또한 학생동아리 테이블과 동아리 테이블의 일대다 관계를 INNER JOIN한다.

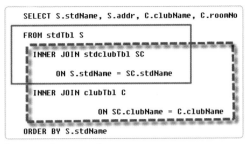

```
SELECT S.stdName, S.addr, C.clubName, C.roomNo
FROM stdTbl S
    INNER JOIN stdclubTbl SC
        ON S.stdName = SC.stdName
    INNER JOIN clubTbl C
            ON SC.clubName = C.clubName
ORDER BY S.stdName
```

[그림 7-41] 조인의 묶음

위 그림에 나와 있듯이 세 개의 테이블이 조인되는 쿼리를 만드는 순서는, 처음에 실선 박스로 표시된 stdTBL과 stdclubTBL이 조인되고, 그 후에 점선 박스로 표시된 stdclubTBL과 clubTBL이 조인되는 형식으로 쿼리문을 작성하면 된다.

step 3

이번에는 동아리를 기준으로 가입한 학생의 목록을 출력하자.

```
SELECT C.clubName, C.roomNo, S.stdName, S.addr
    FROM  stdTBL S
        INNER JOIN stdclubTBL SC
            ON SC.stdName = S.stdName
        INNER JOIN clubTBL C
    ON SC.clubName = C.clubName
    ORDER BY C.clubName;
```

결과 #1 (4×6)

clubName	roomNo	stdName	addr
바둑	102호	김범수	경남
봉사	104호	은지원	경북
봉사	104호	바비킴	서울
축구	103호	김범수	경남
축구	103호	조용필	경기
축구	103호	은지원	경북

[그림 7-42] 동아리 기준 결과

뭐 별거는 없다. 그냥 출력 차례만 바꾸고 정렬되는 기준만 동아리 이름으로 바꾼 것뿐이다.

비타민 퀴즈 7-5

Linux 가상머신의 명령어 모드에서 앞 〈실습 6〉을 진행해 보자. 한글이 입력되지 않으므로 모두 영문으로 사용한다.

7.3.2 OUTER JOIN(외부 조인)

Outer Join은 조인의 조건에 만족되지 않는 행까지도 포함시키는 것이라고 얘기했다. 자주 사용되지는 않지만, 가끔 유용하게 사용되는 방식이므로 알아 둘 필요가 있다.

구문은 다음의 형식을 가진다.

```
SELECT <열 목록>
FROM <첫 번째 테이블(LEFT 테이블)>
    <LEFT | RIGHT | FULL> OUTER JOIN <두 번째 테이블(RIGHT 테이블)>
        ON <조인될 조건>
[WHERE 검색조건] ;
```

좀 복잡한 것 같지만, '전체 회원의 구매 기록을 보자. 단, 구매 기록이 없는 회원도 출력되어야 한다.'의 쿼리문을 통해 살펴보자.

```
USE sqlDB;
SELECT U.userID, U.name, B.prodName, U.addr, CONCAT(U.mobile1, U.mobile2)  AS '연락처'
    FROM userTBL U
        LEFT OUTER JOIN buyTBL B
            ON U.userID = B.userID
    ORDER BY U.userID;
```

LEFT OUTER JOIN문의 의미를 **왼쪽 테이블(userTBL)의 것은 모두 출력되어야 한다** 정도로 해석하면 기억하기 쉬울 것이다. 또, LEFT OUTER JOIN을 줄여서 LEFT JOIN이라고만 써도 된다.

userID	name	prodName	addr	연락처
BBK	바비킴	모니터	서울	0100000000
BBK	바비킴	메모리	서울	0100000000
BBK	바비킴	운동화	서울	0100000000
BBK	바비킴	운동화	서울	0100000000
LJB	임재범	책	경북	016666○○98
LSG	이승기	(NULL)	서울	0111111111
SSK	성시경	책	서울	(NULL)
YJS	윤종신	(NULL)	경남	(NULL)

결과 #1 (5×17)

[그림 7-43] LEFT OUTER JOIN의 결과

위와 동일한 결과를 위해서 구문을 RIGHT OUTER JOIN으로 바꾸려면 단순히 왼쪽과 오른쪽 테이블의 위치만 바꿔주면 된다.

```
SELECT U.userID, U.name, B.prodName, U.addr, CONCAT(U.mobile1, U.mobile2)  AS '연락처'
   FROM buyTBL B
       RIGHT OUTER JOIN userTBL U
           ON U.userID = B.userID
   ORDER BY U.userID;
```

INNER JOIN의 활용 중에서, 구매한 기록이 있는 우수 회원들의 목록만을 뽑는 것을 해 봤었다. 이 번에는 한 번도 구매한 적이 없는 유령(?) 회원의 목록을 뽑아보자.

```
SELECT U.userID, U.name, B.prodName, U.addr, CONCAT(U.mobile1, U.mobile2)  AS '연락처'
   FROM userTBL U
       LEFT OUTER JOIN buyTBL B
           ON U.userID = B.userID
   WHERE B.prodName IS NULL
   ORDER BY U.userID;
```

userID	name	prodName	addr	연락처
JKW	조관우	(NULL)	경기	0189999999
KKH	김경호	(NULL)	전남	0193333333
LJB	임재범	(NULL)	서울	0166666666
LSG	이승기	(NULL)	서울	0111111111
YJS	윤종신	(NULL)	경남	(NULL)

결과 #1 (5×5)

[그림 7-44] 구매 기록이 없는 회원의 명단

이번에는 FULL OUTER JOIN(전체 조인 또는 전체 외부 조인)에 대해서 살펴보자. FULL OUTER JOIN은 LEFT OUTER JOIN과 RIGHT OUTER JOIN을 합쳐진 것이라고 생각하면 된다. 그냥 줄여서 FULL JOIN이라고 부른다.

즉, 한쪽을 기준으로 조건과 일치하지 않는 것을 출력하는 것이 아니라, 양쪽 모두에 조건이 일치하지 않는 것을 모두 출력하는 개념이다. 활용도는 낮으므로 다음 실습에서 간단히 확인만 해두면 된다. 다음 실습에서는 3개 테이블의 LEFT/RIGHT OUTER JOIN 방식을 위주로 파악하자.

LEFT/RIGHT/FULL OUTER JOIN을 실습하자.

앞 〈실습 6〉에서 3개의 테이블을 가지고 INNER JOIN했던 결과를 OUTER JOIN으로 고려하자. 또 두 개의 조인을 고려한 FULL JOIN을 테스트하자.

step 1

앞에서 했던 〈실습 6〉 **step 2** 의 학생을 기준으로 출력된 결과를 보면, 동아리에 가입하지 않은 학생 성시경은 출력이 안됐다. OUTER JOIN으로 동아리에 가입하지 않은 학생도 출력되도록 수정하자.

```
간단히 INNER JOIN을 LEFT OUTER JOIN으로 변경하면 된다.
USE sqlDB;
SELECT S.stdName, S.addr, C.clubName, C.roomNo
    FROM stdTBL S
        LEFT OUTER JOIN stdclubTBL SC
            ON S.stdName = SC.stdName
        LEFT OUTER JOIN clubTBL C
            ON SC.clubName = C.clubName
    ORDER BY S.stdName;
```

stdName	addr	clubName	roomNo
김범수	경남	바둑	102호
김범수	경남	축구	103호
바비킴	서울	봉사	104호
성시경	서울	(NULL)	(NULL)
은지원	경북	축구	103호
은지원	경북	봉사	104호
조용필	경기	축구	103호

결과 #1 (4×7)

[그림 7-45] 쿼리 실행 결과

step 2

이번에는 동아리를 기준으로 가입된 학생을 출력하되, 가입 학생이 하나도 없는 동아리도 출력되게 하자.

```
SELECT C.clubName, C.roomNo, S.stdName, S.addr
    FROM  stdTBL S
        LEFT OUTER JOIN stdclubTBL SC
            ON SC.stdName = S.stdName
        RIGHT OUTER JOIN clubTBL C
            ON SC.clubName = C.clubName
    ORDER BY C.clubName ;
```

클럽을 기준으로 조인을 해야 하므로 두 번째 조인은 RIGHT OUTER JOIN으로 처리해서 clubTBL

이 조인의 기준이 되도록 설정하면 된다.

[그림 7-46] 쿼리 실행 결과

step 3

위의 두 결과를 하나로 합쳐보자. 즉, 동아리에 가입하지 않은 학생도 출력되고 학생이 한 명도 없는 동아리도 출력되게 하자. 앞의 두 쿼리를 UNION으로 합쳐주면 된다.

```
SELECT S.stdName, S.addr, C.clubName, C.roomNo
    FROM stdTBL S
        LEFT OUTER JOIN stdclubTBL SC
            ON S.stdName = SC.stdName
        LEFT OUTER JOIN clubTBL C
            ON SC.clubName = C.clubName
UNION
SELECT S.stdName, S.addr, C.clubName, C.roomNo
    FROM   stdTBL S
        LEFT OUTER JOIN stdclubTBL SC
            ON SC.stdName = S.stdName
        RIGHT OUTER JOIN clubTBL C
            ON SC.clubName = C.clubName;
```

[그림 7-47] 쿼리 실행 결과

결과를 보면 동아리에 가입하지 않은 성시경 학생과 가입한 학생이 없는 수영 동아리가 모두 출력되었다.

Linux 가상머신의 명령어 모드에서 앞 〈실습 7〉을 진행해 보자. 한글 입출력이 되지 않는 것은 그냥 무시하자.

7.3.3 CROSS JOIN(상호 조인)

CROSS JOIN은 한쪽 테이블의 모든 행들과 다른 쪽 테이블의 모든 행을 조인시키는 기능을 한다. 그래서 CROSS JOIN의 결과 개수는 두 테이블 개수를 곱한 개수가 된다.

[그림 7-48]과 같은 조인이 발생한다. 회원 테이블의 첫 행이 구매 테이블의 모든 행과 조인되고, 그것을 회원 테이블의 모든 행이 반복하는 것이다. 그러므로, 회원 테이블의 개수인 10개와 구매 테이블의 개수인 12개가 곱해져서 120개의 결과가 되는 것이다. 이러한 CROSS JOIN을 카티션곱 ^{Cartesian Product}이라고도 부른다.

회원 테이블(userTbl)

아이디	이름	생년	지역	국번	전화번호	키	가입일
LSG	이승기	1987	서울	011	1111111	182	2008.8.8
KBS	김범수	1979	경남	011	2222222	173	2012.4.4
KKH	김경호	1971	전남	019	3333333	177	2007.7.7
JYP	조용필	1950	경기	011	4444444	166	2009.4.4
SSK	성시경	1979	서울			186	2013.12.12
LJB	임재범	1963	서울	016	6666666	182	2009.9.9
YJS	윤종신	1969	경남			170	2005.5.5
EJW	은지원	1978	경북	011	8888888	174	2014.3.3
JKW	조관우	1965	경기	018	9999999	172	2010.10.10
BBK	바비킴	1973	서울	010	0000000	176	2013.5.5

PK

구매 테이블(buyTbl)

순번	아이디	물품명	분류	단가	수량
1	KBS	운동화		30	2
2	KBS	노트북	전자	1000	1
3	JYP	모니터	전자	200	1
4	BBK	모니터	전자	200	5
5	KBS	청바지	의류	50	3
6	BBK	메모리	전자	80	10
7	SSK	책	서적	15	5
8	EJW	책	서적	15	2
9	EJW	청바지	의류	50	1
10	BBK	운동화		30	2
11	EJW	책	서적	15	1
12	BBK	운동화		30	2

PK   FK

[그림 7-48] CROSS JOIN(상호 조인) 방식

회원 테이블과 구매 테이블의 CROSS JOIN 구문은 다음과 같다.

```
USE sqlDB;
SELECT *
    FROM buyTBL
        CROSS JOIN userTBL ;
```

⚠ CROSS JOIN을 하려면 위와 동일한 구문으로 WHERE 구문 없이 FROM절에 테이블 이름들을 나열해도 된다.
이 역시 별로 권장하는 바는 아니다.

```
SELECT *
    FROM buyTBL , userTBL ;
```

CROSS JOIN에는 ON 구문을 사용할 수 없다. CROSS JOIN의 용도는 테스트로 사용할 많은 용량의 데이터를 생성할 때 주로 사용한다. 예를 들어, employees DB에서 약 30만 건이 있는 employees 테이블과 약 44만 건이 있는 titiles 테이블을 CROSS JOIN시키면, 30만×44만=약 1,300억 건의 데이터를 생성할 수 있다. 결과가 너무 커서 시간이 오래 걸릴 수 있으므로 employees (30만 건)와 departments(9건)를 사용해서 개수만 확인해 보자. 약 270만 건 정도가 나올 것이다.

```
USE employees;
SELECT  COUNT(*) AS '데이터개수'
    FROM employees
        CROSS JOIN departments;
```

결과 #1 (1×1)
데이터개수
2,700,216

[그림 7-49] 쿼리 실행 결과

⚠ 큰 샘플 테이블을 실제로 생성하고자 한다면 **CREATE TABLE … SELECT**문과 함께 사용하면 된다.

 비타민 퀴즈 7-7

Linux 가상머신의 명령어 모드에서 sqlDB의 두 테이블을 CROSS JOIN시켜서 새로운 테이블 crossTBL을 생성해 보자. 그리고, 데이터 행이 몇 건이 생성되었는지 확인해 보자.

7.3.4 SELF JOIN(자체 조인)

SELF JOIN은 별도의 구문이 있는 것이 아니라 자기 자신과 자기 자신이 조인한다는 의미다. SELF JOIN을 활용하는 경우의 대표적인 예가 조직도와 관련된 테이블이다.

간단한 조직도를 살펴보자.

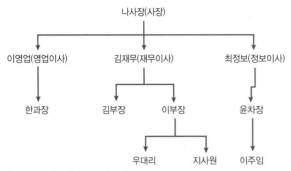

나사장(사장)

이영업(영업이사) 김재무(재무이사) 최정보(정보이사)

한과장 김부장 이부장 윤차장

우대리 지사원 이주임

[그림 7-50] 간단한 조직도 예

위 조직도를 테이블로 나타내 보자.

⚠ 실제라면 사번을 기본 키로 해야 하지만, 테이블의 단순화와 이해의 명확성을 위해서 직원 이름을 기본 키로 했다.

직원 이름(EMP) – 기본 키	상관 이름(MANAGER)	구내 번호
나사장	없음 (NULL)	0000
김재무	나사장	2222
김부장	김재무	2222-1
이부장	김재무	2222-2
우대리	이부장	2222-2-1
지사원	이부장	2222-2-2
이영업	나사장	1111
한과장	이영업	1111-1
최정보	나사장	3333
윤차장	최정보	3333-1
이주임	윤차장	3333-1-1

[표 7-5] 조직도 테이블

이부장을 보면 이부장은 직원이므로 직원 이름 열에 존재한다. 그러면서 동시에 우대리와 지사원의 상관이어서 상관 이름 열에도 존재한다. 만약, 우대리 상관의 구내번호를 알려고 하면, EMP열과 MANAGER열을 조인해야 이부장의 구내번호를 알 수 있다.

하나의 테이블에서 SELF JOIN을 활용해 보자.

우선 조직도 테이블을 정의하고 데이터를 입력하자.

1-1 테이블을 정의하자.

```
USE sqlDB;
CREATE TABLE empTbl (emp CHAR(3), manager CHAR(3), empTel VARCHAR(8));
```

1-2 [표 7-5]와 동일한 데이터를 입력하자.

```
INSERT INTO empTbl VALUES(N'나사장',NULL,'0000');
INSERT INTO empTbl VALUES(N'김재무',N'나사장','2222');
INSERT INTO empTbl VALUES(N'김부장',N'김재무','2222-1');
INSERT INTO empTbl VALUES(N'이부장',N'김재무','2222-2');
INSERT INTO empTbl VALUES(N'우대리',N'이부장','2222-2-1');
INSERT INTO empTbl VALUES(N'지사원',N'이부장','2222-2-2');
INSERT INTO empTbl VALUES(N'이영업',N'나사장','1111');
INSERT INTO empTbl VALUES(N'한과장',N'이영업','1111-1');
INSERT INTO empTbl VALUES(N'최정보',N'나사장','3333');
INSERT INTO empTbl VALUES(N'윤차장',N'최정보','3333-1');
INSERT INTO empTbl VALUES(N'이주임',N'윤차장','3333-1-1');
```

SELF JOIN을 활용해 보자.

2-1 우대리 상관의 연락처를 확인하고 싶다면 다음과 같이 사용할 수 있다.

```
SELECT A.emp AS '부하직원' , B.emp AS '직속상관', B.empTel AS '직속상관연락처'
    FROM empTbl A
        INNER JOIN empTbl B
            ON A.manager = B.emp
    WHERE A.emp = '우대리';
```

emptbl (3×1)		
부하직원	직속상관	직속상관연락처
우대리	이부장	????-?

[그림 7-51] 쿼리 실행 결과

이렇듯, 하나의 테이블에 같은 데이터가 존재하되 의미는 다르게 존재하는 경우에는 두 테이블을 서로 SELF JOIN시켜서 정보를 확인할 수 있다.

7.3.5 UNION / UNION ALL / NOT IN / IN

앞에서 확인해 봤지만, UNION은 두 쿼리의 결과를 행으로 합치는 것을 말한다. [그림 7-52]를 보면 쉽게 이해가 될 것이다.

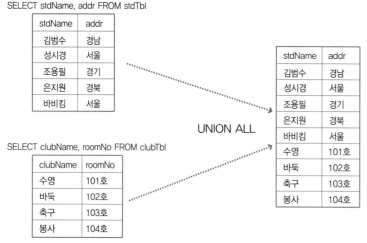

SELECT stdName, addr FROM stdTbl

stdName	addr
김범수	경남
성시경	서울
조용필	경기
은지원	경북
바비킴	서울

SELECT clubName, roomNo FROM clubTbl

clubName	roomNo
수영	101호
바둑	102호
축구	103호
봉사	104호

UNION ALL

stdName	addr
김범수	경남
성시경	서울
조용필	경기
은지원	경북
바비킴	서울
수영	101호
바둑	102호
축구	103호
봉사	104호

[그림 7-52] UNION의 결합과정

형식과 사용 예는 다음과 같다.

```
SELECT 문장1
    UNION [ALL]
SELECT 문장2
```

대신 SELECT 문장1과 SELECT 문장2의 결과 열의 개수가 같아야 하고, 데이터 형식도 각 열 단위로 같거나 서로 호환되는 데이터 형식이어야 한다. 당연히 문장1의 결과는 INT인데, 문장2의 결과는 CHAR이라면 오류가 발생할 것이다. 또한 열 이름은 [그림 7-52]에 표현되어 있듯이 문장1의 열 이름을 따른다. UNION만 사용하면 중복된 열은 제거되고 데이터가 정렬되어 나오며, UNION ALL을 사용하면 중복된 열까지 모두 출력된다.

```
USE sqlDB;
SELECT stdName, addr FROM stdTBL
    UNION ALL
SELECT clubName, roomNo FROM clubTBL;
```

결과 #1 (2×9)

stdName	addr
김범수	경남
바비킴	서울
성시경	서울
은지원	경북
조용필	경기
바둑	102호
봉사	104호
수영	101호
축구	103호

[그림 7-53] 쿼리 실행 결과

NOT IN은 첫 번째 쿼리의 결과 중에서, 두 번째 쿼리에 해당하는 것을 제외하기 위한 구문이다. 예로, sqlDB의 사용자를 모두 조회하되, 전화가 없는 사람을 제외하고자 한다면 다음과 같이 사용하면 된다.

```
SELECT name, CONCAT(mobile1, mobile2) AS '전화번호' FROM userTBL
    WHERE name NOT IN ( SELECT name FROM userTBL WHERE mobile1 IS NULL) ;
```

usertbl (2×8)

name	전화번호
바비킴	0100000000
은지원	0118888888
조관우	0189999999
조용필	0114444444
김범수	0112222222
김경호	0193333333
임재범	0166666666
이승기	0111111111

[그림 7-54] 쿼리 실행 결과

NOT IN과 반대로 첫 번째 쿼리의 결과 중에서 두 번째 쿼리에 해당되는 것만 조회하기 위해서는 IN을 사용하면 된다. 예로 전화가 없는 사람만 조회하고자 할 때 다음과 같이 사용한다.

```
SELECT name, CONCAT(mobile1, mobile2) AS '전화번호' FROM userTBL
    WHERE name IN ( SELECT name FROM userTBL WHERE mobile1 IS NULL) ;
```

usertbl (2×2)	
name	전화번호
성시경	(NULL)
윤종신	(NULL)

[그림 7-55] 쿼리 실행 결과

7.4 SQL 프로그래밍

이번에 소개할 내용은 C, C++, C#, Java 등의 프로그래밍 언어를 공부한 경험이 있는 독자라면 비교적 반가운 부분이 될 것이다. 지금 익히는 것은 특히 10장에서 배우는 스토어드 프로시저, 스토어드 함수, 커서, 트리거 부분의 기본이 되므로 잘 알아두자. SQL에서도 다른 프로그래밍 언어와 비슷한 분기, 흐름 제어, 반복의 기능이 있다. 이러한 기능을 전에 소개했던 변수와 함께 잘 활용한다면 강력한 SQL 프로그래밍이 가능하다.

SQL 프로그래밍을 진행하기 전에 우선 스토어드 프로시저를 만들고 사용하는 방법을 간단히 요약하고 넘어가자(스토어드 프로시저는 10장에서 상세히 다시 배우게 될 것이다).

```
DELIMITER $$
CREATE PROCEDURE 스토어드 프로시저이름()
BEGIN

    이 부분에 SQL 프로그래밍 코딩..

END $$
DELIMITER ;
CALL 스토어드 프로시저이름();
```

DELIMITER $$ ~ END $$ 부분까지는 스토어드 프로시저의 코딩할 부분을 묶어준다고 보면 된다. MariaDB의 종료 문자는 세미콜론(;)인데 CREATE PROCEDURE 안에서도 세미콜론이 종료 문자이므로 어디까지가 스토어드 프로시저인지 구별이 어렵다. 그래서 END $$가 나올 때까지를 스토어드 프로시저로 인식하게 하는 것이다. 그리고 다시 **DELIMITER** ;로 종료 문자를 세미콜론(;)으로 변경해 놓아야 한다. **CALL 스토어드 프로시저이름();**은 CREATE PROCEDURE로 생성한 스토어드 프로시저를 호출(=실행)한다.

결국 앞으로는 '스토어드 프로시저이름()'과 '이 부분에 SQL 프로그래밍 코딩...' 부분만 수정해서

사용하면 된다.

⚠ $$ 구분자는 //, &&, @@ 등 다른 것을 사용해도 된다. 또, 2개 연속이 아니라 하나만 사용해도 되지만, 가능하면 다른 기호
와 중복되지 않도록 2개 연속을 사용하는 것이 좋다.

7.4.1 IF···ELSE...

조건에 따라 분기한다. 한 문장 이상이 처리되어야 할 때는 BEGIN... END와 함께 묶어줘야만 하
며, 습관적으로 실행할 문장이 한 문장이라도 BEGIN... END로 묶어주는 것이 좋다.

```
IF <부울 표현식> THEN
        SQL문장들1..
ELSE
        SQL문장들2..
END IF;
```

간단한 구조다. 〈부울 표현식Boolean Expression〉 부분이 참True이라면 SQL문장들1을 수행하고, 거짓False
이라면 SQL문장들2를 수행한다. 물론, SQL문장들1 또는 SQL문장들2가 한 개의 문장이라면
BEGIN... END는 생략할 수 있다. 또, 거짓False일 경우면서 아무 것도 할 것이 없다면 ELSE 이하
는 생략하면 된다.

```
DROP PROCEDURE IF EXISTS ifProc; -- 기존에 만든 적이 있다면 삭제
DELIMITER $$
CREATE PROCEDURE ifProc()
BEGIN
  DECLARE var1 INT;  -- var1 변수 선언
  SET var1 = 100;  -- 변수에 값 대입

  IF var1 = 100 THEN  -- 만약 @var1이 100이라면,
    SELECT '100입니다.';
  ELSE
    SELECT '100이 아닙니다.';
  END IF;
END $$
DELIMITER ;
CALL ifProc();
```

위의 간단한 사용 예를 통해 쉽게 이해가 되었을 것이다(1행에서 경고가 나올 수 있으나, 무시해도 된다).

⚠ MariaDB는 사용자 정의 변수를 만들 때 앞에 @를 붙인다고 배웠다. 하지만 스토어드 프로시저나 함수 등에서는 DECLARE문을 사용해서 지역변수를 선언할 수 있다. 이 지역변수 앞에는 @를 붙이지 않고, 일반 프로그래밍 언어의 변수처럼 사용하면 된다.

이번에는 employees DB의 employees 테이블을 사용해 보자. 열에는 입사일(hire_date)열이 있는데, 직원번호에 10001번에 해당하는 직원의 입사일이 5년이 넘었는지를 확인해 보자.

```
DROP PROCEDURE IF EXISTS ifProc2;
USE employees;

DELIMITER $$
CREATE PROCEDURE ifProc2()
BEGIN
    DECLARE hireDATE DATE; -- 입사일
    DECLARE curDATE DATE; -- 오늘
    DECLARE days INT; -- 근무한 일수

    SELECT hire_date INTO hireDate -- hire_date열의 결과를 hireDATE에 대입
        FROM employees.employees
        WHERE emp_no = 10001;

    SET curDATE = CURRENT_DATE(); -- 현재 날짜
    SET days =  DATEDIFF(curDATE, hireDATE); -- 날짜의 차이, 일 단위

    IF (days/365) >= 5 THEN -- 5년이 지났다면
                SELECT CONCAT('입사한지 ', days, '일이나 지났습니다. 축하합니다!');
    ELSE
                SELECT '입사한지 ' + days + '일밖에 안되었네요. 열심히 일하세요.' ;
    END IF;
END $$
DELIMITER ;
CALL ifProc2();
```

```
결과 값:
'입사한지 00000일이나 지났습니다. 축하합니다!'
```

⚠ **SELECT 열이름 INTO 변수이름 FROM 테이블이름** 구문은 조회된 열의 결과 값을 변수에 대입한다.

7.4.2 CASE

IF 구문은 2중 분기라는 용어를 종종 사용한다. 즉, 참 아니면 거짓 두 가지만 있기 때문이다. 점수와 학점을 생각해 보자. 90점 이상은 A, 80점 이상은 B, 70점 이상은 C, 60점 이상은 D, 60점 미만은 F로 분할할 수 있다. 이때 5가지의 경우에 따라 경우가 달라지므로, '다중 분기'라는 용어를 사용한다. IF문으로 작성해 보자.

```
DROP PROCEDURE IF EXISTS ifProc3;
DELIMITER $$
CREATE PROCEDURE ifProc3()
BEGIN
    DECLARE point INT ;
    DECLARE credit CHAR(1);
    SET point = 77 ;

    IF point >= 90 THEN
            SET credit = 'A';
    ELSEIF point >= 80 THEN
            SET credit = 'B';
    ELSEIF point >= 70 THEN
            SET credit = 'C';
    ELSEIF point >= 60 THEN
            SET credit = 'D';
    ELSE
            SET credit = 'F';
    END IF;
    SELECT CONCAT('취득점수==>', point), CONCAT('학점==>', credit);
END $$
DELIMITER ;
CALL ifProc3();
```

```
결과 값:
취득점수==>77  학점==>C
```

IF문을 사용해서 학점 계산 프로그램을 만들었다. 위 IF문을 CASE문으로 변경할 수도 있다.

```
DROP PROCEDURE IF EXISTS caseProc;
DELIMITER $$
CREATE PROCEDURE caseProc()
BEGIN
    DECLARE point INT ;
    DECLARE credit CHAR(1);
    SET point = 77 ;

    CASE
            WHEN point >= 90 THEN
                    SET credit = 'A';
            WHEN point >= 80 THEN
                    SET credit = 'B';
            WHEN point >= 70 THEN
                    SET credit = 'C';
            WHEN point >= 60 THEN
                    SET credit = 'D';
            ELSE
                    SET credit = 'F';
    END CASE;
    SELECT CONCAT('취득점수==>', point), CONCAT('학점==>', credit);
END $$
DELIMITER ;
CALL caseProc();
```

CASE문은 혹시 조건에 맞는 WHEN이 여러 개더라도 먼저 조건이 만족하는 WHEN이 처리된다. 그리고 CASE를 종료한다.

CASE문의 활용은 SELECT문에서 더 많이 사용된다.

실습9

CASE문을 활용하는 SQL 프로그래밍을 작성하자.

sqlDB의 내용이 기억나지 않는다면, 6장의 [그림 6-10]을 다시 보면서 실습하자.

sqlDB의 구매 테이블(buyTBL)에 구매액(price*amount)이 1500원 이상인 고객은 '최우수 고객', 1000원 이상인 고객은 '우수고객', 1원 이상인 고객은 '일반고객'으로 출력하자. 또, 전혀 구매 실적이 없는 고객은 '유령고객'이라고 출력하자. 이번 실습의 최종 결과를 먼저 보면 다음과 같다.

userID	name	총구매액	고객등급
BBK	바비킴	1,920	최우수고객
KBS	김범수	1,210	우수고객
JYP	조용필	200	일반고객
EJW	은지원	95	일반고객
SSK	성시경	75	일반고객
KKH	김경호	(NULL)	유령고객
LSG	이승기	(NULL)	유령고객
YJS	윤종신	(NULL)	유령고객
JKW	조관우	(NULL)	유령고객
LJB	임재범	(NULL)	유령고객

[그림 7-56] 고객등급의 분류 결과

step 0

sqlDB를 초기화하자.

0-1 HeidiSQL을 종료하고 새로 실행한 후, 저장해 놓은 sqlDB.sql을 이용해서 sqlDB 데이터베이스를 초기화시키자(방법이 기억나지 않으면 6장 〈실습 2〉의 step 6 을 참조한다).

0-2 메뉴의 [파일] 〉〉 [새 쿼리 탭]을 선택해서 쿼리 창을 하나 열자.

step 1

먼저, buyTBL에서 구매액(price*amount)을 사용자 아이디(userID)별로 그룹화한다. 또, 구매액이 높은 순으로 정렬한다.

```
USE sqlDB;
SELECT userID, SUM(price*amount) AS '총구매액'
   FROM buyTBL
   GROUP BY userID
   ORDER BY SUM(price*amount) DESC;
```

userID	총구매액
BBK	1,920
KBS	1,210
JYP	200
EJW	95
SSK	75

[그림 7-57] 쿼리 실행 결과

step 2

사용자 이름이 빠졌으므로, userTBL과 조인해서 사용자 이름도 출력하자.

```
SELECT B.userID, U.name, SUM(price*amount) AS '총구매액'
    FROM buyTBL B
        INNER JOIN userTBL U
            ON B.userID = U.userID
    GROUP BY B.userID, U.name
    ORDER BY SUM(price*amount) DESC;
```

결과 #1 (3×5)		
userID	name	총구매액
BBK	바비킴	1,920
KBS	김범수	1,210
JYP	조용필	200
EJW	은지원	95
SSK	성시경	75

[그림 7-58] 쿼리 실행 결과

step 3

그런데, buyTBL에서 구매한 고객의 명단만 나왔을 뿐, 구매하지 않은 고객의 명단은 나오지 않았다. 오른쪽 테이블(userTBL)의 내용이 없더라도 나오도록 하기 위해 RIGHT OUTER JOIN으로 변경한다.

```
SELECT B.userID, U.name, SUM(price*amount) AS '총구매액'
    FROM buyTBL B
        RIGHT OUTER JOIN userTBL U
            ON B.userID = U.userID
    GROUP BY B.userID, U.name
    ORDER BY SUM(price*amount) DESC ;
```

결과 #1 (3×10)		
userID	name	총구매액
BBK	바비킴	1,920
KBS	김범수	1,210
JYP	조용필	200
EJW	은지원	95
SSK	성시경	75
(NULL)	이승기	(NULL)
(NULL)	조관우	(NULL)
(NULL)	김경호	(NULL)
(NULL)	임재범	(NULL)
(NULL)	윤종신	(NULL)

[그림 7-59] 쿼리 실행 결과

그런데 결과를 보니 name은 제대로 나왔으나, 구매한 기록이 없는 고객은 userID 부분이 NULL로 나왔다. 이유는 SELECT절에서 B.userID를 출력하기 때문이다. buyTBL에는 윤종신, 김경호 등이 구매한 적이 없으므로 아예 해당 아이디가 없다. userID의 기준을 buyTBL에서 userTBL로 변경하자.

```
SELECT U.userID, U.name, SUM(price*amount) AS '총구매액'
    FROM buyTBL B
        RIGHT OUTER JOIN userTBL U
            ON B.userID = U.userID
    GROUP BY U.userID, U.name
    ORDER BY SUM(price*amount) DESC
```

usertbl (3×10)		
userID	name	총구매액
BBK	바비킴	1,920
KBS	김범수	1,210
JYP	조용필	200
EJW	은지원	95
SSK	성시경	75
LSG	이승기	(NULL)
JKW	조관우	(NULL)
KKH	김경호	(NULL)
LJB	임재범	(NULL)
YJS	윤종신	(NULL)

[그림 7-60] 쿼리 실행 결과

이제는 총구매액에 따른 고객 분류를 처음에 제시했던 대로 CASE문만 따로 고려해 보자(다음은 실행하지 말자).

```
CASE
    WHEN (총구매액  >= 1500) THEN  '최우수고객'
    WHEN (총구매액  >= 1000) THEN  '우수고객'
    WHEN (총구매액 >= 1 ) THEN '일반고객'
    ELSE '유령고객'
END
```

작성한 CASE 구문을 SELECT에 추가한다. 최종 쿼리는 다음과 같다.

```
SELECT U.userID, U.name, SUM(price*amount) AS '총구매액',
    CASE
        WHEN (SUM(price*amount)  >= 1500) THEN '최우수고객'
        WHEN (SUM(price*amount)  >= 1000) THEN '우수고객'
        WHEN (SUM(price*amount) >= 1 ) THEN '일반고객'
        ELSE '유령고객'
    END AS '고객등급'
FROM buyTBL B
    RIGHT OUTER JOIN userTBL U
        ON B.userID = U.userID
GROUP BY U.userID, U.name
ORDER BY sum(price*amount) DESC ;
```

이로써 처음에 원했던 결과인 [그림 7-56]이 나오는 쿼리문을 작성했다. 무조건 제일 마지막의 쿼리문을 만들려고 하면 좀 어려울 수도 있으나, 하나씩 해결하면서 만들어가면 그리 어렵지 않을 것이다.

비타민 퀴즈 7-8

> Linux 가상머신의 명령어 모드에서 〈실습 9〉를 진행해 보자.

7.4.3 WHILE과 ITERATE/LEAVE

WHILE문은 다른 프로그래밍 언어의 WHILE과 동일한 개념이다. 해당 〈부울 식〉이 참인 동안에는 계속 반복되는 반복문이다.

```
WHILE 〈부울 식〉 DO
    SQL 명령문들…
END WHILE;
```

1에서 100까지의 값을 모두 더하는 간단한 기능을 구현해 보자.

```
DROP PROCEDURE IF EXISTS whileProc;
DELIMITER $$
CREATE PROCEDURE whileProc()
BEGIN
        DECLARE i INT; -- 1에서 100까지 증가할 변수
        DECLARE hap INT; -- 더한 값을 누적할 변수
    SET i = 1;
    SET hap = 0;

        WHILE (i <= 100) DO
            SET hap = hap + i;  -- hap의 원래의 값에 i를 더해서 다시 hap에 넣으라는 의미
            SET i = i + 1;      -- i의 원래의 값에 1을 더해서 다시 i에 넣으라는 의미
        END WHILE;

        SELECT hap;
END $$
DELIMITER ;
CALL whileProc();
```

```
결과 값:
5050
```

그런데, 1에서 100까지 합계에서 7의 배수는 합계에서 제외시키려면 어떻게 해야 할까? 즉 1+2+3+4+5+6+8+9+…100의 합계를 구하고 싶다. 또, 더하는 중간에 합계가 1000이 넘으면 더하는 것을 그만두고, 출력을 하고 싶다면? 그럴 경우에는 ITERATE문과 LEAVE문을 사용할 수 있다. 다음 코드를 보자.

⚠ ITERATE문은 다른 프로그래밍 언어의 CONTINUE와 LEAVE문은 BREAK문과 비슷한 역할을 한다.

```
DROP PROCEDURE IF EXISTS whileProc2;
DELIMITER $$
CREATE PROCEDURE whileProc2()
BEGIN
    DECLARE i INT; -- 1에서 100까지 증가할 변수
    DECLARE hap INT; -- 더한 값을 누적할 변수
    SET i = 1;
    SET hap = 0;

    myWhile: WHILE (i <= 100) DO  -- While문에 label을 지정
        IF (i%7 = 0) THEN
            SET i = i + 1;
            ITERATE myWhile; -- 지정한 label문으로 가서 계속 진행
        END IF;

        SET hap = hap + i;
        IF (hap > 1000) THEN
            LEAVE myWhile; -- 지정한 label문을 떠남. 즉, While 종료.
        END IF;
        SET i = i + 1;
    END WHILE;

    SELECT hap;
END $$
DELIMITER ;
CALL whileProc2();
```

```
결과 값:
1029
```

ITERATE문을 만나면 바로 WHILE문으로 이동해서 비교(@i <= 100)를 다시 하고, LEAVE문을
만나면 WHILE문을 빠져 나온다(여기서는 WHILE문을 myWhile이라는 label로 명명했다).

☀️ **비타민 퀴즈 7-9**

1부터 1000까지의 숫자 중에서 3의 배수 또는 8의 배수만 더하는 스토어드 프로시저를 만들어
보자. 즉, 3+6+8+9+12+15+16…만 더해지도록 한다.

7.4.4 오류 처리

MariaDB는 오류가 발생할 경우 직접 오류를 처리하는 방법을 제공한다. 우선 그 형식을 살펴보자.

DECLARE 액션 HANDLER FOR 오류조건 처리할_문장;

- **액션:** 오류 발생 시에 행동을 정의하는데 CONTINUE와 EXIT 둘 중 하나를 사용한다. CONTINUE가 나오면 제일 뒤의 '처리할_문장' 부분이 처리된다.

- **오류 조건:** 어떤 오류를 처리할 것인지를 지정한다. 여기에는 MariaDB의 오류 코드 숫자가 오거나, SQLSTATE '상태코드', SQLEXCEPTION, SQLWARNING, NOT FOUND 등이 올 수 있다. SQLSTATE에서 상태 코드는 5자리 문자열로 되어 있다. SQLEXCEPTION은 대부분의 오류를, SQLWARNING은 경고 메시지를, NOT FOUND는 커서나 SELECT…INTO에서 발생되는 오류를 의미한다.

- **처리할_문장:** 처리할 문장이 하나라면 한 문장이 나오면 되며, 처리할 문장이 여러 개일 경우에는 BEGIN… END로 묶어줄 수 있다.

⚠ MariaDB의 오류 코드Error Code는 1000~1885, 1900~1981까지 정의되어 있다. 예로 **SELECT * FROM noTable;** 을 실행할 때 noTable이 없을 경우에는 오류 코드는 1146이, 상태 코드는 '42S02'가 발생된다. 각 오류 코드 상태 코드에 대한 상세한 설명은 이 책에서는 지면상 어려우므로 https://mariadb.com/kb/en/library/mariadb-error-codes/ 주소를 참조하자.

다음의 예는 테이블이 없을 경우에 오류를 직접 처리하는 코드다. DECLARE 행이 없다면 MariaDB가 직접 오류 메시지를 발생시키지만, DECLARE 부분이 있어서 사용자가 지정한 메시지가 출력된다.

```
DROP PROCEDURE IF EXISTS errorProc;
DELIMITER $$
CREATE PROCEDURE errorProc()
BEGIN
    DECLARE CONTINUE HANDLER FOR 1146 SELECT '테이블이 없어요ㅠㅠ' AS '메시지';
    SELECT * FROM noTable;  -- noTable은 없음.
END $$
DELIMITER ;
CALL errorProc();
```

```
결과 값:
대이블이 없어요ㅠㅠ
```

위 코드에서 1146 대신에 SQLSTATE '42S02'로 써줘도 된다. 둘다 테이블이 없을 경우를 의미한다.

sqlDB의 userTBL에, 이미 존재하는 'LSG'라는 아이디를 생성시켜 보도록 하자. userID열은 기본 키로 지정되어 있으므로, 같은 ID를 입력할 수 없으므로 오류가 발생할 것이다.

```
DROP PROCEDURE IF EXISTS errorProc2;
DELIMITER $$
CREATE PROCEDURE errorProc2()
BEGIN
    DECLARE CONTINUE HANDLER FOR SQLEXCEPTION
    BEGIN
        SHOW ERRORS; -- 오류 메시지를 보여 준다.
        SELECT '오류가 발생했네요. 작업은 취소시켰습니다.' AS '메시지';
        ROLLBACK; -- 오류 발생 시 작업을 롤백시킨다.
    END;
    INSERT INTO userTBL VALUES('LSG', '이상구', 1988, '서울', NULL,
            NULL, 170, CURRENT_DATE()); -- 중복되는 아이디이므로 오류 발생
END $$
DELIMITER ;
CALL errorProc2();
```

결과 #1 (3×1)	결과 #2 (1×1)		
Level	Code	Message	메시지
Error	1,062	Duplicate entry 'LSG' for key 'PRIMARY'	오류가 발생했네요. 작업은 취소시켰습니다.

[그림 7-61] 쿼리 실행 결과

별로 설명할 것도 없이 구문과 결과만 봐도 이해가 되었을 것이다. **SHOW ERRORS**문은 오류에 대한 코드와 메시지를 출력한다. ROLLBACK은 진행 중인 작업을 취소시키며, COMMIT은 작업을 완전히 확정시키는 구문이다.

⚠ **SHOW COUNT(*) ERRORS**문은 발생된 오류의 개수를 출력해 주며, **SHOW WARNINGS**문은 경고에 대한 코드와 메시지를 출력한다.

7.4.5 동적 SQL

〈실습 1〉에서 잠깐 살펴본 PREPARE와 EXECUTE문을 다시 확인해 보자. PREPARE는 SQL문을 실행하지는 않고 미리 준비만 해놓고, EXECUTE문은 준비한 쿼리문을 실행한다. 그리고, 실행 후에는 DEALLOCATE PREFARE로 문장을 해제해 주는 것이 바람직하다.

```
use sqlDB;
PREPARE myQuery FROM 'SELECT * FROM userTBL WHERE userID = "EJW"';
EXECUTE myQuery;
DEALLOCATE PREPARE myQuery;
```

즉, **SELECT * FROM userTBL WHERE userID = "EJW"** 문장을 바로 실행하지 않고, myQuery
에 입력시켜 놓는다. 그리고 EXECUTE문으로 실행할 수 있다.

이렇게 미리 쿼리문을 준비한 후에 나중에 실행하는 것을 '동적 SQL'이라고도 부른다. 이 동적 SQL
은 종종 유용하게 사용될 수 있다.

또한, PREPARE문에서 ?으로 향후에 입력될 값을 비워놓고, EXECUTE에서는 USING을 이용해
서 값을 전달해서 사용할 수 있다. 이를 활용해 보자. 다음은 쿼리를 실행하는 순간의 날짜와 시간이
입력되는 기능을 한다.

```
USE sqlDB;
DROP TABLE IF EXISTS myTable;
CREATE TABLE myTable (id INT AUTO_INCREMENT PRIMARY KEY, mDate DATETIME);

SET @curDATE = CURRENT_TIMESTAMP(); -- 현재 날짜와 시간

PREPARE myQuery FROM 'INSERT INTO myTable VALUES(NULL, ?)';
EXECUTE myQuery USING @curDATE;
DEALLOCATE PREPARE myQuery;

SELECT * FROM myTable;
```

이상으로 MariaDB 프로그래밍 기능을 살펴보았다. 지금까지 학습한 내용은 10장의 스토어드 프
로시저, 스토어드 함수, 커서, 트리거에서 적극적으로 활용될 내용이므로 잘 기억해 놓자.

MariaDB 고급

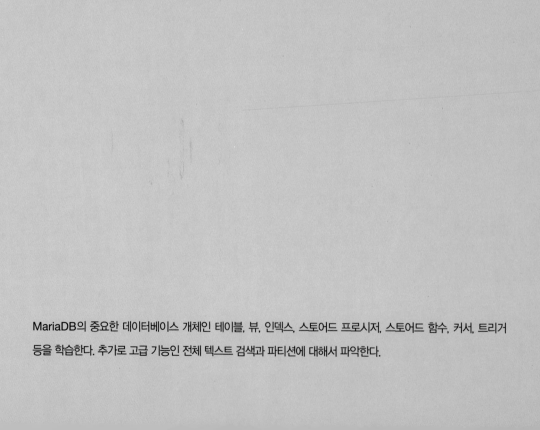

MariaDB의 중요한 데이터베이스 개체인 테이블, 뷰, 인덱스, 스토어드 프로시저, 스토어드 함수, 커서, 트리거 등을 학습한다. 추가로 고급 기능인 전체 텍스트 검색과 파티션에 대해서 파악한다.

chapter

08

테이블과 뷰

3장의 [그림 3-1]에는 DBMS, 데이터베이스, 테이블에 대한 개념이 잘 표현되어 있다. DBMS를 사용한다는 것은 결국 어떠한 정보를 데이터베이스 안에 저장시켜 놓고 필요할 경우에 꺼내서 사용하는 것이라고 볼 수 있다. 이러한 정보를 넣기 위한 개체가 바로 '테이블Table'이다. 즉, 테이블은 데이터베이스를 구성하는 가장 기본적인 개체이며, 핵심이다.

테이블은 행과 열로 구성되어 있다. 이 행을 로우row나 레코드record라고 부르며, 열은 컬럼column 또는 필드field라고 부른다. 마이크로소프트 엑셀을 사용해 봤다면, 테이블은 이 엑셀의 시트Sheet와 거의 비슷한 구조로 되어 있다는 것을 눈치챌 수 있을 것이다.

뷰는 테이블과 거의 똑같은 모양을 가진다. 뷰를 한마디로 정의하자면 '가상의 테이블'이라고 부를 수 있다. 그래서 뷰를 '뷰 테이블'이라고도 부르기도 하지만 정확히 얘기하면 올바른 표현은 아니다. 뷰는 실체가 없지만, 마치 실체가 있는 것처럼 보인다.

뷰를 '뷰 테이블'로도 부르는 이유는 데이터베이스를 단순 목적으로 사용하는 일반 사용자나 어플리케이션의 입장에서는 뷰나 테이블이 똑같이 보이기 때문이다. 즉, 일반 사용자는 지금 조회하고자 하는 것이 뷰이던지 테이블이던지 중요하지 않고, 단지 자신이 원하는 결과만 나오면 되기 때문이다. 단, 데이터베이스 개발자나 관리자의 입장에서는 테이블과 뷰를 명확히 구분하고 사용해야 한다.

이 장의 핵심 개념

8장은 데이터베이스의 핵심 개체인 테이블에 대해서 상세히 살펴보고, 가상의 테이블인 뷰에 대해서도 함께 알아본다. 8장의 핵심 개념은 다음과 같다.

1. 테이블은 HeidiSQL의 그래픽 환경 및 SQL문을 사용한 텍스트 환경 모두에서 생성할 수 있다.

2. 제약 조건Constraint이란 데이터의 무결성을 지키기 위한 제한된 조건을 의미한다.

3. 제약 조건의 종류로는 기본 키, 외래 키, Unique, Default, Null 제약 조건 등이 있다.

4. MariaDB는 테이블 압축, 임시 테이블 기능을 지원한다.

5. 뷰란 한마디로 '가상의 테이블'이라고 생각하면 된다.

이 장의 학습 흐름

테이블의 생성

⬇

제약 조건: 기본 키, 외래 키 등

⬇

테이블 압축과 효율성 및 임시 테이블의 활용

⬇

뷰의 개념과 장단점

8.1 테이블

테이블의 생성 및 사용은 지금까지 계속 반복해 왔다. 별다른 설명을 하지 않아도 사용에 별로 어려움을 느끼지 못했을 것이다. 다시 한번 확인 차원에서 간단히 테이블을 생성해 보고, 제약 조건^{Constraint} 및 테이블의 수정에 대해서 자세히 알아보자.

8.1.1 테이블 만들기

HeidiSQL에서 테이블 생성

이미 3장에서 HeidiSQL을 이용해서 테이블을 만들어 봤다. 즉, HeidiSQL에서 테이블을 만드는 방법은 별로 어렵지가 않았다.

테이블은 만드는 방법이 중요한 것이 아니라, 테이블을 어떻게 모델링(설계)했느냐가 훨씬 중요하다. 테이블을 만드는 것은 설계에 따라서 SQL 문법이나 HeidiSQL의 사용법에만 맞춰서 생성하면 되는 것이다. 데이터베이스 모델링은 4장에서 알아보았으니, 이번 장은 단지 테이블을 생성하고 관리하는 것에만 초점을 맞추도록 하자.

6장에서 실습했던 sqlDB와 동일한 형식의 tableDB를 만들자. 구조도는 [그림 8-1]과 같다.

tableDB

회원 테이블(userTbl)

아이디	이름	생년	지역	국번	전화번호	키	가입일
LSG	이승기	1987	서울	011	1111111	182	2008.8.8
KBS	김범수	1979	경남	011	2222222	173	2012.4.4
KKH	김경호	1971	전남	019	3333333	177	2007.7.7
JYP	조용필	1950	경기	011	4444444	166	2009.4.4
SSK	성시경	1979	서울			186	2013.12.12
LJB	임재범	1963	서울	016	6666666	182	2009.9.9
YJS	윤종신	1969	경남			170	2005.5.5
EJW	은지원	1978	경북	011	8888888	174	2014.3.3
JKW	조관우	1965	경기	018	9999999	172	2010.10.10
BBK	바비킴	1973	서울	010	0000000	176	2013.5.5

PK

구매 테이블(buyTbl)

순번	아이디	물품명	분류	단가	수량
1	KBS	운동화		30	2
2	KBS	노트북	전자	1000	1
3	JYP	모니터	전자	200	1
4	BBK	모니터	전자	200	5
5	KBS	청바지	의류	50	3
6	BBK	메모리	전자	80	10
7	SSK	책	서적	15	5
8	EJW	책	서적	15	2
9	EJW	청바지	의류	50	1
10	BBK	운동화		30	2
11	EJW	책	서적	15	1
12	BBK	운동화		30	2

PK　FK

[그림 8-1] 샘플로 사용할 tableDB

HeidiSQL의 GUI 환경에서 테이블을 생성하고 데이터를 입력하자.

`step 0`

HeidiSQL을 종료하고, 다시 HeidiSQL을 실행해서 localhost에 접속하자. 그리고 왼쪽 [데이터베이스 목록] 창에서 localhost를 클릭한 후, 오른쪽 [쿼리] 탭을 클릭해서 쿼리 창을 준비하자.

0-1 지금까지 실습했던 내용들이 남아 있으면 좀 보기 싫을 수 있으므로, 우선 사용했던 데이터베이스들을 제거하자. 경고는 무시해도 된다.

```
DROP DATABASE IF EXISTS ShopDB;
DROP DATABASE IF EXISTS ModelDB;
DROP DATABASE IF EXISTS sqlDB;
DROP DATABASE IF EXISTS tableDB;
```

0-2 tableDB를 생성하자. 그리고 왼쪽 [데이터베이스 목록]의 빈 곳에서 마우스 오른쪽 버튼을 클릭한 후, [새로 고침]을 선택한다.

```
CREATE DATABASE tableDB;
```

`step 1`

tabledb에서 마우스 오른쪽 버튼을 클릭하고 [새로 생성] – [테이블]을 선택한다.

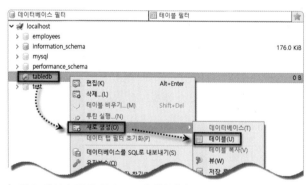

[그림 8-2] HeidiSQL의 GUI로 테이블 생성

`step 2`

[그림 8-1]의 회원 테이블과 구매 테이블을 입력한다.

2-1 먼저 회원 테이블을 다음과 동일하게 입력한다. userID열을 기본 키^{Primary Key}로 설정해 준다.

⚠ 3장에서 했던 것처럼, 〈추가〉를 클릭해서 열을 정의하면 된다. 또 기본 키 지정은 해당 열 이름에서 마우스 오른쪽 버튼을 클릭한 후 [새 인덱스 생성] 》 [Primary]를 선택하면 된다.

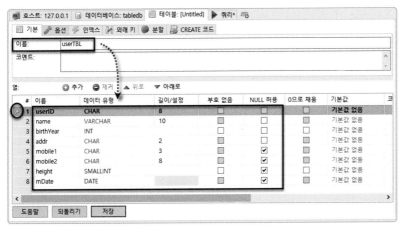

[그림 8-3] 회원 테이블(userTBL) 생성

⚠ 테이블 이름이나 열 이름은 한글로 지정할 수도 있지만 권장하지 않는다. 다른 데이터베이스로 이전하거나 Linux 계열에서는 문제가 생길 수 있다.

2-2 〈저장〉을 연속 클릭하고 〈Finish〉를 클릭해서 내용을 적용한다.

2-3 같은 방식으로 구매 테이블(buyTBL)을 생성한다. num을 기본 키^{Primary Key}로 설정해 준다.

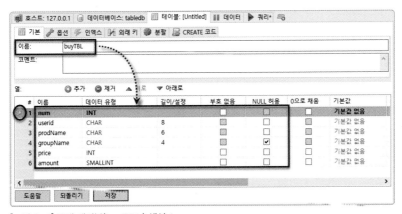

[그림 8-4] 구매 테이블(buyTBL) 생성 1

2-4 순번(num)은 순차 번호이므로 별도로 입력해 주는 것보다 시스템이 자동으로 입력시켜 주는 것이 더 낫다(이러한 속성을 AUTO_INCREMENT라고 부르는 데 6장에서 배웠다). num열의 기본값 부분을 클릭해서 'AUTO_INCREMENT'를 선택하고 〈확인〉을 클릭한다. 그리고 아래쪽 〈저장〉을 클릭해 저장한다.

[그림 8-5] 구매 테이블(buyTBL) 생성 2

2-5 [그림 8-1]의 구매 테이블의 userid열을 외래 키^{Foreign Key}로 설정하자. [외래 키] 탭을 클릭하고 〈추가〉를 클릭하고 키 이름을 "FK_userID" 정도로 적당히 입력한다. 열은 userid로, 참조 테이블은 usertbl로, 외래 열을 userID로 선택한다. 그리고 아래쪽 〈저장〉을 클릭해 저장한다.

[그림 8-6] 구매 테이블(buyTBL) 생성 3

step 3

이번에는 데이터를 HeidiSQL에서 입력하자.

3-1 왼쪽 [데이터베이스 목록]에서 tabledb를 확장해서 usertbl을 클릭한 후, [데이터] 탭을 선택한다. 그리고 〈테이블에 행 삽입〉 아이콘을 클릭하거나 마우스 오른쪽 버튼을 클릭한 후 [행 삽입]을 선택해서 데이터를 입력하자. [그림 8-1]의 값을 3개 행만 입력한다.

userID	name	birthYear	addr	mobile1	mobile2	height	mDate
KBS	김범수	1,979	경남	011	22222222	173	2012-04-04
KKH	김경호	1,971	전남	019	33333333	177	2007-07-07
LSG	이승기	1,987	서울	011	11111111	182	2008-08-08

[그림 8-7] 샘플 데이터 입력 1

3-2 이번에는 왼쪽 [데이터베이스 목록]에서 tableDB 아래 buyTBL을 클릭한 후, [데이터] 탭을 선택한다. [그림 8-1]의 첫 번째 행을 입력하자. 입력 시에 num열은 자동 입력되므로 NULL값을 그대로 두면 되며, userid열을 클릭하면 회원 테이블(userTBL)에 입력해 놓은 3건의 데이터만 보인다.

[그림 8-8] 샘플 데이터 입력 2

3건만 보이는 이유를 살펴보자. [그림 8-1]에 나와 있듯 회원 테이블과 구매 테이블은 외래 키로 연결되어 있으므로, 구매 테이블의 userID의 값은 반드시 회원 테이블의 userID로 존재해야 하기 때문이다(이것은 회원 가입을 하지 않고 물건을 구매하지 못하도록 업무 프로세스를 설정한 것과 동일하다). 그러므로 현재 상태에서 [그림 8-1] 구매 테이블을 차례대로 입력한다면 위쪽 2건만 입력이 가능하다.

3-3 더 이상 입력할 필요는 없으므로 HeidiSQL을 종료한다.

비타민 퀴즈 8-1

Windows의 HeidiSQL로 Linux 가상머신에 접속해서 tableDB를 생성하자. 이번에는 데이터를 모두 입력해 놓자.

잘 기억할 것은, 구매 테이블의 외래 키로 설정된 userid에 데이터가 입력되기 위해서는 그 기본값이 회원 테이블의 userid열에 존재해야 한다는 점이다.

이 정도로 HeidiSQL에서 데이터를 입력하는 방법을 마치고, 이번에는 SQL로 테이블을 생성하고 데이터를 입력하자. 앞으로 필자가 권장하는 방법은 HeidiSQL이 아닌 SQL 방법을 권장한다. HeidiSQL은 편리하고 직관적이기는 하지만, MariaDB가 아닌 다른 DBMS에서는 통용되는 방법이 아니므로 SQL을 사용하는 것이 더 바람직하다. 초보자의 경우에는 HeidiSQL이 편리하게 느껴질 수도 있으나, 어느 정도 MariaDB에 익숙해진다면 오히려 SQL이 더 편리하고 유연함을 느끼게될 것이다.

SQL로 테이블 생성

6장에서 sqlDB를 SQL로 생성한 기억이 날 것이다. 물론, 시간이 조금 되었으므로 잊어버렸어도 상관없다. 처음부터 다시 SQL을 이용해서 테이블을 생성해 보자.

MariaDB 도움말에 나오는 테이블을 생성하는 기본적인 형식은 다음과 같다(일부만 표시함).

```
CREATE [OR REPLACE] [TEMPORARY] TABLE [IF NOT EXISTS] tbl_name
    (create_definition,...) [table_options     ]... [partition_options]
CREATE [OR REPLACE] [TEMPORARY] TABLE [IF NOT EXISTS] tbl_name
    [(create_definition,...)] [table_options     ]... [partition_options]
    select_statement
CREATE [OR REPLACE] [TEMPORARY] TABLE [IF NOT EXISTS] tbl_name
    { LIKE old_table_name | (LIKE old_table_name) }

select_statement:
    [IGNORE | REPLACE] [AS] SELECT ...    (Some legal select statement)

create_definition:
    { col_name column_definition | index_definition | period_definition | CHECK
    (expr) }

column_definition:
    data_type
      [NOT NULL | NULL] [DEFAULT default_value | (expression)]
      [AUTO_INCREMENT] [UNIQUE [KEY] | [PRIMARY] KEY]
      [INVISIBLE] [{WITH|WITHOUT} SYSTEM VERSIONING]
      [COMMENT 'string']
      [COLUMN_FORMAT {FIXED|DYNAMIC|DEFAULT}]
      [reference_definition]
    | data_type [GENERATED ALWAYS] AS { { ROW {START|END} } | { (expression) [VIRTUAL
    | PERSISTENT] } }
      [UNIQUE [KEY]] [COMMENT 'string']

constraint_definition:
    CONSTRAINT [constraint_name] CHECK (expression)
```

⚠ MariaDB는 10.1 버전부터 테이블 압축 기능이 제공된다. 10.3.2부터는 테이블의 각 컬럼에 대한 압축 기능도 제공된다. 압축 기능을 사용하면 대용량의 데이터가 들어간 테이블의 저장공간을 대폭 절약할 수 있다. 테이블 압축을 한다고 사용법이 특별히 달라지는 것은 없으며, 기존과 동일하게 사용하면 내부적으로 알아서 압축되는 것이다. 잠시 후에 실습에서 확인해 보 겠다.

각각의 항목에 대한 설명까지하면 형식만으로도 100여 줄 넘는다. 복잡해 보이지만, 다양한 옵션이 모두 표현되어서 그렇지, 실제로 사용되는 것은 그렇게 복잡하지는 않다.

지금까지 실습에서 아주 간단한 테이블을 만들 경우에는 다음과 같이 사용했다.

```
CREATE TABLE test (num INT);
```

아주 간단하다. 이러한 간단한 것에 살(?)을 잘 붙이기만 하면 테이블을 생성하는 훌륭한 SQL문이 되는 것이다. 실습을 통해서 테이블을 생성하는 SQL문을 하나씩 익히자.

실습2

SQL을 이용해서 테이블을 생성하자.

step 0

HeidiSQL을 종료하고 다시 HeidiSQL을 실행해서 localhost에 접속하자. 그리고 왼쪽 [데이터베이스 목록] 창에서 localhost를 클릭한 후, 오른쪽 [쿼리] 탭을 클릭해서 쿼리 창을 준비하자.

0-1 〈실습 1〉에서 사용한 tableDB를 삭제하고, 다시 생성하자.

```
DROP DATABASE IF EXISTS tableDB;
CREATE DATABASE tableDB;
```

step 1

[그림 8-1]을 보면서 하나씩 생성하자. 우선은 기본 키, 외래 키, NULL 값 등을 고려하지 말고 테이블의 기본적인 틀만 구성하자. 열 이름은 [그림 8-3]과 [그림 8-4]를 참조하자.

```
USE tableDB;
DROP TABLE IF EXISTS buyTBL, userTBL;
CREATE TABLE userTBL -- 회원 테이블
( userID   char(8), -- 사용자 아이디
  name     nvarchar(10), -- 이름
  birthYear   int,  -- 출생연도
  addr        nchar(2),  -- 지역(겅기,서울,경남 등으로 글자만 입력)
  mobile1   char(3), -- 휴대폰의 국번(011, 016, 017, 018, 019, 010 등)
  mobile2   char(8), -- 휴대폰의 나머지 전화번호(하이픈 제외)
  height    smallint,  -- 키
  mDate     date  -- 회원 가입일
```

```
);
CREATE TABLE buyTBL -- 구매 테이블
(  num int, -- 순번(PK)
   userid  char(8), -- 아이디(FK)
prodName nchar(6), -- 물품명
   groupName nchar(4) , -- 분류
   price     int , -- 단가
   amount    smallint -- 수량
);
```

간단하다. 1개의 열을 가진 테이블을 만들던, 100개의 열을 가진 테이블을 만들던 그냥 열 이름과 데이터 형식만 지정한 후, 콤마(,)로 분리해서 계속 나열해 주면 된다. 즉, 데이터베이스 설계서만 있으면 테이블을 만드는 건 아주 쉬운 일이다.

step 2

추가적인 옵션을 줘서 테이블을 다시 생성하자.

2-1 NULL 및 NOT NULL을 지정해서 테이블을 다시 생성한다. 아무것도 지정하지 않으면 디폴트로 NULL 허용으로 된다. 하지만, 혼란스러울 수도 있으니 직접 NULL이나 NOT NULL을 모두 써주도록 하자.

⚠ NULL은 빈 값을 허용한다는 의미이고, NOT NULL은 반드시 값을 넣어야 한다는 의미다.

```
USE tableDB;
DROP TABLE IF EXISTS buyTBL, userTBL;
CREATE TABLE userTBL
( userID   char(8) NOT NULL ,
  name     varchar(10) NOT NULL,
  birthYear   int NOT NULL,
  addr       char(2) NOT NULL,
  mobile1   char(3) NULL,
  mobile2   char(8) NULL,
  height     smallint NULL,
  mDate     date NULL
);
CREATE TABLE buyTBL
(  num int NOT NULL ,
   userid  char(8) NOT NULL ,
   prodName char(6) NOT NULL ,
   groupName char(4) NULL ,
   price     int  NOT NULL,
```

```
    amount    smallint  NOT NULL
);
```

2-2 이번에는 각 테이블에 기본 키를 설정해 보자. 기본 키로 설정하기 위해서는 'PRIMARY KEY' 문을 붙여주면 된다.

```
DROP TABLE IF EXISTS buyTBL, userTBL;
CREATE TABLE userTBL
( userID  char(8) NOT NULL PRIMARY KEY,
    name    varchar(10) NOT NULL,
    birthYear   int NOT NULL,
    addr      char(2) NOT NULL,
    mobile1 char(3) NULL,
    mobile2  char(8) NULL,
    height    smallint NULL,
    mDate    date NULL
);
CREATE TABLE buyTBL
(  num int NOT NULL PRIMARY KEY,
    userid  char(8) NOT NULL ,
    prodName char(6) NOT NULL,
    groupName char(4) NULL ,
    price    int  NOT NULL,
    amount    smallint  NOT NULL
);
```

기본 키로 설정된 열은 당연히 NULL값이 허용되지 않는다. 그러므로 'NOT NULL'을 빼도 관계없다.

2-3 이번에는 buyTBL의 순번(num)열에 AUTO_INCREMENT를 설정한다(6장에서 배웠다). 주의할 점은 AUTO_INCREMENT로 지정한 열은 PRIMARY KEY나 UNIQUE로 반드시 지정해야 한다.

```
DROP TABLE IF EXISTS buyTBL;
CREATE TABLE buyTBL
(  num int AUTO_INCREMENT NOT NULL PRIMARY KEY,
    userid  char(8) NOT NULL ,
    prodName char(6) NOT NULL,
    groupName char(4) NULL ,
    price    int  NOT NULL,
    amount    smallint  NOT NULL
);
```

2-4 [그림 8-1]처럼 구매 테이블의 아이디 열을 회원 테이블의 아이디 열의 외래 키로 설정해 보자. 마지막 열의 뒤에 콤마(,)를 입력한 후 관련 문장을 써줘야 한다.

```
DROP TABLE IF EXISTS buyTBL;
CREATE TABLE buyTBL
(  num int AUTO_INCREMENT NOT NULL PRIMARY KEY ,
   userid  char(8) NOT NULL ,
   prodName char(6) NOT NULL,
   groupName char(4) NULL ,
   price     int  NOT NULL,
   amount    smallint  NOT NULL
 , FOREIGN KEY(userid) REFERENCES userTBL(userID)
);
```

FOREIGN KEY REFERENCES userTBL(userID)문의 의미는 'userTBL 테이블의 userID열과 외래 키 관계를 맺어라' 정도로 이해하면 된다(외래 키에 대해서는 잠시 후에 상세히 알아보겠다). 이렇게 해서 [그림 8-1]의 테이블 구조가 완성되었다.

---

step 3

이제는 데이터를 몇 건씩 입력하자.

3-1 먼저 회원 테이블에 3건만 입력하자.

```
INSERT INTO userTBL VALUES('LSG', N'이승기', 1987, N'서울', '011', '1111111', 182,
   '2008-8-8');
INSERT INTO userTBL VALUES('KBS', N'김범수', 1979, N'경남', '011', '2222222', 173,
   '2012-4-4');
INSERT INTO userTBL VALUES('KKH', N'김경호', 1971, N'전남', '019', '3333333', 177,
   '2007-7-7');
```

3-2 그리고, 구매 테이블의 3건을 입력하자.

```
INSERT INTO buyTBL VALUES(NULL, 'KBS', N'운동화', NULL  , 30,   2);
INSERT INTO buyTBL VALUES(NULL, 'KBS', N'노트북', N'전자', 1000, 1);
INSERT INTO buyTBL VALUES(NULL, 'JYP', N'모니터', N'전자', 200,  1);
```

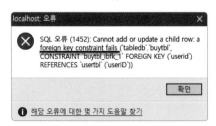

[그림 8-9] 오류 메시지

두 개의 행은 잘 들어가고 세 번째 JYP (조용필)는 아직 회원 테이블에 존재하지 않아서 오류가 발생했다.

3-3 회원 테이블(userTBL)에 나머지 데이터를 먼저 입력한 후, 구매 테이블(buyTBL)의 3번째 데이터부터 다시 입력하자. 독자가 직접 한다.

지금까지 〈실습 1〉에서는 HeidiSQL GUI로, 〈실습 2〉에서는 SQL로 동일한 작업을 수행했다. 둘 다 똑같은 설정을 할 수 있지만, 독자는 되도록 SQL 방법을 우선 익히도록 하고 부가적으로 HeidiSQL 에서 하는 방법을 익히는 것이 좋겠다.

8.1.2 제약 조건

제약 조건Constraint이란 데이터의 무결성을 지키기 위한 제한된 조건을 의미한다. 즉, 특정 데이터를 입력할 때 무조건적으로 입력되는 것이 아닌, 어떠한 조건을 만족했을 때 입력되도록 제약할 수 있다.

간단한 예로, 인터넷 쇼핑몰에 회원 가입을 해본 경험이 있을 것이다. 그런데, 만약 여러분이 동일한 주민등록번호로 다시 회원 가입을 하면 회원 가입이 안 된다. 그 이유는 주민등록번호 열은 동일한 것이 들어갈 수 없는 제약 조건이 설정되어 있기 때문이다.

이 외에도 제약 조건은 많은 것이 있으며, 지금까지 실습 중에 하나 둘씩 나왔었다. 이제는 그것들을 체계적으로 정리해 보자.

MariaDB는 데이터의 무결성을 위해서 다음의 6가지의 제약 조건을 제공한다.

- PRIMARY KEY 제약 조건
- FOREIGN KEY 제약 조건
- UNIQUE 제약 조건
- CHECK 제약 조건
- DEFAULT 정의
- NULL 값 허용

⚠ CHECK 제약 조건은 MariaDB 10.2.1부터 지원된다.

기본 키 제약 조건

테이블에 존재하는 많은 행의 데이터를 구분할 수 있는 식별자를 '기본 키'라고 부른다. 예로, 회원 테이블의 회원 아이디, 학생 테이블의 학번 등이 이에 해당된다.

기본 키에 입력되는 값은 중복될 수 없으며, NULL 값이 입력될 수 없다. 인터넷 쇼핑몰에 회원 가입한 것을 기억하자. 대부분의 인터넷 쇼핑몰에서는 회원 테이블의 기본 키를 회원 아이디로 설정해 놓았을 것이다.

⚠ 설계 방법에 따라서 회원 아이디가 기본 키가 아닐 수도 있다. 그리고, 지금 필자가 얘기하는 것은 보편적인 경우다. 회원 아이디가 아닌 주민등록번호나 Email 또는 휴대폰 번호로 회원을 구분하는 사이트도 종종 있다.

회원 가입 시에 생성하는 회원 아이디가 중복된 것을 본 적이 있는가? 또, 회원 아이디 없이 회원 가입이 되는가? 아마도 없을 것이다. 이는 회원 아이디가 기본 키로 설정되어 있기 때문이다.

기본 키는 테이블에서 중요한 의미를 갖는다. 우선, 기본 키로 생성한 것은 자동으로 클러스터형 인덱스가 생성된다(인덱스에 대한 얘기는 9장에서 살펴보겠다). 또한, 테이블에서는 기본 키를 하나 이상의 열에 설정할 수 있다. 즉, 회원 아이디와 같이 하나의 열에만 기본 키를 설정할 수도 있고, 두 개의 열을 합쳐서 기본 키로 설정할 수도 있다.

대부분의 테이블은 기본 키를 가져야 한다. 물론, 기본 키가 없어도 테이블의 구성이 가능하지만 실무적으로는 대부분의 테이블에는 기본 키를 설정해 줘야 한다고 생각하자.

기본 키를 생성하는 방법은 앞에서 실습했던 CREATE TABLE문에 PRIMARY KEY라는 예약어를 넣어주면 된다.

⚠ 지금부터는 userTBL 및 buyTBL 테이블을 단순히 하기 위해서 [그림 8-1]과 달리 일부 열은 생략해서 표현했다.

```
USE tableDB;
DROP TABLE IF EXISTS buyTBL, userTBL;
CREATE TABLE userTBL
( userID   CHAR(8) NOT NULL PRIMARY KEY,
  name     VARCHAR(10) NOT NULL,
  birthYear   INT NOT NULL
);
```

이렇게 설정함으로써 회원 아이디(userID)는 회원 테이블(userTBL)의 기본 키가 되었으며, 앞으로 입력되는 회원 아이디는 당연히 중복될 수도 없고, 비어(NULL)있을 수도 없다.

그런데, 모든 제약 조건은 이름을 가지게 되는데, 이렇게 CREATE TABLE 구문 안에서 기본 키를 지정하면 제약 조건의 이름은 MariaDB가 알아서 설정해 준다. 일반적으로 PRIMARY KEY의 이름을 알 필요는 없으며, 'userTBL 테이블에 Primary Key로 지정된 것' 정도로 파악이 충분히 가능할 것이다.

테이블의 정보를 보기 위해서는 DESCRIBE문를 사용하면 된다.

```
DESCRIBE userTBL;
```

Field	Type	Null	Key	Default	Extra
userID	char(8)	NO	PRI	(NULL)	
userName	varchar(10)	NO		(NULL)	
birthYear	int(11)	NO		(NULL)	

[그림 8-10] 테이블 정보 확인

만약 PRIMARY KEY를 지정하면서 키의 이름까지 직접 지어줄 수가 있다. 예로 PK_userTBL_userID와 같은 이름을 붙여주면, 이름만으로도 'PK가 userTBL 테이블의 userID 열에 지정됨'을 읽을 수 있다. 그러기 위해서는 다음과 같이 사용하면 된다.

```
DROP TABLE IF EXISTS userTBL;
CREATE TABLE userTBL
( userID   CHAR(8) NOT NULL,
  name     VARCHAR(10) NOT NULL,
  birthYear   INT NOT NULL,
  CONSTRAINT PRIMARY KEY PK_userTBL_userID (userID)
);
```

여기서 잠깐

☼ MariaDB의 Primary Key 이름

MariaDB는 Primary Key로 지정하면 항상 키 이름을 'PRIMARY'로 보여준다. 그러므로, 지금과 같이 이름을 Primary Key의 이름을 직접 지정하는 것이 별 의미는 없다. 하지만, Foreign Key는 하나의 테이블에 여러 개가 생성될 수 있으므로 이름을 지정해서 관리하는 것이 편리하다. 참고로 테이블에 지정된 키를 보려면 **SHOW KEYS FROM 테이블이름;** 구문을 사용하면 된다.

위 구문에서 CONSTRAINT는 생략해도 된다. 만약 기본 키의 이름을 지정할 필요가 없다면 제일 마지막 행에 간단히 'PRIMARY KEY(userID)'만 써줘도 된다.

제약 조건을 설정하는 또 다른 방법은 이미 만들어진 테이블을 수정하는 ALTER TABLE 구문을 사용하는 것이다. 다음과 같이 사용할 수 있다.

```
DROP TABLE IF EXISTS userTBL;
CREATE TABLE userTBL
(   userID   CHAR(8) NOT NULL,
    name     VARCHAR(10) NOT NULL,
    birthYear   INT NOT NULL
);
ALTER TABLE userTBL
    ADD CONSTRAINT PK_userTBL_userID
        PRIMARY KEY (userID);
```

CREATE TABLE 안에 PRIMARY KEY문으로 설정한 것과 나중에 ALTER TABLE로 PRIMARY KEY를 지정하는 것은 동일하다.

쉽게 알 수 있겠지만 해석하면

- **ALTER TABLE userTBL**
  userTBL을 변경하자.

- **ADD CONSTRAINT PK_userTBL_userID**
  제약 조건을 추가하자. 추가할 제약 조건 이름은 'PK_userTBL_userID'다.

- **PRIMARY KEY(userID)**
  추가할 제약 조건은 기본 키 제약 조건이다. 그리고, 제약 조건을 설정할 열은 userID열이다.

정도로 해석할 수 있겠다.

기본 키는 각 테이블 별로 하나만 존재해야 하지만, 기본 키를 하나의 열로만 구성해야 하는 것은 아니다. 필요에 따라서 두 개 또는 그 이상의 열을 합쳐서 하나의 기본 키로 설정하는 경우도 종종 있다. 예로 다음과 같은 간단한 '제품 테이블'을 생각해 보자.

제품 코드	제품 일련 번호	제조일자	현 상태
AAA	0001	2019.10.10	판매완료
AAA	0002	2019.10.11	매장진열
BBB	0001	2019.10.12	재고창고
CCC	0001	2019.10.13	판매완료
CCC	0002	2019.10.14	매장진열

만약 제품 코드 AAA가 냉장고, BBB가 세탁기, CCC가 TV라고 가정한다면 현재 제품 코드만으로는 중복이 될 수밖에 없으므로, 기본 키로 설정할 수가 없다. 또한, 제품 일련 번호도 마찬가지로 각 제품 별로 0001번부터 부여하는 체계라서 기본 키로 설정할 수 없다.

이러한 경우에는 '제품코드 + 제품일련번호'를 합친다면 유일한 값이 될 수 있으므로 기본 키로 사용할 수 있다.

```
DROP TABLE IF EXISTS prodTbl;
CREATE TABLE prodTbl
( prodCode CHAR(3) NOT NULL,
  prodID   CHAR(4)  NOT NULL,
  prodDate DATETIME  NOT NULL,
  prodCur  CHAR(10) NULL
);
ALTER TABLE prodTbl
    ADD CONSTRAINT PK_prodTbl_proCode_prodID
    PRIMARY KEY (prodCode, prodID) ;
```

또는 CREATE TABLE 구문 안에 직접 사용할 수도 있다. 마지막 열 이후에 콤마(,)로 분리하고 제약 조건을 직접 지정하면 된다.

```
DROP TABLE IF EXISTS prodTbl;
CREATE TABLE prodTbl
( prodCode CHAR(3) NOT NULL,
  prodID   CHAR(4)  NOT NULL,
  prodDate DATETIME  NOT NULL,
  prodCur  CHAR(10) NULL,
  CONSTRAINT PK_prodTbl_proCode_prodID
     PRIMARY KEY (prodCode, prodID)
);
```

SHOW INDEX FROM prodTbl문으로 테이블의 정보를 확인하면 두 열이 합쳐져서 하나의 기본 키 제약 조건을 설정하고 있음이 확인된다.

[그림 8-11] 두 열을 하나의 기본 키로 설정한 상태

실무에서도 종종 발생되는 형태이므로 잘 기억해 두자.

외래 키 제약 조건

외래 키Foreign Key 제약 조건은 두 테이블 사이의 관계를 선언함으로써, 데이터의 무결성을 보장해 주는 역할을 한다. 외래 키 관계를 설정하면 하나의 테이블이 다른 테이블에 의존하게 된다.

초보자의 경우에 외래 키를 정의하는 테이블과 외래 키가 참조하는 테이블을 가끔 혼동하는 경우가 있다.

[그림 8-1]의 예를 가지고 이해하자. 쉽게 외래 키를 정의하는 테이블인 buyTBL을 '외래 키 테이블'이라고 부르고, 외래 키에 의해서 참조가 되는 테이블인 userTBL을 그냥 '기준 테이블'이라고 부르면 좀 더 직관적으로 이해하기가 쉬워진다.

우선, 외래 키 테이블에 데이터를 입력할 때는 꼭 기준 테이블을 참조해서 입력하므로, 기준 테이블에 이미 데이터가 존재해야 한다. 앞의 실습에서 buyTBL에 JYP(조용필)가 입력이 안되던 것을 확인했다. 이것은 외래 키 제약 조건을 위반했기 때문이다.

또, 외래 키 테이블이 참조하는 기준 테이블의 열은 반드시 Primary Key거나, Unique 제약 조건이 설정되어 있어야 한다. Unique 제약 조건은 잠시 후에 살펴보겠다.

외래 키를 생성하는 방법은 CREATE TABLE 내부에 FOREIGN KEY 키워드로 설정하는 방법이 있다.

```
DROP TABLE IF EXISTS buyTBL, userTBL;
CREATE TABLE userTBL
( userID  CHAR(8) NOT NULL PRIMARY KEY,
  name    VARCHAR(10) NOT NULL,
  birthYear   INT NOT NULL
);
CREATE TABLE buyTBL
(  num INT AUTO_INCREMENT NOT NULL PRIMARY KEY ,
   userID  CHAR(8) NOT NULL,
   prodName CHAR(6) NOT NULL,
   FOREIGN KEY(userID) REFERENCES userTBL(userID)
);
```

위 예에서 보면 외래 키 테이블(buyTBL)의 열^{userid}이 참조^{references}하는 기준 테이블(userTBL)의 열(userID)은 기본 키로 설정되어 있는 것이 확인된다. 만약, 기준 테이블이 Primary Key 또는 Unique가 아니라면 외래 키 관계는 설정되지 않는다.

마찬가지로 직접 외래 키의 이름을 지정하기 위해서는 마지막 행에서 콤마(,)로 분리한 후에 제일 아래에 다음과 같이 써주면 된다.

```
DROP TABLE IF EXISTS buyTBL;
CREATE TABLE buyTBL
(  num INT AUTO_INCREMENT NOT NULL PRIMARY KEY ,
   userID  CHAR(8) NOT NULL,
   prodName CHAR(6) NOT NULL,
   CONSTRAINT FK_userTBL_buyTBL FOREIGN KEY(userID) REFERENCES userTBL(userID)
);
```

만약 외래 키의 이름을 지정할 필요가 없다면 제일 마지막 행에 간단히 **FOREIGN KEY(userID) REFERENCES userTBL(userID)**만 써줘도 된다.

참고로, 이 예에서는 기준 테이블의 열 이름(userID)과 외래 키 테이블의 열 이름(userID)이 동일하지만 반드시 그래야 하는 것은 아니며 달라도 관계는 없다. 즉, buyTBL의 userID열의 이름이 myID 등으로 기준 테이블의 userID와 이름이 날라도 싱관없다.

⚠ 열 이름은 대소문자를 안 가린다. 즉, userID와 USERid는 같은 이름이다.

또, 다른 방법으로는 ALTER TABLE 구문을 이용하는 것이다.

```
DROP TABLE IF EXISTS buyTBL;
CREATE TABLE buyTBL
(  num INT AUTO_INCREMENT NOT NULL PRIMARY KEY,
   userID  CHAR(8) NOT NULL,
   prodName CHAR(6) NOT NULL
);
ALTER TABLE buyTBL
     ADD CONSTRAINT FK_userTBL_buyTBL
     FOREIGN KEY (userID)
     REFERENCES userTBL(userID);
```

설명을 덧붙이자면,

- **ALTER TABLE buyTBL**
  buyTBL을 수정한다.

- **ADD CONSTRAINT FK_userTBL_buyTBL**
  제약 조건을 더한다. 제약 조건 이름은 'FK_userTBL_buyTBL'로 명명한다.

- **FOREIGN KEY(userID)**
  외래 키 제약 조건을 buyTBL의 userID에 설정한다.

- **REFERENCES userTBL(userID)**
  참조할 기준 테이블은 userTBL 테이블의 userID열이다.

정도로 해석하면 되겠다.

설정된 외래 키 제약 조건은 마찬가지로 **SHOW INDEX FROM buyTBL**문으로 확인할 수 있다.

Table	Non_unique	Key_name	Seq_in_index	Column_name	Collation	Cardinality	Sub_part	Packed	Null	Index_type	Comment	Index_comment
buytbl	0	PRIMARY	1	num	A	0	(NULL)	(NULL)		BTREE		
buytbl	1	FK_userTBL_buyTBL	1	userID	A	0	(NULL)	(NULL)		BTREE		

[그림 8-12] 외래 키 제약 조건 확인

외래 키의 옵션 중에 **ON DELETE CASCADE** 또는 **ON UPDATE CASCADE**가 있는데, 이는 기준 테이블의 데이터가 변경되었을 때 외래 키 테이블도 자동으로 적용되도록 설정해 준다.

예로, **ON UPDATE CASCADE**로 설정하면 [그림 8-1]에서 회원 테이블의 김범수의 ID인 KBS가 Kim으로 변경될 경우에, 구매 테이블의 KBS도 Kim으로 자동 변경된다.

```
ALTER TABLE buyTBL
    DROP FOREIGN KEY FK_userTBL_buyTBL; -- 외래 키 제거
ALTER TABLE buyTBL
    ADD CONSTRAINT FK_userTBL_buyTBL
    FOREIGN KEY (userID)
    REFERENCES userTBL (userID)
    ON UPDATE CASCADE;
```

별도로 지정하지 않으면 **ON UPDATE NO ACTION** 및 **ON DELETE NO ACTION**을 지정한 것과 동일하다. 즉, 회원 테이블의 회원 아이디가 변경되어도 아무런 일이 일어나지 않는다는 의미다. 더 자세한 사용법은 잠시 후에 실습에서 확인하자.

UNIQUE 제약 조건

UNIQUE 제약 조건은 '중복되지 않는 유일한 값'을 입력해야 하는 조건이다. 이것은 PRIMARY KEY와 거의 비슷하며 차이점은 UNIQUE는 NULL 값을 허용한다는 점이다. NULL은 여러 개가 입력되어도 상관 없다. 회원 테이블의 예를 든다면 주로 Email 주소를 Unique로 설정하는 경우가 많다. 다음은 기존의 회원 테이블에 E-Mail열을 추가한 경우다. 다음 두 문장은 모두 동일한 결과를 낸다.

```
USE tableDB;
DROP TABLE IF EXISTS buyTBL, userTBL;
CREATE TABLE userTBL
( userID  CHAR(8) NOT NULL PRIMARY KEY,
  name    VARCHAR(10) NOT NULL,
  birthYear   INT NOT NULL,
  email   CHAR(30) NULL  UNIQUE
);
DROP TABLE IF EXISTS userTBL;
CREATE TABLE userTBL
( userID  CHAR(8) NOT NULL PRIMARY KEY,
  name    VARCHAR(10) NOT NULL,
  birthYear   INT NOT NULL,
  email   CHAR(30) NULL ,
  CONSTRAINT AK_email  UNIQUE (email)
);
```

위 두 번째 방법은 모든 열의 정의가 끝난 상태에서 별도로 Unique 제약 조건을 추가했다. 그래서, email 정의가 끝난 후에 콤마(,)로 구분되어 있다.

⚠ 제약 조건의 이름을 지정할 때 일반적으로 Primary Key는 PK, Foreign Key는 FK, Unique는 AK를 주로 사용한다. 참고로 Unique는 Alternate Key로도 부른다.

CHECK 제약 조건

CHECK 제약 조건은 입력되는 데이터를 점검하는 기능을 한다. 키^{height}에 마이너스 값이 들어올 수 없게 한다든지, 출생연도가 1900년 이후이고 현재 시점 이전이어야 한다든지 등의 조건을 지정한다. 먼저 테이블을 정의하면서 CHECK 제약 조건을 설정하는 방법을 살펴보자.

```
-- 출생연도가 1900년 이후 그리고 2020년 이전, 이름은 반드시 넣어야 함.
DROP TABLE IF EXISTS userTBL;
CREATE TABLE userTBL
( userID  CHAR(8) PRIMARY KEY,
  name    VARCHAR(10) ,
  birthYear  INT CHECK  (birthYear >= 1900 AND birthYear <= 2020),
  mobile1     char(3) NULL,
  CONSTRAINT CK_name CHECK ( name IS NOT NULL)
);
```

첫 번째 CHECK 제약 조건은 출생연도의 제한을 뒀다. 열을 정의한 후에 바로 CHECK 예약어로 조건을 지정했다. 두 번째 CHECK 제약 조건은 열을 모두 정의한 후에, 마지막에 추가하는 방식이다. 두 번째 방식은 CHECK 제약 조건의 이름을 직접 지정할 수 있다.

필요하다면 열을 정의한 후에 ALTER TABLE문으로 제약 조건을 추가해도 된다.

```
-- 휴대폰 국번 체크
ALTER TABLE userTbl
    ADD CONSTRAINT CK_mobile1
    CHECK  (mobile1 IN ('010','011','016','017','018','019')) ;
```

CHECK 제약 조건을 설정한 후에는, 제약 조건에 위배되는 값은 입력이 안 된다. CHECK에서 사용할 수 있는 조건은 SELECT문의 WHERE 구문에 들어오는 조건과 거의 비슷한 것이 들어오면 된다.

CHECK 제약 조건을 무시하려면 시스템 변수 중에서 check_constraint_checks 값을 0으로 설정하면 된다.

예로, userTBL의 mobile1열에 이미 012(예전 삐삐 번호)가 입력된 사용자가 이미 있다면, 이 값을 무시하고 '휴대폰 국번 체크' 제약 조건을 만들 것인지를 결정할 수 있다. 만약 기존에 입력되어 있는 012가 새로운 '휴대폰 국번 체크' 제약 조건에 위배되지만, 기존의 입력된 값들은 무시하고 제약 조건을 설정할 수도 있다. 자세한 사용법은 잠시 후 실습을 통해서 이해하자.

DEFAULT 정의

DEFAULT는 값을 입력하지 않았을 때, 자동으로 입력되는 기본값을 정의하는 방법이다.

예로, 출생연도를 입력하지 않으면 −1을 입력하고, 주소를 특별히 입력하지 않았다면 '서울'이 입력되며, 키를 입력하지 않으면 170이라고 입력되도록 하고 싶다면 다음과 같이 정의할 수 있다.

```
DROP TABLE IF EXISTS userTBL;
CREATE TABLE userTBL
( userID     char(8) NOT NULL PRIMARY KEY,
  name       varchar(10) NOT NULL,
  birthYear  int NOT NULL DEFAULT -1,
  addr       char(2) NOT NULL DEFAULT '서울',
  mobile1    char(3) NULL,
  mobile2    char(8) NULL,
  height     smallint NULL DEFAULT 170,
  mDate      date NULL
);
```

또는, ALTER TABLE을 사용할 때 열에 DEFAULT를 지정하기 위해서 ALTER COLUMN문을 사용한다.

```
DROP TABLE IF EXISTS userTBL;
CREATE TABLE userTBL
( userID     char(8) NOT NULL PRIMARY KEY,
  name       varchar(10) NUI NULL,
  birthYear  int NOT NULL ,
  addr       char(2) NOT NULL,
  mobile1    char(3) NULL,
```

```
    mobile2       char(8) NULL,
    height        smallint NULL,
    mDate         date NULL
);
ALTER TABLE userTBL
    ALTER COLUMN birthYear SET DEFAULT -1;
ALTER TABLE userTBL
    ALTER COLUMN addr SET DEFAULT '서울';
ALTER TABLE userTBL
    ALTER COLUMN height SET DEFAULT 170;
```

디폴트가 설정된 열에는 다음과 같은 방법으로 데이터를 입력할 수 있다.

```
-- default문은 DEFAULT로 설정된 값을 자동 입력한다.
INSERT INTO userTBL VALUES ('LHL', '이혜리', default, default, '011', '1234567',
    default, '2022.12.12');
-- 열이름이 명시되지 않으면 DEFAULT로 설정된 값을 자동 입력한다.
INSERT INTO userTBL(userID, name) VALUES('KAY', '김아영');
-- 값이 직접 명기되면 DEFAULT로 설정된 값은 무시된다.
INSERT INTO userTBL VALUES ('WB', '원빈', 1982, '대전', '019', '9876543', 176,
    '2023.5.5');
SELECT * FROM userTBL;
```

userID	name	birthYear	addr	mobile1	mobile2	height	mDate
KAY	김아영	-1	서울	(NULL)	(NULL)	170	(NULL)
LHL	이혜리	-1	서울	011	1234567	170	2022-12-12
WB	원빈	1,982	대전	019	9876543	176	2023-05-05

usertbl (8×3)

[그림 8-13] DEFAULT 확인

Null 값 허용

계속 실습에서 나왔으므로, 이미 이해하고 있을 것이다. NULL 값을 허용하려면 NULL을, 허용하지 않으려면 NOT NULL을 사용하면 된다. 하지만 PRIMARY KEY가 설정된 열에는 NULL 값이 있을 수 없으므로, 생략하면 자동으로 NOT NULL로 인식된다.

NULL 값은 '아무 것도 없다'라는 의미다. 즉, 공백(' ')이나 0과 같은 값과는 다르다는 점에 주의해야 한다.

⚠ Null을 저장할 때 고정 길이 문자형char은 공간을 모두 차지하지만, 가변 길이 문자형varchar은 공간을 차지하지 않는다. 그러므로, Null 값을 많이 입력한다면 가변 길이의 데이터 형식을 사용하는 것이 좋다.

8.1.3 테이블 압축

MariaDB는 10.1 버전부터 테이블 압축 기능을 제공한다. 압축 기능은 대용량 테이블의 공간을 절약하는 효과를 갖는다. 간단한 실습을 통해서 확인해 보자.

실습3

MariaDB의 테이블 압축 기능을 확인해 보자.

step 1

테스트용 DB를 생성한 후, 동일한 열을 지닌 간단한 두 테이블을 생성한다. 단, 하나는 열 뒤에 ROW_FORMAT=COMPRESSED문을 붙여서 압축되도록 설정한다.

```
CREATE DATABASE IF NOT EXISTS compressDB;
USE compressDB;
CREATE TABLE normalTBL( emp_no int , first_name varchar(14));
CREATE TABLE compressTBL( emp_no int , first_name varchar(14))
 ROW_FORMAT=COMPRESSED ;
```

step 2

두 테이블에 데이터를 30만 건 정도 입력한다. employees.DB의 employees 테이블의 데이터를 가져오자. 다음 쿼리는 하나씩 선택해서 실행해 보자.

```
INSERT INTO normalTBL
    SELECT emp_no, first_name FROM employees.employees;
INSERT INTO compressTBL
    SELECT emp_no, first_name FROM employees.employees;
```

```
209 INSERT INTO normalTBL ········SELECT emp_no, first_name FROM employees.employees;
210 /* Affected rows: 300,024  찾은 할: 0  경고: 0  처 ·······다 ·> 쿼 리: 0.781 sec. */
211 INSERT INTO compressTBL ········SELECT emp_no, first_name FROM employees.employees;
212 /* Affected rows: 300,024  찾은 할: 0  경고: 0  처 ·······다 ·> 쿼 리: 2.860 sec. */
```

[그림 8-14] 쿼리 실행 결과

첫 번째 쿼리와 두 번째 쿼리의 걸린 시간을 확인하면 두 번째인 압축된 테이블에 데이터를 입력할 때 더 시간이 오래 걸린 것을 확인할 수 있다. 압축되면서 데이터가 입력되기 때문에 조금 더 시간이 걸린 것으로 예상할 수 있다.

입력된 두 테이블의 상태를 확인해 보자.

⚠ 데이터 용량에 따라서 내부적으로 압축하는 시간이 오래 걸릴 수 있다. 다음 쿼리는 잠시 시간을 두고 실행하자.

```
SHOW TABLE STATUS FROM compressDB;
```

Name	Engine	Version	Row_format	Rows	Avg_row_length	Data_length	Max_data_length	Index_length	Data_free
compresstbl	InnoDB	10	Compressed	299,503	25	7,626,752	0	0	2,097,152
normaltbl	InnoDB	10	Dynamic	299,316	40	12,075,008	0	0	4,194,304

[그림 8-15] 쿼리 실행 결과

압축된 테이블의 평균 행 길이Avg_row_length나 데이터 길이Data_length가 훨씬 작은 것을 확인할 수 있다. 물론, 데이터 값의 분포에 따라서 이 압축률은 달라질 수 있으나, 원래의 데이터보다 작아지는 것은 확실하다.

실습한 DB를 제거한다.

```
USE mysql;
DROP DATABASE IF EXISTS compressDB;
```

디스크 공간의 여유가 별로 없으며, 대용량의 데이터를 저장하는 테이블이라면 지금 사용한 테이블의 압축을 고려하는 것도 좋은 방법이다. 압축 기능은 테이블을 생성할 때만 지정하면, 그 이후로는 압축하지 않은 테이블과 사용법이 완전히 동일하다. 그러므로 테이블 생성 이후에는 별도로 신경쓰지 않아도 된다.

여기서 잠깐

☼ **컬럼 압축**

MariaDB 10.3.2부터는 컬럼 압축Column Compression 기능을 제공한다. 컬럼 압축은 압축하고자 하는 각 컬럼 뒤에 COMPRESSED 예약어를 써주면 되며, 여러 개의 컬럼에 지정할 수 있다. 예로 다음과 같은 형식을 사용한다.

```
CREATE TABLE columnTBL( emp_no int , first_name varchar(14) COMPRESSED,
picture BLOB COMPRESSED);
```

참고로 컬럼 압축은 모든 데이터 형식을 지원하지 않는다. TINYBLOB, BLOB, MEDIUMBLOB, LONGBLOB, TINYTEXT, TEXT, MEDIUMTEXT, LONGTEXT, VARCHAR, VARBINARY 등에만 지정이 가능하다.

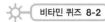

비타민 퀴즈 8-2

Linux 가상머신에 접속해서 텍스트 모드에서 〈실습 3〉을 진행해 보자.

8.1.4 임시 테이블

임시 테이블은 이름처럼 임시로 잠깐 사용되는 테이블이다. 우선 임시 테이블을 생성하는 형식은 다음과 같다.

```
CREATE TEMPORARY TABLE [IF NOT EXISTS] 테이블이름
(   열 정의 … )
```

구문 중에서 TABLE 위치에 TEMPORARY TABLE이라고 써주는 것 외에는 테이블과 정의하는 것이 동일하다. 결국 임시 테이블은 정의하는 구문만 약간 다를 뿐, 나머지 사용법 등은 일반 테이블과 동일하게 사용할 수 있다. 단, 임시 테이블은 세션Session 내에서만 존재하며, 세션이 닫히면 자동으로 삭제된다. 또한 임시 테이블은 생성한 클라이언트에서만 접근이 가능하며, 다른 클라이언트는 접근할 수 없다.

임시 테이블은 데이터베이스 내의 다른 테이블과 이름을 동일하게 만들 수 있다. 그러면 기존의 테이블은 임시 테이블이 있는 동안에 접근이 불가능하고, 무조건 임시 테이블로 접근할 수 있다. 예로 employees DB 안에 employees라는 테이블이 기존에 있지만, 임시 테이블도 employees 이름으로 생성할 수 있다. 그러면 employees라는 이름으로 접근하면 무조건 임시 테이블 employees로 접근된다. 기존의 employees는 임시 테이블 employees가 삭제되기 전에는 접근할 수가 없다.

⚠ 기존 테이블과 임시 테이블의 이름이 같으면 혼란스러울 수 있으므로, 가능하면 임시 테이블은 기존 테이블의 이름을 사용하지 않는 것이 좋다.

임시 테이블이 삭제되는 시점은 다음과 같다.

- 사용자가 DROP TABLE로 직접 삭제
- HeidiSQL을 종료하거나, 클라이언트 프로그램을 종료하면 삭제됨
- MariaDB 서비스가 재시작되면 삭제됨

임시 테이블을 사용하자.

HeidiSQL을 종료하고 다시 HeidiSQL을 실행해서 localhost에 접속하자.

0-1 왼쪽 [데이터베이스 목록] 창에서 localhost를 클릭한 후, 오른쪽 [쿼리] 탭을 클릭해서 쿼리 창을 준비하자. 이 쿼리 창을 'HeidiSQL 1'이라고 부르겠다.

0-2 HeidiSQL을 한번 더 실행해서 localhost에 접속하자. 왼쪽 [데이터베이스 목록] 창에서 localhost를 클릭한 후, 오른쪽 [쿼리] 탭을 클릭해서 쿼리 창을 준비하자. 이 쿼리 창을 'HeidiSQL 2'라고 부르겠다.

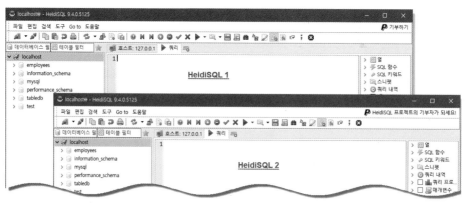

[그림 8-16] 두 개의 HeidiSQL

(HeidiSQL 1) 임시 테이블을 사용해 보자.

1-1 임시 테이블 2개를 생성하자. 두 번째는 기존의 employees 테이블과 동일한 이름으로 생성해 보자.

```
USE employees;
CREATE TEMPORARY TABLE  IF NOT EXISTS  tempTBL (id INT, name CHAR(7));
CREATE TEMPORARY TABLE  IF NOT EXISTS employees (id INT, name CHAR(7));
DESCRIBE tempTBL;
DESCRIBE employees;
```

Field	Type	Null	Key	Default	Extra
id	int(11)	YES		(NULL)	
name	char(7)	YES		(NULL)	

[그림 8-17] 두 테이블 모두 동일함

두 테이블이 잘 생성되었다. 즉, 새로운 임시 테이블 이름 tempTBL은 당연히 생성되고, 기존의 테이블 employees가 있더라도 무시하고 임시 테이블 employees가 생성되었다.

1-2 데이터를 입력하고 확인해 보자. 예상대로 임시 테이블 employees가 조회된다.

```
INSERT INTO tempTBL VALUES (1, 'This');
INSERT INTO employees VALUES (2, 'MariaDB');
SELECT * FROM tempTBL;
SELECT * FROM employees;
```

temptbl (2×1)		employees (2×1)	
id	name	id	name
1	This	2	MariaDB

[그림 8-18] 쿼리 실행 결과

---

step 2

(HeidiSQL 2) HeidiSQL 1에서 생성한 테이블에 접근해 보자. 쿼리를 하나씩 실행한다.

```
USE employees;
SELECT * FROM tempTBL;
SELECT * FROM employees;
```

tempTBL은 아예 그런 테이블이 없다는 오류 메시지가 나올 것이다. 세션이 다르면 임시 테이블에 접근할 수 없다. employees 테이블은 기존의 employees 테이블이 접근될 것이다. 즉, 임시 테이블 employees 역시 접근할 수 없다.

---

step 3

(HeidiSQL 1) 임시 테이블을 삭제해 보자.

3-1 DROP TABLE tempTBL문으로 삭제하자. 잘 될 것이다.

3-2 HeidiSQL을 모두 종료하고 다시 접속해서, 다음 쿼리로 확인해 보자. 임시 테이블이 아닌 기존의 테이블이 조회될 것이다.

```
USE employees;
SELECT * FROM employees;
```

HeidiSQL이 종료되면(= 세션이 종료되면) 임시 테이블을 제거되는 것을 확인할 수 있다.

Linux 가상머신에 접속해서 텍스트 모드에서 〈실습 4〉를 진행해 보자.

힌트 1 2개의 HeidiSQL 대신에 2개의 터미널을 사용해서 접속해 본다.

힌트 2 터미널 사이의 이동은 Ctrl + Alt + F1과 Ctrl + Alt + F2를 이용하면 된다.

8.1.5 테이블 삭제

테이블 삭제는 간단히 다음과 같은 형식을 사용한다.

```
DROP TABLE 테이블이름 ;
```

단, 주의할 사항은 외래 키FOREIGN KEY 제약 조건의 기준 테이블은 삭제할 수가 없다. 먼저, 외래 키가 생성된 외래 키 테이블을 삭제해야 한다. [그림 8-1]의 경우에 구매 테이블(buyTBL)이 아직 존재하는데, 회원 테이블(userTBL)을 삭제할 수 없다. 먼저, 구매 테이블(buyTBL)을 삭제한 후에, 회원 테이블(userTBL)을 삭제해야 한다.

또, 여러 개의 테이블을 동시에 삭제하려면 **DROP TABLE 테이블1, 테이블2, 테이블3;** 식으로 계속 나열하면 된다.

8.1.6 테이블 수정

테이블의 수정은 ALTER TABLE문을 사용한다. 앞에서 제약 조건을 추가할 경우에 ALTER TABLE 구문을 사용해 왔는데, 이미 생성된 테이블에 무엇인가를 추가/변경/수정/삭제하는 것은 모두 ALTER TABLE을 사용한다.

MariaDB 도움말에 나오는 형식은 다음과 같다. 필자가 자주 사용된 것만 일부 고른 것이다.

```
ALTER [ONLINE] [IGNORE] TABLE tbl_name
    [WAIT n | NOWAIT]
    alter_specification [, alter_specification] ...

alter_specification:
```

```
    table_option ...
  ¦ ADD [COLUMN] [IF NOT EXISTS] col_name column_definition
        [FIRST ¦ AFTER col_name ]
  ¦ ADD [COLUMN] [IF NOT EXISTS] (col_name column_definition,...)
  ¦ ADD {INDEX¦KEY} [IF NOT EXISTS] [index_name]
        [index_type] (index_col_name,...) [index_option] ...
  ¦ ADD [CONSTRAINT [symbol]] PRIMARY KEY
        [index_type] (index_col_name,...) [index_option] ...
  ¦ ADD [CONSTRAINT [symbol]]
        UNIQUE [INDEX¦KEY] [index_name]
        [index_type] (index_col_name,...) [index_option] ...
  ¦ ADD FULLTEXT [INDEX¦KEY] [index_name]
        (index_col_name,...) [index_option] ...
  ¦ ADD SPATIAL [INDEX¦KEY] [index_name]
        (index_col_name,...) [index_option] ...
  ¦ ADD [CONSTRAINT [symbol]]
        FOREIGN KEY [IF NOT EXISTS] [index_name] (index_col_name,...)
        reference_definition
  ¦ ADD PERIOD FOR SYSTEM_TIME (start_column_name, end_column_name)
  ¦ ALTER [COLUMN] col_name SET DEFAULT literal ¦ (expression)
  ¦ ALTER [COLUMN] col_name DROP DEFAULT
  ¦ CHANGE [COLUMN] [IF EXISTS] old_col_name new_col_name column_definition
        [FIRST¦AFTER col_name]
  ¦ MODIFY [COLUMN] [IF EXISTS] col_name column_definition
        [FIRST ¦ AFTER col_name]
  ¦ DROP [COLUMN] [IF EXISTS] col_name [RESTRICT¦CASCADE]
  ¦ DROP PRIMARY KEY
  ¦ DROP {INDEX¦KEY} [IF EXISTS] index_name
  ¦ DROP FOREIGN KEY [IF EXISTS] fk_symbol
  ¦ DROP CONSTRAINT [IF EXISTS] constraint_name
  ¦ DISABLE KEYS
  ¦ ENABLE KEYS
  ¦ ENCRYPTED [=] {YES ¦ NO}
  ¦ ENCRYPTION_KEY_ID [=] value
  ¦ RENAME [TO] new_tbl_name
  ¦ ORDER BY col_name [, col_name] ...
  ...
```

많은 부분을 생략했음에도 구문이 상당히 길고 복잡하다. 하지만, 실제로 많이 사용되는 것들은 그리 복잡하지 않다. 그냥 다음에 나오는 예로 익히자.

열의 추가

[그림 8-1]의 회원 테이블(userTBL)에 회원의 홈페이지 주소를 추가하려면 다음과 같이 사용한다.

```
USE tableDB;
ALTER TABLE userTBL
    ADD homepage VARCHAR(30)  -- 열 추가
            DEFAULT 'http://www.hanbit.co.kr' -- 디폴트값
            NULL; -- Null 허용함
```

열을 추가하면 기본적으로 가장 뒤에 추가가 된다. 열을 추가하면서 순서를 지정하려면 제일 뒤에 'FIRST' 또는 'AFTER 열이름'을 지정하면 된다. FIRST는 제일 앞에 열이 추가되며, AFTER 열 이름은 열 이름 다음에 추가한다.

열의 삭제

[그림 8-1]의 전화번호 열을 삭제하려면 다음과 같이 사용한다.

```
ALTER TABLE userTBL
    DROP COLUMN mobile1;
```

그런데, mobile1열은 특별한 제약 조건이 없기 때문에 삭제에 별 문제가 없지만, 제약 조건이 걸린 열을 삭제할 경우에는 제약 조건을 먼저 삭제한 후에 열을 삭제해야 한다.

이는 잠시 후 실습을 통해서 확인하자.

열의 이름 및 데이터 형식 변경

[그림 8-1]의 회원 이름(name)의 열 이름을 uName으로 변경하고 데이터 형식을 VARCHAR(20)으로 변경하고, NULL값도 허용하려면 다음과 같이 사용한다.

```
ALTER TABLE userTBL
    CHANGE COLUMN name uName VARCHAR(20) NULL ;
```

name은 기존 이름, uName은 새 이름이다. 그런데, 마찬가지로 제약 조건이 걸려있는 열은 좀 문제가 있다. 이것도 잠시 후의 실습에서 확인해 보겠다.

열의 제약 조건 추가 및 삭제

열의 제약 조건을 추가하는 것은 앞에서 여러 번 확인했다. 제약 조건을 삭제하는 것도 간단하다. 기본 키를 삭제하려면 다음과 같이 한다.

```
ALTER TABLE userTBL
    DROP PRIMARY KEY;
```

그런데, 오류가 발생할 것이다. 현재 userTBL의 기본 키인 userID열은 buyTBL에 외래 키로 연결되어 있기 때문이다. 그러므로, 먼저 다음과 같이 외래 키를 제거한 후에 다시 기본 키를 제거해야 한다.

⚠ 만약 기존 실습에서 buyTBL을 제거했다면, userTBL의 기본 키의 제거는 오류없이 잘 진행될 것이다.

```
ALTER TABLE buyTBL
    DROP FOREIGN KEY FK_userTBL_buyTBL;
```

여기서 외래 키의 이름은 왼쪽 [데이터베이스 목록]에서 해당 데이터베이스를 클릭하고, 오른쪽 [테이블] 탭 >> [인덱스] 탭을 클릭하면 확인할 수 있다.

실습5

지금까지 익힌 테이블의 제약 조건 및 수정 방법을 실습을 통해서 익히자.

step 1

조건을 제외하고, [그림 8-1]의 테이블을 다시 만들자. 단, 구매 테이블(buyTBL)의 num열만 AUTO_INCREMENT 및 PRIMARY KEY 속성을 주도록 하자.

⚠ AUTO_INCREMENT로 설정한 열은 PRIMARY KEY 또는 UNIQUE 제약 조건을 설정해야 한다.

```
USE tableDB;
DROP TABLE IF EXISTS buyTBL, userTBL;
```

```
CREATE TABLE userTBL
( userID   char(8),
  name     nvarchar(10),
  birthYear   int,
  addr       nchar(2),
  mobile1   char(3),
  mobile2   char(8),
  height    smallint,
  mDate     date
);
CREATE TABLE buyTBL
(  num int AUTO_INCREMENT PRIMARY KEY,
   userid   char(8),
   prodName nchar(6),
   groupName nchar(4),
   price    int ,
   amount   smallint
);
```

step 2

먼저 각각의 테이블에 데이터를 테이블당 4건씩만 입력하자. 입력 시에 김범수의 출생연도는 모르는 것으로 NULL값을 넣고, 김경호의 출생연도는 1871년으로 잘못 입력해 보자.

```
INSERT INTO userTBL VALUES('LSG', N'이승기', 1987, N'서울', '011', '11111111', 182,
    '2008-8-8');
INSERT INTO userTBL VALUES('KBS', N'김범수', NULL, N'경남', '011', '22222222', 173,
    '2012-4-4');
INSERT INTO userTBL VALUES('KKH', N'김경호', 1871, N'전남', '019', '33333333', 177,
    '2007-7-7');
INSERT INTO userTBL VALUES('JYP', N'조용필', 1950, N'경기', '011', '44444444', 166,
    '2009-4-4');
INSERT INTO buyTBL VALUES(NULL, 'KBS', N'운동화', NULL , 30,    2);
INSERT INTO buyTBL VALUES(NULL,'KBS', N'노트북', N'전자', 1000, 1);
INSERT INTO buyTBL VALUES(NULL,'JYP', N'모니터', N'전자', 200,   1);
INSERT INTO buyTBL VALUES(NULL,'BBK', N'모니터', N'전자', 200,   5);
```

아직 FOREIGN KEY 제약 조건이 설정된 것이 아니므로, userTBL에 BBK(바비킴) 회원이 없지만, 입력은 잘 되었다. 또, NULL이 기본적으로 모두 허용되어 있어서 NULL값도 모두 들어갔다.

제약 조건을 생성하자.

3-1 우선 [그림 8-1]의 기본 키 제약 조건을 생성하자.

```
ALTER TABLE userTBL
  ADD CONSTRAINT PK_userTBL_userID
  PRIMARY KEY (userID);
```

잘 설정되었다. 그런데 PRIMARY KEY로 설정하려면 당연히 NOT NULL이어야 하지만, NULL인 열에 PRIMARY KEY를 설정하면 자동으로 NOT NULL까지 설정된다.

3-2 DESC userTBL문으로 테이블을 확인해 보자. userID열이 NOT NULL로 설정된 것을 확인할 수 있다.

Field	Type	Null	Key	Default	Extra
userID	char(8)	NO	PRI	(NULL)	
name	varchar(10)	YES		(NULL)	
birthYear	int(11)	YES		(NULL)	
addr	char(2)	YES		(NULL)	
mobile1	char(3)	YES		(NULL)	
mobile2	char(8)	YES		(NULL)	
height	smallint(6)	YES		(NULL)	
mDate	date	YES		(NULL)	

COLUMNS (6×8)

[그림 8-19] 쿼리 실행 결과

외래 키를 설정해 보자.

4-1 이번에는 [그림 8-1]의 외래 키 테이블 buyTBL의 userID열에 외래 키를 설정하자. 기준 테이블 userTBL의 userID를 기준으로 한다.

```
ALTER TABLE buyTBL
  ADD CONSTRAINT FK_userTBL_buyTBL
  FOREIGN KEY (userID)
  REFERENCES userTBL (userID);
```

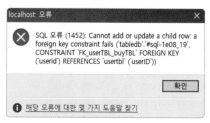

localhost: 오류

SQL 오류 (1452): Cannot add or update a child row: a foreign key constraint fails (`tabledb`.`#sql-1e08_19`, CONSTRAINT `FK_userTBL_buyTBL` FOREIGN KEY (`userid`) REFERENCES `usertbl` (`userID`))

확인

ⓘ 해당 오류에 대한 몇 가지 도움말 찾기

[그림 8-20] 오류 메시지

오류가 발생했다. 그 이유는 buyTBL에는 BBK(바비킴)의 구매 기록이 있는데, 이 BBK 아이디가 userTBL
에는 존재하지 않기 때문이다.

4-2 일단 문제가 되는 buyTBL의 BBK 행을 삭제하고, 다시 외래 키를 설정하자. 이번에는 잘 될 것이다.

```
DELETE FROM buyTBL WHERE userid = 'BBK';
ALTER TABLE buyTBL
  ADD CONSTRAINT FK_userTBL_buyTBL
  FOREIGN KEY (userID)
  REFERENCES userTBL (userID);
```

4-3 [그림 8-1] buyTBL의 네 번째 데이터를 다시 입력해 보자.

```
INSERT INTO buyTBL VALUES(NULL,'BBK', N'모니터', N'전자', 200,  5);
```

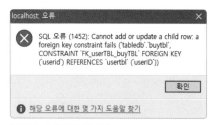

[그림 8-21] 오류 메시지

외래 키가 연결되어 활성화된 상태이므로 새로 입력하는 데이터는 모두 외래 키 제약 조건을 만족해야 한다.
BBK가 아직 userTBL에 없기 때문에 나오는 오류다. 물론, 여기서도 userTBL에 BBK를 입력한 후에, 다
시 buyTBL에 입력해도 되지만, 어떤 경우에는 대량의 buyTBL을 먼저 모두 입력해야 하는 경우도 있을 것
이다. 그 건수는 수백만 건 이상의 대용량일 수도 있다.

이럴 때는 buyTBL에 데이터를 입력하는 동안에 잠시 외래 키 제약 조건을 비활성화시키고, 데이터를 모두
입력한 후에 다시 외래 키 제약 조건을 활성화시키면 된다.

```
SET foreign_key_checks = 0;  -- 외래 키 제약 조건 비활성화
INSERT INTO buyTBL VALUES(NULL, 'BBK', N'모니터', N'전자', 200,  5);
INSERT INTO buyTBL VALUES(NULL, 'KBS', N'청바지', N'의류', 50,   3);
INSERT INTO buyTBL VALUES(NULL, 'BBK', N'메모리', N'전자', 80,  10);
INSERT INTO buyTBL VALUES(NULL, 'SSK', N'책'  , N'서적', 15,   5);
INSERT INTO buyTBL VALUES(NULL, 'EJW', N'책'  , N'서적', 15,   2);
INSERT INTO buyTBL VALUES(NULL, 'EJW', N'청바지', N'의류', 50,   1);
INSERT INTO buyTBL VALUES(NULL, 'BBK', N'운동화', NULL , 30,   2);
INSERT INTO buyTBL VALUES(NULL, 'EJW', N'책'  , N'서적', 15,   1);
INSERT INTO buyTBL VALUES(NULL, 'BBK', N'운동화', NULL , 30,   2);
SET foreign_key_checks = 1; -- 외래 키 제약 조건 활성화
```

잘 입력이 되었을 것이다. 시스템 변수인 foreign_key_checks는 외래 키의 체크 여부를 설정하는데 기본 값은 1(On)이다. 이를 0(Off)로 잠시 변경한 후 입력하는 방법을 사용했다. 종종 유용하게 사용되는 방법 이므로 잘 기억해 두자. buyTBL의 구성은 완료하였다.

step 5

이번에는 CHECK 제약 조건을 설정하자.

5-1 userTBL의 출생연도를 1900 ~ 2020 사이로 설정하고, NULL 값은 입력되지 않도록 CHECK 제약 조건을 설정하자.

```
ALTER TABLE userTBL
  ADD CONSTRAINT CK_birthYear
  CHECK ( (birthYear >= 1900 AND birthYear <= 2020) AND (birthYear IS NOT NULL) ) ;
```

[그림 8-22] 오류 메시지

위 구문은 오류가 발생한다. 이제는 오류의 원인을 알 수 있을 것이다. 입력 시에 김범수의 출생연도는 모르는 것으로 NULL 값을 넣고, 김경호의 출생연도는 1871년으로 잘못 입력했기 때문이다.

5-2 여기서 김범수와 김경호의 데이터를 정상적으로 수정한 후에, 다시 CHECK 제약 조건을 설정하는 방법도 있다. 하지만, 몇 십만 건 이상의 대량의 데이터에서 이러한 오류를 잡아내는 것은 상당히 어려운 일이다. 그러므로, 기존의 오류 데이터는 그냥 무시하고 CHECK 제약 조건을 설정하자.

```
SET check_constraint_checks = 0; -- CHECK 제약 조건 비활성화
ALTER TABLE userTBL
  ADD CONSTRAINT CK_birthYear
  CHECK ( (birthYear >= 1900 AND birthYear <= 2020) AND (birthYear IS NOT NULL) ) ;
SET check_constraint_checks = 1; -- CHECK 제약 조건 활성화
```

잘 설정이 되었다. 기존의 값들은 인정이 되지만 이후로는 CHECK 제약 조건에 위배되는 값은 입력이 되지 않는다.

⚠ MariaDB는 Trigger를 활용해서 CHECK 제약 조건의 효과를 낼 수도 있다. MariaDB 10.2.1 이전 버전에서는 CHECK 제약 조건이 지원되지 않아서 대신 Trigger 방식을 활용했다. Trigger에 대해서는 10장에서 다룬다.

나머지 userTBL의 데이터도 입력하자.

```
INSERT INTO userTBL VALUES('SSK', N'성시경', 1979, N'서울', NULL  , NULL , 186,
    '2013-12-12');
INSERT INTO userTBL VALUES('LJB', N'임재범', 1963, N'서울', '016', '66666666', 182,
    '2009-9-9');
INSERT INTO userTBL VALUES('YJS', N'윤종신', 1969, N'경남', NULL  , NULL , 170,
    '2005-5-5');
INSERT INTO userTBL VALUES('EJW', N'은지원', 1972, N'경북', '011', '88888888', 174,
    '2014-3-3');
INSERT INTO userTBL VALUES('JKW', N'조관우', 1965, N'경기', '018', '99999999', 172,
    '2010-10-10');
INSERT INTO userTBL VALUES('BBK', N'바비킴', 1973, N'서울', '010', '00000000', 176,
    '2013-5-5');
```

이제부터는 정상적으로 운영하면 된다.

이번에는 바비킴 회원이 자신의 ID를 변경해달라고 한다. 즉, BBK가 아니라 VVK으로 변경하는 경우다.

8-1 UPDATE문으로 변경해 보자.

```
UPDATE userTBL SET userID = 'VVK' WHERE userID='BBK';
```

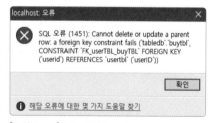

[그림 8-23] 오류 메시지

역시 외래 키와 관련된 오류가 발생했다. BBK는 이미 buyTBL에서 구매한 기록이 있으므로 바뀌지 않는
것이다. 어떻게 해야 할까? 앞에서 나왔듯이 잠깐 외래 키 제약 조건을 비활성화한 후에, 데이터를 변경하고
다시 활성화시켜보자.

8-2 앞에서 배운 시스템 변수인 foreign_key_checks을 활용해 보자.

```
SET foreign_key_checks = 0;
UPDATE userTBL SET userID = 'VVK' WHERE userID='BBK';
SET foreign_key_checks = 1;
```

정상적으로 수행이 잘 되었을 것이다.

8-3 이번에는 구매 테이블(buyTBL)의 사용자에게 물품 배송을 위해서, 회원 테이블과 조인시켜보자. 즉, 구매한 회원 아이디, 회원 이름, 구매한 제품, 주소, 연락처가 출력되게 하자.
(다음 구문이 이해가 안되면, 7장의 INNER JOIN 부분을 다시 살펴본다.)

```
SELECT B.userid, U.name, B.prodName, U.addr, CONCAT(U.mobile1, U.mobile2) AS '연락처'
    FROM buyTBL B
        INNER JOIN userTBL U
            ON B.userid = U.userid ;
```

userid	name	prodName	addr	연락처
KBS	김범수	운동화	경남	0112222222
KBS	김범수	노트북	경남	0112222222
JYP	조용필	모니터	경기	0114444444
KBS	김범수	청바지	경남	0112222222
SSK	성시경	책	서울	(NULL)
EJW	은지원	책	경북	0118888888
EJW	은지원	청바지	경북	0118888888
EJW	은지원	책	경북	0118888888

결과 #1 (5×8)

[그림 8-24] 결과 값 1

잘 나온 것 같지만, 눈치 빠른 독자는 뭔가 이상한 점을 느꼈을 것이다. 구매한 개수가 [그림 8-1]에는 12건이고 앞에서 12건을 모두 입력했는데, 지금은 8건밖에 나오지가 않았다. 4건은 어디 갔을까?

8-4 혹시 구매 테이블에 8건만 입력된 것은 아닌지 확인하자.

```
SELECT COUNT(*) FROM buyTBL;
```

데이터의 건수는 12건이 제대로 나왔을 것이다.

8-5 그렇다면 외부 조인(OUTER JOIN)으로 구매 테이블의 내용은 모두 출력되도록 해보자. 그리고 아이디로 정렬해 보자.

```
SELECT B.userid, U.name, B.prodName, U.addr, CONCAT(U.mobile1, U.mobile2) AS '연락처'
    FROM buyTBL B
        LEFT OUTER JOIN userTDL U
            ON B.userid = U.userid
    ORDER BY B.userid ;
```

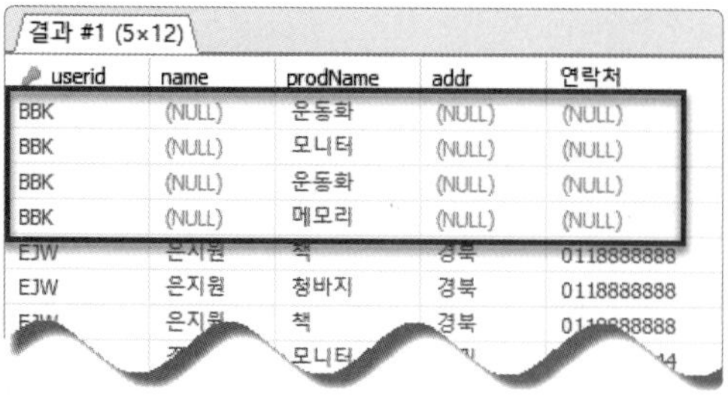

[그림 8-25] 결과 값 2

결과 값을 확인해 보니 BBK라는 아이디를 가진 회원은 이름, 주소, 연락처가 없다. 즉, userTBL에는 존재하지 않는다. 앗! 기억이 난다. 우리가 앞에서 바비킴(BBK)의 아이디를 'VVK'로 변경해서 이러한 현상이 발생했다. 그러므로, 함부로 외래 키 제약 조건을 끊고 데이터를 수정하는 것은 주의해야 한다.

8-6 우선 바비킴의 아이디를 원래 것으로 돌려 놓자.

```
SET foreign_key_checks = 0;
UPDATE userTBL SET userID = 'BBK' WHERE userID='VVK';
SET foreign_key_checks = 1;
```

일단은 정상적으로 돌아왔다. **8-3** 또는 **8-5**의 쿼리를 다시 수행하면 정상적으로 바비킴의 이름과 주소가 나올 것이다.

8-7 이러한 문제를 없애기 위해서, 만약 회원 테이블의 userID가 바뀔 때, 이와 관련되는 구매 테이블의 userID도 자동 변경되도록 하고 싶다.

외래 키 제약 조건을 삭제한 후에 다시 **ON UPDATE CASCADE** 옵션과 함께 설정한다.

```
ALTER TABLE buyTBL
  DROP FOREIGN KEY FK_userTBL_buyTBL;
ALTER TABLE buyTBL
  ADD CONSTRAINT FK_userTBL_buyTBL
    FOREIGN KEY (userID)
    REFERENCES userTBL (userID)
    ON UPDATE CASCADE;
```

8-8 userTBL의 바비킴의 ID를 다시 변경하고, buyTBL에도 바뀌었는지 확인해 본다.

```
UPDATE userTBL SET userID = 'VVK' WHERE userID='BBK';
SELECT B.userid, U.name, B.prodName, U.addr, CONCAT(U.mobile1, U.mobile2) AS '연락처'
  FROM buyTBL B
    INNER JOIN userTBL U
        ON B.userid = U.userid
  ORDER BY B.userid;
```

결과 #1 (5×12)				
userid	name	prodName	addr	연락처
EJW	은지원	책	경북	0118888888
[illegible]	은지[illegible]	청바지	경북	01[illegible]88
KBS	[illegible]범수	[illegible]	경남	0112222222
SSK	성시경	책	서울	(NULL)
VVK	바비킴	메모리	서울	0100000000
VVK	바비킴	운동화	서울	0100000000
VVK	바비킴	모니터	서울	0100000000
VVK	바비킴	운동화	서울	0100000000

[그림 8-26] 결과 값 3

buyTBL의 ID도 BBK에서 VVK로 변경되었다.

8-9 이번에는 바비킴(VVK)이 회원을 탈퇴하면(=회원 테이블에서 삭제되면) 구매한 기록도 삭제되는지 확인하자.

```
DELETE FROM userTBL WHERE userID = 'VVK';
```

역시 외래 키 제약 조건 때문에 삭제되지 않았다. 이런 경우에는 기준 테이블의 행 데이터를 삭제할 때, 외래 키 테이블의 연관된 행 데이터도 함께 삭제되도록 설정할 필요가 있다.

8-10 ON DELETE CASCADE문을 추가하면 된다.

```
ALTER TABLE buyTBL
 DROP FOREIGN KEY FK_userTBL_buyTBL;
ALTER TABLE buyTBL
 ADD CONSTRAINT FK_userTBL_buyTBL
   FOREIGN KEY (userID)
   REFERENCES userTBL (userID)
   ON UPDATE CASCADE
   ON DELETE CASCADE;
```

8-11 다시 삭제한 후에 buyTBL에도 따라서 삭제되었는지 확인해 보자.

```
DELETE FROM userTBL WHERE userID = 'VVK';
SELECT * FROM buyTBL ;
```

buytbl (6×8)					
num	userid	prodName	groupName	price	amount
1	KBS	운동화	(NULL)	30	2
2	KBS	노트북	전자	1,000	1
3	JYP	모니터	전자	200	1
6	KBS	청바지	의류	50	3
8	SSK	책	서적	15	5
9	EJW	책	서적	15	2
10	EJW	청바지	의류	50	1
12	EJW	책	서적	15	1

[그림 8-27] 결과 값 4

바비킴(VVK)이 구매한 기록 4건은 삭제되고, 전체 8건만 남아 있음을 확인할 수 있다.

이번에는 userTBL에서 CHECK 제약 조건이 걸린 출생연도(birthYear)열을 삭제해 보자.

9-1 ALTER TABLE로 삭제하자.

```
ALTER TABLE userTBL
  DROP COLUMN birthYear ;
```

잘 삭제된다. CHECK 제약 조건은 설정되어 있어도 해당 열이 삭제되면 함께 삭제된다. 다른 DBMS에서는 CHECK 제약 조건이 설정된 열은 삭제되지 않는다.

이상으로 테이블의 제약 조건에 대한 실습을 마치겠다. 이번 실습으로 충분히 제약 조건의 개념과 사용법에 대해서 익혔을 것이다.

8.2 뷰

뷰^{View}는 일반 사용자 입장에서는 테이블과 동일하게 사용하는 개체다. 뷰는 한 번 생성해 놓으면 테이블이라고 생각하고 사용해도 될 정도로 사용자들의 입장에서는 테이블과 거의 동일한 개체로 여겨진다.

8.2.1 뷰의 개념

쿼리 창에서 SELECT문을 수행해서 나온 결과를 생각해 보자.

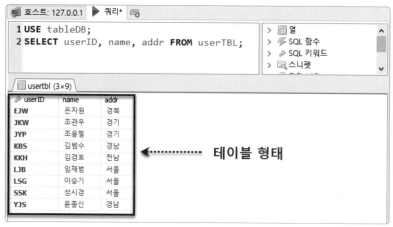

[그림 8-28] 테이블 쿼리와 그 결과

SELECT에서 아이디, 이름, 주소를 가져와서 출력한 결과다. 그런데, 출력된 결과를 보니 SELECT의 결과가 결국 테이블의 모양을 가지고 있는 것이 확인된다.

즉, 위에서 나온 결과를 userID, name, addr의 3개의 열을 가진 테이블로 봐도 무방하지 않을까? 뷰는 바로 이러한 개념이다. 그래서 뷰의 실체는 SELECT문이 되는 것이다. 위의 예를 보면 **SELECT userID, name, addr FROM userTBL**문의 결과를 v_userTBL이라고 부른다면, 앞으로는 v_userTBL을 그냥 테이블이라고 생각하고 접근하면 될 것 같다. 지금 언급한 뷰를 생성하는 구문은 다음과 같다.

```
USE tableDB;
CREATE VIEW v_userTBL
AS
      SELECT userid, name, addr FROM userTBL;

이제는 뷰를 새로운 테이블로 생각하고 접근하면 된다.
SELECT * FROM v_userTBL;  -- 뷰를 테이블이라고 생각해도 무방
```

📋 v_userTBL (3×9)		
🔑 userid	name	addr
EJW	은지원	경북
JKW	조관우	경기
JYP	조용필	경기
KBS	김범수	경남
KKH	김경호	전남
LJB	임재범	서울
LSG	이승기	서울
SSK	성시경	서울
YJS	윤종신	경남

[그림 8-29] 뷰의 쿼리 결과

뷰를 생성한 후에는, 생성한 뷰를 그냥 테이블처럼 생각하고 접근하니 원래의 테이블을 접근한 것과 동일한 결과를 얻을 수 있었다. 이를 그림으로 나타내면 [그림 8-30]과 같다.

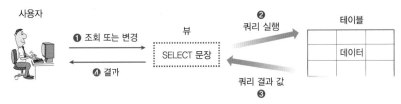

[그림 8-30] 뷰의 작동 방식

[그림 8-30]에서 사용자는 뷰를 그냥 테이블이라고 생각하고 접근하면 MariaDB가 나머지는 알아서 처리해 준다.

그렇다면, 뷰는 수정이 가능할까? 뷰는 기본적으로 '읽기 전용'으로 많이 사용되지만, 뷰를 통해서 원테이블의 데이터를 수정할 수도 있다. 뷰를 통해서 테이블의 데이터를 수정하는 것이 그다지 바람직하지는 않지만, 꼭 필요한 경우도 있을 수 있으니 어떠한 제한이 있는지 알아 둘 필요는 있다. 이 내용은 잠시 후에 살펴보자.

8.2.2 뷰의 장점

그렇다면 뷰를 사용하는 이유는 무엇일까? 뷰를 사용해서 얻을 수 있는 장점은 여러 가지가 있다.

보안에 도움이 된다

위의 예에서 뷰 v_userTBL에는 사용자의 이름과 주소만이 있을 뿐, 사용자의 중요한 개인정보인 출생연도, 연락처, 키, 가입일 등의 정보는 들어 있지 않다.

예를 들어 아르바이트생을 고용해서 회원의 이름과 주소를 확인하는 작업을 시킨다고 가정하자. 그런데, 이 아르바이트생에게 테이블 userTBL을 접근하도록 한다면 사용자의 중요 개인 정보(키, 가입일 등)까지 모두 볼 수 있을 것이다. 이를 방지하기 위해서 테이블의 데이터를 열로 분할할 수도 있겠지만, 데이터의 일관성 및 관리가 무척 복잡해져서 배보다 배꼽이 커지는 결과를 낳을 수도 있다.

이런 경우 위 예와 같이 아이디, 이름, 주소만 보이는 뷰를 생성해서 아르바이트생은 userTBL에 접근하지 못하도록 권한을 제한하고 뷰에만 접근 권한을 준다면 이러한 문제가 쉽게 해결될 수 있다.

복잡한 쿼리를 단순화시켜줄 수 있다

다음은 물건을 구매한 회원들에 대한 쿼리다.

```
SELECT U.userid, U.name, B.prodName, U.addr, CONCAT(U.mobile1, U.mobile2)  AS '연락처'
FROM userTBL U
   INNER JOIN buyTBL B
      ON U.userid = B.userid ;
```

좀 복잡하다. 만약 이 쿼리를 자주 사용해야 한다면, 사용자들은 매번 위와 같은 복잡한 쿼리를 입력해야 할 것이다. 이를 뷰로 생성해 놓고 사용자들은 해당 뷰만 접근하면 간단히 해결된다.

```
CREATE VIEW v_userbuyTBL
AS
SELECT U.userid, U.name, B.prodName, U.addr, CONCAT(U.mobile1, U.mobile2)  AS '연락처'
FROM userTBL U
     INNER JOIN buyTBL B
     ON U.userid = B.userid ;
```

접근할 경우에는 v_userbuyTBL을 그냥 테이블이라 생각하고 접근하면 된다. WHERE절도 사용할 수 있다. '김범수'의 구매 기록을 알고 싶다면 다음과 같이 사용하면 된다.

```
SELECT * FROM v_userbuyTBL WHERE name = N'김범수';
```

userid	name	prodName	addr	연락처
KBS	김범수	운동화	경남	01122222222
KBS	김범수	노트북	경남	01122222222
KBS	김범수	청바지	경남	01122222222

결과 #1 (5×3)

[그림 8-31] 뷰의 쿼리 결과

실습6

뷰를 생성해서 활용하자.

step 0

sqlDB를 초기화하자.

0-1 HeidiSQL을 종료하고, 다시 HeidiSQL을 실행해서 localhost에 접속하자. 그리고 왼쪽 [데이터베이스 목록] 창에서 localhost를 클릭한 후, 저장해 놓은 sqlDB.sql을 이용해서 sqlDB 데이터베이스를 초기화시키자(방법이 기억나지 않으면 6장 〈실습 2〉의 step 6 을 참조한다).
0-2 메뉴의 [파일] 〉〉 [새 쿼리 탭]을 선택해서 쿼리 창을 하나 열자.

기본적인 뷰를 생성한다. 뷰의 생성 시에 뷰에서 사용될 열의 이름을 변경할 수도 있다.

```
USE sqlDB;
CREATE VIEW v_userbuyTBL
AS
    SELECT U.userid AS 'USER ID', U.name AS 'USER NAME', B.prodName AS 'PRODUCT NAME',
    U.addr, CONCAT(U.mobile1, U.mobile2) AS 'MOBILE PHONE'
        FROM userTBL U
  INNER JOIN buyTBL B
   ON U.userid = B.userid;

SELECT `USER ID`, `USER NAME` FROM v_userbuyTBL; -- 주의! 백틱을 사용한다.
```

v_userbuyTBL (2×12)	
🔑 USER ID	USER NAME
BBK	바비킴
BBK	바비킴
BBK	바비킴
BBK	바비킴
KBS	김범수
KBS	김범수
KBS	김범수
SSK	성시경

[그림 8-32] 쿼리 실행 결과

뷰의 수정은 ALTER VIEW 구문을 사용하면 된다. 한글 열 이름도 가능하다(호환성 문제로 한글 열 이름은 별로 권장하지는 않는다).

```
ALTER VIEW v_userbuyTBL
AS
    SELECT U.userid AS '사용자 아이디', U.name AS '이름', B.prodName AS '제품 이름',
    U.addr, CONCAT(U.mobile1, U.mobile2)  AS '전화 번호'
        FROM userTBL U
            INNER JOIN buyTBL B
                ON U.userid = B.userid ;

SELECT `이름`,`전화 번호` FROM v_userbuyTBL;
```

뷰의 삭제는 DROP VIEW를 사용하면 된다.

```
DROP VIEW v_userbuyTBL;
```

step 4

뷰에 대한 정보를 확인해 보자.

4-1 간단한 뷰를 다시 생성하자.

⚠ CREATE VIEW는 기존에 뷰가 있으면 오류가 발생하지만, CREATE OR REPLACE VIEW는 기존에 뷰가 있어도 덮어쓰는 효과를 내기 때문에 오류가 발생하지 않는다. 즉, DROP VIEW와 CREATE VIEW를 연속해서 쓴 효과를 나타낸다.

```
USE sqlDB;
CREATE OR REPLACE VIEW v_userTBL
AS
  SELECT userid, name, addr FROM userTBL;
```

4-2 뷰의 정보를 확인해 보자.

```
DESCRIBE v_userTBL;
```

COLUMNS (6×3)					
Field	Type	Null	Key	Default	Extra
userid	char(8)	NO		(NULL)	
name	varchar(10)	NO		(NULL)	
addr	char(2)	NO		(NULL)	

[그림 8-33] 뷰 정보 확인

마치 테이블과 동일하게 보여준다. 주의할 점은 PRIMARY KEY 등의 정보는 확인되지 않는다는 것이다.

4-3 이번에는 뷰의 소스 코드를 확인해 보자. 결과 전체가 안보이면 마우스 커서를 위에 올려놓으면 된다.

```
SHOW CREATE VIEW v_userTBL;
```

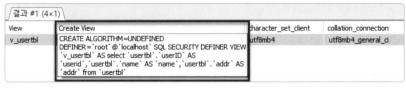

[그림 8-34] 뷰 소스 확인

step 5

뷰를 통해서 데이터를 변경해 보자.

5-1 v_userTBL 뷰를 통해 데이터를 수정해 보자.

```
UPDATE v_userTBL SET addr = '부산' WHERE userid='JKW' ;
```

수정이 성공적으로 수행된다.

5-2 데이터를 입력해 보자.

```
INSERT INTO v_userTBL(userid, name, addr) VALUES('KBM','김병만','충북') ;
```

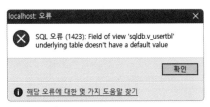

[그림 8-35] 오류 메시지

오류가 발생한다. v_userTBL이 참조하는 테이블 userTBL의 열 중에서 birthYear열은 NOT NULL로 설정되어서 반드시 값을 입력해 주거나 DEFALUT가 지정되어 있으면 된다. 하지만 현재의 v_userTBL에서는 birthYear를 참조하고 있지 않으므로 값을 입력할 수 없다.

값을 v_userTBL을 통해서 입력하고 싶다면 v_userTBL에 birthYear를 포함하도록 재정의하거나 userTBL에서 birthYear를 NULL 또는 DEFAULT 값을 지정해야 한다.

---

step 6

이번에는 그룹 함수를 포함하는 뷰를 정의해 보자.

6-1 SUM() 함수를 사용하는 뷰를 간단히 정의해 보자. 당연히 결과는 잘 나왔다.

```
CREATE VIEW v_sum
AS
  SELECT userid AS 'userid', SUM(price*amount) AS 'total'
    FROM buyTBL GROUP BY userid;

SELECT * FROM v_sum;
```

userid	total
BBK	1,920
EJW	95
JYP	200
KBS	1,210
SSK	75

buytbl (2×5)

[그림 8-36] 그룹 함수를 뷰에 포함시킴

6-2 v_sum 뷰를 통해서 데이터의 수정이 될까? 당연히 SUM() 함수를 사용한 뷰를 수정할 수는 없다. 시스템 데이터베이스 중 하나인 INFORMATION_SCHEMA의 VIEWS 테이블에서 전체 시스템에 저장된 뷰에 대한 다양한 정보를 가지고 있다.

```
SELECT * FROM INFORMATION_SCHEMA.VIEWS
     WHERE TABLE_SCHEMA = 'sqlDB' AND TABLE_NAME = 'v_sum';
```

TABLE_CATALOG	TABLE_SCHEMA	TABLE_NAME	VIEW_DEFINITION	CHECK_OPTION	IS_UPDATABLE	DEFINER	SECURITY_TYPE
def	sqldb	v_sum	select `sqldb`.`buytbl`.`userID` AS `userid`,sum(`sqld...	NONE	NO	root@localhost	DEFINER

VIEWS (11×1)

[그림 8-37] 뷰의 정보 확인

IS_UPDATABLE열이 NO로 되어 있으므로, 이 뷰를 통해서는 데이터를 변경(INSERT, UPDATE,
DELETE)할 수 없다.

이 외에도 뷰를 통해서 데이터의 수정이나 삭제를 할 수 없는 경우는 다음과 같다.

- 집계 함수를 사용한 뷰(집계 함수는 6장에서 설명했다.)

- UNION ALL, JOIN 등을 사용한 뷰

- DISTINCT, GROUP BY 등을 사용한 뷰

step 7

지정한 범위로 뷰를 생성하고 데이터를 입력하자.

7-1 키가 177 이상인 뷰를 생성하자.

```
CREATE VIEW v_height177
AS
  SELECT * FROM userTBL WHERE height >= 177 ;

SELECT * FROM v_height177 ;
```

userID	name	birthYear	addr	mobile1	mobile2	height	mDate
KKH	김경호	1,971	전남	019	3333333	177	2007-07-07
LJB	임재범	1,963	서울	016	6666666	182	2009-09-09
LSG	이승기	1,987	서울	011	1111111	182	2008-08-08
SSK	성시경	1,979	서울	(NULL)	(NULL)	186	2013-12-12

v_height177 (8×4)

[그림 8-38] 범위를 지정한 뷰

7-2 v_height177 뷰에서 키가 177 이하인 데이터를 삭제하자.

```
DELETE FROM v_height177 WHERE height < 177 ;
```

결과 메시지:
```
/* Affected rows: 0   찾은 행: 0   경고: 0   지속 시간 1 쿼리: 0.000 sec. */
```

당연히 v_height177 뷰에는 177 미만인 데이터가 없으므로 삭제될 것이 없다.

7-3 v_height177 뷰에서 키가 177 미만인 데이터를 입력해 보자.

```
INSERT INTO v_height177 VALUES('KBM', '김병만', 1977 , '경기', '010', '5555555', 158,
    '2022-01-01') ;
```

결과 메시지:
/* <u>Affected rows: 1</u>   찾은 행: 0   경고: 0   지속 시간 1 쿼리: 0.000 sec. */

일단 입력은 된다. v_height177 뷰를 확인해 보자. 입력된 값이 보이지 않을 것이다. 입력이 되더라도 입력된 값은 키가 177 미만이므로 v_height177 뷰에는 보이지 않는다. 직접 userTBL을 확인해야 김병만이 보인다.

7-4 그런데 키가 177 이상인 뷰를 통해서 158의 키를 입력한 것은 별로 바람직해 보이지 않는다. 즉, 예상치 못한 경로를 통해서 입력되지 말아야 할 데이터가 입력된 듯한 느낌이 든다. 키가 177 이상인 뷰이므로 177 이상의 데이터만 입력되는 것이 바람직할 듯하다. 이럴 때는 **WITH CHECK OPTION**문을 사용하면 된다.

```
ALTER VIEW v_height177
AS
 SELECT * FROM userTBL WHERE height >= 177
     WITH CHECK OPTION ;


INSERT INTO v_height177 VALUES('SJH', '서장훈', 2006 , '서울', '010', '3333333', 155,
    '2022-3-3') ;
```

[그림 8-39] 오류 메시지

키 177 미만은 이제는 뷰를 통해서는 입력이 되지 않고, 177 이상의 데이터만 입력될 것이다.

`step 8`

두 개 이상의 테이블이 관련되는 복합 뷰를 생성하고 데이터를 입력하자.

```
CREATE VIEW v_userbuyTBL
AS
 SELECT U.userid, U.name, B.prodName, U.addr, CONCAT(U.mobile1, U.mobile2) AS mobile
  FROM userTBL U
     INNER JOIN buyTBL B
```

```
            ON U.userid = B.userid ;

    INSERT INTO v_userbuyTBL VALUES('PKL','박경리','운동화','경기','00000000000','2023-2-2');
```

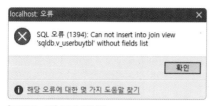

[그림 8-40] 오류 메시지

두 개 이상의 테이블이 관련된 뷰는 업데이트할 수 없다.

step 9

뷰가 참조하는 테이블을 삭제해 보자.

9-1 두 테이블을 삭제한다.

```
    DROP TABLE IF EXISTS buyTBL, userTBL;
```

9-2 뷰를 다시 조회해 본다.

```
    SELECT * FROM v_userbuyTBL;
```

[그림 8-41] 오류 메시지

당연히 참조하는 테이블이 없기 때문에 조회할 수 없다는 메시지가 나온다.

9-3 뷰의 상태를 체크해 보자.

```
    CHECK TABLE v_userbuyTBL;
```

결과 #1 (4×3)

Table	Op	Msg_type	Msg_text
sqldb.v_userbuytbl	check	Error	Table 'sqldb.userthl' doesn't exist
sqldb.v_userbuytbl	check	Error	View 'sqldb.v_userbuytbl' references invalid table(s) or column(s) or function(s) or definer/invoker of view lack rights to use them
sqldb.v_userbuytbl	check	error	Corrupt

[그림 8-42] 뷰 상태 확인

뷰가 참조하는 테이블이 없는 것을 확인할 수 있다.

이상으로 테이블과 뷰에 대한 소개와 설명을 마치겠다. 좀 더 세부적인 뷰의 내용이 더 있지만, 필자가 소개한 정도의 뷰의 개념과 기능을 사용할 수 있다면 일반적으로 MariaDB를 운영하는 데 충분할 것이다.

인덱스

지금까지 우리는 테이블과 뷰 자체에 대해서만 얘기해 왔다. 어찌 보면 이번 장에서 배울 인덱스는 데이터베이스에 존재하지 않더라도 지금까지의 데이터를 조회하고 변경하는 데 아무런 문제가 되지는 않는다. 그럼에도 인덱스 자체는 데이터베이스의 성능에 아주 중요한 역할을 하기 때문에 없어서는 안될 중요한 데이터베이스 개체다.

인덱스가 하는 가장 중요한 역할은 데이터를 조회할 때(특히 SELECT) 빠르게 접근하도록 도와주는 것이다. 그렇기 때문에 인덱스를 잘 사용한다면 데이터에 접근하는 시간이 놀랄 만큼 빨라질 수 있다. 데이터베이스 튜닝 Tuning 시에 가장 큰 효과를 볼 수 있는 부분도 이 인덱스다. 이번 장을 잘 이해한다면 튜닝의 핵심 부분에 대해서도 이해가 되는 것이다.

모든 것이 그러하듯 좋은 점이 있다면 그에 따른 단점도 있기 마련이다. 이와 마찬가지로 인덱스도 적절히 잘 사용한다면 시스템의 성능에 큰 도움이 되지만, 그렇지 않다면 오히려 시스템의 성능을 떨어뜨릴 수도 있다. 실제로 인덱스의 좋은 점만을 단순하게 이해하고 무리하게 인덱스를 생성했다가 오히려 전체 MariaDB의 성능을 떨어뜨리는 경우도 종종 있다.

인덱스를 생성하는 문법은 'ALTER TABLE… ADD INDEX…' 또는 'CREATE INDEX …'의 형식만 갖추면 된다. 아주 쉽다. 하지만, 이러한 문법을 잘 외워봐야 별 의미가 없으며, 오히려 인덱스의 개념과 특성을 잘 이해하지 못하고 무분별하게 인덱스를 사용한다면 인덱스를 사용하지 않는 것보다 못할 결과를 낼 수도 있다.

인덱스의 개념을 잘 파악하는 것은 매우 중요한 일이므로 필자는 몇 번 반복해서 비슷한 패턴을 설명하게 될 것이다. 처음에는 단순한 개념에서 점점 실제로 사용되는 것과 가까운 개념들을 설명할 것이다. 혹시, 비슷한 내용이 반복되더라도 확실한 개념 파악을 위한 것이므로 잘 읽거나 직접 실습해 보기 바란다.

이 장의 핵심 개념

9장에서는 데이터베이스의 성능을 위해 중요한 역할을 하는 인덱스에 대해서 살펴본다. 9장의 핵심 개념은 다음과 같다.

1. 인덱스를 생성하면 검색의 속도가 무척 빨라질 수 있다.
2. 인덱스의 종류로는 클러스터형 인덱스Clustered Index와 보조 인덱스Secondary Index가 있다.
3. 클러스터형 인덱스는 영어사전으로, 보조 인덱스는 책 뒤의 찾아보기로 비유할 수 있다.
4. Primary Key, Unique를 설정한 열에는 자동으로 인덱스가 생성된다.
5. 인덱스는 B−Tree 구조를 갖는다.
6. 클러스터형 인덱스는 테이블에 1개만 생성이 가능하며, 보조 인덱스는 테이블에 여러 개를 생성할 수 있다.
7. 인덱스의 생성, 삭제를 위해서는 CREATE INDEX / DROP INDEX문을 사용할 수 있다.
8. 클러스터형 인덱스가 보조 인덱스보다 검색 성능이 더 좋다.

이 장의 학습 흐름

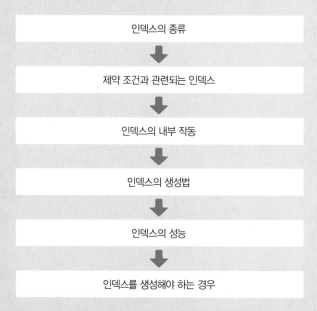

인덱스의 종류

⬇

제약 조건과 관련되는 인덱스

⬇

인덱스의 내부 작동

⬇

인덱스의 생성법

⬇

인덱스의 성능

⬇

인덱스를 생성해야 하는 경우

9.1 인덱스의 개념

인덱스의 개념을 설명할 때 가장 쉬운 것은 책의 예를 드는 것이다. 독자가 데이터베이스 이론에 관련된 책을 보고 있다고 가정해 보자.

필자가 책에서 '폭포수 모델'이라는 단어가 나온 부분을 찾아보세요.라고 했다면 독자는 어떻게 할 것인가?

어떤 독자는 책의 첫 페이지부터 찾아보겠지만, 조금 센스(?)가 있는 독자라면 책의 제일 뒤에 있는 〈찾아보기〉를 찾아볼 것이다. 책의 제일 뒤의 〈찾아보기〉는 가나다 순서로 이미 정렬되어 있어서 'ㅍ' 부분을 찾아보면 그 중에서 쉽게 '폭포수 모델' 단어를 찾을 수 있을 것이다. 그리고 그 옆에 페이지 번호가 적혀 있어서 그 페이지를 바로 펼치면 빨리 원하는 내용을 찾을 수 있다.

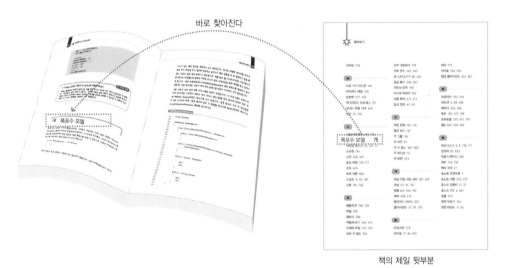

[그림 9-1] 책의 '찾아보기' 개념

그런데, 책의 뒷부분에 〈찾아보기〉가 없는 책들도 종종 있다. 그럴 경우에는 어떻게 할까? 책을 첫 페이지부터 넘겨가며 확인해 보는 수밖에 없다. 혹시 운이 좋아서 책의 앞부분에서 폭포수 모델이라는 글자를 찾았다고 좋아할 필요는 없다. 폭포수 모델이라는 글자가 꼭 한 번만 나온다는 보장이 없으므로, 혹시 앞에서 나왔어도 또 나올 수 있으므로 어차피 책의 끝 페이지까지 계속 찾아봐야 한다.

〈찾아보기〉가 있는 책의 경우에는 혹시 몇 개의 페이지에 폭포수 모델이 나와 있어도, 그 몇 개 페이지가 모두 〈찾아보기〉에 표시되기 때문에 책을 몇 번만 앞었다갔다하며 펼치면 해당 내용을 모두 찾을 수 있다.

지금 얘기한 〈찾아보기〉는 MariaDB의 인덱스와 상당히 비슷한 개념이다.

지금까지 우리가 사용한 테이블은 인덱스를 별로 고려하지 않았다. 즉, 뒤쪽에 〈찾아보기〉가 없는 책과 마찬가지의 테이블을 사용해 왔다. 그런데도 별 문제가 되지 않은 이유는 데이터의 양이 적었기 때문에 꼭 인덱스를 만들지 않아도 성능에는 별 문제가 되지 않았다. 책으로 치면 2~3페이지 분량의 책이어서 〈찾아보기〉가 없어도 별 불편이 없는 것과 마찬가지다.

수천 페이지로 구성된 아주 두꺼운 책을 생각해 보자. 책 뒤에 〈찾아보기〉가 없다면 책에서 무엇을 하나 찾을 때 몇 시간씩 걸릴 수가 있다. 그런데 만약 〈찾아보기〉가 있다면 몇 십 초 또는 몇 초 만에 원하는 것을 찾을 수 있을 것이다. 〈찾아보기〉가 몇 시간 걸릴 일을 몇 십 초 또는 몇 초로 줄여줬다.

실제 테이블에서도 이 정도의 성능 차이가 날 수 있다. 특히, 대용량의 테이블일 경우에는 더욱 그러하다. 이것이 인덱스를 사용하는 이유다. 결국 인덱스는 '데이터를 좀 더 빠르게 찾을 수 있도록 해주는 도구' 정도로 생각하면 된다.

인덱스의 기본적인 개념은 이 정도면 이해했을 것이다. 여기서 인덱스의 문제점이 있다. 특히, 지금까지 설명한 정도로만 이해한 후에 인덱스를 만드는 것은 글로 운전을 배운 후에 자동차를 끌고 도로로 나가는 상황으로 비유될 수 있다.

인덱스도 단점이 분명 존재한다. 그래서 인덱스를 효율적으로 사용하는 것이 간단한 일은 아니다.

인덱스의 문제점도 개념적으로 우선 이해해 보자. 계속 책의 예를 들면 지금까지는 무조건 〈찾아보기〉를 찾아보는 것이 좋을 것처럼 얘기했다. 하지만, 다른 경우를 생각해 보자. 지금 우리는 '데이터베이스 이론' 책을 보고 있다고 가정한다고 했다. **필자가 책에서 '데이터베이스'라는 단어가 나온 곳을 찾아보세요.**라고 요구한다면 어떻게 될까? 만약, 이 책에 〈찾아보기〉가 있고 '데이터베이스'라는 단어에 대해서도 〈찾아보기〉가 만들어져 있다고 가정해 보자. 아마도 '데이터베이스'라는 단어는 거의 책의 모든 페이지에 나올 것이므로 〈찾아보기〉의 '데이터베이스'라는 단어 옆에 페이지 번호는 수 백 또는 수 천 개가 연속해서 나오게 될 것이다.

〈찾아보기〉란 책의 두께보다 한참 적어야 정상인데, 이 경우에는 오히려 〈찾아보기〉가 책의 페이지 만큼 되거나 오히려 책의 내용보다 더 두꺼워질 수 있다.

또, 〈찾아보기〉를 통해서 '데이터베이스'를 찾아보려고 하니 〈찾아보기〉 한 번, 실제 페이지 한 번, 〈찾아보기〉 한 번, 실제 페이지 한 번……으로 계속 〈찾아보기〉와 실제 페이지를 왔다갔다 하게 될 것이다. 이 얼마나 시간과 수고의 낭비인가? 차라리 책을 그냥 처음부터 넘기면서 찾아보는 것이 훨씬 빠르고 효율적일 것이다.

⚠ 이렇게 〈찾아보기〉를 사용하지 않고 책의 처음부터 끝까지 차례로 넘겨서 찾는 것을 MariaDB는 '전체 테이블 검색Full Table Scan'이라고 한다.

만들지 않았어야 할 '데이터베이스' 단어의 〈찾아보기〉 때문에 책의 두께는 쓸데없이 두꺼워져서 무겁기만 하고, 또 〈찾아보기〉를 사용하더라도 단어를 찾는 시간이 〈찾아보기〉를 사용하지 않을 때보다 오히려 오래 걸렸다.

실제 데이터베이스에서도 이와 비슷한 일이 일어난다. 필요 없는 인덱스를 만드는 바람에 데이터베이스가 차지하는 공간만 더 늘어나고 인덱스를 이용해서 데이터를 찾는 것이 전체 테이블을 찾아보는 것보다 훨씬 느려진다.

⚠ 실제로 데이터베이스에 인덱스를 생성해 놓아도, 인덱스를 사용하는 것이 빠르지 아니면 그냥 전체 테이블을 검색하는 것이 빠를지를 MariaDB가 알아서 판단한다. 그렇더라도 쓸데 없는 인덱스를 만들어서 발생되는 문제점은 많다.

인덱스는 튜닝Tuning에 즉각적인 효과를 내는 가장 빠른 방법 중에 한 가지다. 즉, 인덱스를 생성하고 인덱스를 사용하는 SQL을 만들어 사용한다면 기존보다 아주 빠른 응답속도를 얻을 수 있다. 또한 서버 입장에서는 적은 처리량으로 요청한 결과를 얻게 되므로, 다른 요청에 대해서도 많은 일을 할 수 있게 된다. 결과적으로 전체 시스템의 성능이 향상되는 효과도 얻게 된다.

먼저 인덱스를 만들어서 발생되는 장점과 단점을 살펴보자.

인덱스를 만들어서 발생되는 가장 큰 장점은 다음과 같다.

- 검색은 속도가 무척 빨라질 수 있다(단, 항상 그런 것은 아니다).
- 그 결과 해당 쿼리의 부하가 줄어들어서, 결국 시스템 전체의 성능이 향상된다.

단점은 다음과 같다.

- 인덱스가 데이터베이스 공간을 차지해서 추가적인 공간이 필요해지는데, 대략 데이터베이스 크기의 10% 정도의 추가 공간이 필요하다.
- 처음 인덱스를 생성하는 데 시간이 많이 소요될 수 있다.
- 데이터의 변경 작업Insert, Update, Delete이 자주 일어날 경우에는 오히려 성능이 많이 나빠질 수도 있다.

지금 필자가 얘기한 것은 보편적인 경우이며, 예외적인 상황도 얼마든지 있다. 결국 인덱스는 잘 사용하면 검색(특히, Select)의 속도가 월등히 향상되고 시스템의 성능이 좋아지는 반면에 잘못 사용하면 오히려 사용하지 않는 것보다 더 나쁜 결과를 초래할 수 있다.

9.2 인덱스의 종류와 자동 생성

9.2.1 인덱스의 종류

MariaDB에서 사용되는 인덱스의 종류는 크게 두 가지로 나뉘는데, 클러스터형 인덱스^{Clustered Index}와 보조 인덱스^{Secondary Index}다. 이 두 개를 비유하면 클러스터형 인덱스는 '영어 사전'과 같은 책이고 보조 인덱스는 책 뒤에 〈찾아보기〉가 있는 일반 책과 같다.

⚠ MariaDB는 클러스터형 인덱스^{Clustered Index}와 보조 인덱스^{Secondary Index}로 종류를 나누지만, 다른 DBMS에서는 클러스터형 인덱스^{Clustered Index}와 비클러스터형 인덱스^{Nonclustered Index}로 종류를 나누기도 한다. 즉, 보조 인덱스와 비클러스터형 인덱스는 거의 비슷한 개념이다.

보조 인덱스는 앞에서 설명했던 데이터베이스 이론 책과 같이 〈찾아보기〉가 별도로 있고, 〈찾아보기〉를 찾은 후에 그 옆에 표시된 페이지로 가야 실제 찾는 내용이 있는 것을 말한다. 클러스터형 인덱스는 영어 사전처럼, 책의 내용 자체가 순서대로 정렬되어 있어서 인덱스 자체가 책의 내용과 같은 것을 말한다. 더 상세한 내용은 잠시 후에 다시 얘기하도록 하겠지만 우선 다음의 내용 하나만 기억해 두자. 지금은 이해되지 않아도 계속 진행하면 당연한 얘기가 될 것이다.

클러스터형 인덱스는 테이블당 한 개만 생성할 수 있고, 보조 인덱스는 테이블당 여러 개를 생성할 수 있다. 또, 클러스터형 인덱스는 행 데이터를 인덱스로 지정한 열에 맞춰서 자동 정렬한다.

여기서 잠깐

☆ **데이터베이스 튜닝**

튜닝이란 SQL 서버가 기존보다 더욱 좋은 성능을 내도록 하는 전반적인 방법론을 말한다(자동차의 성능을 높이기 위한 자동차의 튜닝과 개념이 비슷하다). 튜닝은 크게 두 가지 관점으로 볼 수 있다. 하나는 응답시간 ^{Response Time}을 빨리 하는 것이다. 즉, A라는 사용자가 쿼리문을 실행하면 '얼마나 빨리 결과를 얻는가'의 문제가 관점이 되는 것이다. 이것은 사용자의 입장에서는 아주 효과적인 것처럼 보일 수 있지만, 잘 생각해 봐야 한다. A 사용자는 기존에 1분 걸리던 것을 10초 만에 얻게 된다면, 아주 효과적으로 보일 수도 있고 마치 튜닝이 잘 된 것처럼 보여질 수는 있다. 하지만 서버의 입장에서는 기존에는 1만큼의 작업만 하던 것을 100의 작업을 해야 하는 경우도 발생할 수 있다. 이런 경우에는 한 명의 사용자에게는 결과가 빨리 나오겠지만, 전체적인 시스템의 성능은 오히려 나빠질 수도 있다.

또 다른 하나는 서버의 부하량을 최소화하는 것이다. 즉, 한 명 한 명 사용자의 응답시간보다는 서버가 처리하는 총 작업량을 줄임으로써 시스템의 전반적인 성능을 향상시켜 서버가 더 많은 일을 할 수 있도록 하는 것이다.

물론, 사용자의 응답 속도가 빠르다는 것은 서버에서 처리를 조금만 하도록 해서 빨라지는 경우도 많지만, 그렇지 않은 경우도 종종 있으므로 주의해야 한다.

9.2.2 자동으로 생성되는 인덱스

앞에서 얘기한 인덱스의 개념과 장단점을 이해했다면 이제는 본격적으로 테이블에 적용되는 인덱스를 생각해 보자. 인덱스는 우선 테이블의 열(컬럼) 단위에 생성된다.

하나의 열에 인덱스를 생성할 수도 있고, 여러 열에 하나의 인덱스를 생성할 수도 있다. 우선 그냥 하나의 열당 기본적으로 하나의 인덱스를 생성할 수 있다고 생각하자.

sqlDB의 userTBL을 가지고, 인덱스를 생각해 보자.

회원 테이블(userTbl)

아이디	이름	생년	지역	국번	전화번호	키	가입일
LSG	이승기	1987	서울	011	11111111	182	2008.8.8
KBS	김범수	1979	경남	011	22222222	173	2012.4.4
KKH	김경호	1971	전남	019	33333333	177	2007.7.7
JYP	조용필	1950	경기	011	44444444	166	2009.4.4
SSK	성시경	1979	서울			186	2013.12.12
LJB	임재범	1963	서울	016	66666666	182	2009.9.9
YJS	윤종신	1969	경남			170	2005.5.5
EJW	은지원	1978	경북	011	88888888	174	2014.3.3
JKW	조관우	1965	경기	018	99999999	172	2010.10.10
BBK	바비킴	1973	서울	010	00000000	176	2013.5.5

PK

[그림 9-2] sqlDB의 회원 테이블

열 하나당 인덱스 하나를 생성하면 이 테이블에는 우선 8개의 서로 다른 인덱스를 생성할 수 있다.

이 테이블을 정의할 때는 다음과 같이 SQL문을 사용했다(기억이 안 나면 6장을 참조하자).

```
CREATE TABLE userTBL
( userID   char(8) NOT NULL PRIMARY KEY,
  name     varchar(10) NOT NULL,
  birthYear   int NOT NULL,
  ......
```

userTBL의 정의 시에 userID를 Primary Key로 정의했다. 이렇게 Primary Key로 지정하면 자동으로 userID열에 클러스터형 인덱스가 생성된다

⚠ '클러스터형 인덱스'와 'Primary Key 인덱스'는 거의 동일한 용어로 사용된다.

필자가 조금 전에 외우라고 했던 '클러스터형 인덱스는 테이블당 한 개만 생성'이라는 내용이 있었다. 그런데, Primary Key는 테이블당 몇 개가 생성이 가능할까? 당연히 기본 키Primary Key는 테이블당 하나만 생성할 수 있다. 그러므로 기본 키(1개만 가능)가 지정된 열에 클러스터형 인덱스(1개만 가능)가 생성되는 것은 자연스러운 일이다.

여기서 테이블 생성 시에 자동으로 생성되는 인덱스의 특징을 한 가지 더 짚고 넘어가자.

테이블 생성 시에 제약 조건 Primary Key 또는 Unique를 사용하면 자동으로 인덱스가 자동 생성된다.

잠깐 실습에서 확인하자.

실습1

제약 조건으로 자동 생성되는 인덱스를 확인해 보자.

step 0

sqlDB에서 작업을 해보자(아무 데이터베이스에서 해도 상관은 없다).

step 1

간단한 테이블을 만들어 보자.

1-1 다음 구문으로 테이블을 생성하자.

```
USE sqlDB;
CREATE TABLE  TBL1
        (      a INT PRIMARY KEY,
               b INT,
               c INT
        );
```

1-2 구성된 인덱스의 상태를 확인하자.

```
SHOW INDEX FROM TBL1;
```

Table	Non_unique	Key_name	Seq_in_index	Column_name	Collation	Cardinality	Sub_part	Packed	Null	Index_type	Comment	Index_comment
tbl1	0	PRIMARY	1	a	A	0	(NULL)	(NULL)		BTREE		

[그림 9-3] 인덱스 확인 1

예상대로 a열에 유일한unique 인덱스가 생성되어 있는 것을 확인할 수 있다. Key_name이 PRIMARY

로 된 것은 클러스터형^{clustered} 인덱스를 의미한다.

⚠ SHOW INDEX FROM 테이블이름;의 결과에서 Non_unique열은 0이면 Unique 인덱스를, 1이면 Nonunique 인
덱스를 의미한다. Key_name은 Index_name과 같은 의미로 인덱스 이름이다. PRIMARY로 표기되면 클러스터형 인
덱스로 보면 된다(예외도 있다). 보조 인덱스는 Key_name 부분에 열의 이름 또는 키 이름으로 표기된다. Seq_in_index
는 해당 열에 여러 개의 인덱스가 설정되었을 때의 순서를 나타낸다. 대부분 1로 써져 있다. Null은 NULL 값의 허용 여부
인데 비어 있으면 NO의 의미한다. Cardinality는 중복되지 않은 데이터 개수가 들어 있다. 이 값은 데이터를 입력하거나,
ANALIZE TABLE문을 수행할 때 변경된다. Index_type은 어떤 형태로 인덱스가 구성되었는지 나타내는데 MariaDB
는 기본적으로 B-Tree의 구조를 갖는다. 그 외의 것은 특별히 신경쓰지 않아도 된다.

여기서 잠깐

☼ Index의 종류

Index의 종류는 Clustered Index / Secondary Index로 나눌 수 있는데, Unique Index / Nonunique
Index로 나눌 수도 있다. Unique Index는 인덱스 값들이 서로 중복되지 않는 인덱스를 말한다. Primary Key
나 Unique Key로 지정하면 당연히 서로 중복되는 데이터가 없기 때문에 Unique Index가 생성된다. 만약,
Nonunique Index(인덱스 데이터가 중복되는 인덱스)를 생성하고 싶다면, Primary Key 및 Unique Key로
지정되지 않은 열에 인덱스를 지정하면 된다. 이는 잠시 후에 배울 'ALTER TABLE… ADD INDEX…' 또
는 'CREATE INDEX …' 구문으로 생성할 수 있다. 이 책은 주로 Clustered Index / Secondary Index에
대해서만 얘기가 될 것이며, Unique Index / Nonunique Index에 대해서는 지금 얘기한 정도만 기억해 두
면 되겠다.

---

step 2

PRIMARY KEY와 함께 UNIQUE 제약 조건도 생성해 보자. UNIQUE 제약 조건은 한 테이블에 여러 개를
생성할 수 있다.

```
CREATE TABLE   TBL2
        (     a INT PRIMARY KEY,
              b INT UNIQUE,
              c INT UNIQUE,
              d INT
        );
SHOW INDEX FROM TBL2;
```

Table	Non_unique	Key_name	Seq_in_index	Column_name	Collation	Cardinality	Sub_part	Packed	Null	Index_type	Comment	Index_comment
tbl2	0	PRIMARY	1	a	A	0	(NULL)	(NULL)		BTREE		
tbl2	0	b	1	b	A	0	(NULL)	(NULL)	YES	BTREE		
tbl2	0	c	1	c	A	0	(NULL)	(NULL)	YES	BTREE		

[그림 9-4] 인덱스 확인 2

UNIQUE 제약 조건으로 설정하면 보조 인덱스가 자동으로 생성되는 것을 확인할 수 있다. 보조 인덱스는 테이블당 여러 개가 생성될 수 있으므로 여러 개의 보조 인덱스가 생성된 것은 아무 문제가 안 된다.

step 3

이번에는 Primary Key가 없이 Unique Key만 지정해 보자.

```
CREATE TABLE   TBL3
         (       a INT UNIQUE,
                 b INT UNIQUE,
                 c INT UNIQUE,
                 d INT
         );
SHOW INDEX FROM TBL3;
```

Table	Non_unique	Key_name	Seq_in_index	Column_name	Collation	Cardinality	Sub_part	Packed	Null	Index_type	Comment	Index_comment
tbl3	0	a	1	a	A	0	(NULL)	(NULL)	YES	BTREE		
tbl3	0	b	1	b	A	0	(NULL)	(NULL)	YES	BTREE		
tbl3	0	c	1	c	A	0	(NULL)	(NULL)	YES	BTREE		

[그림 9-5] 인덱스 확인 3

모두 다 보조 인덱스로 지정되었다. 클러스터형 인덱스가 비었다고 UNIQUE가 클러스터형 인덱스가 되는 것은 아니다.

step 4

이번에는 UNIQUE에 클러스터형 인덱스를 지정하자. UNQUE에 NOT NULL이 포함되면 클러스터형 인덱스로 지정된다.

```
CREATE TABLE   TBL4
         (       a INT UNIQUE NOT NULL,
                 b INT UNIQUE ,
                 c INT UNIQUE,
                 d INT
         );
SHOW INDEX FROM TBL4;
```

Table	Non_unique	Key_name	Seq_in_index	Column_name	Collation	Cardinality	Sub_part	Packed	Null	Index_type	Comment	Index_comment
tbl4	0	a	1	a	A	0	(NULL)	(NULL)		BTREE		
tbl4	0	b	1	b	A	0	(NULL)	(NULL)	YES	BTREE		
tbl4	0	c	1	c	A	0	(NULL)	(NULL)	YES	BTREE		

[그림 9-6] 인덱스 확인 4

a열에 Non_unique 값이 0이므로 Unique 인덱스이고, Null 값이 비어 있으므로 Not Null이 된다. 그러 므로 a열은 클러스터형 인덱스로 지정된 것이다.

step 5

이번에는 UNIQUE NOT NULL과 PRIMARY KEY를 모두 지정해 보자.

```
CREATE TABLE  TBL5
        (       a INT UNIQUE NOT NULL,
                b INT UNIQUE ,
                c INT UNIQUE,
                d INT PRIMARY KEY
        );
SHOW INDEX FROM TBL5;
```

STATISTICS (13×4)

Table	Non_unique	Key_name	Seq_in_index	Column_name	Collation	Cardinality	Sub_part	Packed	Null	Index_type	Comment	Index_comment
tbl5	0	PRIMARY	1	d	A	0	(NULL)	(NULL)		BTREE		
tbl5	0	a	1	a	A	0	(NULL)	(NULL)		BTREE		
tbl5	0	b	1	b	A	0	(NULL)	(NULL)	YES	BTREE		
tbl5	0	c	1	c	A	0	(NULL)	(NULL)	YES	BTREE		

[그림 9-7] 인덱스 확인 5

d열이 PRIMARY로 되었다. 이런 경우에는 d열에 클러스터형 인덱스가 생성되고, a열에는 보조 인덱스가 생성된다. 즉, 클러스터형 인덱스는 테이블당 하나밖에 지정되지 않으므로 Primary Key로 설정한 열에 우 선 클러스터형 인덱스가 생성된다.

step 6

필자가 앞에서 **클러스터형 인덱스는 행 데이터를 자신의 열을 기준으로 정렬**한다고 얘기했다. 사실 이것은 6장에서 sqlDB의 회원 테이블을 만들었을 때, 이미 확인을 한 것이나 마찬가지다. 물론 그때는 인덱스에 대해서 몰 랐으므로 일부 예리한 독자는 그냥 '이상하다'라고 생각했을 정도일 것이다.

6-1 간단한 실습을 위해서 회원 테이블의 열만 정의하자.

```
USE sqlDB;
DROP TABLE IF EXISTS userTBL;
CREATE TABLE userTBL
( userID   char(8)  NOT NULL PRIMARY KEY,
  name     varchar(10) NOT NULL,
  birthYear  int NOT NULL,
  addr       char(2) NOT NULL
  );
```

6-2 데이터를 입력하고 확인해 보자.

```
INSERT INTO userTBL VALUES('LSG', N'이승기', 1987, N'서울');
INSERT INTO userTBL VALUES('KBS', N'김범수', 1979, N'경남');
INSERT INTO userTBL VALUES('KKH', N'김경호', 1971, N'전남');
INSERT INTO userTBL VALUES('JYP', N'조용필', 1950, N'경기');
INSERT INTO userTBL VALUES('SSK', N'성시경', 1979, N'서울');
SELECT * FROM userTBL;
```

userID	name	birthYear	addr
JYP	조용필	1,950	경기
KBS	김범수	1,979	경남
KKH	김경호	1,971	전남
LSG	이승기	1,987	서울
SSK	성시경	1,979	서울

usertbl (4×5)

[그림 9-8] 쿼리 결과

입력할 때는 이승기, 김범수, 김경호, 조용필, 성시경의 순서였으나 확인해본 결과 입력되어 있는 차례는 조용필, 김범수, 김경호, 이승기, 성시경이다. 이는 userID에 클러스터형 인덱스가 생성되어 있으므로, 데이터가 입력되는 즉시 userID로 데이터를 정렬하기 때문이다.

6-3 이번에는 userID열의 Primary Key를 제거하고, name열을 Primary Key로 지정해 보자.

```
ALTER TABLE userTBL DROP PRIMARY KEY ;
ALTER TABLE userTBL
       ADD CONSTRAINT pk_name PRIMARY KEY(name);
SELECT * FROM userTBL;
```

userID	name	birthYear	addr
KKH	김경호	1,971	전남
KBS	김범수	1,979	경남
SSK	성시경	1,979	서울
LSG	이승기	1,987	서울
JYP	조용필	1,950	경기

usertbl (4×5)

[그림 9-9] 쿼리 결과

결과를 보면 데이터의 내용은 변경이 없으나, name열로 다시 정렬되었다. name열에 클러스터형 인덱스가 생성되었기 때문이다. 이에 대한 내부적인 작동도 잠시 후에 살펴보겠다.

⚠ 지금은 데이터가 몇 건 없어서 별 문제는 없었으나, 만약에 수백만 건 이상의 데이터가 있는 상태에서 Primary Key를 변경했다면 MariaDB가 엄청나게 많은 작업을 했을 것이다.

이번 실습을 통해서 몇 가지 결론을 내릴 수 있다.

- PRIMARY KEY로 지정한 열은 클러스터형 인덱스가 생성된다.
- UNIQUE NOT NULL로 지정한 열은 클러스터형 인덱스가 생성된다.
- UNIQUE(또는 UNIQUE NULL)로 지정한 열은 보조 인덱스가 생성된다.
- PRIMARY KEY와 UNIQUE NOT NULL이 동시에 있으면 PRIMARY KEY로 지정한 열에 우선 클러스터형 인덱스가 생성된다.
- PRIMARY KEY로 지정한 열(또는 클러스터형 인덱스가 생성된 열)로 데이터가 오름차순 정렬된다.

여기서 잠깐

☆ **제약 조건을 설정할 때 주의할 점**

제약 조건의 설정은 대개 테이블의 생성 구문에서 하거나 Alter문으로 생성한다. 그러므로 아직 데이터가 입력되기 전에 Primary Key 및 Unique 키의 열에는 인덱스가 생성되어 있기 때문에 인덱스 자체를 구성하는 시간이 걸리지는 않는다. 하지만, 많은 데이터가 입력된 후에 Alter문으로 Unique나 Primary를 지정하게 되면 인덱스를 구성하는 데 많은 시간이 걸릴 수도 있다. 즉, 업무시간에 함부로 기존에 운영되는 대량의 테이블의 인덱스를 생성하면 시스템이 엄청나게 느려져 심각한 상황이 발생될 수도 있으니 주의해야 한다(최신의 MariaDB 버전에서는 이전 버전에 비해 인덱스 생성 속도가 향상되기는 했지만, 그래도 데이터의 양에 따라서 몇 시간이나 그 이상의 시간이 걸릴 수도 있다).

9.3 인덱스의 내부 작동

인덱스의 내부적인 작동을 이해하기 위해서는 우선 몇 가지 개념의 정립이 필요하다.

9.3.1 B-Tree(Balanced Tree, 균형 트리)

B-Tree는 '자료 구조'에 나오는 범용적으로 사용되는 데이터의 구조다. 이 구조는 주로 인덱스를 표현할 때와 그 외에서도 많이 사용된다. 이름에서도 알 수 있듯이 B-Tree는 균형이 잡힌 트리다. [그림 9-10]을 보자.

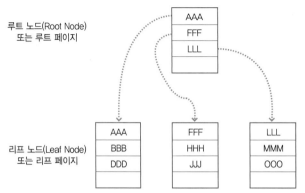

루트 노드(Root Node)
또는 루트 페이지

리프 노드(Leaf Node)
또는 리프 페이지

[그림 9-10] B-Tree의 기본 구조

노드^{Node}란 트리 구조에서 데이터가 존재하는 공간을 말한다. 즉, 갈라지는 부분의 '마디'를 뜻한다. [그림 9-10]에서는 노드가 4개 있다. 루트 노드^{Root Node}란 노드의 가장 상위 노드를 말한다. 모든 출발은 이 루트 노드에서 시작된다. 리프 노드^{Leaf Node, 잎 노드, 말단 노드}는 제일 마지막에 존재하는 노드를 말한다. 그리고 [그림 9-10]에서는 두 단계의 레벨이 표현되었지만, 데이터가 많다면 세 단계나 그 이상으로 레벨이 깊어진다. 루트 노드와 리프 노드의 중간에 끼인 노드들은 그냥 '중간 수준 노드'라 부르겠다.

노드라는 용어는 개념적인 설명에서 주로 나오며, MariaDB가 B-Tree를 사용할 때는 이 노드에 해당되는 것이 페이지^{Page}다. 페이지란 16Kbyte 크기의 최소한의 저장 단위다. 아무리 작은 데이터를 한 개만 저장하더라도 한 개 페이지(16Kbyte)를 차지하게 된다는 의미다. 즉, 개념적으로 부를 때는 노드라 부르지만, MariaDB에서는 노드가 페이지가 되며 인덱스를 구현할 때 기본적으로 B-Tree 구조를 사용한다.

⚠ [그림 9-10]의 예에서는 페이지당 데이터가 4개만 들어간다고 가정하고 그림을 표현했다. 참고로 MariaDB는 기본적으로 한 개 페이지가 16Kbyte지만, 다른 DBMS에서는 8Kbyte나 다른 크기도 많이 사용된다.

이 B-Tree 구조는 데이터를 검색할 때(=SELECT 구문을 사용할 때) 아주 뛰어난 성능을 발휘한다. [그림 9-10]에서 MMM이라는 데이터를 검색한다고 생각해 보자. 만약, B-Tree 구조가 아니라면 루트 페이지 및 그 연결은 존재하지 않고 그냥 리프 페이지만 있을 것이다. MMM을 찾는 방법은 그냥 처음부터 검색하는 방법밖에 없으므로 AAA부터 MMM까지 8건의 데이터(페이지는 3개 페이지)를 검색해야 그 결과를 알 수 있다.

⚠ 이렇게 데이터를 처음부터 끝까지 검색하는 것을 '전체 테이블 검색^{Full Table Search}'이라고 부른다.

이번에는 [그림 9-10]에 나온 대로 B-Tree 구조라면 우선 루트 페이지를 검색하게 된다. 모든 데이터는 정렬되어 있으므로 AAA, FFF, LLL 세 개를 읽으니 MMM은 LLL 다음에 나오므로 세 번째 리프 페이지로 직접 이동하면 된다. 세 번째 리프 페이지에서 LLL, MMM 두 개를 읽으니 찾고자 하는 MMM을 찾게 된다. 결국 루트 페이지에서 AAA, FFF, LLL 세 개와 리프 페이지에서 LLL, MMM 두 개, 합쳐서 5건의 데이터를 검색해서 원하는 결과를 찾았으며, 페이지는 두 개 페이지를 읽었다.

⚠ 지금 필자가 얘기한 방식은 개념적으로 설명한 것이며, 실제 작동에는 차이가 좀 있다. 하지만, 개념적으로 이해해야 실제 작동을 쉽게 이해할 수 있으므로 우선은 개념적인 이해가 중요하다.

지금은 레벨이 2단계뿐이어서 그 효용성이 별로 크게 못 느껴질 수 있지만, 훨씬 많은 양의 데이터 (깊은 레벨)의 경우에는 그 차이가 기하급수적으로 난다.

9.3.2 페이지 분할

앞에서 데이터를 검색하는 데는 B-Tree가 효율적임을 확인했다. 이 말은 인덱스를 구성하면 SELECT의 속도가 급격히 향상될 수 있다는 것을 뜻한다.

⚠ 필자가 '향상된다'가 아닌 '향상될 수 있다'라고 표현한 이유를 알 것이다. 이 장의 앞부분에서 인덱스의 장단점을 설명할 때 인덱스가 항상 좋은 것은 아니라고 설명했었다.

그런데, 인덱스를 구성하게 되면 데이터의 변경 작업(INSERT, UPDATE, DELETE) 시에 성능이 나빠지는 단점이 있다고 했다. 특히, INSERT 작업이 일어날 때 성능이 급격히 느려질 수 있다. 그 이유는 '페이지 분할'이라는 작업이 발생되기 때문이다. 이 작업이 일어나면 MariaDB가 느려지고 자주 일어나면 성능에 큰 영향을 주게 된다.

[그림 9-10]에 III 데이터가 새로 INSERT되었다고 생각해 보자. [그림 9-11]과 같이 변경될 것이다.

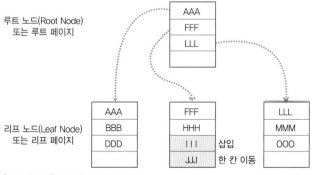

[그림 9-11] III 삽입 후

두 번째 리프 페이지에는 다행히(?) 한 칸의 빈 공간이 있어서 JJJ가 아래로 한 칸 이동되고 III가 그 자리에 삽입되었다. 정렬이 되어야 하기 때문에 JJJ가 한 칸 이동했을 뿐 별로 큰 작업은 일어나지 않았다.

이번에는 GGG를 입력해 보자. 그런데 더 이상 두 번째 리프 페이지에는 빈 공간이 없다. 이럴 때 드디어 '페이지 분할' 작업이 일어난다. MariaDB는 우선 비어있는 페이지를 한 개 확보한 후에, 두 번째 리프 페이지의 데이터를 공평하게 나누게 된다.

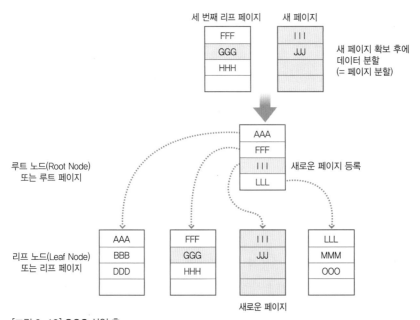

[그림 9-12] GGG 삽입 후

데이터를 한 개밖에 추가하지 않았는데 많은 작업이 일어났다. 우선, 페이지를 확보한 후 페이지 분할 작업이 1회 일어나고 루트 페이지에도 새로 등록된 페이지의 제일 위 데이터인 III가 등록되었다.

이번에는 PPP와 QQQ 두 개를 동시에 입력해 보도록 하자.

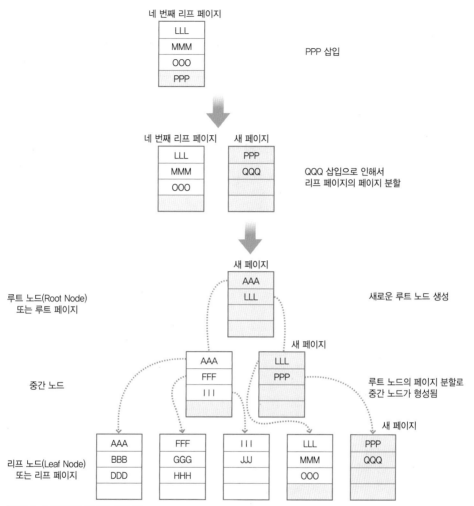

[그림 9-13] PPP, QQQ 삽입 후

[그림 9-13]을 잘 보면, PPP를 입력하면 네 번째 리프 페이지에 빈칸이 있으므로 제일 마지막에 추가하면 된다. 별 일이 일어나지 않았다. 이번에는 QQQ를 입력하자.

그런데, QQQ를 입력하려니 네 번째 리프 페이지에는 빈칸이 없으므로 페이지 분할 작업이 일어난다. 그리고, 페이지 분할 후에 추가된 다섯 번째 리프 페이지를 루트 페이지에 등록하려고 하니 루트 페이지도 이미 꽉 차서 더 이상 등록할 곳이 없으시, 루트 페이지도 다시 페이지 분할을 해야 했다. 그리고 루트 페이지가 있던 곳은 더 이상 루트 페이지가 아니라 중간 노드(=중간 페이지)가 된다. 그리고 새로운 루트 페이지를 또 할당해서 중간 노드를 가리키는 페이지로 구성된다.

결국, QQQ 하나를 입력하기 위해서 3개의 새로운 페이지가 할당되고 2회의 페이지 분할이 발생되었다.

이 예로써 인덱스를 구성하면 왜 데이터 변경(INSERT, UPDATE, DELETE) 작업이 느려지는지 (특히, INSERT) 확인할 수 있었다.

9.3.3 클러스터형 인덱스와 보조 인덱스의 구조

이번에는 클러스터형 인덱스와 보조 인덱스의 구조는 어떻게 다른지 파악해 보자.

우선, 인덱스가 없이 테이블을 생성하고 다음과 같이 데이터를 입력한 경우를 생각해 보자.

```
USE sqlDB;
DROP TABLE IF EXISTS clusterTBL;
CREATE TABLE clusterTBL
( userID   char(8) ,
  name     varchar(10)
);
INSERT INTO clusterTBL VALUES('LSG', N'이승기');
INSERT INTO clusterTBL VALUES('KBS', N'김범수');
INSERT INTO clusterTBL VALUES('KKH', N'김경호');
INSERT INTO clusterTBL VALUES('JYP', N'조용필');
INSERT INTO clusterTBL VALUES('SSK', N'성시경');
INSERT INTO clusterTBL VALUES('LJB', N'임재범');
INSERT INTO clusterTBL VALUES('YJS', N'윤종신');
INSERT INTO clusterTBL VALUES('EJW', N'은지원');
INSERT INTO clusterTBL VALUES('JKW', N'조관우');
INSERT INTO clusterTBL VALUES('BBK', N'바비킴');
```

만약, 페이지당 4개의 행이 입력된다고 가정하면 이 데이터는 [그림 9-14]와 같이 구성되어 있을 것이다.

⚠ [그림 9-14]는 필자가 이해를 돕기 위해서 가정한 것이다. MariaDB의 기본 페이지는 크기는 16Kbyte이므로 훨씬 많은 행 데이터가 들어간다. 참고로 MariaDB의 페이지 크기는 **SHOW VARIABLES LIKE 'innodb_page_size';**문으로 확인할 수 있다. 필요하다면 4k, 8k, 16k, 32k, 64k로 변경할 수 있다.

데이터 페이지
(Heap 영역)

1000	
LSG	이승기
KBS	김범수
KKH	김경호
JYP	조용필

1001	
SSK	성시경
LJB	임재범
YJS	윤종신
EJW	은지원

1002	
JKW	조관우
BBK	바비킴

[그림 9-14] 인덱스 없는 테이블의 내부 구성

정렬된 순서만 확인해 보자. 입력된 것과 동일한 순서로 보일 것이다.

⚠ 실제로는 데이터량이 적어서 한 개 페이지에 모두 들어 있을 것이다.

```
SELECT * FROM clusterTBL;
```

clustertbl (2×10)

userID	name
LSG	이승기
KBS	김범수
KKH	김경호
JYP	조용필
SSK	성시경
LJB	임재범
YJS	윤종신
EJW	은지원
JKW	조관우
BBK	바비킴

[그림 9-15] 쿼리 결과

이 테이블의 userID에 클러스터형 인덱스를 구성해 보자. 인덱스를 생성하는 구문에 대해서는 잠시 후에 살펴보고 userID를 Primary Key로 지정하면 클러스터형 인덱스로 구성된다고 앞에서 설명했었다.

```
ALTER TABLE clusterTBL
    ADD CONSTRAINT PK_clusterTBL_userID
        PRIMARY KEY (userID);
```

데이터를 다시 확인하자.

```
SELECT * FROM clusterTBL;
```

clustertbl (2×10)

userID	name
BBK	바비킴
EJW	은지원
JKW	조관우
JYP	조용필
KBS	김범수
KKH	김경호
LJB	임재범
LSG	이승기
SSK	성시경
YJS	윤종신

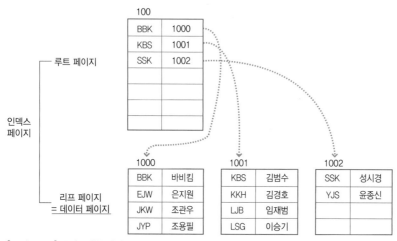

[그림 9-16] 쿼리 결과

userID로 오름차순 정렬이 되었다. Primary Key로 지정했으니 클러스터형 인덱스가 생성되어서 그렇다. 실제 데이터는 [그림 9-17]과 같이 데이터 페이지가 정렬되고 B-Tree 형태의 인덱스가 형성된다.

[그림 9-17] 클러스터형 인덱스의 구성 후

MariaDB는 클러스터형 인덱스를 구성하기 위해서 행 데이터를 해당 열로 정렬한 후에 루트 페이지를 만든다. 그런데, 필자가 클러스터형 인덱스는 영어사전과 같다고 얘기했었다. 영어사전은 책 자체가 알파벳 순서의 찾아보기(인덱스)로 구성되어 있기 때문에 찾아보기의 끝(리프 레벨)이 바로 영어 단어(데이터 페이지)다.

[그림 9-17]에서 볼 수 있듯이 클러스터형 인덱스는 루트 페이지와 리프 페이지(중간 페이지가 있다면 중간 페이지도 포함)로 인덱스가 구성되어 있으며 동시에 인덱스 페이지의 리프 페이지는 데이터 그 자체라는 것을 확인할 수 있다.

클러스터형 인덱스는 데이터의 검색 속도가 보조 인덱스보다 더 빠르다. 일부 예외 상황도 있지만, 그냥 클러스터형이 더 빠르다고 생각해도 무리가 없다. 검색의 비교는 잠시 후에 해보겠다.

이번에는 동일하게 보조 인덱스를 만들어 보도록 하자.

```
USE sqlDB;
DROP TABLE IF EXISTS secondaryTBL;
CREATE TABLE secondaryTBL
( userID   char(8),
  name     varchar(10)
);
INSERT INTO secondaryTBL VALUES('LSG', N'이승기');
INSERT INTO secondaryTBL VALUES('KBS', N'김범수');
INSERT INTO secondaryTBL VALUES('KKH', N'김경호');
INSERT INTO secondaryTBL VALUES('JYP', N'조용필');
INSERT INTO secondaryTBL VALUES('SSK', N'성시경');
INSERT INTO secondaryTBL VALUES('LJB', N'임재범');
INSERT INTO secondaryTBL VALUES('YJS', N'윤종신');
INSERT INTO secondaryTBL VALUES('EJW', N'은지원');
INSERT INTO secondaryTBL VALUES('JKW', N'조관우');
INSERT INTO secondaryTBL VALUES('BBK', N'바비킴');
```

이렇게 하면 [그림 9-14]와 동일한 구조가 형성된다.

앞에서 Unique 제약 조건은 보조 인덱스를 생성하는 것을 확인했었다. userID 열에 Unique 제약 조건을 지정해 보자.

```
ALTER TABLE secondaryTBL
    ADD CONSTRAINT UK_secondaryTBL_userID
        UNIQUE (userID);
```

우선 데이터의 순서만 확인해 보자.

```
SELECT * FROM secondaryTBL;
```

secondarytbl (2×10)

userID	name
LSG	이승기
KBS	김범수
KKH	김경호
JYP	조용필
SSK	성시경
LJB	임재범
YJS	윤종신
EJW	은지원
JKW	조관우
BBK	바비킴

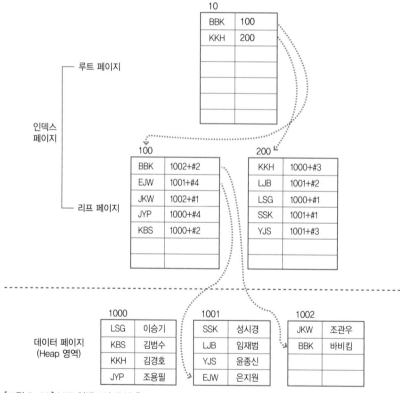

[그림 9-18] 쿼리 결과

입력한 것과 순서의 변화가 없다. 내부적으로는 [그림 9-19]와 같이 구성되어 있을 것이다.

[그림 9-19] 보조 인덱스의 구성 후

[그림 9-19]를 보면 보조 인덱스는 데이터 페이지를 건드리지 않고, 별도의 장소에 인덱스 페이지를 생성한다. 우선, 인덱스 페이지의 리프 페이지에 인덱스로 구성한 열(이 예에서는 userID)을 정

렬한다. 그리고 데이터 위치 포인터를 생성한다. 데이터의 위치 포인트는 클러스터형 인덱스와 달리 주소 값(페이지 번호 + #오프셋)이 기록되어 바로 데이터의 위치를 가리키게 된다. BBK의 예를 들면 1002번 페이지의 두 번째(#2)에 데이터가 있다고 기록하게 된다. 그러므로 이 데이터 위치 포인터는 데이터가 위치한 고유한 값이 된다.

⚠ 만약, 한 테이블에 클러스터형 인덱스와 보조 인덱스가 함께 존재한다면 [그림 9-19]와 구성이 조금 달라진다. 이는 잠시 후에 살펴보겠다.

이제 데이터를 검색(SELECT문)해 보도록 하자.

우선 [그림 9-17]의 클러스터형 인덱스에서 검색해 보자. 만약 JKW(조관우)를 검색한다면 단순히 몇 개 페이지를 읽을 것인가? 루트 페이지(100번)와 리프 페이지(=데이터 페이지, 1000번) 한 개씩만 검색하면 된다. 총 2개 페이지를 읽게 된다.

이번에는 [그림 9-19] 보조 인덱스에서 검색해 보자. JKW를 검색 시에 인덱스 페이지의 루트 페이지(10번), 리프 페이지(100번) 그리고 데이터 페이지(1002번)를 읽게 되어 총 3개 페이지를 읽게 된다.

지금은 한 페이지 차이밖에 나지 않는 것처럼 보일 수도 있으나, 범위로 검색하는 것을 한번 고려해 보자. userID가 'A'~'J' 인 사용자를 모두 검색하는 것을 가정하자.

먼저 [그림 9-17]의 클러스터형 인덱스의 경우에는 루트 페이지(100번)와 1000번 페이지 2개 페이지만 읽으면 원하는 데이터가 모두 들어 있다. 어차피 리프 페이지는 정렬되어 있고 이 리프 페이지가 곧 데이터 페이지이므로, 클러스터형 인덱스는 범위로 검색 시에 아주 우수한 성능을 보인다.

다음으로 [그림 9-19]의 보조 인덱스에서 생각해 보자. 우선 루트 페이지와 리프 페이지 중 100번 페이지를 읽으면 된다. 그런데, 데이터를 검색하려 하니 범위에 해당하는 BBK, EJW, JKW, JYP 중에서 BBK와 EJW와 JYP가 서로 다른 페이지에 존재한다. 그러므로 BBK, JKW를 위해 1002페이지를, EJW를 위해 1001페이지를, JYP를 위해 1000페이지를 읽어야 한다. 결과적으로 'A'~'J' 인 사용자를 모두 검색하기 위해서 보조 인덱스는 10번, 100번, 1000번, 1001번, 1002번 페이지를 읽어 총 5개 페이지를 읽었다.

이 예에서와 같이 결론적으로 클러스터형 인덱스가 보조 인덱스보다 검색이 더 빠르다고 보면 된다.

이번에는 [그림 9-17]의 클러스터 인덱스에 새로운 데이터의 입력을 생각해 보자.

```
INSERT INTO clusterTBL VALUES('FNT', '푸니타');
INSERT INTO clusterTBL VALUES('KAI', '카아이');
```

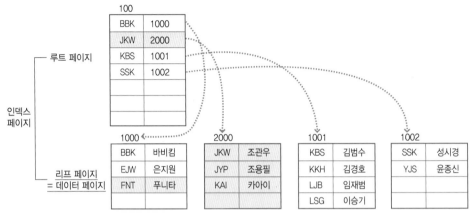

[그림 9-20] 클러스터형 인덱스에 두 행의 추가 후

[그림 9-20]을 보면 예상대로 첫 번째 리프 페이지(=데이터 페이지)가 페이지 분할이 일어났다. 그리고 데이터를 공평하게 분배한 후에 루트 페이지에 등록되었다. 물론, 루트 페이지의 순서가 약간 변경이 되기는 했지만 페이지 분할에 비해서 같은 페이지 내에서의 순서 변경은 시스템에 영향이 미미하다(전에 얘기했듯이 페이지 분할은 시스템에 많은 부하를 주게 된다).

이번에는 [그림 9-19]의 보조 인덱스에 동일한 입력을 생각해 보자.

```
INSERT INTO secondaryTBL VALUES('FNT', '푸니타');
INSERT INTO secondaryTBL VALUES('KAI', '카아이');
```

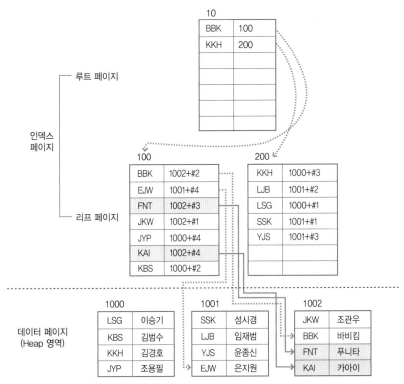

[그림 9-21] 보조 인덱스에 두 행의 추가 후

[그림 9-21]을 보면 보조 인덱스는 데이터 페이지를 정렬하는 것이 아니므로 그냥 데이터 페이지의 뒤쪽 빈 부분에 삽입된다. 그리고 인덱스의 리프 페이지에도 약간의 위치가 조정된 것일뿐 페이지 분할은 일어나지 않았다. 결국, 클러스터형 인덱스보다 데이터 입력에서는 성능에 주는 부하가 더 적었다.

⚠ 지금 필자는 설명을 위해서 데이터의 양을 조금 억지로 맞춘 경향이 있다. 하지만, 실제로 대용량의 테이블일 경우에 INSERT 작업이 대개는 클러스터형 인덱스가 더 시스템 부하가 많이 생긴다.

클러스터형 인덱스와 보조 인덱스의 개념을 설명하였다. 잘 이해했을 것으로 믿고 먼저 클러스터형 인덱스의 특징을 살펴보자.

• 클러스터형 인덱스의 생성 시에는 데이터 페이지 전체가 다시 정렬된다. 그러므로 이미 대용량의 데이터가 입력된 상태라면 업무시간에 클러스터형 인덱스를 생성하는 것은 심각한 시스템 부하를 줄 수 있으므로 신중하게 생각해야 한다.

- 클러스터형 인덱스는 인덱스 자체의 리프 페이지가 곧 데이터다. 그러므로, 인덱스 자체에 데이터가 포함되어 있다고 볼 수 있다.
- 클러스터형 인덱스는 보조 인덱스보다 검색 속도는 더 빠르다. 하지만, 데이터의 입력/수정/삭제는 더 느리다.
- 클러스터 인덱스는 성능이 좋지만 테이블에 한 개만 생성할 수 있다. 그러므로, 어느 열에 클러스터형 인덱스를 생성하는지에 따라서 시스템의 성능이 달라질 수 있다.

다음은 보조 인덱스의 특징이다.

- 보조 인덱스의 생성 시에는 데이터 페이지는 그냥 둔 상태에서 별도의 페이지에 인덱스를 구성한다.
- 인덱스 자체의 리프 페이지는 데이터가 아니라 데이터가 위치하는 주소 값(RID)이다. 클러스터형보다 검색 속도는 더 느리지만 데이터의 입력/수정/삭제는 덜 느리다.
- 보조 인덱스는 여러 개 생성할 수 있다. 하지만, 함부로 남용할 경우에는 오히려 시스템 성능을 떨어뜨리는 결과를 초래할 수 있으므로 꼭 필요한 열에만 생성하는 것이 좋다.

잠시 후에 위 결론 중에서 어떤 열에 클러스터형 인덱스를 생성하고 어떤 열에 보조 인덱스를 생성하는 것이 좋은지 파악해 보겠다.

여기서 잠깐

☼ OLTP와 OLAP에 인덱스 생성

OLTP[On-Line Transaction Processing]는 INSERT/UPDATE/DELETE가 실시간으로 자주 발생되므로, 꼭 필요한 인덱스만 최소로 생성하는 것이 바람직하다. 하지만, OLAP[On-Line Analytical Processing]는 INSERT/UPDATE/DELETE가 별로 사용될 일이 없으므로 되도록 인덱스를 많이 만들어도 별 문제가 되지 않는다. 만약 하나의 DB가 OLAP/OLTP 겸용으로 사용된다면 두 개를 분리하는 방법을 고려하는 것이 전반적인 시스템의 성능에 도움이 될 것이다. 이 책은 대부분 OLTP DB라는 가정하에 설명되었다.

9.3.4 클러스터형 인덱스와 보조 인덱스가 혼합되어 있을 경우

지금까지는 테이블에 클러스터형 인덱스만 있거나 보조 인덱스만 있는 경우를 살펴보았다. 하지만, 현실적으로 하나의 테이블에 클러스터형 인덱스와 보조 인덱스가 혼합되어 있는 경우가 더 많다.

인덱스가 하나씩만 있는 것보다는 두 형태의 인덱스가 혼합이 되어서 조금 어렵게 느껴질 것 같다. 그래도 차근차근 보면 그리 어려운 얘기는 아니다. 이번에는 실습을 통해서 이해해 보겠다.

하나의 테이블에 클러스터형 인덱스와 보조 인덱스가 모두 존재할 경우를 살펴보자.

이번에는 열이 3개인 테이블을 사용해 보겠다. userTBL열에는 클러스터형 인덱스를, name열에는 보조 인덱스를 생성해 보겠다. 그리고 addr열은 그냥 참조용으로 사용하자.

```
CREATE DATABASE IF NOT EXISTS sqlDB;
USE sqlDB;
DROP TABLE IF EXISTS mixedTBL;
CREATE TABLE mixedTBL
( userID  char(8) NOT NULL ,
  name    varchar(10) NOT NULL,
  addr    char(2)
);
INSERT INTO mixedTBL VALUES('LSG', N'이승기', N'서울');
INSERT INTO mixedTBL VALUES('KBS', N'김범수', N'경남');
INSERT INTO mixedTBL VALUES('KKH', N'김경호', N'전남');
INSERT INTO mixedTBL VALUES('JYP', N'조용필', N'경기');
INSERT INTO mixedTBL VALUES('SSK', N'성시경', N'서울');
INSERT INTO mixedTBL VALUES('LJB', N'임재범', N'서울');
INSERT INTO mixedTBL VALUES('YJS', N'윤종신', N'경남');
INSERT INTO mixedTBL VALUES('EJW', N'은지원', N'경북');
INSERT INTO mixedTBL VALUES('JKW', N'조관우', N'경기');
INSERT INTO mixedTBL VALUES('BBK', N'바비킴', N'서울');
```

만약, 페이지당 4개의 행이 입력된다고 가정하면 이 데이터는 다음과 같이 구성되어 있을 것이다.

1000				1001				1002		
LSG	이승기	서울		SSK	성시경	서울		JKW	조관우	경기
KBS	김범수	경남		LJB	임재범	서울		BBK	바비킴	서울
KKH	김경호	전남		YJS	윤종신	경남				
JYP	조용필	경기		EJW	은지원	경북				

데이터 페이지 (Head 영역)

[그림 9-22] 인덱스가 없는 데이터 페이지

이 테이블의 userID에 클러스터형 인덱스를 먼저 생성해 보자. Primary Key로 지정하고 별다른 얘기가 없으면 디폴트로 클러스터형 인덱스가 생성된다고 얘기했었다.

```
ALTER TABLE mixedTBL
    ADD CONSTRAINT PK_mixedTBL_userID
        PRIMARY KEY (userID);
```

지금쯤은 독자도 다음의 그림을 보지 않고 구성할 수 있을 것이다.

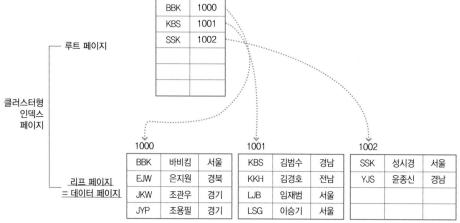

[그림 9-23] 혼합형 인덱스 중에서 클러스터형 인덱스 구성 후

이번에는 UNIQUE 제약 조건으로 보조 인덱스를 추가하자.

```
ALTER TABLE mixedTBL
    ADD CONSTRAINT UK_mixedTBL_name
        UNIQUE (name) ;
```

클러스터형 인덱스와 보조 인덱스가 생성되어 있는지 확인하자.

```
SHOW INDEX FROM mixedTBL;
```

STATISTICS (13×2)

Table	Non_unique	Key_name	Seq_in_index	Column_name	Collation	Cardinality	Sub_part	Packed	Null	Index_type	Comment	Index_c
mixedtbl	0	PRIMARY	1	userID	A	10	(NULL)	(NULL)		BTREE		
mixedtbl	0	UK_mixedTBL_name	1	name	A	10	(NULL)	(NULL)		BTREE		

[그림 9-24] 생성된 인덱스 확인

그렇다면 두 인덱스가 혼합된 내부 구조를 예상해 보자. [그림 9-25]를 보면 독자의 예상과는 조금 빗나가 있을 것이다.

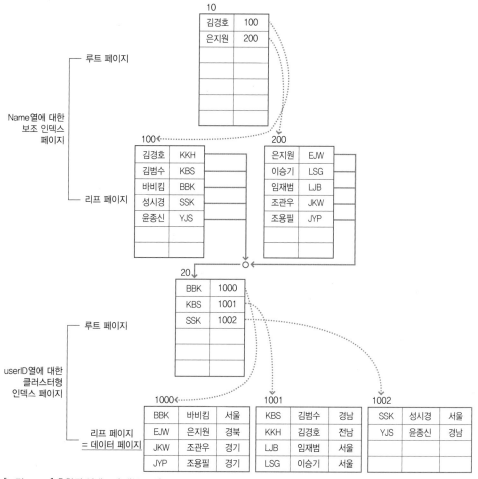

[그림 9-25] 혼합된 인덱스의 내부 구성

클러스터형 인덱스의 경우에는 그대로 변함이 없다. 하지만, 의외인 것이 보조 인덱스다. 우선 보조 인덱스의 루트 페이지와 리프 페이지의 키 값(여기서는 name열)이 이름으로 구성되었으므로 일단 이름으로 정렬되었다. 특히, 관심이 가는 것은 보조 인덱스의 리프 페이지다. 클러스터형 인덱스 페이시가 없었다면 아마도 '데이터 페이지의 주소 값'으로 구성되어 있었겠지만, 지금은 클러스터형 인덱스의 키 값(여기서는 userID)을 가지게 된다. 또 한 가지 중요한 점은 보조 인덱스를 검색한 후에는 [그림 9-25]에 표현된 것처럼 모두가 다시 클러스터형 인덱스의 루트 페이지부터 검색을 한다는 점이다.

예를 들어보자. '임재범'이란 사람의 주소를 알고 싶다면 다음의 쿼리를 실행하면 된다.

```
SELECT addr FROM mixedTBL WHERE name = '임재범';
```

⚠ 클러스터형 인덱스가 있든지, 보조 인덱스가 있든지, 두 가지가 혼합되어 있든지, 아님 인덱스가 아예 없든지, 쿼리문의 실행 결과에는 아무런 차이가 없다. 인덱스는 단지 빨리 검색시켜주는 역할을 할 뿐 결과의 내용과는 상관이 없다. 혼동하지 말기 바란다.

위 쿼리를 수행하면 다음의 순서로 검색을 하게 될 것이다.

① (페이지번호 10번 읽음) 보조 인덱스의 루트 페이지에서 '은지원'보다 큰 값이므로 200번 페이지에 있다는 것 확인

② (페이지번호 200번 읽음) '임재범'은 클러스터형 인덱스의 키 값 LJB임을 확인한 후, 무조건 클러스터 인덱스 의 루트 페이지로 가서 찾음

③ (페이지번호 20번 읽음) 'LJB'는 'KBS'보다 크고 'SSK'보다 작으므로 1001번 페이지에 있는 것 확인

④ (페이지번호 1001번 읽음) 'LJB' 값을 찾고 그 주소인 '서울'을 찾아냄

그런데, 왜 이렇게 구성을 했을까? 보조 인덱스의 리프 페이지에 기존처럼 '데이터페이지의 번호 + #오프셋' 으로 구성하면 검색이 더 빠르고 효율적이지 않을까? 그렇다. 클러스터형 인덱스와 보조 인덱스를 분리해 서 서로 관련 없이 구성한다면 검색에서는 더 우수한 성능을 보일 것이다. 하지만, 치명적인 단점 때문에 그 렇게 구성되지 않는다. 만약 [그림 9-25]에 'MMI 멍멍이 서울' 행이 추가된다고 생각해 보자. 클러스터형 인덱스는 페이지 분할 등의 작업이 발생될 것이다. 이는 기존의 방식과 동일하다. 그리고 보조 인덱스에도 100번 페이지에만 '멍멍이 MMI'가 추가되면서 데이터의 순서가 약간 변경될 뿐 그렇게 큰 변화가 발생하지 는 않을 것이다.

하지만, 만약 보조 인덱스의 리프 페이지가 '데이터 페이지의 주소 값'으로 되어 있었다고 가정해 보자. 우선 데이터의 삽입으로 인해서 클러스터형 인덱스의 리프 페이지(= 데이터 페이지)가 재구성이 되어서 '데이터 페이지의 번호' 및 #오프셋이 대폭 변경된다. 그러면, 단 한 건의 행 삽입으로 데이터 페이지(=클러스터형 의 리프 페이지)의 페이지 번호 및 오프셋이 대폭 변경되므로 보조 인덱스 역시 많은 부분이 다시 구성되어 야만 한다. 엄청난 시스템의 부하를 발생시킬 소지가 있다.

그래서 보조 인덱스와 클러스터형 인덱스가 하나의 테이블에 모두 존재하는 경우에는 [그림 9-25]와 같이 구성되는 것이다. 그렇게 되면 이름name으로 검색 시에 보조 인덱스를 검색한 후에 다시 클러스터형 인덱스 를 검색해야 하므로 약간의 손해를 볼 수도 있겠지만 데이터의 삽입 때문에 보조 인덱스를 대폭 재구성하게 되는 큰 부하는 걸리지 않는다. 그런 이유로 MariaDB에서는 [그림 9-25]와 같이 구성하는 것이다.

☆ **혼합 인덱스에서 인덱스 지정 시 고려사항**

시스템 성능의 향상을 위해서 조금 더 고려해야 할 사항이 있다.

[그림 9-25]를 보면 클러스터형 인덱스의 키(KKH, KBS 등)를 보조 인덱스가 저장하는 것을 확인할 수 있다. 그러므로 클러스터형 인덱스를 지정할 열(여기서는 userID)의 자릿수가 크다면 보조 인덱스에 저장되어야 할 양도 더불어 많아진다. 그러면, 차지하는 공간이 자연히 커질 수밖에 없다. 결국 보조 인덱스와 혼합되어 사용되는 경우에는 되도록이면 클러스터형 인덱스로 설정할 열은 적은 자릿수의 열을 선택하는 것이 바람직하다.

여기서 한 가지 더 짚고 넘어가자.

인덱스를 검색하기 위한 일차 조건은 WHERE절에 해당 인덱스를 생성한 열의 이름이 나와야 한다. 물론 WHERE절에 해당 인덱스를 생성한 열 이름이 나와도 인덱스를 사용하지 않는 경우도 많다.

이에 대한 실습은 인덱스 생성 구문을 익힌 후에 다시 해보도록 하겠다.

9.4 인덱스 생성/변경/삭제

이제는 제약 조건에서 자동으로 생성되는 인덱스 외에 직접 인덱스를 생성하는 구문을 살펴보자.

⚠ CREATE INDEX문으로는 Primary Key로 생성되는 클러스터형 인덱스를 만들 수는 없다. 만약, 클러스터형 인덱스를 생성하려면 앞에서 했던 것처럼 ALTER TABLE문을 사용해야 한다. 참고로 CREATE INDEX를 사용하지 않고 ALTER TABLE문으로도 인덱스를 생성/수정/삭제할 수 있다.

9.4.1 인덱스 생성

MariaDB 도움말에 나오는 인덱스를 생성하는 문법은 다음과 같다.

```
형식:
CREATE [OR REPLACE] [ONLINE¦OFFLINE] [UNIQUE¦FULLTEXT¦SPATIAL] INDEX
  [IF NOT EXISTS] index_name
    [index_type]
    ON tbl_name (index_col_name,...)
    [WAIT n ¦ NOWAIT]
    [index_option]
    [algorithm_option ¦ lock_option] ...

index_col_name:
    col_name [(length)] [ASC ¦ DESC]

index_type:
    USING {BTREE ¦ HASH ¦ RTREE}

index_option:
    KEY_BLOCK_SIZE [=] value
  ¦ index_type
  ¦ WITH PARSER parser_name
  ¦ COMMENT 'string'

algorithm_option:
    ALGORITHM [=] {DEFAULT¦INPLACE¦COPY}

lock_option:
    LOCK [=] {DEFAULT¦NONE¦SHARED¦EXCLUSIVE}
```

⚠ CREATE FULLTEXT INDEX문은 전체 텍스트 인덱스를 만드는데, 11장에서 다루겠다. CREATE SPATIAL INDEX 문은 점, 선, 면 등의 공간 데이터와 관련된 인덱스를 생성한다. 이는 이 책의 범주를 벗어나는 것이므로 다루지 않는다.

UNIQUE 옵션은 고유한 인덱스를 만들 것인지를 결정한다. 즉, UNIQUE로 지정된 인덱스는 동일한 데이터 값이 입력될 수 없다. 디폴트는 UNIQUE가 생략된(=중복이 허용되는) 인덱스다.

또한, CREATE INDEX로 생성되는 인덱스는 보조 인덱스^{Secondary Index}가 생성된다. 그 외에 ASC 및 DESC는 정렬되는 방식이다. ASC가 기본값이며 오름차순으로 정렬되어서 인덱스가 생성된다. index_type을 생략하면 기본값은 B-TREE 형식을 사용한다. 그 외의 옵션은 자주 사용되지 않으므로 필요한 경우에 설명하겠다.

9.4.2 인덱스 제거

인덱스를 삭제하는 형식은 다음과 같다.

```
형식 :
DROP [ONLINE|OFFLINE] INDEX [IF EXISTS] index_name ON tbl_name
    [WAIT n |NOWAIT]
```

간단하게 인덱스를 삭제하는 구문은 다음과 같이 사용한다.

```
DROP INDEX 인덱스이름 ON 테이블이름;
```

- 기본 키로 설정된 클러스터형 인덱스의 이름은 항상 'PRIMARY'로 되어 있으므로 인덱스이름 부분에 PRIMARY로 써주면 된다. 또한, ALTER TABLE문으로 기본 키를 제거해도 클러스터형 인덱스가 제거된다.

- 인덱스를 모두 제거할 때는 되도록 보조 인덱스부터 삭제하도록 한다. [그림 9-25]의 혼합된 인덱스를 보면, 만약 아래쪽의 클러스터형 인덱스를 먼저 삭제하면 클러스터형 인덱스의 루트 페이지가 없어진다. 보조 인덱스의 리프 페이지는 모두 루트 페이지를 지정하고 있으므로, 어쩔 수 없이 원래의 보조 인덱스의 리프 페이지에는 '페이지 번호 + #오프셋'으로 재구성되어야 한다. 그런데, 이 재구성 후에 보조 인덱스도 삭제한다면 고생해서 재구성한 것을 또 삭제하는 결과가 된다.

  만약 [그림 9-25]의 위쪽 보조 인덱스를 먼저 삭제하면 클러스터형 인덱스는 전혀 변화가 없다. 그러므로 모든 인덱스를 삭제 시에는 보조 인덱스를 먼저 제거하도록 한다.

- 인덱스를 많이 생성해 놓은 테이블은 인덱스의 용도를 잘 확인한 후에, 인덱스의 활용도가 떨어진다면 과감히 삭제해 줄 필요가 있다. 그렇지 않으면 전반적인 MariaDB의 성능이 저하되는 문제를 야기할 수 있다. 한 달에 한 번 또는 일년에 한 번 사용될 인덱스를 계속 유지할 필요는 없다.

실습3

인덱스를 생성하고 사용하는 실습을 해보자.

step 0

HeidiSQL을 종료하고 다시 HeidiSQL을 실행해서 localhost에 접속하자. 그리고 왼쪽 [데이터베이스 목록] 창에서 localhost를 클릭한 후, 저장해 놓은 sqlDB.sql을 이용해서 sqlDB 데이터베이스를 초기화시키자.

⚠️ 방법이 기억나지 않으면 6장 〈실습 2〉의 step 6 을 참조한다. C:\SQL\sqlDB.sql 파일이 없는 독자는 6장의 〈실습 2〉를 다시 수행하거나, 책의 사이트인 http://cafe.naver.com/thisismysql/ 에서 sqlDB.sql을 다운로드해서 C:\SQL\에 저장하자.

0-1 메뉴의 [파일] 〉〉 [새 쿼리 탭]을 선택해서 쿼리 창을 하나 열자.

0-2 userTBL을 주로 사용해 보도록 하자. 데이터의 내용을 확인해 보자.

```
USE sqlDB;
SELECT * FROM userTBL;
```

userID	name	birthYear	addr	mobile1	mobile2	height	mDate
BBK	바비킴	1,973	서울	010	0000000	176	2013-05-05
EJW	은지원	1,972	경북	011	8888888	174	2014-03-03
JKW	조관우	1,965	경기	018	9999999	172	2010-10-10
JYP	조용필	1,950	경기	011	4444444	166	2009-04-04
KBS	김범수	1,979	경남	011	2222222	173	2012-04-04
KKH	김경호	1,971	전남	019	3333333	177	2007-07-07
LJB	임재범	1,963	서울	016	6666666	182	2009-09-09
LSG	이승기	1,987	서울	011	1111111	182	2008-08-08
SSK	성시경	1,979	서울	(NULL)	(NULL)	186	2013-12-12
YJS	윤종신	1,969	경남	(NULL)	(NULL)	170	2005-05-05

usertbl (8×10)

[그림 9-26] 쿼리 결과

step 1

우선, userTBL에 어떤 인덱스가 설정되어 있는지 확인해 보자.

1-1 먼저 인덱스의 이름을 확인해 보자.

```
USE sqlDB;
SHOW INDEX FROM userTBL;
```

STATISTICS (13×1)

Table	Non_unique	Key_name	Seq_in_index	Column_name	Collation	Cardinality	Sub_part	Packed	Null	Index_type	Comment	Index_comment
usertbl	0	PRIMARY	1	userID	A	10	(NULL)	(NULL)		BTREE		

[그림 9-27] 인덱스 이름 확인

이미 몇 번 얘기했지만, PRIMARY 키의 이름은 클러스터형 인덱스를 의미한다. 현재 userTBL에는 userID 열에 클러스터형 인덱스 한 개만 설정되어 있다.

1-2 이번에는 인덱스의 크기를 확인해 보자.

```
SHOW TABLE STATUS LIKE 'userTBL';
```

TABLES (20×1)

Name	Engine	Version	Row_format	Rows	Avg_row_length	Data_length	Max_data_length	Index_length	Data_free	Auto_increment	
usertbl	InnoDB	10	Dynamic	10	1,638	16,384	0	0	0	(NULL)	

[그림 9-28] 인덱스 크기 확인

결과 중에서 Data_length는 클러스터형 인덱스(또는 데이터)의 크기를 Byte 단위로 표기한 것이다. 그런데, MariaDB의 페이지 크기는 기본적으로 16KB이므로 클러스터형 인덱스는 16384/(16*1024) = 1페이지가 할당되어 있다. 실제로는 데이터의 내용이 16KB까지 필요없지만, 할당하는 값의 최소 단위가 1페이지이므로 1페이지에 해당하는 16KB가 할당되어 있는 것이다. Index_length는 보조 인덱스의 크기인데, userTBL은 보조 인덱스가 없기 때문에 표기되지 않았다.

step 2

클러스터형 인덱스가 이미 있으므로 이 테이블에는 클러스터형 인덱스를 생성할 수 없다.

2-1 주소(addr)에 단순 보조 인덱스를 생성하자. '단순'은 중복을 허용한다는 의미로 고유(UNIQUE)와 반대라고 생각하면 된다.

```
CREATE INDEX idx_userTBL_addr
    ON userTBL (addr);
```

2-2 생성된 인덱스 이름을 **SHOW INDEX FROM userTBL**문으로 확인해 보자.

Table	Non_unique	Key_name	Seq_in_index	Column_name	Collation	Cardinality	Sub_part	Packed	Null	Index_type	Comment
usertbl	0	PRIMARY	1	userID	A	10	(NULL)	(NULL)		BTREE	
usertbl	1	idx_userTBL_addr	1	addr	A	10	(NULL)	(NULL)		BTREE	

STATISTICS (13×2)

[그림 9-29] 인덱스 이름 확인

Non_unique 부분이 1로 설정되어 있으므로 Unique 인덱스가 아닌 것을 확인할 수 있다.

2-3 이번에는 인덱스의 크기를 **SHOW TABLE STATUS LIKE 'userTBL'**문으로 확인해 보자. 그런데, 보조 인덱스의 크기인 Index_length가 계속 0으로 나올 것이다.

2-4 생성한 인덱스를 실제 적용시키려면 ANALYZE TABLE문으로 먼저 테이블을 분석/처리해줘야 한다.

```
ANALYZE TABLE userTBL;
SHOW TABLE STATUS LIKE 'userTBL';
```

결과 #1 (4×1) TABLES (20×1)

Name	Engine	Version	Row_format	Rows	Avg_row_length	Data_length	Max_data_length	Index_length	Data_free	Auto_increment
usertbl	InnoDB	10	Dynamic	10	1,638	16,384	0	16,384	0	(NULL)

[그림 9-30] 단순 보조 인덱스 확인

2 5 출생연도birthYear에 고유 보조 인덱스Unique Secondary Index를 생성하자.

```
CREATE UNIQUE INDEX idx_userTBL_birthYear
    ON userTBL (birthYear);
```

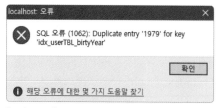

localhost: 오류

SQL 오류 (1062): Duplicate entry '1979' for key
'idx_userTBL_birtyYear'

확인

ℹ 해당 오류에 대한 몇 가지 도움말 찾기

[그림 9-31] 오류 메시지

김범수와 성시경의 출생연도가 1979년이기에 중복된 값이 있어서 출생연도에는 고유 보조 인덱스를 생성할 수 없다.

2-6 이름^{name}에 고유 보조 인덱스를 생성하자.

```
CREATE UNIQUE INDEX idx_userTBL_name
    ON userTBL (name);
```

다시 **SHOW INDEX FROM userTBL**문으로 확인해 보자. 고유 보조 인덱스^{Unique Secondary Index}가 생성되었을 것이다.

Table	Non_unique	Key_name	Seq_in_index	Column_name	Collation	Cardinality	Sub_part	Packed	Null	Index_type	Comment
usertbl	0	PRIMARY	1	userID	A	10	(NULL)	(NULL)		BTREE	
usertbl	0	idx_userTBL_name	1	name	A	10	(NULL)	(NULL)		BTREE	
usertbl	1	idx_userTBL_addr	1	addr	A	10	(NULL)	(NULL)		BTREE	

STATISTICS (13×3)

[그림 9-32] 고유 보조 인덱스 생성

2-7 이름^{name}열에 생성은 잘 되었다. 이번에는 김범수와 이름이 같은 사람을 입력해 보자. 아이디는 다르게 GPS로 하자.

```
INSERT INTO userTBL VALUES('GPS', '김범수', 1983, '미국', NULL  , NULL  , 162, NULL);
```

localhost: 오류

SQL 오류 (1062): Duplicate entry '김범수' for key
'idx_userTBL_name'

확인

ℹ 해당 오류에 대한 몇 가지 도움말 찾기

[그림 9-33] 오류 메시지

조금 전에 생성한 고유^{Unique} 인덱스로 인해서 중복된 값을 입력할 수 없다. 이렇게 이름이 중복된 사람을 허용하지 않는다면 실제 사용에는 문제가 발생될 수도 있다.

그러므로 고유 인덱스는 현재 중복된 값이 없다고 무조건 설정하면 안되며, 업무 절차상 절대로 중복되지 않을 경우(예로 주민등록번호, 학번, 이메일 주소 등)에만 인덱스 생성 시에 UNIQUE 옵션을 사용해야 한다.

2-8 이번에는 이름^{name}열과 출생연도^{birthYear}열을 조합해서 인덱스를 생성해 보자. 그리고 이름^{name}열에 설정했던 idx_userTBL_name 인덱스는 삭제하자.

```
CREATE INDEX idx_userTBL_name_birthYear
    ON userTBL (name,birthYear);
DROP INDEX idx_userTBL_name ON userTBL;
```

다시 **SHOW INDEX FROM userTBL**문으로 확인해 보자.

Table	Non_unique	Key_name	Seq_in_index	Column_name	Collation	Cardinality	Sub_part	Packed	Null	Index_type
usertbl	0	PRIMARY	1	userID	A	9	(NULL)	(NULL)		BTREE
usertbl	1	idx_userTBL_addr	1	addr	A	9	(NULL)	(NULL)		BTREE
usertbl	1	idx_userTBL_name_birthYear	1	name	A	9	(NULL)	(NULL)		BTREE
usertbl	1	idx_userTBL_name_birthYear	2	birthYear	A	9	(NULL)	(NULL)		BTREE

[그림 9-34] 두 열에 인덱스 생성

Seq_in_index열이 1과 2로 설정되어 있는 것을 확인할 수 있다. 즉, 두 열이 하나의 인덱스로 설정되어 있는 상태다.

2-9 두 열이 조합된 조건문의 쿼리에도 해당 인덱스가 사용된다. 쿼리문 앞에 EXPLAIN문을 붙여서 실행하면 실행 계획^{Execution Plan}을 확인할 수 있다.

```
EXPLAIN SELECT * FROM userTBL WHERE name = '윤종신' and birthYear = '1969'
```

id	select_type	table	type	possible_keys	key	key_len	ref	rows	Extra
1	SIMPLE	userTBL	ref	idx_userTBL_name_birthYear	idx_userTBL_name_birthYear	36	const,const	1	Using index condition

[그림 9-35] 실행 계획 확인

[type]이 'ALL'이면 인덱스를 사용하지 않고 전체 검색^{Full Scan}을 했다는 의미이고, 'ref'라면 인덱스를 사용한 것이다. [possible_keys]는 사용이 가능한 인덱스 이름이고, [key]는 실제로 사용한 인덱스의 이름이다. 여기서는 생성한 인덱스 idx_userTBL_name_birthYear를 사용하고 있는 것을 확인할 수 있다. 지금과 같이 name 및 birthYear가 조합된 쿼리에서는 이 인덱스가 무척 유용하지만, 이러한 쿼리가 거의 사용되지 않는다면 이 인덱스는 오히려 MariaDB의 성능에 나쁜 영향을 줄 수 있다.

⚠ 'name열 인덱스'와 'name열과 birthYear가 조합된 인덱스'가 모두 있을 경우에 다음 문장은 'name열 인덱스'가 아닌 'name열과 birthYear가 조합된 인덱스'를 사용할 수도 있다. 이는 MariaDB가 알아서 더 효율적인 것을 선택하기 때문이다.

```
SELECT * FROM userTBL WHERE name = '윤종신';
```

2-10 휴대폰의 국번(mobile1)열에 인덱스를 생성해 보자. 당연히 생성이 잘 될 것이다.

```
CREATE INDEX idx_userTBL_mobile1
    ON userTBL (mobile1);
```

그리고 다음의 쿼리를 생각해 보자. 결과도 잘 나올 것이다.

```
SELECT * FROM userTBL WHERE mobile1 = '011';
```

그런데, 이 인덱스는 없는 것이 낫다. 그 이유는 국번에는 데이터의 종류가 얼마 되지 않기 때문이다. 즉, 데이터가 1000만 건이라도 결국 010, 011, 016, 017, 018, 019의 데이터만이 존재할 것이기 때문이다. 이렇게 데이터의 종류가 적은 열에는 인덱스를 생성하지 않는 편이 낫다. 이를 '선택도Selectivity가 나쁜 데이터'라고도 부른다.

2-11 실행 계획을 확인해 보자. 예상대로 인덱스를 사용하지 않고 전체 검색을 했을 것이다.

```
EXPLAIN SELECT * FROM userTBL WHERE mobile1 = '011';
```

id	select_type	table	type	possible_keys	key	key_len	ref	rows	Extra
1	SIMPLE	userTBL	ALL	idx_userTBL_mobile1	(NULL)	(NULL)	(NULL)	9	Using where

결과 #1 (10×1)

[그림 9-36] 실행 계획 확인

type이 ALL인 것은 전체 테이블을 검색한 결과라고 이미 언급했다. possible_keys가 있는데도, key 부분이 NULL로 되어 있다. 즉, 인덱스가 있는 데도 불구하고 사용하지 않았다. 이유는 인덱스를 사용하는 것보다 전체 검색을 하는 것이 더 효과적이라고 MariaDB가 판단해서 처리한 것이다. 이런 경우에는 사용하지도 않는 인덱스를 계속 가지고 있는 것이므로 별 의미가 없으므로 인덱스를 삭제하는 편이 낫다.

`step 3`

인덱스를 삭제하자.

3-1 먼저 **SHOW INDEX FROM userTBL**문으로 인덱스의 이름을 확인하자.

3-2 앞에서 삭제 시에는 보조 인덱스를 먼저 삭제하는 게 좋다고 말했다. 보조 인덱스를 삭제한다.

```
DROP INDEX idx_userTBL_addr ON userTBL;
DROP INDEX idx_userTBL_name_birthYear ON userTBL;
DROP INDEX idx_userTBL_mobile1 ON userTBL;
```

⚠ 보조 인덱스를 다음과 같이 ALTER TABLE로 삭제해도 된다.

```
ALTER TABLE userTBL DROP INDEX idx_userTBL_addr;
ALTER TABLE userTBL DROP INDEX idx_userTBL_name_birthYear;
ALTER TABLE userTBL DROP INDEX idx_userTBL_mobile1;
```

3-3 이번에는 Primary Key 지정으로 자동 생성된 클러스터형 인덱스를 삭제해 보자. Primary Key에 설정된 인덱스는 DROP INDEX문으로 삭제되지 않고, ALTER TABLE문으로만 삭제할 수 있다.

```
ALTER TABLE userTBL DROP PRIMARY KEY;
```

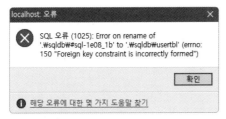

[그림 9-37] 오류 메시지

오류가 발생했다. 이유는 userTBL의 userID열을 buyTBL이 참조하고 있기 때문이다. 그러므로 먼저 참조하고 있는 외래 키 관계를 제거한 후에 다시 Primary Key를 제거해야 한다.

3-4 먼저 외래 키 제약 조건 이름을 알아내자. information_schema 데이터베이스의 referential_constraints 테이블을 조회하면 된다.

```
SELECT table_name, constraint_name
    FROM information_schema.referential_constraints
    WHERE constraint_schema = 'sqlDB';
```

[그림 9-38] 외래 키 인덱스 이름 확인

3-5 외래 키를 먼저 제거하고, 기본 키를 제거한다.

```
ALTER TABLE buyTBL DROP FOREIGN KEY buyTBL_ibfk_1;
ALTER TABLE userTBL DROP PRIMARY KEY;
```

삭제가 잘 되었을 것이다.

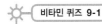

비타민 퀴즈 9-1

Windows의 HeidiSQL로 Linux 가상머신에 접속해서 〈실습 3〉을 진행해 보자.

9.5 인덱스의 성능 비교

인덱스를 생성하고 삭제하는 방법에 대해서 익혔으니 이번에는 클러스터형 인덱스와 보조 인덱스와 인덱스가 없을 때의 성능의 차이를 직접 확인하는 실습을 해보자.

이번 실습을 통해서 어떤 인덱스가 성능이 좋은지, 인덱스가 있어도 인덱스를 사용하지 않는 것은 어떤 경우인지를 파악해 보자.

실습4

인덱스가 없을 때, 클러스터형 인덱스만 있을 때, 보조 인덱스만 있을 때의 성능을 비교해 보자. 또한 각 인덱스의 특성과 장단점도 함께 이해해 보자.

step 0

실습할 데이터베이스를 만든다.

```
CREATE DATABASE IF NOT EXISTS indexDB;
```

step 1

테스트를 위해서 어느 정도 데이터가 있는 테이블을 복사하자. employees의 employees 테이블을 Emp(인덱스 없는 테이블), Emp_C(클러스터형 인덱스를 생성할 테이블), Emp_Se(보조 인덱스를 생성할 테이블) 세 개로 복사하도록 하자.

1-1 employees의 employees의 개수를 파악하자.

```
USE indexDB;
SELECT COUNT(*) FROM employees.employees;
```

특별히 이 테이블을 수정한 적이 없다면 약 30만 개가 나올 것이다. 테스트를 하기에 적절한 양이다.

1-2 테이블을 3개로 복사하자.

⚠ employees.employees는 emp_no로 정렬이 되어 있으므로, 순서를 무작위로 만들기 위해서 RAND() 함수로 정렬했다. 결과는 데이터가 무작위로 섞이는 효과를 갖는다.

```
CREATE TABLE Emp SELECT * FROM employees.employees ORDER BY RAND();
CREATE TABLE Emp_C SELECT * FROM employees.employees ORDER BY RAND();
CREATE TABLE Emp_Se SELECT * FROM employees.employees ORDER BY RAND();
```

1-3 SELECT * FROM 테이블명문으로 확인해 보면 세 테이블의 순서가 뒤섞여 있음을 확인할 수 있다.

```
SELECT * FROM Emp LIMIT 5;
SELECT * FROM Emp_C LIMIT 5;
SELECT * FROM Emp_Se LIMIT 5;
```

emp (6×5)

emp_no	birth_date	first_name	last_name	gender	hire_date
250,581	1964-08-09	Marsja	Mitina	M	1991-03-16
104,658	1952-04-23	Mrinalini	Ratnakar	F	1985-02-16
415,084	1964-06-14	King	Budinsky	F	1997-01-13
90,766	1959-04-10	Nathan	Kornatzky	M	1988-12-25
63,170	1960-11-24	Kirk	Melichar	M	1988-01-25

emp_c (6×5)

emp_no	birth_date	first_name	last_name	gender	hire_date
463,780	1961-04-08	Kaijung	Wuwongse	M	1988-01-10
419,305	1959-08-30	Leon	Radwan	F	1988-03-08
18,307	1964-08-24	Barton	Stentiford	F	1992-09-30
262,670	1960-12-02	Xinglin	Zaumen	F	1987-12-07
292,269	1959-03-29	Joydip	Stamatiou	M	1986-06-01

emp_se (6×5)

emp_no	birth_date	first_name	last_name	gender	hire_date
255,224	1963-04-10	Feiyu	Melter	M	1985-09-09
264,914	1959-07-06	Bernice	Pezzoli	M	1992-04-15
214,499	1952-03-10	Takahira	Schade	F	1991-03-17
73,733	1955-04-11	Takanari	Kusakari	F	1986-07-14
424,095	1960-06-06	Lubomir	Camarinopoulos	F	1992-02-13

[그림 9-39] 상위 5개 행 조회

1-4 SHOW TABLE STATUS문으로 테이블에 인덱스가 있는지 확인해 보자.

TABLES (20×3)

Name	Engine	Version	Row_format	Rows	Avg_row_length	Data_length	Max_data_length	Index_length	Data_free	Auto_increment
emp	InnoDB	10	Dynamic	299,691	57	17,317,888	0	0	4,194,304	(NULL)
emp_c	InnoDB	10	Dynamic	299,389	57	17,317,888	0	0	4,194,304	(NULL)
emp_se	InnoDB	10	Dynamic	298,987	57	17,317,888	0	0	4,194,304	(NULL)

[그림 9-40] 세 테이블 모두 인덱스가 없음

CREATE TABLE... SELECT문은 제약 조건의 인덱스 등을 모두 제외하고 단지 테이블의 데이터만 복사하는 기능을 한다. 그러므로 세 테이블 모두 아직 인덱스는 없다. Data_length는 데이터 페이지 또는 클러스터형 인덱스의 크기를 의미하고 Index_length는 보조 인덱스의 크기를 의미한다. 모두 Byte 단위다. 제약 조건을 설정하거나, 인덱스를 생성한 적이 없으므로 Data_length는 데이터 페이지를 의미한다.

세 테이블 모두 [그림 9-14]와 같이 데이터 페이지만 있는 상태다. 각 테이블이 약 17MB의 용량을 차지하고 있다. 페이지 수로 계산하면 MariaDB는 한 페이지가 16KB이므로 17MB/16KB= 약 1,057페이지를 가지고 있다. 물론 1,057페이지 모두에 데이터만 있는 것은 아니고 일부 페이지는 다른 정보를 포함하기도 한다.

step 2

Emp_C에는 클러스터형 인덱스(=Primary Key 인덱스)를, Emp_Se에는 보조 인덱스를 생성해 보자.

2-1 인덱스를 두 테이블에 생성한다.

```
ALTER TABLE Emp_C ADD PRIMARY KEY(emp_no);
ALTER TABLE Emp_Se ADD INDEX idx_emp_no (emp_no);
```

⚠ ALTER TABLE… ADD INDEX… 구문과 ALTER TABLE… ADD KEY … 구문은 동일한 구문이다.

2-2 다시 데이터를 5건씩만 확인해 보자.

```
SELECT * FROM Emp LIMIT 5;
SELECT * FROM Emp_C LIMIT 5;
SELECT * FROM Emp_Se LIMIT 5;
```

emp (6×5)

emp_no	birth_date	first_name	last_name	gender	hire_date
250,581	1964-08-09	Marsja	Mitina	M	1991-03-16
104,658	1952-04-23	Mrinalini	Ratnakar	F	1985-02-16
415,084	1964-06-14	King	Budinsky	F	1997-01-13
90,766	1959-04-10	Nathan	Kornatzky	M	1988-12-25
63,170	1960-11-24	Kirk	Melichar	M	1988-01-25

emp_c (6×5)

emp_no	birth_date	first_name	last_name	gender	hire_date
10,001	1953-09-02	Georgi	Facello	M	1986-06-26
10,002	1964-06-02	Bezalel	Simmel	F	1985-11-21
10,003	1959-12-03	Parto	Bamford	M	1986-08-28
10,004	1954-05-01	Chirstian	Koblick	M	1986-12-01
10,005	1955-01-21	Kyoichi	Maliniak	M	1989-09-12

emp_se (6×5)

emp_no	birth_date	first_name	last_name	gender	hire_date
255,224	1963-04-10	Feiyu	Melter	M	1985-09-09
264,914	1959-07-06	Bernice	Pezzoli	M	1992-04-15
214,499	1952-03-10	Takahira	Schade	F	1991-03-17
73,733	1955-04-11	Takanari	Kusakari	F	1986-07-14
424,095	1960-06-06	Lubomir	Camarinopoulos	F	1992-02-13

[그림 9-41] 상위 5개 행 조회

클러스터형 인덱스가 생성된 두 번째 테이블(Emp_C)만 정렬되어 있다. 그 이유는 클러스터형 인덱스만 데이터 페이지를 정렬하기 때문이라고 얘기했었다. [그림 9-17]을 보면서 이해하면 될 것이다.

2-3 생성한 인덱스를 실제로 적용시키려면 ANALYZE문을 사용해야 한다.

```
ANALYZE TABLE Emp, Emp_c, Emp_Se;
```

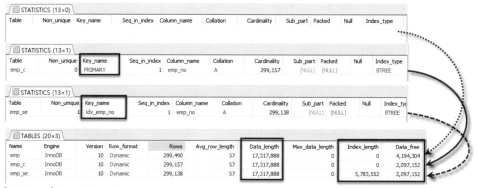

結과 #1 (4×3)

Table	Op	Msg_type	Msg_text
indexdb.emp	analyze	status	OK
indexdb.emp_c	analyze	status	OK
indexdb.emp_se	analyze	status	OK

[그림 9-42] 쿼리 실행 결과

2-4 테이블의 인덱스를 확인해 보자.

```
SHOW INDEX FROM Emp;
SHOW INDEX FROM Emp_C;
SHOW INDEX FROM Emp_Se;
SHOW TABLE STATUS;
```

STATISTICS (13×0)

Table	Non_unique	Key_name	Seq_in_index	Column_name	Collation	Cardinality	Sub_part	Packed	Null	Index_type

STATISTICS (13×1)

Table	Non_unique	Key_name	Seq_in_index	Column_name	Collation	Cardinality	Sub_part	Packed	Null	Index_type
emp_c	0	PRIMARY	1	emp_no	A	299,157	(NULL)	(NULL)		BTREE

STATISTICS (13×1)

Table	Non_unique	Key_name	Seq_in_index	Column_name	Collation	Cardinality	Sub_part	Packed	Null	Index_ty
emp_se	1	idx_emp_no	1	emp_no	A	299,138	(NULL)	(NULL)		BTREE

TABLES (20×3)

Name	Engine	Version	Row_format	Rows	Avg_row_length	Data_length	Max_data_length	Index_length	Data_free
emp	InnoDB	10	Dynamic	299,490	57	17,317,888	0	0	4,194,304
emp_c	InnoDB	10	Dynamic	299,157	57	17,317,888	0	0	2,097,152
emp_se	InnoDB	10	Dynamic	299,138	57	17,317,888	0	5,783,552	2,097,152

[그림 9-43] 인덱스 생성 후

의미를 파악해 보자. Emp 테이블은 당연히 인덱스가 없이 그대로다. 두 번째 Emp_C를 보자. 인덱스 타입이 클러스터형(PRIMARY)으로 되어 있고, 인덱스가 생성되었으므로 Data_free 영역이 줄어 든 것을 확인할 수 있다. 즉, [9-17]과 같은 형태가 구성된 것이다.

세 번째 Emp_Se를 보자. Key_name이 PRIMARY가 아니므로 보조 인덱스가 생성된 것이다. 보조 인덱스는 인덱스를 생성해도 데이터 페이지를 건드리지 않는다는 것을 기억하는가? [그림 9-19]를 보면 데이터 페이지인 힙HEAP 영역은 [그림 9-14]와 동일하다. 즉, 데이터는 아무런 변화가 없다. 그래서 힙의 페이지 개수는 인덱스를 만들기 이전과 동일하다. 단지 [그림 9-19]의 위쪽의 인덱스 페이지만 추가로 생성된 것이다. 여기서는 5,783,552Byte(=353페이지)가 추가로 생성되었다.

이제는 테이블을 조회할 때 인덱스를 사용하는 성능의 차이를 확인해 보자.

3-0 우선 indexDB를 선택하자.

```
USE indexDB;
```

3-1 인덱스가 없는 Emp 테이블을 조회하자.

① 회원 번호로 조회해 보자. SELECT 결과는 한 건이 나왔을 것이다(결과의 내용이 중요한 것은 아니다).

```
SELECT * FROM Emp WHERE emp_no = 100000;
```

emp (6×1)					
emp_no	birth_date	first_name	last_name	gender	hire_date
100,000	1956-01-11	Hiroyasu	Emden	M	1991-07-02

[그림 9-44] SELECT 결과

② 실행 계획을 확인하자. 위 SQL 앞에 EXPLAIN을 붙인 후에 다시 실행한다.

결과 #1 (10×1)									
id	select_type	table	type	possible_keys	key	key_len	ref	rows	Extra
1	SIMPLE	Emp	ALL	(NULL)	(NULL)	(NULL)	(NULL)	299,490	Using where

[그림 9-45] 실행 계획

type이 ALL로 되어 있으므로, 전체 테이블 검색^{Full Table Scan}을 했다. 전체 테이블 검색의 의미는 전체 데이터 페이지를 처음부터 끝까지 찾아본다는 의미라고 얘기했었다. 여기서는 단 1건을 찾기 위해서 299,490행을 검색한 것으로 나왔다. 이 상태는 [그림 9-14]와 같이 인덱스가 없으므로 전체 페이지를 읽을 수밖에 없다.

⚠ 결과의 [rows] 개수와 전체 데이터의 건수는 약간의 차이가 있을 수 있다. 숫자가 일부 차이나는 것은 무시하고 넘어간다.

3-2 클러스터형 인덱스가 있는 테이블을 조회해 보자.

① 동일한 데이터를 조회하자. 앞 **3-1**과 동일하게 한 건이 나왔을 것이다.

```
SELECT * FROM Emp_C WHERE emp_no = 100000;
```

② 실행 계획을 확인하자. 위 SQL 앞에 EXPLAIN을 붙인 후에 다시 실행한다.

결과 #1 (10×1)									
id	select_type	table	type	possible_keys	key	key_len	ref	rows	Extra
1	SIMPLE	Emp_C	const	PRIMARY	PRIMARY	4	const	1	

[그림 9-46] 실행 계획

놀라운 결과다. **3-1**과 달리 단 1건의 행만 읽어서 데이터를 찾아냈다. type이 'const'인 경우에는 클러스터링 인덱스인 PRIMARY를 사용한 것이라고 생각하자. 앞에서 인덱스 없이 테이블 검색 시에는 299,490건을 읽었던 것과 비교해 보면 인덱스가 어느 정도로 유용한지 느낄 수 있을 것이다. [그림 9-17]에서 'JKW'를 찾기 위해 Non-Leaf Page(여기서는 데이터가 적어서 루트 페이지 하나밖에 없음) 하나와 리프 페이지(= 데이터 페이지) 하나를 읽게 되어, 아주 적은 데이터만 읽게 되는 것과 같은 방식이다.

3-3 보조 인덱스가 있는 테이블을 조회해 보자.

① 동일한 데이터를 조회하자. 역시 앞 **3-1**과 동일하게 한 건이 나왔을 것이다.

```
SELECT * FROM Emp_Se WHERE emp_no = 100000;
```

② 실행 계획을 확인하자. 위 SQL 앞에 EXPLAIN을 붙인 후에 다시 실행한다.

결과 #1 (10×1)									
id	select_type	table	type	possible_keys	key	key_len	ref	rows	Extra
1	SIMPLE	Emp_Se	ref	idx_emp_no	idx_emp_no	4	const	1	

[그림 9-47] 실행 계획

역시 **3-2**와 같이 놀라운 결과다. 이번에도 1건의 행만 읽어서 데이터를 찾아냈다. type이 'ref'인 경우에는 보조 인덱스를 사용한 것으로 보면 된다. 실행 계획에서도 보조 인덱스인 idx_emp_no를 사용한 것을 확인할 수 있다. [그림 9-19]를 보면 루트 페이지, 리프 페이지, 데이터 페이지까지 읽어서 데이터를 찾을 것을 예상할 수 있다.

⚠ 보조 인덱스를 사용해도 1건만 읽었지만, 클러스터링 인덱스보다는 조금 더 내부적으로는 페이지를 읽어서 찾은 것이다. 비유하자면 [그림 9-17]에서 'JKW'를 찾기 위해서 2페이지, [그림 9-19]에서는 3페이지를 읽은 것과 비슷한 개념이다. 하지만, 클러스터링 인덱스든, 보조 인덱스든 **3-1**과 같이 전체 테이블 검색한 것과는 비교가 안 될 정도로 빠른 검색 결과를 내는 것은 확실하다.

`step 4`

앞에서는 정확한 값(emp_no가 100000인 것) 하나를 조회하는 내부 방식을 확인해 보았다. 이번에는 범위로 조회해 보는 것을 확인해 보자.

4-1 인덱스가 없는 테이블을 범위로 조회해 보자.

① 약 999건의 데이터를 읽는다.

```
SELECT * FROM Emp WHERE emp_no < 11000;
```

[그림 9-48] SELECT 결과

② 실행 계획을 확인하자. 위 SQL 앞에 EXPLAIN을 붙인 후에 다시 실행한다.

id	select_type	table	type	possible_keys	key	key_len	ref	rows	Extra
1	SIMPLE	Emp	ALL	(NULL)	(NULL)	(NULL)	(NULL)	299,490	Using where

[그림 9-49] 실행 계획

어차피 Emp에는 인덱스가 없으므로, 전체 테이블 검색을 해야 한다. 즉, 인덱스가 없다면 하나를 조회하든 범위로 조회하든 차이가 없다.

4-2 클러스터형 인덱스 테이블을 범위로 조회해 보자.

① 동일한 데이터의 범위를 조회하자. 동일한 결과이지만, 이번에는 결과가 정렬되어서 나왔다.

```
SELECT * FROM Emp_C WHERE emp_no < 11000;
```

[그림 9-50] SELECT 결과

② 실행 계획을 확인하자. 위 SQL 앞에 EXPLAIN을 붙인 후에 다시 실행한다.

id	select_type	table	type	possible_keys	key	key_len	ref	rows	Extra
1	SIMPLE	Emp_C	range	PRIMARY	PRIMARY	4	(NULL)	999	Using where

[그림 9-51] 실행 계획

결과를 확인하면 역시 인덱스를 읽었다. type이 'range'로 된 것은 인덱스를 사용하되 범위로 검색한 것으로 보면 된다. 무려 999개나 조회되었는 데도, 한 개를 읽었던 'emp_no = 100000' 조건과 비슷하게, 999건을 조회하기 위해서 999건만 읽었다. 왜 그럴까?

Emp_C 테이블의 구조를 예상해 보면 [그림 9-52]와 비슷하게 되었을 것이다.

⚠ [그림 9-52]는 정확한 것이 아니다. 숫자의 오차는 중요한 것이 아니므로, 대략적으로 [그림 9-52]와 같이 되었다고 생각하자.

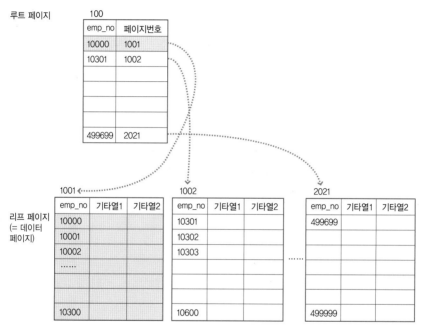

[그림 9-52] Emp_C 테이블의 내부 구조(클러스터형 인덱스)

[그림 9-52]를 보면서 답해 보자. 이제 직원번호(emp_no) 10,300 이하를 읽기 위해서는 어떤 페이지를 읽어야 하는가? 루트 페이지(100번 페이지)와 리프 페이지 1개(1001번 페이지) 두 개만 읽으면 된다. 그렇다면 예로 **SELECT * FROM Emp_C WHERE emp_no < 10600**문은 몇 페이지를 읽을까?(실행은 하지 말자.) 3페이지만 읽는다. [그림 9-51]을 보면 왜 3페이지인지 알 수 있을 것이다. 루트 페이지, 1001번 페이지, 1002번 페이지만 읽으면 직원 번호 10,600까지 모두 찾을 수 있다(실제로는 3페이지 이상을 읽을 수도 있다).

클러스터형 인덱스는 Primary Key에 의해서 차례대로 정렬되었기 때문에 상당히 효율적으로 범위 검색이 되는 것이다. 그리고 조회 결과가 왜 정렬되어 있는지도 [그림 9-51]에서 확인되었다.

③ 인덱스 힌트^{Hint}를 사용해서 인덱스를 사용하지 못하도록 강제로 지정할 수 있다. 결과는 역시 999건 일 것이다.

```
SELECT * FROM Emp_C IGNORE INDEX(PRIMARY) WHERE emp_no < 11000;
```

⚠ 인덱스 힌트는 강제로 사용하는 'USE INDEX(인덱스이름)'와 강제로 사용하지 못하게 하는 'IGNORE INDEX(인덱스이름)' 정도만 알고 있으면 된다.

② 실행 계획을 확인하자. 위 SQL 앞에 EXPLAIN을 붙인 후에 다시 실행한다.

id	select_type	table	type	possible_keys	key	key_len	ref	rows	Extra
1	SIMPLE	Emp_C	ALL	(NULL)	(NULL)	(NULL)	(NULL)	299,157	Using where

결과 #1 (10×1)

[그림 9-53] 실행 계획

인덱스 힌트 때문에 인덱스를 사용하지 않고 전체 테이블 검색(=Full Table Scan)을 했다.

4-3 이번에는 클러스터형 인덱스 테이블을 WHERE 조건이 없는 전체 데이터를 조회해 보자.

① 다음 쿼리를 수행하자. 약 30만 건이 조회될 것이다.

```
SELECT * FROM Emp_C; -- 전체 데이터를 읽음
```

② 실행 계획을 확인하자. 위 SQL 앞에 EXPLAIN을 붙인 후에 다시 실행한다.

id	select_type	table	type	possible_keys	key	key_len	ref	rows	Extra
1	SIMPLE	Emp_C	ALL	(NULL)	(NULL)	(NULL)	(NULL)	299,157	

결과 #1 (10×1)

[그림 9-54] 실행 계획

전체 테이블 검색Full Table Scan을 했다. 즉, 전체 데이터에 접근해야 하므로, 인덱스를 검색할 필요가 없기 때문이다.

4-4 이번에는 보조 인덱스 테이블을 범위로 조회해 보자.

① 직원번호가 11,000번 이하의 데이터를 조회하자. 조회 결과가 정렬되어 있다.

```
SELECT * FROM Emp_Se WHERE emp_no < 11000;
```

emp_se (6×999)

emp_no	birth_date	first_name	last_name	gender	hire_date
10,001	1953-09-02	Georgi	Facello	M	1986-06-26
10,002	1964-06-02	Bezalel	Simmel	F	1985-11-21
10,003	1959-12-03	Parto	Bamford	M	1986-08-28
10,004	1954-05-01	Chirstian	Koblick	M	1986-12-01
10,005	1955-01-21	Kyoichi	Maliniak	M	1989-09-12
10,006	1953-04-20	Anneke	Preusig	F	1989-06-02
10,007	1957-05-23	Tzvetan	Zielinski	F	1989-02-10
10,008	1958-02-19	Saniya	Kalloufi	M	1994-09-15
10,009	1952-04-1	Sumant		F	85-02-18

[그림 9-55] SELECT 결과

② 실행 계획을 확인하자. 위 SQL 앞에 EXPLAIN을 붙인 후에 다시 실행한다.

결과 #1 (10×1)									
id	select_type	table	type	possible_keys	key	key_len	ref	rows	Extra
1	SIMPLE	Emp_Se	range	idx_emp_no	idx_emp_no	4	(NULL)	999	Using index condition

[그림 9-56] 실행 계획

인덱스를 검색했기 때문에 type이 'range'로 나왔다. Emp_Se의 인덱스 구성도를 예상하면 [그림 9-57]과 비슷할 것이다.

⚠ [그림 9-57]에서도 숫자에는 연연하지 말자. 이해가 쉽도록 가정하여 지정한 것이 더 많다.

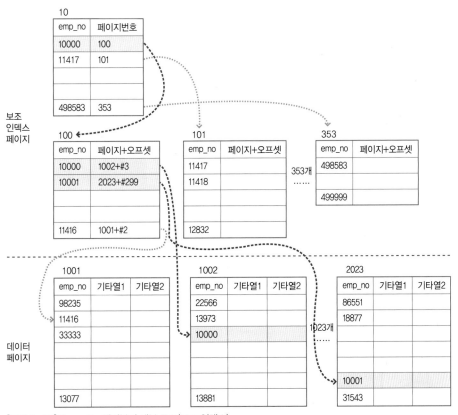

[그림 9-57] Emp_Se 테이블의 내부 구조(보조 인덱스)

위 그림을 참조해서 보조 인덱스에서 10,000~10,999까지 검색하는 것을 생각하면 루트 페이지인 10번 페이지와 인덱스 리프 페이지인 100번 페이지만 읽으면 999개의 데이터가 있는 데이터 페이지의 주소를 알 수가 있다. 이후로는 데이터 페이지에서 직원의 정보를 접근하면 된다. 위 결과를 보면 [그림 9-55]의 조회 결과가 왜 정렬되었는지 확인된다.

③ 강제로 인덱스를 사용하지 못하도록 하고 결과를 확인해 보자. 이번에는 정렬되지 않은 결과가 나왔다.

```
SELECT * FROM Emp_Se IGNORE INDEX(idx_emp_no) WHERE emp_no < 11000;
```

emp_se (6×999)

emp_no	birth_date	first_name	last_name	gender	hire_date
10,560	1960-05-01	Yinlin	Esteva	F	1988-09-28
10,532	1959-08-31	Mary	Wossner	F	1986-05-18
10,372	1952-04-08	Anneli	Frijda	F	1985-07-30
10,158	1958-04-01	Khedija	Mitsuhashi	M	1986-01-29
10,463	1954-05-20	Ung	Zaiane	M	1987-12-25
10,252	1961-01-30	Shirish	Wegerle	F	1990-11-08
10,370	1957-08-03	Clyde	Fandrianto	M	1992-04-04
10,563	1956-10-27	Mohit	Spelt	M	1992-09-29
10,953	1956-06-23	Jahangir	Lautenbal	F	1987-02-12

[그림 9-58] SELECT 결과

별도로 실행 계획을 확인하지 않아도 정렬되지 않을 이유를 예상할 것이다. 인덱스를 사용하지 못하도록 힌트에서 지정했으니, 전체 테이블 검색을 수행한 것이다. 즉 [그림 9-57]에서 아래쪽 '데이터 페이지'를 차례대로 읽어서 결과를 찾아낸 것이다. 그러므로 emp_no의 차례가 없이 찾아진 것을 순서대로 출력한 것이다.

④ 이번에는 범위를 대폭 늘려서 쿼리를 수행해 보자. 직원번호가 400,000 미만은 모두 조회해 보자 (약 전체 데이터의 2/3에 해당하는 양이다).

```
SELECT * FROM Emp_Se  WHERE emp_no < 400000;
```

emp_se (6×200,024)

emp_no	birth_date	first_name	last_name	gender	hire_date
255,224	1963-04-10	Feiyu	Melter	M	1985-09-09
264,914	1959-07-06	Bernice	Pezzoli	M	1992-04-15
214,499	1952-03-10	Takahira	Schade	F	1991-03-17
73,733	1955-04-11	Takanari	Kusakari	F	1986-07-14
237,750	1959-03-14	Kwee	Broomell	M	1996-08-21
285,346	1960-09-28	Ioana	Maquelin	M	1997-07-20
221,948	1956-08-21	Radhika	Karunanithi	M	1994-07-05
282,603	1960-07-28	JoAnne	Azumi	M	1989-11-19
273,205	1959-03-08	Kamran	Cronau	F	1990-07-18
603	1958-06-		enick	F	02-07

[그림 9-59] SELECT 결과

힌트를 별도로 지정하지 않았으므로 인덱스를 사용할 것으로 예상되었지만, 결과를 보면 순서대로 되어 있지 않다. 즉, 전체 테이블 스캔을 한 것으로 예상된다.

⑤ 실행 계획을 확인하자. 위 SQL 앞에 EXPLAIN을 붙인 후에 다시 실행한다.

id	select_type	table	type	possible_keys	key	key_len	ref	rows	Extra
1	SIMPLE	Emp_Se	ALL	idx_emp_no	(NULL)	(NULL)	(NULL)	299,138	Using where

결과 #1 (10×1)

[그림 9-60] 실행 계획

예상대로 인덱스를 사용하지 않고 전체 테이블 검색을 했다. 왜일까? 만약, 보조 인덱스를 사용했다면 다음과 같이 작동했을 것이다. [그림 9-57]을 보면서 다음 작동 방법을 읽어보자.

• 루트 페이지인 10번 페이지를 읽어서 10000번 직원번호부터는 100번 페이지에 있는 것을 알아냈다.

• 인덱스의 리프 페이지인 100번 페이지에 가보니 10000~11416까지의 고객 아이디가 모두 있다.

• 직원번호 10000을 찾기 위해서 페이지 1002번을 읽고, 세 번째(#3)의 데이터에 접근한다.

• 직원번호 10001을 찾기 위해서 페이지 2023번을 읽고, 299번째(#299)의 데이터에 접근한다.

• 직원번호 10002을 찾기위해서 … …

• … … (약 40만 번 반복) … …

• 고객아이디 399999번까지 반복

이렇게 40만 번을 데이터 페이지를 왔다갔다하며 읽어야 한다. 이렇게 읽을 바에는 차라리 인덱스가 없는 것으로 치고 데이터 페이지에서 처음부터 찾아보는 것이 더 빠르다. 그래서 MariaDB가 알아서 인덱스가 있더라도 사용하지 않고 전체 테이블 검색을 수행하게 된 것이다.

⑥ 범위를 30000으로 줄여서 실행 계획Execution Plan을 확인하자.

⚠ 필자는 30000번의 범위를 사용했지만, 상황에 따라서 범위를 더 줄여야 인덱스를 사용할 수도 있다.

```
EXPLAIN SELECT * FROM Emp_Se  WHERE emp_no < 30000;
```

id	select_type	table	type	possible_keys	key	key_len	ref	rows	Extra
1	SIMPLE	Emp_Se	range	idx_emp_no	idx_emp_no	4	(NULL)	38,036	Using index condition

결과 #1 (10×1)

[그림 9-61] 실행 계획

실행 계획을 확인하니 인덱스를 사용했다. 즉, 적정 수량의 데이터를 읽을 경우에는 MariaDB가 알아서 인덱스를 사용한다.

여기서 인덱스를 사용해야 하는 중요한 핵심을 찾을 수 있다.

기존에 생성해 놓은 보조 인덱스 중에서 전체 데이터의 대략 10~20% 이상을 스캔하는 경우에는 MariaDB가 인덱스를 사용하지 않고 테이블 검색을 실시한다는 것이다. (이건 이 테이블에 대한 개략적인 추정치이며 상황에 따라서 다르다. 어떤 테이블의 훨씬 적은 데이터를 검색해도 테이블 스캔을 할 수도 있다.)

즉, 보조 인덱스가 있어도 인덱스를 사용하지 않는다는 것이다. 만약 응용프로그램이 주로 전체 데이터의 10~20% 이상의 범위의 데이터를 검색SELECT하는 경우에는 차라리 인덱스를 만들지 않는 것이 시스템 성능에 도움이 된다. 이러한 사용하지 않는 보조 인덱스는 데이터의 변경 작업(특히 INSERT)이 발생했을 때, 시스템의 성능을 나쁘게 만들 소지가 있다.

⚠ 실무에서도 사용되지 않는 쓸모 없는 보조 인덱스를 몇 개만 삭제해도 성능이 향상되는 경우도 종종 있다.

`step 5`

이번에는 인덱스가 있어서 사용해야 하는데도, 쿼리문을 잘못 만들면 인덱스를 사용하지 않는 경우를 확인해 보자.

5-0 다음 쿼리문은 인덱스를 잘 사용했고, 아주 적은 데이터만 읽은 쿼리임을 이번 실습의 **3-2**에서 확인했었다.

```
SELECT * FROM Emp_C WHERE emp_no = 100000;
```

5-1 그런데 emp_no에 어떤 가공을 해보자.

① 1이란 숫자는 곱해도 그 값이 바뀌지 않으므로 다음과 같은 쿼리도 동일한 쿼리가 된다. 실행하면 역시 1건의 데이터가 조회된다.

```
SELECT * FROM Emp_C WHERE emp_no * 1 = 100000;
```

② 실행 계획을 확인하자. 위 SQL 앞에 EXPLAIN을 붙인 후에 다시 실행한다.

id	select_type	table	type	possible_keys	key	key_len	ref	rows	Extra
1	SIMPLE	Emp_C	ALL	(NULL)	(NULL)	(NULL)	(NULL)	299,157	Using where

[그림 9-62] 실행 계획

이번 실습의 **3-2**와 달리 인덱스를 사용하지 않고 전체 페이지 검색을 수행했다. 즉, MariaDB가 인덱스를 사용하지 못한 것이다.

③ 만약, 위와 같은 경우라면 **emp_no * 1 = 100000** 부분에서 '* 1'을 우측으로 넘기면 된다. 더하기가 우측으로 넘어가면 빼기로 변하고, 곱하기가 우측으로 넘어가면 나누기로 바뀌므로 다음과 같이 변경해도 동일한 결과가 나올 것이다.

```
SELECT * FROM Emp_C WHERE emp_no = 100000 / 1 ;
```

④ 실행 계획을 확인하자. 위 SQL 앞에 EXPLAIN을 붙인 후에 다시 실행한다.

id	select_type	table	type	possible_keys	key	key_len	ref	rows	Extra
1	SIMPLE	Emp_C	const	PRIMARY	PRIMARY	4	const	1	

결과 #1 (10×1)

[그림 9-63] 실행 계획

결과를 확인하면 MariaDB는 다시 인덱스를 사용한다. 이 예에서 보았듯이 인덱스가 생성된 열에 함수나 연산을 가하게 되면, 인덱스를 사용하지 못할 수가 있으니 조심해야 한다. 즉, 인덱스가 생성된 WHERE에 나오는 열 이름에는 아무런 함수나 연산을 가하지 않아야 MariaDB가 인덱스를 사용한다.

⚠ 이러한 실수는 응용프로그램 개발자들이 잘 일으키는 경향이 강하다. 이러한 이유로 응용프로그램 개발자도 SQL문을 공부해야 하는 것이다. 또한, 최근 버전의 MariaDB는 이전 버전에 비해서 많이 향상되어 어떤 경우에는 열 이름에 함수가 적용되어도 인덱스를 사용하기도 한다. 하지만, 위 사례와 같이 그렇지 못한 경우도 많다. 그러므로, 최대한 WHERE 조건에 나오는 열 이름에는 아무런 가공을 하지 말아야 한다.

step 6

데이터의 중복도에 따라서 인덱스의 효용을 살펴보자.

6-0 SELECT * FROM Emp문을 실행해서 gender(성별)열을 살펴보자. 남성인 'M'과 여성인 'F' 외에 다른 데이터가 입력되어 있지 않다.

emp (6×300,024)

emp_no	birth_date	first_name	last_name	gender	hire_date
250,581	1964-08-09	Marsja	Mitina	M	1991-03-16
104,658	1952-04-23	Mrinalini	Ratnakar	F	1985-02-16
415,084	1964-06-14	King	Budinsky	F	1997-01-13
90,766	1959-04-10	Nathan	Kornatzky	M	1988-12-25
63,170	1960-11-24	Kirk	Melichar	M	1988-01-25
422,299	1953-10-21	Khalid	Pleszkun	F	1995-10-23
400,902	1964-06-21	Ayonca	Gimbel	F	1996-12-02
443,805	1964-04-03	Sivanarayana	Verhaegen	M	1987-02-13
475,764	1954-01-22	Breannda	Jenevein	M	1991-11-04
	1959-01-1			M	2-11

[그림 9-64] 쿼리 실행 결과

⚠ 데이터의 중복도란 데이터의 종류가 얼마나 분포되어 있는가를 말한다. 다른 용어로 Cardinality(원소 개수)도 사용되는데, 지금의 예로 gender가 2가지뿐이라면 Cardinality가 상당히 낮은 것이다. 즉, Cardinality가 높은 데이터는 데이터의 종류가 상당히 넓게 분포되어 있다는 의미다. Primary Key나 Unique는 데이터기 중복되지 않으므로 Cardinality가 높게 나올 수밖에 없다.

6-1 인덱스를 만들지 않은 Emp 테이블의 gender(성별)열에 인덱스를 생성해 보자.

```
ALTER TABLE Emp ADD INDEX idx_gender (gender);
ANALYZE TABLE Emp; -- 생성한 인덱스를 통계에 적용시킴
SHOW INDEX FROM Emp;
```

Table	Non_unique	Key_name	Seq_in_index	Column_name	Collation	Cardinality	Sub_part	Packed	Null	Index_type	Comment	In
emp	1	idx_gender	1	gender	A	2	(NULL)	(NULL)		BTREE		

[그림 9-65] 인덱스 정보 확인

idx_gender의 Cardinality를 확인하면 2밖에 나오지 않았다. 데이터 값의 종류가 2가지밖에 없다는 의미다. 즉 중복도가 상당히 높다는 의미다.

6-2 남성(M)을 조회해 보자. 약 18만 건의 데이터가 조회될 것이다. 실행 계획을 확인해 보자.

```
EXPLAIN SELECT * FROM Emp WHERE gender = 'M';
```

id	select_type	table	type	possible_keys	key	key_len	ref	rows	Extra
1	SIMPLE	Emp	ref	idx_gender	idx_gender	1	const	149,594	Using index condition

[그림 9-66] 실행 계획

결과를 보니 인덱스를 사용하기는 했다. 하지만 지금과 같이 데이터 중복도가 높은 경우에는 인덱스를 사용하든 사용하지 않든 데이트를 읽는 양의 차이는 별로 없다.

결론적으로 데이터의 중복도가 높은 경우에 인덱스를 사용하는 것이 조금의 효율은 있으나, 인덱스 관리 비용과 INSERT 등의 구문에서는 오히려 성능이 저하될 수 있다는 점 등을 고려하면, 인덱스가 반드시 바람직하다고 보기는 어렵다.

긴 실습을 통해서 인덱스에 대한 전반적인 것을 실습해 봤다. 지금 실습이 모든 인덱스의 내용을 포함하고 있지는 않지만, 인덱스의 가장 핵심적인 부분에 대한 개념은 충분히 반영되었으니 혹시 이해가 잘 안되었다면 나중에 다시 한번 실습해 보는 것을 권장한다.

비타민 퀴즈 9-2

Windows의 HeidiSQL로 Linux 가상머신에 접속해서 〈실습 4〉를 진행하자.

9.6 결론: 인덱스를 생성해야 하는 경우와 그렇지 않은 경우

이제는 인덱스에 대한 결론을 확인하자. 인덱스는 잘 사용할 경우에는 쿼리의 성능이 급격히 향상되지만 그렇지 않을 경우에는 오히려 쿼리의 성능이 떨어지며 전반적인 MariaDB의 성능이 나빠질 수도 있다.

그럴 수밖에 없는 것이 인덱스를 만드는 절대 기준이 있는 것이 아니라 '테이블의 데이터 구성이 어떻게 되었는지, 어떠한 조회를 많이 사용하는지' 등에 따라서 인덱스를 생성해야 하기 때문이다. 다음의 사항들은 이미 여러 번 나왔지만 잘 기억해 두는 것이 좋겠다.

• 인덱스는 열 단위에 생성된다

당연한 얘기다. 지금까지 실습에서 확인했다. 그리고 하나의 열에만 생성되는 것이 아니라 두 개 이상의 열을 조합해서 인덱스를 생성할 수 있었다.

• WHERE절에서 사용되는 열에 인덱스를 만들어야 한다

테이블 조회 시에 WHERE절의 조건에 해당 열이 나오는 경우에만 인덱스를 주로 사용한다. sqlDB의 userTBL을 생각해 보자.

```
SELECT name, birthYear, addr FROM userTBL WHERE userID = 'KKH'
```

위에서 name, birthYear, addr열에는 인덱스를 생성해도 전혀 사용할 일이 없게 된다. WHERE 절에 있는 userID열에만 인덱스를 생성할 필요가 있다.

• WHERE절에 사용되더라도 자주 사용해야 가치가 있다

만약, 위의 쿼리에서 userID열에 인덱스를 생성해서 효율이 아주 좋아진다고 하더라도 위 SELECT문은 아주 가끔만 사용되고 userTBL 테이블에는 주로 INSERT 작업만이 일어난다면? 특히, 이 경우에 userID열에 생성된 인덱스가 클러스터형 인덱스라면?

오히려 인덱스로 인해서 성능이 데이터를 입력하는 성능이 무척 나빠질 것이다.

[그림 9-20]의 클러스터형 인덱스에서 데이터가 입력되는 과정이 매번 일어나서, 페이지 분할 작업이 계속 일어나게 된다. [그림 9-21]의 보조 인덱스도 데이터 페이지의 분할은 클러스터형 인덱스에 비해서 덜 일어나지만 인덱스 페이지의 페이지 분할은 종종 발생하게 될 것이다.

⚠ 이미 userTBL에 대용량의 데이터가 운영되고 있는 상태라고 가정하자. 그렇다면 이미 userID열은 Primary Key로 지정해 놓았으므로 자동으로 클러스터형 인덱스가 생성되어 있을 것이다. 이미 설정되어 있는 Primary Key를 제거하는 것도 다른 여러 쿼리문과의 연관성 등을 신중하게 고려해야 한다.

얘기가 복잡해진다. 그러므로 인덱스는 테이블을 정의하는 어느 시점에 생성할 것인지를 잘 설계한 후에 지정하는 것이 가장 바람직하다. 이미 운영되고 있는 대용량의 테이블에서 인덱스를 변경하는 것은 쉽고 간단한 일이 아니다. 결국 4장에서 학습했던 '데이터베이스 모델링'을 잘하는 것이 성능에도 밀접한 영향이 있다.

• 데이터의 중복도가 높은 열은 인덱스를 만들어도 별 효과가 없다

〈실습 4〉의 마지막 부분에서 확인해 봤지만 employees.employees 테이블에는 gender(성별)열처럼 데이터의 종류가 별로 없었다. 남성인 'M'과 여성인 'F' 두 가지 종류뿐이었다. 결국 거의 같은 데이터가 있는 열은 보조 인덱스를 만들어도 MariaDB가 사용하지 않거나 사용하더라도, 크게 성능 향상의 효과가 없는 경우가 있다. 오히려 인덱스의 관리에 대한 비용 때문에 인덱스가 없는 편이 나을 수도 있다. 그러므로 데이터의 중복도가 높은 열에는 인덱스를 만들 것인지 신중하게 판단해야 한다.

• 외래 키를 지정한 열에는 자동으로 외래 키 인덱스가 생성된다

외래 키 제약 조건의 열에는 자동으로 인덱스가 생성된다. 그리고 쿼리문에서 외래 키 인덱스가 필요할 경우 MariaDB가 알아서 외래 키 인덱스를 사용한다.

• JOIN에 자주 사용되는 열에는 인덱스를 생성해 주는 것이 좋다

• INSERT/UPDATE/DELETE가 얼마나 자주 일어나는지를 고려해야 한다

인덱스는 단지 읽기에서만 성능을 향상시키며, 데이터의 변경에서는 오히려 부담을 주게 된다.

인덱스를 많이 만들어도 성능에는 문제가 되지 않는 테이블은 INSERT 작업이 거의 발생되지 않는 테이블이다. 예로 '고전 소설'에 대한 테이블을 생각해 보자. 테이블의 열을 '일련번호, 제목, 지은이, 작성 연도, 주인공 이름, 발견한 사람, 보관된 장소, 기타'로 설계했을 때, 이 모든 열에 인덱스를 생성해도 디스크의 공간을 추가로 차지하는 것 외에는 MariaDB의 성능에 별 나쁜 영향을 미치지는 않을 것이다. 고전 소설의 경우에는 이미 데이터 구축이 완료된 후에는 특별히 변경될 일이 거의 없을 것이다. 즉, 이미 웬만한 고전 소설은 다 발견되었기에 추가 발견은 아주 가끔 신문에 날 정도로 잘 일어나지 않을 것이다.

결국 이 경우에는 INSERT/UPDATE/DELETE가 거의 일어나지 않으므로 혹시 조회에서 사용하지 않는 열에 인덱스를 만들어 놓아도 별 문제가 되지 않는다. 이 외에도 OLAP 데이터베이스도 비슷한 경우다.

하지만, 이러한 특별한 경우를 제외하고 대부분의 OLTP 데이터베이스는 데이터의 입력 및 갱신이 자주 일어나게 되므로 필요 없는 열에 인덱스를 생성하게 되면 성능에 나쁜 영향을 미칠 수밖에 없다.

그러므로 인덱스를 만들어서 SELECT의 성능을 높일 것인지, 만들지 않아서 INSERT/UPDATE/DELETE 시에 영향을 최소화할지 잘 결정해야 한다.

• 클러스터형 인덱스는 테이블당 하나만 생성할 수 있다

클러스터형 인덱스를 생성할 열은 범위(BETWEEN, 〉, 〈 등의 조건)로 사용하거나 집계 함수를 사용하는 경우에는 아주 적절하다. 앞의 실습에서도 확인해 보았지만, 클러스터형 인덱스는 데이터 페이지를 읽는 수가 최소화되어서 성능이 아주 우수하므로 조건에서 가장 많이 사용되는 열에 생성하는 것이 바람직하다. 또한, ORDER BY절에 자주 나오는 열도 클러스터형 인덱스가 유리하다. 클러스터형 인덱스의 데이터 페이지(=리프 페이지)는 이미 정렬이 되어 있기 때문이다.

• 클러스터형 인덱스가 테이블에 아예 없는 것이 좋은 경우도 있다

종종 오해하기 쉬운 것은 클러스터형 인덱스는 꼭 있어야 한다는 생각이다. 하지만, 클러스터형 인덱스가 없는 것이 더 나은 경우도 종종 있다.

예로 [그림 9-2]의 회원 테이블을 생각해 보자. 이 테이블의 정의는 다음과 같았다.

```
CREATE TABLE userTBL
( userID   char(8) NOT NULL PRIMARY KEY,
  name     varchar(10) NOT NULL,
  birthYear   int NOT NULL,
  ......
```

이렇게 되면 데이터 페이지는 [그림 9-17]과 같이 정렬된다. 이 상태에서 대용량의 데이터가 계속 입력되는 시스템이라고 가정할 때, 무작위로 'PBB', 'BJJ', 'KMM' 등 순서와 userID의 순서와 관계없이 입력이 될 것이다. 클러스터형 인덱스로 구성되었으므로 데이터가 입력되는 즉시 정렬이 계속 수행되고 페이지 분할이 끊임 없이 일어나게 될 수도 있어서, 시스템의 성능에 문제가 심각해질 수도 있다.

이런 경우에는 차라리 클러스터형 인덱스가 없는 편이 더 나을 수도 있다. 즉, Primary Key 대신에 Unique로 지정하는 편이 낫다.

```
CREATE TABLE userTBL
( userID   char(8) NULL UNIQUE ,
  name     varchar(10) NOT NULL,
  birthYear   int NOT NULL,
  ......
```

주의할 점은 Unique 키에 NOT NULL을 함께 지정하면 클러스터형 인덱스가 생성되므로 NULL로 지정해야 한다. 그리고, Unique 키로 지정한 userID열에 반드시 값을 입력해야 한다면, 회원 가입을 처리하는 응용프로그래밍 화면에서 필수로 입력되도록 프로그래밍하는 방식을 사용하는 것이 좋다.

⚠ 실제로 다음과 같은 사례가 있을 수 있다.

어느 쇼핑몰 사이트에서 회원 테이블의 회원ID열을 Primary Key로 지정해서 자동으로 클러스터형 인덱스가 생성되었다. 쇼핑몰을 오픈한 초기에는 회원에 가입하는 사람이 많지 않아서 별 문제가 없다가, '이벤트' 할인 행사로 인해서 갑자기 동시에 많은 사용자가 회원 가입을 하는 상황이 발생되었다. 문제는 클러스터형 인덱스의 키 때문에 MariaDB 시스템의 성능에 심각한 문제가 발생되어 시스템이 마비되는 것과 비슷한 현상이 날 수도 있다.

• 사용하지 않는 인덱스는 제거하자

운영되는 응용프로그램의 쿼리들을 분석해서 WHERE 조건에서 사용되지 않는 열의 인덱스는 제거할 필요가 있다. 그러면, 공간을 확보할 뿐 아니라 데이터의 입력 시에 발생되는 부하도 많이 줄일 수 있다.

이로써 인덱스의 내용을 살펴보았다. 다시 한번 얘기하지만, 인덱스는 MariaDB의 성능에 아주 큰 영향을 미치게 되므로 잘 작성하고 활용해야 한다. 특히, 데이터베이스 모델링 시점에서 인덱스에 대한 결정을 잘 내려야만 실제로 운영되는 경우에 MariaDB가 원활히 운영될 수 있을 것이다. 또한, 인덱스는 한 번 생성했다고 내버려 두는 것이 아니라 잘 활용되는지를 살펴서 활용이 되지 않는 인덱스라면 과감히 제거하고, 주기적인 OPTIMIZE TABLE 구문이나 ANALYZE TABLE 구문으로 인덱스 재구성을 통해서 조각화를 최소화해야 시스템의 성능을 최상으로 유지시킬 수 있을 것이다.

스토어드 프로그램

스토어드 프로그램이란 MariaDB 안에서 프로그래밍 언어와 같은 기능을 제공하는 것을 통틀어서 말한다. 스토어드 프로그램은 크게 스토어드 프로시저, 스토어드 함수, 트리거, 커서 등이 있다(이미 3장에서는 스토어드 프로시저와 트리거를 살펴봤으며, 7장에서도 스토어드 프로시저를 몇 번 사용해 봤다).

지금까지와 같이 일반적인 쿼리를 계속 사용하다 보면 자주 사용되는 쿼리의 경우에는 매번 다시 입력하는 불편함이 있다. 그래서 자주 사용하는 복잡한 쿼리는 하나로 묶어서 이름을 지정한 후에, 간단히 그것의 이름만을 호출하면 쿼리가 실행되도록 설정하고 싶을 것이다.

스토어드 프로그램은 바로 이러한 일을 대신해준다. 하지만, 스토어드 프로그램은 일반 쿼리를 묶어주는 것뿐만 아니라, 프로그래밍 기능을 제공하고 나아가 시스템 성능 향상에도 도움이 될 수 있다. 실제 현업에서도 일반적인 쿼리를 하나씩 사용하기보다는 쿼리의 대부분을 스토어드 프로그램으로 만들어서 사용하고 있다. 또, 많은 데이터베이스 개발자들이 거의 대부분의 시간을 스토어드 프로그램을 생성하는 데 시간을 보내는 경우도 많다.

그만큼 편리하며 많은 장점을 가지고 있는 개체들이므로 잘 알아둘 필요가 있다.

이 장의 핵심 개념

10장은 MariaDB 안에서 프로그래밍 언어의 기능과 비슷한 스토어드 프로그램을 학습한다. 10장의 핵심 개념은 다음과 같다.

1. 스토어드 프로그램은 MariaDB에서 제공하는 프로그래밍 기능이다.

2. 스토어드 프로그램은 매개 변수도 사용이 가능하며, 호출은 CALL문을 사용한다.

3. 스토어드 함수는 반환하는 값이 반드시 있다.

4. 커서는 일반 프로그래밍의 파일 처리와 비슷한 방법을 제공한다.

5. 트리거는 테이블의 DML문이 작동하면 자동으로 실행되도록 설정한다.

이 장의 학습 흐름

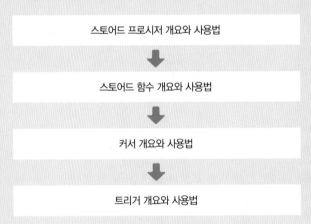

10.1 스토어드 프로시저

스토어드 프로시저[Stored Procedure, 저장 프로시저]란 MariaDB에서 제공되는 프로그래밍 기능이라고 생각하면 된다. 이것은 일반적인 프로그래밍과는 조금 차이가 있지만 MariaDB 내부에서 사용하기 위해서는 아주 적절한 방식을 제공해 준다.

10.1.1 스토어드 프로시저의 개요

스토어드 프로시저는 한마디로 쿼리문의 집합으로 어떠한 동작을 일괄 처리하기 위한 용도로 사용된다. 자주 사용되는 일반적인 쿼리를 사용하는 것보다는 이것을 모듈화 시켜서 필요할 때마다 호출만 하면 훨씬 편리하게 MariaDB를 운영할 수 있다.

⚠ 스토어드 프로시저도 데이터베이스의 개체 중의 한 가지다. 즉, 테이블처럼 각 데이터베이스 내부에 저장이 된다는 의미다.

스토어드 프로시저의 정의 형식

스토어드 프로시저의 정의는 MariaDB 도움말에 다음과 같이 나와 있다.

```
형식 :
CREATE
    [OR REPLACE]
    [DEFINER = { user ¦ CURRENT_USER ¦ role ¦ CURRENT_ROLE }]
    PROCEDURE sp_name ([proc_parameter[,...]])
    [characteristic ...] routine_body

proc_parameter:
    [ IN ¦ OUT ¦ INOUT ] param_name type

type:
    Any valid MariaDB data type

characteristic:
    LANGUAGE SQL
  ¦ [NOT] DETERMINISTIC
  ¦ { CONTAINS SQL ¦ NO SQL ¦ READS SQL DATA ¦ MODIFIES SQL DATA }
  ¦ SQL SECURITY { DEFINER ¦ INVOKER }
  ¦ COMMENT 'string'

routine_body:
    Valid SQL procedure statement
```

형식이 좀 복잡해 보이지만, 실제로 사용하는 것은 그리 복잡하지 않다. 단지 실제 작동되는 routine_body 부분이 필요에 따라서 수십, 수백 줄이 될 수 있다.

7장에서 소개했지만, 좀 더 간단한 형태로 살펴보자.

```
형식 :
DELIMITER $$
CREATE PROCEDURE 스토어드 프로시저이름( IN 또는 OUT 파라미터 )
BEGIN


    이 부분에 SQL 프로그래밍 코딩..


END $$
DELIMITER ;
CALL 스토어드 프로시저이름();
```

상세한 내용은 실습은 통해서 계속 알아보고, 지금은 간단한 스토어드 프로시저의 생성 예를 보자.

```
1   USE sqlDB;
2   DROP PROCEDURE IF EXISTS userProc;
3   DELIMITER $$
4   CREATE PROCEDURE userProc()
5   BEGIN
6       SELECT * FROM userTBL; -- 스토어드 프로시저 내용
7   END $$
8   DELIMITER ;
9
10  CALL userProc();
```

⚠ 이미 7장에서도 설명을 했지만, 다시 한번 스토어드 프로시저의 형태를 확인해 보자.

　　2행의 DROP PROCEDURE는 기존에 만든 적이 있다면 삭제하기 위해서 넣었다. (중요한 것은 아니다.) 이미 설명한 적이 있지만, 3행과 7행의 **DELIMITER $$ ~ END $$**는 스토어드 프로시저를 묶어주는 부분이다. MariaDB의 종료 문자는 세미콜론(;)인데 CREATE PROCEDURE 안에서도 세미콜론이 종료 문자이므로 어디까지가 스토어드 프로시저 인지 구별이 어렵다. 그래서 7행의 **END $$**가 나올 때까지를 스토어드 프로시저로 인식하게 하는 것이다. 그리고 다시 8행에서 **DELIMITER ;**로 종료 문자를 세미콜론(;)으로 변경해 놓아야 한다. 10행에서는 생성한 스토어드 프로시저를 호출한다.

기존에는 **SELECT * FROM userTBL**문을 매번 사용해 왔으나 이제부터는 **CALL userProc( )**문으로 호출만 하면 된다. 지금의 예에서는 간단히 한 줄짜리 쿼리만 스토어드 프로시저에 포함되었지만, 실무에서는 이 한 줄이 수백, 수천 줄이 될 수도 있다. 그렇게 아주 긴 프로시저도 호출은 마찬가지로 **CALL 프로시저_이름( )**으로 호출하면 된다.

스토어드 프로시저의 수정과 삭제

스토어드 프로시저의 수정은 간단히 ALTER PROCEDURE를 사용하면 되며, 삭제는 DROP PROCEDURE를 사용하면 된다.

매개 변수의 사용

스토어드 프로시저에는 실행 시에 입력 매개 변수를 지정할 수 있다. 입력된 매개 변수는 스토어드 프로시저의 내부에서 다양한 용도로 사용될 수 있다. 또한, 스토어드 프로시저에서 처리된 결과를 출력 매개 변수를 통해서 얻을 수도 있다.

입력 매개 변수를 지정하는 형식은 다음과 같다.

```
IN 입력_매개 변수_이름 데이터_형식
```

디폴트 값은 프로시저의 실행 시에 매개 변수에 값을 전달하지 않았을 때 사용된다.

입력 매개 변수가 있는 스토어드 프로시저를 실행하기 위해서는 다음과 같이 사용한다.

```
CALL 프로시저_이름(전달 값);
```

출력 매개 변수를 지정하기 위해서는 다음의 형식을 따른다.

```
OUT 출력_매개 변수_이름 데이터_형식
```

출력 매개 변수에 값을 대입하기 위해서는 주로 SELECT… INTO문을 사용한다.

출력 매개 변수가 있는 스토어드 프로시저를 실행하기 위해서는 다음과 같이 사용한다.

```
CALL  프로시저_이름(@변수명);
SELECT  @변수명;
```

실제 사용되는 것은 잠시 후의 실습에서 확인하겠다.

프로그래밍 기능

이미 여러 번 사용해 봤듯이 7장의 후반부에서 공부한 'SQL 프로그래밍' 내용의 대부분이 스토어드 프로시저에 적용될 수 있다. 그렇게함으로써 더 강력하고 유연한 기능을 포함하는 스토어드 프로시저를 생성할 수 있다. 이 부분도 잠시 후의 실습에서 확인하겠다.

스토어드 프로시저 내의 오류 처리

스토어드 프로시저 내부에서 오류가 발생했을 경우에는 **DECLARE 액션 HANDLER FOR 오류조건 처리할_문장 구문**을 사용할 수 있다. 7장의 후반부에서 살펴봤었다.

이어지는 실습은 좀 길지만 스토어드 프로시저에서 가장 많이 사용되는 내용이므로 잘 익혀야 한다.

실습1

스토어드 프로시저 내용을 실습하자.

step 0

HeidiSQL을 종료하고, 다시 HeidiSQL을 실행해서 localhost에 접속하자. 그리고 왼쪽 [데이터베이스 목록] 창에서 localhost를 클릭한 후, 저장해 놓은 sqlDB.sql을 이용해서 sqlDB 데이터베이스를 초기화 시키자.

⚠ 방법이 기억나지 않으면 6장 〈실습 2〉의 **step 6** 을 참조한다. C:\SQL\sqlDB.sql 파일이 없는 독자는 6장의 〈실습 2〉를 다시 수행하거나 책의 사이트인 http://cafe.naver.com/thisismysql에서 sqlDB.sql을 다운로드해서 C:\SQL\에 저장하자.

0-1 메뉴의 [파일] 〉〉 [새 쿼리 탭]을 선택해서 쿼리 창을 하나 열자.

step 1

입력 매개 변수가 있는 스토어드 프로시저를 생성하고 실행해 보자.

1-1 1개의 입력 매개 변수가 있는 스토어드 프로시저를 생성하자.

```
1  USE sqlDB;
2  DROP PROCEDURE IF EXISTS userProc1;
3  DELIMITER $$
4  CREATE PROCEDURE userProc1(IN userName VARCHAR(10))
5  BEGIN
6  SELECT * FROM userTBL WHERE name = userName;
7  END $$
8  DELIMITER ;
9
10 CALL userProc1('조관우');
```

userID	name	birthYear	addr	mobile1	mobile2	height	mDate
JKW	조관우	1,965	경기	018	9999999	172	2010-10-10

usertbl (8×1)

[그림 10-1] 쿼리 실행 결과

10행에서 '조관우'를 입력 매개 변수로 넘기면 4행에서 userName 매개 변수에 대입되고, 6행에서 '조관우'에 대한 조회가 수행된다.

1-2 2개의 입력 매개 변수가 있는 스토어드 프로시저를 생성하자.

```
1  DROP PROCEDURE IF EXISTS userProc2;
2  DELIMITER $$
3  CREATE PROCEDURE userProc2(
4      IN userBirth INT,
5      IN userHeight INT
6  )
7  BEGIN
8    SELECT * FROM userTBL
9      WHERE birthYear > userBirth AND height > userHeight;
10 END $$
11 DELIMITER ;
12
13 CALL userProc2(1970, 178);
```

userID	name	birthYear	addr	mobile1	mobile2	height	mDate
LSG	이승기	1,987	서울	011	1111111	182	2008-08-08
SSK	성시경	1,979	서울	(NULL)	(NULL)	186	2013-12-12

[그림 10-2] 쿼리 실행 결과

4행과 5행은 보기 좋게 하기 위해서 별도의 행에 표시한 것이다. **1-1**의 예제처럼 3행의 한 줄에 길게 넣어도 상관 없다.

1-3 출력 매개 변수를 설정해서 사용해 보자.

먼저 스토어드 프로시저를 생성한다. 그리고 테스트로 사용할 테이블을 생성하자.

```
1  DROP PROCEDURE IF EXISTS userProc3;
2  DELIMITER $$
3  CREATE PROCEDURE userProc3(
4      IN txtValue CHAR(10),
5      OUT outValue INT
6  )
7  BEGIN
8    INSERT INTO testTBL VALUES(NULL,txtValue);
9    SELECT MAX(id) INTO outValue FROM testTBL;
10 END $$
11 DELIMITER ;
12
13 CREATE TABLE IF NOT EXISTS testTBL(
14     id INT AUTO_INCREMENT PRIMARY KEY,
15     txt CHAR(10)
16 );
```

userProc3 프로시저 생성 시에 8행과 9행에서 사용한 testTBL이라는 테이블은 존재하지 않았다. 그런데도 스토어드 프로시저가 오류 없이 생성되었다. 즉, 실제 테이블이 없어도 스토어드 프로시저는 만들어진다는 의미다. 단, 스토어드 프로시저를 호출하는 시점에는 testTBL이 존재해야 오류가 발생하지 않는다.

1-4 스토어드 프로시저를 사용해 보자.

```
1  CALL userProc3 ('테스트값', @myValue);
2  SELECT CONCAT('현재 입력된 ID 값 ==>', @myValue);
```

출력 결과:
현재 입력된 ID 값 ==> 1

호출할 때 결과 값을 @myValue 변수에 돌려 받고 출력했다. 계속 반복해서 1, 2행을 수행하면 결과 값이 2, 3, 4… 로 증가하게 될 것이다.

스토어드 프로시저 안에 SQL 프로그래밍을 활용해 보자.

⚠️ 만약 이 부분이 잘 이해되지 않으면 7장 후반부의 SQL 프로그래밍 부분을 함께 살펴보면 된다.

2-1 IF… ELSE문을 사용해 보자.

```
1   DROP PROCEDURE IF EXISTS ifelseProc;
2   DELIMITER $$
3   CREATE PROCEDURE ifelseProc(
4       IN userName VARCHAR(10)
5   )
6   BEGIN
7       DECLARE bYear INT; -- 변수 선언
8       SELECT birthYear into bYear FROM userTBL
9           WHERE name = userName;
10      IF (bYear >= 1980) THEN
11              SELECT '아직 젊군요..';
12      ELSE
13              SELECT '나이가 지긋하네요..';
14      END IF;
15  END $$
16  DELIMITER ;
17
18  CALL ifelseProc ('조용필');
```

간단해서 별로 설명할 것은 없다. 여기서는 코드를 간단히 하기 위해서 SELECT를 사용했지만, 실제로는 이 부분에 필요한 SQL문을 코딩하면 된다.

2-2 CASE문을 사용해 보자.

```
1   DROP PROCEDURE IF EXISTS caseProc;
2   DELIMITER $$
3   CREATE PROCEDURE caseProc(
4       IN userName VARCHAR(10)
5   )
6   BEGIN
7       DECLARE bYear INT;
8       DECLARE tti  CHAR(3);-- 띠
9       SELECT birthYear INTO bYear FROM userTBL
10          WHERE name = userName;
11      CASE
```

```
12          WHEN ( bYear%12 = 0) THEN     SET tti = '원숭이';
13          WHEN ( bYear%12 = 1) THEN     SET tti = '닭';
14          WHEN ( bYear%12 = 2) THEN     SET tti = '개';
15          WHEN ( bYear%12 = 3) THEN     SET tti = '돼지';
16          WHEN ( bYear%12 = 4) THEN     SET tti = '쥐';
17          WHEN ( bYear%12 = 5) THEN     SET tti = '소';
18          WHEN ( bYear%12 = 6) THEN     SET tti = '호랑이';
19          WHEN ( bYear%12 = 7) THEN     SET tti = '토끼';
20          WHEN ( bYear%12 = 8) THEN     SET tti = '용';
21          WHEN ( bYear%12 = 9) THEN     SET tti = '뱀';
22          WHEN ( bYear%12 = 10) THEN    SET tti = '말';
23             ELSE SET tti = '양';
24       END CASE;
25       SELECT CONCAT(userName, '의 띠 ==>', tti);
26 END $$
27 DELIMITER ;
28
29 CALL caseProc ('김범수');
```

호출한 사람의 띠를 알려주는 스토어드 프로시저다.

2-3 While문을 활용해 보자. 구구단을 문자열로 생성해서 테이블에 입력하는 스토어드 프로시저를 만들자. 이번 예제는 2중 반복문을 사용해야 한다.

```
1  DROP TABLE IF EXISTS guguTBL;
2  CREATE TABLE guguTBL (txt VARCHAR(100)); -- 구구단 저장용 테이블
3
4  DROP PROCEDURE IF EXISTS whileProc;
5  DELIMITER $$
6  CREATE PROCEDURE whileProc()
7  BEGIN
8      DECLARE str VARCHAR(100); -- 각 단을 문자열로 저장
9      DECLARE i INT; -- 구구단 앞자리
10     DECLARE k INT; -- 구구단 뒷자리
11     SET i = 2; -- 2단부터 계산
12
13     WHILE (i < 10) DO  -- 바깥 반복문. 2단~9단까지.
14         SET str = ''; -- 각 단의 결과를 저장할 문자열 초기화
15         SET k = 1; -- 구구단 뒷자리는 항상 1부터 9까지
16         WHILE (k < 10) DO
17             SET str = CONCAT(str, ' ', i, 'x', k, '=', i*k); -- 문자열 만들기
18             SET k = k + 1; -- 뒷자리 증가
19         END WHILE;
```

```
20        SET i = i + 1; -- 앞자리 증가
21        INSERT INTO guguTBL VALUES(str); -- 각 단의 결과를 테이블에 입력
22     END WHILE;
23 END $$
24 DELIMITER ;
25
26 CALL whileProc();
27 SELECT * FROM guguTBL;
```

gugutbl (1×8)

txt

txt
2x1=2 2x2=4 2x3=6 2x4=8 2x5=10 2x6=12 2x7=14 2x8=16 2x9=18
3x1=3 3x2=6 3x3=9 3x4=12 3x5=15 3x6=18 3x7=21 3x8=24 3x9=27
4x1=4 4x2=8 4x3=12 4x4=16 4x5=20 4x6=24 4x7=28 4x8=32 4x9=36
5x1=5 5x2=10 5x3=15 5x4=20 5x5=25 5x6=30 5x7=35 5x8=40 5x9=45
6x1=6 6x2=12 6x3=18 6x4=24 6x5=30 6x6=36 6x7=42 6x8=48 6x9=54
7x1=7 7x2=14 7x3=21 7x4=28 7x5=35 7x6=42 7x7=49 7x8=56 7x9=63
8x1=8 8x2=16 8x3=24 8x4=32 8x5=40 8x6=48 8x7=56 8x8=64 8x9=72
9x1=9 9x2=18 9x3=27 9x4=36 9x5=45 9x6=54 9x7=63 9x8=72 9x9=81

[그림 10-3] 쿼리 실행 결과

각 행에 주석을 달아 놓아서 어렵지 않게 이해가 되었을 것이다. 일반 프로그래밍 언어와 비슷하게 스토어드 프로시저 안에도 반복문 프로그래밍이 가능한 것을 확인했다.

2-4 이번에는 DECLARE ~~ HANDLER를 이용해서 오류 처리를 해보자. 이번 예제는 무한루프에서 1+2+3+4+… 숫자를 계속 더하다가, 합계에서 정수형(int) 데이터 형식의 오버플로가 발생하면 멈추고자 한다. 그리고 오버플로 직전의 합계와 오버플로가 어느 숫자까지 더했을 때 발생하는지 체크해 보자.

```
1  DROP PROCEDURE IF EXISTS errorProc;
2  DELIMITER $$
3  CREATE PROCEDURE errorProc()
4  BEGIN
5     DECLARE i INT; -- 1씩 증가하는 값
6     DECLARE hap INT; -- 합계(정수형). 오버플로 발생시킬 예정
7     DECLARE saveHap INT; -- 합계(정수형). 오버플로 직전의 값을 저장
8
9     DECLARE EXIT HANDLER FOR 1264 -- INT형 오버플로가 발생하면 이 부분 수행
10    BEGIN
11       SELECT CONCAT('INT 오버플로 직전의 합계 --> ', saveHap);
12       SELECT CONCAT('1+2+3+4+...+',i ,'=오버플로');
13    END;
14
15    SET i = 1; -- 1부터 증가
16    SET hap = 0; -- 합계를 누적
```

```
17
18      WHILE (TRUE) DO  -- 무한 루프
19          SET saveHap = hap; -- 오버플로 직전의 합계를 저장
20          SET hap = hap + i;  -- 오버플로가 나면 11, 12행을 수행함
21          SET i = i + 1;
22      END WHILE;
23 END $$
24 DELIMITER ;
25
26 CALL errorProc();
```

9~13행은 INT형 오버플로가 발생하면 실행되는 부분이다. 18~22행은 무한루프를 돌면서 20행에서 hap
에 1부터 계속 더하기 때문에 언젠가는 hap에 오버플로가 발생한다. 19행에서는 오버플로가 발생하기 전
의 hap의 값을 saveHap에 저장해 놓는다. 오버플로가 발생하면 11행, 12행이 실행되므로 saveHap과 오
버플로가 어느 값까지 더했을 때 발생하는지를 출력한다.

step 3

현재 저장된 프로시저의 이름 및 내용을 확인해 보자.

3-1 INFORMATION_SCHEMA 데이터베이스의 ROUTINES 테이블을 조회하면 내용을 확인할 수 있다.

```
SELECT routine_name, routine_definition FROM INFORMATION_SCHEMA.ROUTINES
    WHERE routine_schema = 'sqldb' AND routine_type = 'PROCEDURE';
```

ROUTINES (2×7)	
routine_name	routine_definition
caseProc	BEGIN DECLARE bYear INT; DECLARE tti CHAR(3);-- 띠 SELECT birthYear INTO bYear FROM userTbl WHERE name = userName; CASE ...
errorProc	BEGIN DECLARE i INT; -- 1씩 증가하는 값 DECLARE hap INT; -- 합계 (정수형). 오버플로 발생시킬 예정. DECLARE saveHap INT; -- 합계 (정수형)...
ifelseProc	BEGIN DECLARE bYear INT; -- 변수 선언 SELECT birthYear into bYear FROM userTbl WHERE name = userName; IF (bYear >= 1980) THEN ...
userProc1	BEGIN SELECT * FROM userTbl WHERE name = userName; END
userProc2	BEGIN SELECT * FROM userTbl WHERE birthYear > userBirth AND height > userHeight;END
userProc3	BEGIN INSERT INTO testTBL VALUES(NULL,txtValue); SELECT MAX(id) INTO outValue FROM testTBL; END
whileProc	BEGIN DECLARE str VARCHAR(100); -- 각 단을 문자열로 저장 DECLARE i INT; -- 구구단 앞자리 DECLARE k INT; -- 구구단 뒷자리 SET i = 2; -- ...

[그림 10-4] 스토어드 프로시저 확인 1

그런데 스토어드 프로시저의 내용은 확인이 되지만 파라미터는 보이지 않는다.

3-2 다른 방법으로 시스템 데이터베이스인 MYSQL 데이터베이스의 PROC 테이블을 조회할 수 있다.

```
SELECT param_list, body FROM MYSQL.PROC
    WHERE db='sqldb' AND type='PROCEDURE' AND name='userProc3';
```

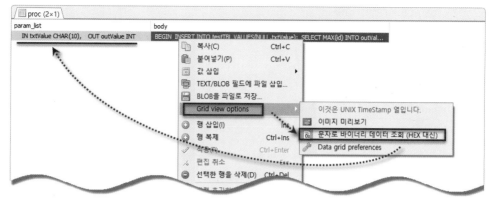

[그림 10-5] 스토어드 프로시저 확인 2

결과가 깨져 보이면 빈 곳에서 마우스 오른쪽 버튼을 클릭한 후 [Grid view options] ≫ [문자로 바이너리 데이터 조회 (HEX 대신)]을 선택하고 마우스로 빈 화면을 클릭하면 파라미터를 확인할 수 있다. 또, body 부분에서는 스토어드 프로시저의 내용이 확인된다.

3-3 SHOW CREATE PROCEDURE문으로도 스토어드 프로시저의 내용을 확인할 수 있다.

```
SHOW CREATE PROCEDURE sqldb.userProc3;
```

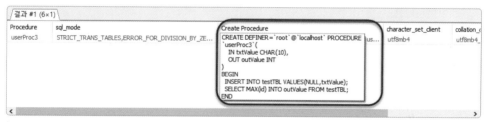

[그림 10-6] 스토어드 프로시저 확인 3

`step 4`

테이블 이름을 파라미터로 전달하는 방법을 알아보자.

4-1 직접 입력 파라미터로 테이블 이름을 전달해 보자.

```
1  DROP PROCEDURE IF EXISTS nameProc;
2  DELIMITER $$
3  CREATE PROCEDURE nameProc(
4      IN tblName VARCHAR(20)
5  )
6  BEGIN
```

```
 7    SELECT * FROM tblName;
 8  END $$
 9  DELIMITER ;
10
11 CALL nameProc ('userTBL');
```

'sqldb.tblname'이라는 테이블을 알 수 없다는 오류가 발생할 것이다. MariaDB에서는 직접 테이블 이름을 파라미터로 사용할 수 없다.

4-2 7장의 마지막 부분에서 배운 '동적 SQL'을 활용해 보자.

```
 1   DROP PROCEDURE IF EXISTS nameProc;
 2   DELIMITER $$
 3   CREATE PROCEDURE nameProc(
 4       IN tblName VARCHAR(20)
 5   )
 6   BEGIN
 7     SET @sqlQuery = CONCAT('SELECT * FROM ', tblName); -- FROM 뒤 공백 1개
 8     PREPARE myQuery FROM @sqlQuery;
 9     EXECUTE myQuery;
10     DEALLOCATE PREPARE myQuery;
11 END $$
12 DELIMITER ;
13
14 CALL nameProc ('userTBL');
```

7행에서 넘겨받은 테이블 이름을 @sqlQuery 변수에 SELECT문으로 문자열을 생성해 놓았다. 그리고 8행과 9행에서 SELECT 문자열을 준비하고 실행했다. 결과가 잘 나왔을 것이다.

---

step 5 ───

스토어드 프로시저의 삭제는 다른 개체의 삭제와 마찬가지로 **DROP PROCEDURE 프로시저이름** 구문으로 삭제하면 된다.

⚠ ALTER PROCEDURE나 ALTER FUNCTION으로 스토어드 프로시저나 스토어드 함수의 파라미터나 내용을 바꿀 수는 없다. 내용을 바꾸려면 DROP 시킨 후에, 다시 CREATE해야 한다.

───┤ 비타민 퀴즈 10-1 ├───────────────────────────────

Windows의 HeidiSQL에서 Linux 가상머신에 접속한 후, 〈실습 1〉을 진행해 보자.

10.1.2 스토어드 프로시저의 특징

• MariaDB의 성능을 향상시킬 수 있다

긴 코드로 구현된 쿼리를 실행하게 되면, 클라이언트에서 서버로 쿼리의 모든 텍스트가 전송되어야 한다. 하지만, 이 긴 코드의 쿼리를 서버에 스토어드 프로시저로 생성해 놓았다면 단지 스토어드 프로시저 이름 및 매개 변수 등 몇 글자의 텍스트만 전송하면 되므로 네트워크의 부하를 어느 정도 줄일 수 있으며, 결과적으로 MariaDB의 성능을 향상시킨다.

⚠ 다른 DBMS에서는 스토어드 프로시저가 처음 호출 시에 1회만 컴파일된 후, 메모리에 로딩된다. 그 이후로는 컴파일을 다시 하지 않고 메모리에 저장된 내용이 호출되므로 상당한 성능 향상이 된다. 하지만, MariaDB의 스토어드 프로시저는 호출할 때마다 컴파일이 되기 때문에 다른 DBMS처럼 성능 향상이 많이 되지는 않지만, 네트워크 부하를 줄이는 등의 효과가 있으므로 어느 정도의 성능 향상 효과가 있다고 볼 수 있다.

• 유지관리가 간편하다

C#이나 Java 등의 클라이언트 응용프로그램에서 직접 SQL문을 작성하지 않고 스토어드 프로시저 이름만 호출하도록 설정함으로써, 데이터베이스에서 관련된 스토어드 프로시저의 내용을 일관되게 수정/유지보수 등의 작업을 할 수 있다.

• 모듈식 프로그래밍이 가능하다

한번 스토어드 프로시저를 생성해 놓으면 언제든지 실행이 가능하다. 또한, 스토어드 프로시저로 저장해 놓은 쿼리의 수정, 삭제 등의 관리가 수월해진다. 더불어 다른 모듈식 프로그래밍 언어와 동일한 장점을 갖는다.

• 보안을 강화할 수 있다

사용자 별로 테이블에 접근 권한을 주지 않고 스토어드 프로시저에만 접근 권한을 줌으로써 좀 더 보안을 강화할 수 있다. 예로, 우리가 자주 사용해온 sqlDB의 userTBL을 생각해 보자. userTBL 에는 고객이름/전화번호/주소/출생연도/키 등의 개인적인 정보가 들어 있다. 만약, 배송 담당자가 배송을 하고자 한다면 당연히 userTBL에 접근해야 한다. 하지만, 배송담당자는 배송을 위한 정보인 주소/전화번호 외에 다른 정보에도 접근할 수가 있어서 보안상 문제가 발생할 소지가 있다.

이럴 경우에 다음과 같은 프로시저를 생성한 후에 배송 담당자는 userTBL에는 접근 권한을 주지 않고 스토어드 프로시저에만 접근 권한을 준다면 이 문제가 해결될 수 있다.

⚠ 뷰View도 스토어드 프로시저와 같이 보안을 강화할 수 있다고 8장에서 다뤘다.

```
DELIMITER $$
CREATE PROCEDURE delivProc(
    IN id VARCHAR(10)
)
BEGIN
 SELECT userID, name, addr , mobile1, mobile2
    FROM userTBL
    WHERE userID = id;
END $$
DELIMITER ;
```

배송 담당자는 다음과 같이 스토어드 프로시저를 사용하면 된다.

```
CALL delivProc ('LJB');
```

10.2 스토어드 함수

MariaDB에서 제공하는 다양한 내장 함수는 7장에서 자세히 학습했었다. 하지만, MariaDB가 사용자가 원하는 모든 함수를 제공하지는 않으므로 필요하다면 사용자가 직접 함수를 만들어서 사용할 필요가 있다. 이렇게 사용자가 직접 만들어서 사용하는 함수를 스토어드 함수^{Stored Function}라고 부른다. 스토어드 함수는 바로 앞에서 배운 스토어드 프로시저와 상당히 유사하지만, 형태와 사용 용도에는 약간의 차이가 있다. 자세히 알아보자.

⚠ 다른 DBMS에서는 스토어드 프로시저를 '저장 프로시저'로, 스토어드 함수를 '사용자 정의 함수'라고도 부른다.

10.2.1 스토어드 함수의 개요

스토어드 함수를 정의하기 위해서는 MariaDB 도움말에 다음과 같이 나와 있다.

```
형식 :
CREATE [OR REPLACE]
    [DEFINER = {user | CURRENT_USER | role | CURRENT_ROLE }]
    [AGGREGATE] FUNCTION [IF NOT EXISTS] func_name ([func_parameter[,...]])
    RETURNS type
    [characteristic ...]
    RETURN func_body

func_parameter:
    param_name type

type:
    Any valid MariaDB data type

characteristic:
    LANGUAGE SQL
  | [NOT] DETERMINISTIC
  | { CONTAINS SQL | NO SQL | READS SQL DATA | MODIFIES SQL DATA }
  | SQL SECURITY { DEFINER | INVOKER }
  | COMMENT 'string'

func_body:
    Valid SQL procedure statement
```

다음과 같이 좀 더 간단하게 표현할 수 있다.

```
DELIMITER $$
CREATE FUNCITON 스토어드_함수이름( 파라미터 )
    RETURNS    반환형식
BEGIN

    이 부분에 프로그래밍 코딩..
    RETURN 반환값;

END $$
DELIMITER ;
SELECT 스토어드_함수이름();
```

스토어드 함수의 정의를 보면 스토어드 프로시저와 상당히 유사하다. 다음과 같이 몇 가지 차이점을 살펴보자.

- 스토어드 프로시저의 파라미터와 달리 IN, OUT 등을 사용할 수 없다. 스토어드 함수의 파라미터는 모두 입력 파라미터로 사용된다.

- 스토어드 함수는 RETURNS문으로 반환할 값의 데이터 형식을 지정하고, 본문 안에서는 RETURN문으로 하나의 값을 반환해야 한다. 스토어드 프로시저는 별도의 반환하는 구문이 없으며, 꼭 필요하다면 여러 개의 OUT 파라미터를 사용해서 값을 반환할 수 있었다.

- 스토어드 프로시저는 CALL로 호출하지만, 스토어드 함수는 SELECT 문장 안에서 호출된다.

- 스토어드 프로시저 안에는 SELECT문을 사용할 수 있지만, 스토어드 함수 안에서는 집합 결과를 반환하는 SELECT를 사용할 수 없다.

⚠ SELECT… INTO… 는 집합 결과를 반환하는 것이 아니므로, 예외적으로 스토어드 함수에 사용할 수 있다.

- 스토어드 프로시저는 여러 SQL문이나 숫자 계산 등의 다양한 용도로 사용되지만, 스토어드 함수는 어떤 계산을 통해서 하나의 값을 반환하는 데 주로 사용된다.

간단히 2개 숫자의 합계를 계산하는 스토어드 함수를 보자.

```
1  USE sqlDB;
2  DROP FUNCTION IF EXISTS userFunc;
3  DELIMITER $$
4  CREATE FUNCTION userFunc(value1 INT, value2 INT)
5      RETURNS INT
6  BEGIN
7      RETURN value1 + value2;
8  END $$
9  DELIMITER ;
10
11 SELECT userFunc(100, 200);
```

4행에서 2개의 정수형 파라미터를 전달받았다. 5행에서는 이 함수가 반환하는 데이터 형식을 지정했다. 본문인 7행에서는 RETURN문으로 정수형을 반환했다. 11행에서는 SELECT문에서 함수를 호출하면서 2개의 파라미터를 전달했다.

10.2.2 스토어드 함수 실습

실습2

스토어드 함수를 사용해 보자.

step 0

HeidiSQL을 종료하고, 다시 HeidiSQL을 실행해서 localhost에 접속하자. 그리고 왼쪽 [데이터베이스 목록] 창에서 localhost를 클릭한 후, 저장해 놓은 sqlDB.sql을 이용해서 sqlDB 데이터베이스를 초기화 시키자. 방법이 기억나지 않으면 6장 〈실습 2〉의 **step 6** 을 참조한다.

0-1 메뉴의 [파일] 〉〉 [새 쿼리 탭]을 선택해서 쿼리 창을 하나 열자.

step 1

출생연도를 입력하면 나이가 출력되는 함수를 생성해 보자.

```
 1  USE sqlDB;
 2  DROP FUNCTION IF EXISTS getAgeFunc;
 3  DELIMITER $$
 4  CREATE FUNCTION getAgeFunc(bYear INT)
 5      RETURNS INT
 6  BEGIN
 7      DECLARE age INT;
 8      SET age = YEAR(CURDATE()) - bYear;
 9      RETURN age;
10  END $$
11  DELIMITER ;
```

별로 어렵지 않게 이해가 될 것이다. 그냥 단순히 현재의 연도(YEAR(CURDATE()))에서 입력된 출생연도를 뺀 값(즉, 나이)을 돌려주는 함수다.

step 2

이 함수를 호출해 보자.

2-1 SELECT문에서 사용할 수 있다.

```
SELECT getAgeFunc(1979);
```

1979년생의 현재 나이가 출력되었을 것이다.

2-2 필요하다면 함수의 반환 값을 SELECT… INTO… 로 저장했다가 사용할 수도 있다.

```
SELECT getAgeFunc(1979) INTO @age1979;
SELECT getAgeFunc(1997) INTO @age1997;
SELECT CONCAT('1997년과 1979년의 나이차 ==> ', (@age1979-@age1997));
```

두 출생연도의 나이차가 출력되었을 것이다.

---

step 3

함수는 주로 테이블을 조회할 때 활용된다.

```
SELECT userID, name, getAgeFunc(birthYear) AS '만 나이' FROM userTBL;
```

📖 usertbl (3×10)		
🔑 userID	name	만 나이
BBK	바비킴	46
EJW	은지원	47
JKW	조관우	54
JYP	조용필	69
KBS	김범수	40
KKH	김경호	48
LJB	임재범	56
LSG	이승기	32
SSK	성시경	40
YJS	윤종신	50

[그림 10-7] 쿼리 결과

---

step 4

현재 저장된 스토어드 함수의 이름 및 내용을 확인해 보자. **SHOW CREATE FUNCTION**문으로 스토어드 함수의 내용을 확인할 수 있다.

```
SHOW CREATE FUNCTION getAgeFunc;
```

---

step 5

삭제는 다른 데이터베이스 개체와 마찬가지로 DROP문을 사용한다.

```
DROP FUNCTION getAgeFunc;
```

비타민 퀴즈 10-2

Windows의 HeidiSQL에서 Linux 가상머신에 접속한 후 〈실습 2〉를 진행해 보자.

10.3 커서

MariaDB는 스토어드 프로시저 내부에 커서Cursor를 사용할 수 있다. 커서는 일반 프로그래밍 언어의 파일 처리와 방법이 비슷하기 때문에 행의 집합을 다루기에 많은 편리한 기능을 제공해 준다.

10.3.1 커서의 개요

커서는 테이블에서 여러 개 행을 쿼리한 후에, 쿼리의 결과인 행 집합을 한 행씩 처리하기 위한 방식이다. 혹, '파일 처리' 프로그래밍을 해본 독자라면 파일을 읽고 쓰기 위해서 파일을 오픈Open한 후에한 행씩 읽거나 썼던 것을 기억할 것이다. 한 행씩 읽을 때마다 '파일 포인터'는 자동으로 다음 줄을가리키게 된다. 커서도 이와 비슷한 동작을 한다.

파일 포인터 →	파일의 시작(BOF)			
	LSG	이승기	1987	서울
	KBS	김범수	1979	경남
	KKH	김경호	1971	전남
	JYP	조용필	1950	경기
	SSK	성시경	1979	서울
	LJB	임재범	1963	서울
	YJS	윤종신	1969	경남
	EJW	은지원	1978	경북
	JKW	조관우	1965	경기
	BBK	바비킴	1973	서울
	파일의 끝(EOF)			

[그림 10-8] 파일 처리의 작동 개념

예를 들어 [그림 10-8]과 같은 텍스트 파일이 저장되어 있다고 생각해 보자. 이 파일을 처리하기 위해서는 다음의 순서를 거치게 될 것이다.

① 파일을 연다. (Open) 그러면 파일 포인터는 파일의 제일 시작(BOF: Begin Of File)을 가리키게 된다.

② 처음 데이터를 읽는다. 그러면 '이승기'의 데이터가 읽어지고, 파일포인터는 '김범수'로 이동한다.

③ 파일의 끝(EOF: End Of File)까지 반복한다.

- 읽은 데이터를 처리한다.
- 현재의 파일포인터가 가리키는 데이터를 읽는다. 파일포인터는 자동으로 다음으로 이동한다.

④ 파일을 닫는다. (Close)

[그림 10-8]의 텍스트 파일을 이제는 테이블의 행 집합으로 생각해 보자. 커서를 활용하면 거의 비슷한 방식으로 처리가 가능하다. 먼저 커서의 처리 순서를 확인하고 실습을 진행하자.

10.3.2 커서의 처리 순서

커서는 일반적으로 다음의 순서를 통해서 처리된다.

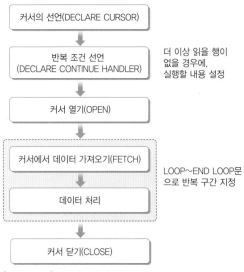

[그림 10-9] 커서의 작동 순서

커서를 하나씩 이해하기보다는 우선 간단한 예제로 커서를 사용해 보자. 커서는 대부분 스토어드 프로시저의 내용으로 활용된다. 커서의 세부 문법을 외우기보다는 [그림 10-9]와 같이 커서를 사용하는 전반적인 흐름에 초점을 맞춰서 실습을 진행하도록 하자.

실습3

커서를 활용해 보자.

step 0

HeidiSQL을 종료하고, 다시 HeidiSQL을 실행해서 localhost에 접속하자. 그리고 왼쪽 [데이터베이스 목록] 창에서 localhost를 클릭한 후, 저장해 놓은 sqlDB.sql을 이용해서 sqlDB 데이터베이스를 초기화 시키자. 방법이 기억나지 않으면 6장 〈실습 2〉의 **step 6** 을 참조한다.

0-1 메뉴의 [파일] 〉〉 [새 쿼리 탭]을 선택해서 쿼리 창을 하나 열자.

step 1

커서를 활용해서 고객의 평균 키를 구하는 스토어드 프로시저를 작성하자.

⚠ 이 예제는 커서를 연습하기 위해서 MariaDB 내장 함수인 AVG()와 동일한 기능을 구현한 것이다. 실제라면 이 스토어드 프로시저를 사용하는 것보다 AVG() 함수를 사용하는 것이 훨씬 효율적이다. 하지만, '홀수의 평균값'이나 '5의 배수에 해당하는 값의 평균' 등과 같은 특별한 평균은 AVG() 함수에서 사용할 수가 없으며, 커서를 활용해야 한다.

1-1 스토어드 프로시저를 작성한다.

```
1   DROP PROCEDURE IF EXISTS cursorProc;
2   DELIMITER $$
3   CREATE PROCEDURE cursorProc()
4   BEGIN
5       DECLARE userHeight INT; -- 고객의 키
6       DECLARE cnt INT DEFAULT 0; -- 고객의 인원 수(=읽은 행의 수)
7       DECLARE totalHeight INT DEFAULT 0; -- 키의 합계
8
9       DECLARE endOfRow BOOLEAN DEFAULT FALSE; -- 행의 끝 여부(기본을 FALSE)
10
11      DECLARE userCuror CURSOR FOR -- 커서 선언
12          SELECT height FROM userTBL;
13
14      DECLARE CONTINUE HANDLER -- 행의 끝이면 endOfRow 변수에 TRUE를 대입
15          FOR NOT FOUND SET endOfRow = TRUE;
16
17      OPEN userCuror;  -- 커서 열기
18
19      cursor_loop: LOOP
20          FETCH  userCuror INTO userHeight; -- 고객 키 1개를 대입
21
22          IF endOfRow THEN -- 더이상 읽을 행이 없으면 Loop를 종료
23              LEAVE cursor_loop;
24          END IF;
25
26          SET cnt = cnt + 1;
27          SET totalHeight = totalHeight + userHeight;
28      END LOOP cursor_loop;
29
30      -- 고객 키의 평균을 출력한다.
```

```
31      SELECT CONCAT('고객 키의 평균 ==> ', (totalHeight/cnt));
32
33      CLOSE userCuror;  -- 커서 닫기
34 END $$
35 DELIMITER ;
```

5~7행은 고객의 평균키를 계산하기 위한 변수를 선언한다. 9행, 14행, 15행은 Loop 부분을 종료하기 위한 조건을 지정했다. 만약 행의 끝이라면 endOfRow에 TRUE가 대입되어서 22~24행이 수행되므로 Loop 가 종료된다.

17행에서는 준비한 커서를 열었다. 19~28행은 행의 끝까지 반복하면서 고객의 키를 하나씩 totalHeight에 누적시킨다. 더불어서 26행에서 고객의 수를 센다.

31행에서는 Loop를 빠진 후에 평균키(키의합계/고객수)를 출력한다. 33행에서 커서를 닫는다.

1-2 스토어드 프로시저를 호출하자.

```
CALL cursorProc();
```

```
결과 값:
고객 키의 평균==> 175.8000
```

step 2

고객 테이블(userTBL)에 고객 등급grade열을 하나 추가한 후에, 각 구매 테이블(buyTBL)에서 고객이 구매한 총액에 따라서 고객 등급grade열에 최우수고객/우수고객/일반고객/유령고객 등의 값을 입력하는 스토어드 프로시저를 작성해 보자. 역시 커서를 활용해서 작성하자.

2-1 먼저 userTBL에 고객 등급을 입력할 열을 추가한다.

```
USE sqlDB;
ALTER TABLE userTBL ADD grade VARCHAR(5);  -- 고객 등급 열 추가
```

2-2 스토어드 프로시저를 작성하자.

```
1  DROP PROCEDURE IF EXISTS gradeProc;
2  DELIMITER $$
3  CREATE PROCEDURE gradeProc()
4  BEGIN
5      DECLARE id VARCHAR(10); -- 사용자 아이디를 저장할 변수
6      DECLARE hap BIGINT; -- 총 구매액을 저장할 변수
7      DECLARE userGrade CHAR(5); -- 고객 등급 변수
8
9      DECLARE endOfRow BOOLEAN DEFAULT FALSE;
```

```
10
11    DECLARE userCuror CURSOR FOR -- 커서 선언
12        SELECT U.userid, sum(price*amount)
13            FROM buyTBL B
14                RIGHT OUTER JOIN userTBL U
15                ON B.userid = U.userid
16            GROUP BY U.userid, U.name ;
17
18    DECLARE CONTINUE HANDLER
19        FOR NOT FOUND SET endOfRow = TRUE;
20
21    OPEN userCuror;  -- 커서 열기
22    grade_loop: LOOP
23        FETCH  userCuror INTO id, hap; -- 첫 행 값을 대입
24        IF endOfRow THEN
25            LEAVE grade_loop;
26        END IF;
27
28        CASE
29            WHEN (hap >= 1500) THEN SET userGrade = '최우수고객';
30            WHEN (hap >= 1000) THEN SET userGrade ='우수고객';
31            WHEN (hap >= 1) THEN SET userGrade ='일반고객';
32            ELSE SET userGrade ='유령고객';
33         END CASE;
34
35        UPDATE userTBL SET grade = userGrade WHERE userID = id;
36    END LOOP grade_loop;
37
38    CLOSE userCuror;  -- 커서 닫기
39 END $$
40 DELIMITER ;
```

5~7행은 사용할 변수를 정의한다. 11~16행은 커서를 정의하는데, 결과는 사용자 아이디와 사용자별 총
구매액이 나온다. 22~36행은 Loop를 반복하면서 한 행씩 처리한다. 28~33행은 총 구매액(hap)에 따라
고 고객의 등급을 분류한 후에, 35행에서 고객 등급grade을 업데이트한다. 예제가 조금 어렵게 느껴질 수도
있지만, 차근차근 살펴보면 그리 어렵지 않을 것이다.

2-3 스토어드 프로시저를 호출하고, 고객 등급이 완성되었는지 확인한다.

```
CALL gradeProc();
SELECT * FROM userTBL;
```

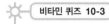

userID	name	birthYear	addr	mobile1	mobile2	height	mDate	grade
BBK	바비킴	1,973	서울	010	00000000	176	2013-05-05	최우수고객
EJW	은지원	1,972	경북	011	88888888	174	2014-03-03	일반고객
JKW	조관우	1,965	경기	018	99999999	172	2010-10-10	유령고객
JYP	조용필	1,950	경기	011	44444444	166	2009-04-04	일반고객
KBS	김범수	1,979	경남	011	22222222	173	2012-04-04	우수고객
KKH	김경호	1,971	전남	019	33333333	177	2007-07-07	유령고객
LJB	임재범	1,963	서울	016	66666666	182	2009-09-09	유령고객
LSG	이승기	1,987	서울	011	11111111	182	2008-08-08	유령고객
SSK	성시경	1,979	서울	(NULL)	(NULL)	186	2013-12-12	일반고객
YJS	윤종신	1,969	경남	(NULL)	(NULL)	170	2005-05-05	유령고객

[그림 10-10] 쿼리 결과

비타민 퀴즈 10-3

Windows의 HeidiSQL에서 Linux 가상머신에 접속한 후, 앞 〈실습 3〉을 진행해 보자.

10.4 트리거

트리거Trigger는 사전적 의미로 '방아쇠'를 뜻한다. 방아쇠를 당기면 '자동'으로 총알이 나가듯이, 트리거는 테이블에 무슨 일이 일어나면 '자동'으로 실행된다.

트리거는 기본적인 개념만 잘 파악하고 있다면 사용이 그다지 어렵지 않지만, 몇 가지 주의해야 할 점이 있다. 우선 트리거란 테이블에 삽입, 수정, 삭제 등의 작업(이벤트)이 발생할 때 자동으로 작동되는 개체로, 이번 장에서 배웠던 스토어드 프로시저와 비슷한 모양을 갖는다.

트리거에 많이 활용되는 사례 중 하나를 생각해 보자. 만약 누군가 A라는 테이블에 행을 고의 또는 실수로 삭제한다면, 삭제된 행의 내용을 복구하는 것도 어렵고 누가 지웠는지 추적하는 것도 쉬운 일이 아니다. 이러한 경우에 A테이블에서 행이 삭제되는 순간에 삭제된 행의 내용, 시간, 삭제한 사용자 등을 B테이블에 기록해 놓는다면 이러한 문제점을 해결할 수 있을 것이다. 추후 문제 발생 시에는 B테이블의 내용을 확인하면 되기 때문이다. 이번 장에서 배울 트리거가 바로 이러한 기능을 수행할 수 있다.

10.4.1 트리거의 개요

8장에서 데이터의 무결성을 위한 제약 조건(Primary Key, Foreign Key 등)을 공부했었다. 트리거는 제약 조건과 더불어 데이터 무결성을 위해서 MariaDB에서 사용할 수 있는 또 다른 기능이다.

트리거는 테이블에 관련되어 DML문(Insert, Update, Delete 등)의 이벤트가 발생될 때 작동하는 데이터베이스 개체 중 하나다.

트리거는 테이블에 부착Attach되는 프로그램 코드라고 생각하면 된다. 스토어드 프로시저와 거의 비슷한 문법으로 그 내용을 작성할 수 있다. 그리고, 트리거가 부착된 테이블에 이벤트(입력, 수정, 삭제)가 발생하면 자동으로 부착된 트리거가 실행된다.

⚠ 다른 일부 DBMS에서는 View에도 트리거를 부착할 수 있지만, MariaDB는 View에 트리거를 부착할 수 없다.

트리거는 스토어드 프로시저와 작동이 비슷하지만 직접 실행시킬 수는 없고 오직 해당 테이블에 이벤트가 발생할 경우에만 실행된다. 그리고 트리거에는 스토어드 프로시저와 달리 IN, OUT 매개 변수를 사용할 수도 없다.

우선 간단한 트리거를 보고 그 작동에 대해 이해해보자. 아직은 문법이 이해되지 않을 것이다. 그냥 작동되는 결과만 확인해 보자.

실습4

간단한 트리거를 생성하고 결과를 확인해 보자.

step 0

sqlDB에 간단한 테이블을 생성하자.

```
USE sqlDB;
CREATE TABLE IF NOT EXISTS testTbl (id INT, txt VARCHAR(10));
INSERT INTO testTbl VALUES(1, '이엑스아이디');
INSERT INTO testTbl VALUES(2, '애프터스쿨');
INSERT INTO testTbl VALUES(3, '에이오에이');
```

testTbl에 트리거를 부착하자.

```
DROP TRIGGER IF EXISTS testTrg;
DELIMITER //
CREATE TRIGGER testTrg  -- 트리거 이름
    AFTER  DELETE -- 삭제 후에 작동하도록 지정
    ON testTbl -- 트리거를 부착할 테이블
    FOR EACH ROW -- 각 행마다 적용시킴
BEGIN
    SET @msg = '가수 그룹이 삭제됨' ; -- 트리거 실행 시 작동되는 코드들
END //
DELIMITER ;
```

데이터를 삽입, 수정, 삭제해 보자.

```
SET @msg = '';
INSERT INTO testTbl VALUES(4, '나인뮤지스');
SELECT @msg;
UPDATE testTbl SET txt = '에이핑크' WHERE id = 3;
SELECT @msg;
DELETE FROM testTbl WHERE id = 4;
SELECT @msg;
```

결과 #1 (1×1)	결과 #2 (1×1)	결과 #3 (1×1)
@msg	@msg	@msg 가수 그룹이 삭제됨

[그림 10-11] 쿼리 결과

트리거가 부착된 테이블에 INSERT, UPDATE가 수행되면 @msg 변수에 아무것도 나오지 않지만 DELETE가 수행되자 자동으로 트리거에서 지정한 '가수 그룹이 삭제됨' 문자열이 대입되는 것을 확인할 수 있다.

이렇듯 트리거는 테이블에 부착해서 사용할 수 있다. 이 예제에서 간단히 @msg에 값을 대입하는 내용만 코딩했지만, 그 부분을 실제로 필요로 하는 복잡한 SQL문들로 대치하면 유용한 트리거로 작동할 것이다.

10.4.2 트리거의 종류

트리거(정확히는 DML 트리거)는 다음과 같이 구분할 수 있다.

AFTER 트리거

테이블에 INSERT, UPDATE, DELETE 등의 작업이 일어났을 때 작동하는 트리거를 말하며, 이름이 뜻하는 것처럼 해당 작업 후에After 작동한다.

BEFORE 트리거

AFTER 트리거는 테이블에 이벤트가 작동한 후에 실행되지만 BEFORE 트리거는 이벤트가 발생하기 전에 작동하는 트리거다. AFTER 트리거와 마찬가지로 INSERT, UPDATE, DELETE 세 가지 이벤트로 작동한다.

10.4.3 트리거의 사용

트리거의 형식은 다음과 같다.

```
형식 :
CREATE [OR REPLACE]
    [DEFINER = { user | CURRENT_USER | role | CURRENT_ROLE }]
    TRIGGER [IF NOT EXISTS] trigger_name trigger_time trigger_event
    ON tbl_name FOR EACH ROW
    [{ FOLLOWS | PRECEDES } other_trigger_name ]
    trigger_stmt

trigger_time: { BEFORE | AFTER }

trigger_event: { INSERT | UPDATE | DELETE }

trigger_order: { FOLLOWS | PRECEDES } other_trigger_name
```

trigger_time에서 BEFORE와 AFTER를 지정할 수 있으며 trigger_event는 INSERT/UPDATE/DELETE 중에 하나를 지정할 수 있다. trigger_order는 테이블에 여러 개의 트리거가 부착되어 있을 때, 다른 트리거보다 먼저 또는 나중에 수행되는 것을 지정한다.

삭제는 DROP TRIGGER를 사용하면 된다. 설명이 조금 복잡해 보이지만, 직접 실습으로 작동방식을 확인해 보면 쉽게 이해할 수 있다. 참고로 트리거는 ALTER TRIGGER문을 사용할 수 없다.

AFTER 트리거의 사용

다음의 경우를 생각해 보자. sqlDB의 고객 테이블(userTBL)에 입력된 회원의 정보가 종종 변경되지만 누가 언제 그것을 변경했고, 또 변경 전에 데이터는 어떤 것이었는지 알 필요가 있다면 다음 실습과 같이 트리거를 활용할 수 있다.

실습5

회원 테이블에 update나 delete를 시도하면, 수정 또는 삭제된 데이터를 별도의 테이블에 보관하고 변경된 일자와 변경한 사람을 기록해 놓자.

step 0

HeidiSQL을 종료하고, 다시 HeidiSQL을 실행해서 localhost에 접속하자. 그리고 왼쪽 [데이터베이스 목록] 창에서 localhost를 클릭한 후, 저장해 놓은 sqlDB.sql을 이용해서 sqlDB 데이터베이스를 초기화 시키자. 방법이 기억나지 않으면 6장 〈실습 2〉의 **step 6** 을 참조한다.

0-1 메뉴의 [파일] 》 [새 쿼리 탭]을 선택해서 쿼리 창을 하나 열자.

0-2 insert나 update 작업이 일어나는 경우에, 변경되기 전의 데이터를 저장할 테이블을 하나 생성하자.

```
USE sqlDB;
DROP TABLE buyTBL; -- 구매 테이블은 실습에 필요없으므로 삭제
CREATE TABLE backup_userTBL
( userID   char(8) NOT NULL PRIMARY KEY,
  name     varchar(10) NOT NULL,
  birthYear    int NOT NULL,
  addr        char(2) NOT NULL,
  mobile1   char(3),
  mobile2   char(8),
  height     smallint,
  mDate     date,
  modType   char(2), -- 변경된 타입. '수정' 또는 '삭제'
  modDate   date, -- 변경된 날짜
  modUser   varchar(256) -- 변경한 사용자
);
```

step 1

변경Update과 삭제Delete가 발생할 때 작동하는 트리거를 userTBL에 부착하자.

1-1 먼저 변경이 발생했을 때 작동하는 backUserTbl_UpdateTrg 트리거를 생성하자.

```
1  DROP TRIGGER IF EXISTS backUserTbl_UpdateTrg;
2  DELIMITER //
3  CREATE TRIGGER backUserTbl_UpdateTrg  -- 트리거 이름
4      AFTER UPDATE -- 변경 후에 작동하도록 지정
5      ON userTBL -- 트리거를 부착할 테이블
6      FOR EACH ROW
7  BEGIN
8      INSERT INTO backup_userTBL VALUES( OLD.userID, OLD.name, OLD.birthYear,
9          OLD.addr, OLD.mobile1, OLD.mobile2, OLD.height, OLD.mDate,
10         '수정', CURDATE(), CURRENT_USER() );
11 END //
12 DELIMITER ;
```

8, 9행에 OLD 테이블이 나왔다. 잠시 후에 이 테이블에 대해서 상세히 알아보겠다. 지금은 OLD 테이블이란 update 또는 delete가 수행되기 전의 데이터가 잠깐 저장되어 있는 임시 테이블이라고 생각하면 된다.

1-2 삭제가 발생했을 때 작동하는 backUserTbl_DeleteTrg 트리거를 생성하자. backUserTbl_UpdateTrg 트리거와 거의 비슷하다.

```
1  DROP TRIGGER IF EXISTS backUserTbl_DeleteTrg;
2  DELIMITER //
3  CREATE TRIGGER backUserTbl_DeleteTrg  -- 트리거 이름
4      AFTER DELETE -- 삭제 후에 작동하도록 지정
5      ON userTBL -- 트리거를 부착할 테이블
6      FOR EACH ROW
7  BEGIN
8      INSERT INTO backup_userTBL VALUES( OLD.userID, OLD.name, OLD.birthYear,
9          OLD.addr, OLD.mobile1, OLD.mobile2, OLD.height, OLD.mDate,
10         '삭제', CURDATE(), CURRENT_USER() );
11 END //
12 DELIMITER ;
```

`step 2`

데이터를 변경해 보고, 결과를 확인해 보자.

2-1 데이터를 업데이트도 하고, 삭제도 하자.

```
UPDATE userTBL SET addr = '몽고' WHERE userID = 'JKW';
DELETE FROM userTBL WHERE height >= 177;
```

2-2 당연히 userTBL에는 수정이나 삭제가 적용되었을 것이다. 방금 수정 또는 삭제된 내용이 잘 보관되어 있는지, 결과를 확인해 보자.

```
SELECT * FROM backup_userTBL;
```

userID	name	birthYear	addr	mobile1	mobile2	height	mDate	modType	modDate	modUser
JKW	조관우	1,965	경기	018	99999999	172	2010-10-10	수정	2019-01-06	root@localhost
KKH	김경호	1,971	전남	019	33333333	177	2007-07-07	삭제	2019-01-06	root@localhost
LJB	임재범	1,963	서울	016	66666666	182	2009-09-09	삭제	2019-01-06	root@localhost
LSG	이승기	1,987	서울	011	11111111	182	2008-08-08	삭제	2019-01-06	root@localhost
SSK	성시경	1,979	서울	(NULL)	(NULL)	186	2013-12-12	삭제	2019-01-06	root@localhost

backup_usertbl (11×5)

[그림 10-12] 백업 테이블에 저장된 내용

수정 또는 삭제된 내용이 잘 저장되어 있다.

step 3

이번에는 테이블의 모든 행 데이터를 삭제해 보자.

3-1 이번에는 DELETE 대신에 TRUNCATE TABLE문으로 사용해 보자. **TRUNCATE TABLE 테이블이름** 문은 **DELETE FROM 테이블이름**문과 동일한 효과를 낼 수 있다. 즉, 모든 행 데이터를 삭제한다.

```
TRUNCATE TABLE userTBL;
```

3-2 백업 테이블을 확인해 보자.

```
SELECT * FROM backup_userTBL;
```

userID	name	birthYear	addr	mobile1	mobile2	height	mDate	modType	modDate	modUser
JKW	조관우	1,965	경기	018	99999999	172	2010-10-10	수정	2019-01-06	root@localhost
KKH	김경호	1,971	전남	019	33333333	177	2007-07-07	삭제	2019-01-06	root@localhost
LJB	임재범	1,963	서울	016	66666666	182	2009-09-09	삭제	2019-01-06	root@localhost
LSG	이승기	1,987	서울	011	11111111	182	2008-08-08	삭제	2019-01-06	root@localhost
SSK	성시경	1,979	서울	(NULL)	(NULL)	186	2013-12-12	삭제	2019-01-06	root@localhost

backup_usertbl (11×5)

[그림 10-13] 백업 테이블에 변경 없음

그런데, 백업 테이블에 삭제된 내용이 들어가지 않았다. 이유는 TRUNCATE TABLE로 삭제 시에는 트리거가 작동하지 않기 때문이므로, DELETE 트리거는 DELETE문에만 작동한다.

step 4

이번에는 좀 다른 경우를 생각해 보자. userTBL에는 절대 새로운 데이터가 입력되지 못하도록 설정하고 만약 누군가 수정이나 삭제를 시도했다면, 시도한 사람에게는 경고 메시지를 보이게 해서 약간 겁(?)을 주자.

4-1 INSERT 트리거를 생성한다.

```
 1  DROP TRIGGER IF EXISTS userTBL_InsertTrg;
 2  DELIMITER //
 3  CREATE TRIGGER userTBL_InsertTrg  -- 트리거 이름
 4      AFTER INSERT -- 입력 후에 작동하도록 지정
 5      ON userTBL -- 트리거를 부착할 테이블
 6      FOR EACH ROW
 7  BEGIN
 8      SIGNAL SQLSTATE '45000'
 9        SET MESSAGE_TEXT = '데이터의 입력을 시도했습니다. 귀하의 정보가 서버에 기록되었습니다.';
10  END //
11  DELIMITER ;
```

8행의 **SIGNAL SQLSTATE '45000'**문은 사용자가 오류를 강제로 발생시키는 함수다. 이 구문에 의해서 사용자가 정의한 오류 메시지가 출력되고, 사용자가 시도한 INSERT는 롤백이 되어 테이블에 적용되지 않는다.

4-2 데이터를 입력해 보자.

```
INSERT INTO userTBL VALUES('ABC', '에비씨', 1977, '서울', '011', '1111111', 181, '2019-
    12-25');
```

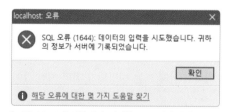

[그림 10-14] 사용자가 정의한 오류 메시지 출력

경고 메시지가 출력된 후에, INSERT 작업은 롤백이 되고 userTBL에는 데이터가 삽입되지 않았다.

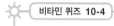

비타민 퀴즈 10-4

Windows의 HeidiSQL에서 Linux 가상머신에 접속한 후 〈실습 5〉를 진행해 보자.

트리거가 생성하는 임시 테이블

트리거에서 INSERT, UPDATE, DELETE 작업이 수행되면 임시로 사용되는 시스템 테이블이 두

개 있는데, 이름은 'NEW'와 'OLD' 이다. 두 테이블은 [그림 10-15]와 같이 작동한다.

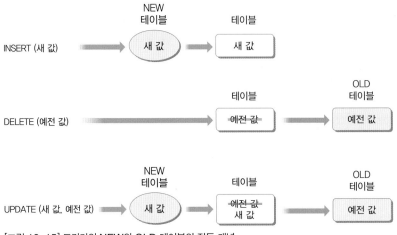

[그림 10-15] 트리거의 NEW와 OLD 테이블의 작동 개념

우선, NEW 테이블은 INSERT와 UPDATE 작업 시에 변경할 새로운 데이터를 잠깐 저장해 놓는다. 즉, 테이블에 INSERT 트리거나 UPDATE 트리거를 부착시켜 놓았다면 해당 테이블에 INSERT나 UPDATE 명령이 수행되면 입력/변경될 새 값이 NEW 테이블에 저장된 후에, NEW 테이블의 값을 테이블에 입력/변경되는 것이다. 그러므로 NEW 테이블을 조작하면 입력되는 새로운 값을 다른 값으로 대치시킬 수 있다.

그리고 OLD 테이블은 DELETE와 UPDATE 작업이 수행되면 삭제 또는 변경되기 전의 예전 값이 저장된다.

그래서 결론적으로 트리거의 작동 시에 새로 입력/변경되는 새로운 데이터를 참조하기 위해서는 NEW 테이블을 확인하면 되고 변경되기 전인 예전 데이터를 참조하기 위해서는 OLD 테이블을 참조하면 된다.

BEFORE 트리거의 사용

BEFORE 트리거는 테이블에 변경이 가해지기 전에 작동된다. BEFORE 트리거의 좋은 활용 예는 BEFORE INSERT 트리거를 부착해 놓으면 입력될 데이터 값을 미리 확인해서 문제가 있을 경우에 다른 값으로 변경시킬 수 있다.

다음 실습은 userTBL에 데이터를 입력할 때, 출생연도가 1900년 미만이라면 잘못 입력한 경우라고 볼 수 있으므로 아예 0으로 설정해 놔서 향후에 확인하기 쉽도록 하자. 그리고 출생연도가 올해 이후라면 현재 연도로 변경해서 입력되도록 트리거를 만들자.

실습6

BEFORE 트리거를 실습하자.

step 0

HeidiSQL을 종료하고, 다시 HeidiSQL을 실행해서 localhost에 접속하자. 그리고 왼쪽 [데이터베이스 목록] 창에서 localhost를 클릭한 후, 저장해 놓은 sqlDB.sql을 이용해서 sqlDB 데이터베이스를 초기화 시키자. 방법이 기억나지 않으면 6장 〈실습 2〉의 **step 6** 을 참조한다.

0-1 메뉴의 [파일] 〉〉 [새 쿼리 탭]을 선택해서 쿼리 창을 하나 열자.

step 1

값이 입력될 때, 출생연도의 데이터를 검사해서 데이터에 문제가 있으면 값을 변경해서 입력시키는 BEFORE INSERT 트리거를 작성하자.

1-1 트리거를 생성한다.

```
 1  USE sqlDB;
 2  DROP TRIGGER IF EXISTS userTBL_BeforeInsertTrg;
 3  DELIMITER //
 4  CREATE TRIGGER userTBL_BeforeInsertTrg  -- 트리거 이름
 5      BEFORE INSERT -- 입력 전에 작동하도록 지정
 6      ON userTBL -- 트리거를 부착할 테이블
 7      FOR EACH ROW
 8  BEGIN
 9      IF NEW.birthYear < 1900 THEN
10          SET NEW.birthYear = 0;
11      ELSEIF NEW.birthYear > YEAR(CURDATE()) THEN
12          SET NEW.birthYear = YEAR(CURDATE());
13      END IF;
14  END //
15  DELIMITER ;
```

5행에서 입력 전에 처리되는 트리거를 생성했다. 9~13행은 입력되는 값이 들어 있는 NEW 테이블의 값을 검사해서 1900 미만인 경우에는 아예 0으로, 현재 연도보다 초과라면 현재 연도로 변경한다.

1-2 값을 2개 입력해 보자. 두 값 모두 출생연도에 문제가 있다.

```
INSERT INTO userTBL VALUES
    ('AAA', '에이', 1877, '서울', '011', '1112222', 181, '2019-12-25');
INSERT INTO userTBL VALUES
    ('BBB', '비이', 2977, '경기', '011', '1113333', 171, '2011-3-25');
```

1-3 SELECT * FROM userTBL문으로 확인해 보자.

userID	name	birthYear	addr	mobile1	mobile2	height	mDate
AAA	에이	0	서울	011	1112222	181	2019-12-25
BBB	비이	2,019	경기	011	1113333	171	2011-03-25
BBK	바비킴	1,973	서울	010	00000000	176	2013-05-05
EJW	은지원	1,972	경북	011	88888888	174	2014-03-03
JKW	조관우	1,965	경기	018	99999999	172	2010-10-10
JYP	조용필	1,950	경기	011	44444444	166	2009-04-04
	김범수	979	경남	011	22222222		2012-04-04

[그림 10-16] 트리거에 의해서 처리된 데이터 확인

예상대로 출생연도가 트리거에 의해서 처리되었다.

step 2

생성된 트리거를 확인해 보자.

2-1 SHOW TRIGGERS문으로 데이터베이스에 생성된 트리거를 확인할 수 있다.

```
SHOW TRIGGERS FROM sqlDB;
```

Trigger	Event	Table	Statement		Timing	Created	sql_mode
userTBL_BeforeInsertTrg	INSERT	usertbl	BEGIN IF NEW.birthYear < 1900 THEN	SET NEW.bi...	BEFORE	2019-01-06 20:33:27.54	STRICT_TRANS_TABLES,ERROR_FOR

[그림 10-17] 생성된 트리거 확인

step 3

트리거를 삭제하자.

```
DROP TRIGGER userTBL_BeforeInsertTrg;
```

☼ **비타민 퀴즈 10-5**

Windows의 HeidiSQL에서 Linux 가상머신에 접속한 후 〈실습 6〉을 진행해 보자.

10.4.4 기타 트리거에 관한 내용

다중 트리거

다중 트리거Multiple Triggers란 하나의 테이블에 동일한 트리거가 여러 개 부착되어 있는 것을 말한다.
예로, AFTER INSERT 트리거가 한 개 테이블에 2개 이상 부착되어 있을 수도 있다.

중첩 트리거

중첩 트리거Nested Triggers란 트리거가 또 다른 트리거를 작동하는 것을 말한다. [그림 10-18]의 예를
보면서 이해하자.

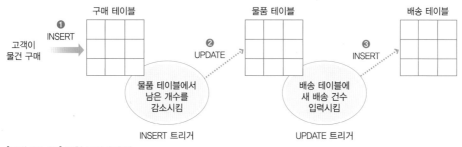

[그림 10-18] 중첩 트리거의 예

① 고객이 물건을 구매하면 물건을 구매한 기록이 '구매 테이블'에 ❶ INSERT 된다.

② '구매 테이블'에 부착된 INSERT 트리거가 작동한다. 내용은 '물품 테이블'의 남은 개수를 구매한 개수만큼 빼는
  ❷ UPDATE를 한다(인터넷 쇼핑몰에서 물건을 구매하면, 즉시 남은 수량이 하나 줄어드는 것을 보았을 것이다).

③ '물품 테이블'에 장착된 UPDATE 트리거가 작동한다. 내용은 '배송 테이블'에 배송할 내용을 ❸ INSERT하는
  것이다.

하나의 '물건 구매'(INSERT) 작업으로 2개의 트리거가 연속적으로 작동했다. 이런 것은 '중첩 트리
거'라고 한다.

중첩 트리거는 때때로 시스템의 성능에 좋지 않은 영향을 미칠 수 있다. 위의 경우에 고객이 물건을 구
매하는 INSERT 작업이 일어나면 트랜잭션이 시작할 것이다. 이 트랜잭션은 마지막 배송 테이블에
성상석으로 입력이 수행되면 트랜잭션이 종료(커밋)된다. 즉, 만약 마지막 배송 테이블에 INSERT
작업이 실패한다면 그 앞의 모든 작업은 자동으로 ROLLBACK 된다. 이것은 시스템에 부담이 되므
로 성능에 나쁜 영향을 끼칠 소지가 있다. 잠시 후에, 실습에서 확인해 보자.

⚠ MariaDB는 중첩 트리거는 지원하지만, 재귀 트리거Recursive Trigger는 지원하지 않는다. 다른 DBMS에서는 재귀 트리거를 지원하기도 한다.

트리거의 작동 순서

하나의 테이블에 여러 개의 트리거가 부착되어 있다면 트리거의 작동 순서를 지정할 수 있다. 트리거의 문법을 다시 한 번 살펴보면 본체 바로 위에 다음과 같은 옵션을 지정할 수 있다.

```
{ FOLLOWS | PRECEDES } other_trigger_name
```

'FOLLOWS 트리거이름'을 지정하면 지정한 트리거 다음에 현재 트리거가 작동되며 'PRECEDES 트리거이름'을 지정하면 지정한 트리거가 작동하기 이전에 현재 트리거가 작동된다는 의미다.

하나의 테이블에 여러 개의 트리거가 부착되어 있을 때, 대부분 순서는 큰 의미가 없지만 특별히 순서를 지정해야 할 경우에 이 옵션을 사용하면 된다.

실습7

중첩 트리거의 작동을 실습해 보자.

step 1

새로운 데이터베이스를 생성해서 실습하자.

1-1 기존의 쿼리 창을 모두 닫고, 새 쿼리 창을 하나 연다.

1-2 연습용 DB를 생성한다.

```
DROP DATABASE IF EXISTS triggerDB;
CREATE DATABASE IF NOT EXISTS triggerDB;
```

1-3 [그림 10-18]의 중첩 트리거를 실습할 테이블을 만든다. 실제로 물건을 구매하고 배송하기 위해서는 더 많은 열이 필요하지만, 지금은 중첩 트리거의 실습을 위해서 최소화한 테이블을 생성하자.

```
USE triggerDB;
CREATE TABLE orderTbl -- 구매 테이블
    (orderNo INT AUTO_INCREMENT PRIMARY KEY, -- 구매 일련번호
    userID VARCHAR(5), -- 구매한 회원 아이디
    prodName VARCHAR(5), -- 구매한 물건
    orderamount INT ); -- 구매한 개수
```

```
CREATE TABLE prodTbl -- 물품 테이블
    ( prodName VARCHAR(5), -- 물건 이름
      account INT ); -- 남은 물건수량
CREATE TABLE deliverTbl -- 배송 테이블
    ( deliverNo  INT AUTO_INCREMENT PRIMARY KEY, -- 배송 일련번호
      prodName VARCHAR(5), -- 배송할 물건
      account INT UNIQUE); -- 배송할 물건개수
```

1-4 그리고 물품 테이블에는 몇 건의 물건을 넣어 놓자.

```
INSERT INTO prodTbl VALUES('사과', 100);
INSERT INTO prodTbl VALUES('배', 100);
INSERT INTO prodTbl VALUES('귤', 100);
```

step 2

중첩 트리거를 실습해 보자.

2-1 [그림 10-18]의 트리거를 구매 테이블(orderTbl)과 물품 테이블(prodTbl)에 부착하자.

```
1   -- 물품 테이블에서 개수를 감소시키는 트리거
2   DROP TRIGGER IF EXISTS orderTrg;
3   DELIMITER //
4   CREATE TRIGGER orderTrg   -- 트리거 이름
5       AFTER  INSERT
6       ON orderTBL -- 트리거를 부착할 테이블
7       FOR EACH ROW
8   BEGIN
9       UPDATE prodTbl SET account = account - NEW.orderamount
10          WHERE prodName = NEW.prodName ;
11  END //
12  DELIMITER ;
13
14  -- 배송 테이블에 새 배송 건을 입력하는 트리거
15  DROP TRIGGER IF EXISTS prodTrg;
16  DELIMITER //
17  CREATE TRIGGER prodTrg   -- 트리거 이름
18      AFTER  UPDATE
19      ON prodTBL -- 트리거를 부착할 테이블
20      FOR EACH ROW
21  BEGIN
22      DECLARE orderAmount INT;
23      -- 주문 개수 = (변경 전의 개수 - 변경 후의 개수)
```

```
24      SET orderAmount = OLD.account - NEW.account;
25      INSERT INTO deliverTbl(prodName, account)
26          VALUES(NEW.prodName, orderAmount);
27 END //
28 DELIMITER ;
```

orderTrg 트리거는 구매 테이블(orderTBL)의 INSERT가 발생되면 9~10행에서 물품 테이블(prodTBL)
의 개수를 주문한 개수에서 빼고 UPDATE 한다. 그런데, 물품 테이블에는 UPDATE 트리거가 부착되어
있으므로, 24~26행에서 주문 개수를 구해서 배송 테이블(deliverTBL)에 배송할 물건과 개수를 입력한다.
즉, [그림 10-18]의 차례대로 트리거가 작동할 것이다.

2-2 고객이 물건을 구매한 [그림 10-18]의 ❶ INSERT 작업을 수행하자.

```
INSERT INTO orderTbl VALUES (NULL,'JOHN', '배', 5);
```

별도의 오류가 발생하지는 않았을 것이다.

2-3 중첩 트리거가 잘 작동했는지 세 테이블을 모두 확인해 보자.

```
SELECT * FROM orderTbl;
SELECT * FROM prodTbl;
SELECT * FROM deliverTbl;
```

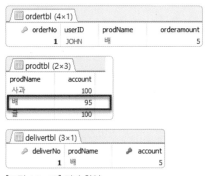

[그림 10-19] 결과 확인

[그림 10-18]의 중첩 트리거가 작동해서 ❶ INSERT, ❷ UPDATE, ❸ INSERT가 모두 성공하였다.

2-4 이번에는 배송 테이블(deliverTbl)의 열 이름을 변경해서 [그림 10-18]의 ❸ INSERT가 실패하도록
해보자.

```
ALTER TABLE deliverTBL CHANGE prodName productName VARCHAR(5);
```

2-5 다시 데이터를 입력해 보자.

```
INSERT INTO orderTbl VALUES (NULL, 'DANG', '사과', 9);
```

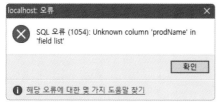

[그림 10-20] 오류 메시지

트리거는 작동했으나 마지막에 열 이름 때문에 ❸ INSERT가 실패했다.

2-6 테이블을 확인해 보자.

```
SELECT * FROM orderTbl;
SELECT * FROM prodTbl;
SELECT * FROM deliverTbl;
```

[그림 10-21] 결과 확인

데이터가 변경되지 않았다. 중첩 트리거에서 [그림 10-18]의 ❸ INSERT가 실패하면 그 앞의 ❶ INSERT, ❷ UPDATE도 모두 롤백되는 것을 확인할 수 있었다.

비타민 퀴즈 10-6

Windows의 HeidiSQL에서 Linux 가상머신에 접속한 후 〈실습 7〉을 진행해 보자.

이상으로 스토어드 프로그램에 해당하는 스토어드 프로시저, 스토어드 함수, 커서, 트리거에 대한 내용을 마무리했다. 앞에서도 이미 얘기했지만 지금 소개된 스토어드 프로그램은 MariaDB에서 주로 사용되는 내용을 정리했으며, 데이터베이스 개발자가 주로 활용해야 할 내용이므로 잘 기억해 놓자.

전체 텍스트 검색과 파티션

이번 장은 MariaDB의 성능을 향상시키기 위한 몇 가지 고급 기능을 살펴보자. 먼저 살펴볼 전체 텍스트 검색Full-Text Search의 개념은 별로 어렵지 않다. 간단하게 정의하면 긴 문장으로 구성된 열의 내용을 검색할 때, 인덱스를 사용해서 빠른 시간에 검색하는 것이다.

인터넷의 뉴스 사이트를 생각해 보자. 매일매일 많은 기사들이 등록될 것이다. 그리고, 그 각각의 기사(대개는 몇 페이지 분량)는 테이블의 하나의 열에 저장되어 있을 것이다.

만약, 신문 기사 중에서 특정 단어를 검색할 때 어떤 현상이 일어나게 될 것인가? 예를 들어 **SELECT 신문기사 FROM 신문테이블 WHERE 신문기사 LIKE '%선거%'**로 검색한다면 아마도 테이블 스캔 작업이 일어나고 그 결과를 위해서 한참을 기다려야 할 것이다.

이러한 것을 해결하는 것이 전체 텍스트 검색이다. 전체 텍스트 검색을 사용하면 기사의 내용에 포함된 여러 단어들에 인덱스가 설정되어서 검색 시에 인덱스를 사용하여 검색 속도가 월등히 빨라진다.

다음으로 살펴볼 파티션Partition은 대량의 데이터를 테이블에 저장할 때, 물리적으로 별도의 테이블로 분리해서 저장시키는 기법을 말한다. 물론 사용자의 입장에서는 몇 개의 파티션으로 분리되었든 하나의 테이블로 보이게 되므로 기존과 사용하는 방법이 전혀 다르지 않다. 단지 MariaDB 내부적으로 분리되어 처리되기 때문에 경우에 따라서는 많은 성능 향상이 발생한다.

파티션의 종류로는 레인지Range, 리스트List, 컬럼Columns, 해시Hash, 키Key 파티션 등으로 분류할 수 있는데, 이 책에서는 이해하기 쉽고 활용도도 높은 레인지 파티션에 대해서 주로 살펴볼 것이다.

이 장의 핵심 개념

11장은 MariaDB의 성능을 향상하기 위한 방법으로 전체 텍스트 검색과 파티션에 대해서 학습한다. 11장의 핵심 개념은 다음과 같다.

1. 전체 텍스트 검색은 긴 문자의 텍스트 데이터를 빠르게 검색하기 위한 기능이다.

2. 전체 텍스트 인덱스는 신문기사와 같이 텍스트로 이루어진 문자열 데이터의 내용을 가지고 생성한 인덱스를 말한다.

3. 전체 텍스트 검색을 위한 쿼리는 일반 SELECT문의 WHERE절에 MATCH( ) AGAINST( )를 사용하면 된다.

4. 파티션Partition은 대량의 테이블을 물리적으로 여러 개의 테이블로 쪼개는 것을 말한다.

이 장의 학습 흐름

전체 텍스트 검색 개요

⬇

전체 텍스트 인덱스의 생성, 삭제

⬇

전체 텍스트 검색을 위한 쿼리

⬇

파티션 개요와 실습

11.1 전체 텍스트 검색

11.1.1 전체 텍스트 검색 개요

이번 장의 도입부에도 설명되었지만, 전체 텍스트 검색은 긴 문자로 구성된 구조화되지 않은 텍스트 데이터(예로, 신문기사) 등을 빠르게 검색하기 위한 부가적인 MariaDB의 기능이다.

전체 텍스트 검색은 저장된 텍스트의 키워드 기반의 쿼리를 위해서 빠른 인덱싱이 가능하다.

다음과 같은 데이터가 들어 있는 테이블과 인덱스를 생각해 보자(신문기사 내용 중 ~~~ 부분은 여기서 생략된 것이지, 실제는 모두 들어 있다고 생각하자).

신문기사 인덱스

인덱스	주소 값
교통 사고의 증가로 인해 오늘 ~~~~~	
국회의원 선거 결과는 ~~~~~	
미스코리아 대회가 오늘 ~~~~~	
한가로운 교통 상황으로 ~~~~~	

정렬되어 있음

신문기사 테이블

일자	신문기사 내용
2019.12.12	미스코리아 대회가 오늘 ~~~~~
2020.5.5	한가로운 교통 상황으로 ~~~~~
2021.8.8	국회의원 선거 결과는 ~~~~~
2022.10.19	교통 사고의 증가로 인해 오늘 ~~~~~

[그림 11-1] 신문기사 테이블과 신문기사 인덱스 개념도

[그림 11-1]의 테이블 구조는 아마도 다음과 같을 것이다. 내용은 필자가 설명을 위해서 조금 억지로 만든 것이므로 세부적인 것은 무시하자.

```
CREATE TABLE 신문기사_테이블 (
    일자    DATE,
    신문기사내용 VARCHAR(4000)
)
GO
CREATE INDEX 신문기사_인덱스 ON 신문기사_테이블(신문기사내용);
GO
```

신문기사를 계속 입력할 때마다 테이블의 크기 및 인덱스의 크기가 커질 것이다.

이제 신문기사를 검색해 보자.

```
SELECT * FROM 신문기사_테이블 WHERE 신문기사내용 = '교통 사고의 증가로 인해 오늘 ~~~';
```

위와 같이 검색하면 당연히 인덱스를 잘 사용하게 될 것이다. 그런데, 신문기사의 내용을 모두 안다면 위와 같은 검색을 할 이유가 없다. 그래서 아마도 6장에서 배운 LIKE 검색을 사용하게 될 것이다. 즉, 교통과 관련된 신문기사를 검색하려면 다음과 같이 사용하면 된다.

```
SELECT * FROM 신문기사_테이블 WHERE 신문기사내용 LIKE '교통%'
```

이렇게 검색하면 인덱스가 정렬되어 있으므로, 해당되는 내용이 인덱스를 통해서 빠르게 검색된다.

아마도 결과는 2022.10.19일자 기사가 검색될 것이다.

그런데, 문제는 2020.5.5일자 기사도 '교통'과 관련된 기사라는 점이다. 그래서 앞에 들어 있든지 중간에 들어 있든지 모든 '교통'과 관련된 내용을 검색하려면 다음과 같이 사용하면 된다.

```
SELECT * FROM 신문기사_테이블 WHERE 신문기사내용 LIKE '%교통%'
```

이렇게 하면 '교통'이라는 글자가 들어간 모든 기사(이 예에서는 2022.10.19일자, 2020.5.5일자 2건)가 검색될 것이다. 그런데, 문제는 이렇게 되면 인덱스를 사용할 수 없다는 점이다.

2020.5.5일자의 '교통'은 중간에 들어 있으므로 인덱스를 사용할 방법이 없으므로 당연히 MariaDB는 테이블 검색(전체 테이블을 읽는 것)을 하게 된다. 만약, 10년치 기사 중에서 검색했다면 MariaDB는 엄청난 부하가 발생되고 그 응답시간도 어쩌면 수 분~수 시간이 걸릴 지도 모르겠다.

전체 텍스트 검색은 이러한 문제를 해결해 준다. 즉, 전체 텍스트 검색은 첫 글자뿐 아니라, 중간의 단어나 문장으로도 인덱스를 생성해 주기 때문에 지금과 같은 상황에서도 인덱스(정확히는 전체 텍스트 인덱스)를 사용하기 때문에 순식간에 검색 결과를 얻을 수 있게 된다.

개념은 이 정도면 이해가 되었을 것이라 믿고, 실제 어떻게 구동되는지 상세히 살펴보자.

11.1.2 전체 텍스트 인덱스

전체 텍스트 인덱스(FULLTEXT Index) 생성

전체 텍스트 인덱스는 신문기사와 같이, 텍스트로 이루어진 문자열 데이터의 내용을 가지고 생성한 인덱스를 말한다. MariaDB에서 생성한 일반적인 인덱스와는 몇 가지 차이점이 있다.

- 전체 텍스트 인덱스는 InnoDB를 지원한다.

- 전체 텍스트 인덱스는 char, varchar, text의 열에만 생성이 가능하다.

- 인덱스 힌트의 사용이 일부 제한된다.

- 여러 개 열에 FULLTEXT 인덱스를 지정할 수 있다.

⚠ MariaDB 10.0.5부터 InnoDB 엔진에서 전체 텍스트 검색이 지원되었다.

전체 텍스트 인덱스를 생성하는 방법은 3가지가 있다. 우선 형식을 살펴보자.

```
형식1 :
CREATE TABLE 테이블이름 (
   ...
   열이름  데이터형식,
   ... ,
   FULLTEXT 인덱스이름 (열이름)
);

형식2.
CREATE TABLE 테이블이름 (
   ...
   열이름  데이터형식,
   ...
);
ALTER TABLE 테이블이름
   ADD FULLTEXT (열이름) ;

형식3 :
CREATE TABLE 테이블이름 (
   ...
   열이름  데이터형식,
   ...
);
```

```
CREATE FULLTEXT INDEX 인덱스이름
    ON 테이블이름 (열이름);
```

실습은 잠시 후에 진행하겠다.

전체 텍스트 인덱스(FULLTEXT Index) 삭제

전체 텍스트 인덱스를 삭제하는 방법은 일반 인덱스와 비슷한 방법으로 ALTER TABLE… DROP INDEX문을 사용한다.

```
형식 :
ALTER TABLE 테이블이름
    DROP INDEX FULLTEXT(열이름) ;
```

중지 단어

전체 텍스트 인덱스는 긴 문장에 대해서 인덱스를 생성하기 때문에 그 양이 커질 수밖에 없다. 그러므로 실제로 검색에서 무시할 만한 단어들은 아예 전체 텍스트 인덱스로 생성하지 않는 편이 좋을 것이다. 전체 텍스트 인덱스 생성 시에 다음과 같은 경우를 생각해보자.

이번	선거는	아주	중요한	행사므로	모두	꼭	참여	바랍니다

위와 같은 문장에서 전체 텍스트 인덱스를 만든다면 '이번', '아주', '모두', '꼭' 등과 같은 단어로는 검색할 이유가 없으므로 제외시키는 것이 좋다. 이것이 중지 단어stopwords다.

MariaDB는 INFORMATION_SCHEMA.INNODB_FT_DEFAULT_STOPWORD 테이블에 약 36개의 중지 단어를 가지고 있다.

[그림 11-2] MariaDB가 가지고 있는 중지 단어

필요하다면 사용자가 별도의 테이블에 중지 단어를 추가한 후 적용시킬 수도 있다. 그리고, 전체 텍스트 인덱스를 생성할 때 이 중지 단어들을 적용시키면, MariaDB는 중지 단어를 제외하고 전체 텍스트 인덱스를 만들어 준다. 결국, 전체 텍스트 인덱스의 크기가 최소화될 수 있다. 잠시 후 실습에서 확인해 보자.

전체 텍스트 검색을 위한 쿼리

전체 텍스트 인덱스를 생성한 후에, 전체 텍스트 인덱스를 이용하기 위한 쿼리는 일반 SELECT문의 WHERE절에 MATCH() AGAINST()를 사용하면 된다.

MariaDB 도움말에 나온 형식은 다음과 같다.

```
형식 :
MATCH (col1,col2,...) AGAINST (expr [search_modifier])

search_modifier:
  {
      IN NATURAL LANGUAGE MODE
    | IN BOOLEAN MODE
    | WITH QUERY EXPANSION
  }
```

약간 복잡해 보이지만 사용은 별로 어렵지 않다. 우선 기본적으로 기억할 사항은 MATCH() 함수는 WHERE절에서 사용한다는 것이다.

● **자연어 검색**

특별히 옵션을 지정하지 않거나 IN NATURAL LANGUAGE MODE를 붙이면 자연어 검색을 하게 된다. 자연어 검색은 단어가 정확한 것을 검색해 준다.

예로, 신문^{newspaper}이라는 테이블의 기사^{article}라는 열에 전체 텍스트 인덱스가 생성되어 있다고 가정해 보자.

'영화'라는 단어가 들어간 기사를 찾으려면 다음과 같이 사용한다.

```
SELECT * FROM newspaper
  WHERE MATCH(article) AGAINST('영화');
```

여기서는 '영화'라는 정확한 단어만 검색되며 '영화는', '영화가', '한국영화' 등의 단어가 들어간 열은 검색하지 않는다.

'영화' 또는 '배우'와 같이 두 단어 중 하나가 포함된 기사를 찾으려면 다음과 같이 사용한다.

```
SELECT * FROM newspaper
  WHERE MATCH(article) AGAINST('영화 배우');
```

● **불린 모드 검색**

불린 모드 검색은 단어나 문장이 정확히 일치하지 않는 것도 검색하는 것을 말하는데 IN BOOLEAN MODE 옵션을 붙여줘야 한다. 또한 불린 모드 검색은 필수인 '+', 제외하기 위한 '−', 부분 검색을 위한 '*' 연산자 등의 다양한 연산자를 지원한다.

'영화를', '영화가', '영화는' 등의 '영화'가 앞에 들어간 모든 결과를 검색하고 싶다면 다음과 같이 사용한다.

```
SELECT * FROM newspaper
  WHERE MATCH(article) AGAINST('영화*' IN BOOLEAN MODE);
```

'영화 배우' 단어가 정확히 들어 있는 기사의 내용을 검색하고 싶다면 다음과 같이 사용한다.

```
SELECT * FROM newspaper
    WHERE MATCH(article) AGAINST('영화 배우' IN BOOLEAN MODE);
```

결과는 정확히 '영화 배우' 단어가 들어간 결과만 출력된다.

'영화 배우' 단어가 들어 있는 기사 중에서 '공포'의 내용이 꼭 들어간 결과만 검색하고 싶다면 다음과 같이 사용한다.

```
SELECT * FROM newspaper
    WHERE MATCH(article) AGAINST('영화 배우 +공포' IN BOOLEAN MODE);
```

'영화 배우'가 들어간 결과 중에서 '공포'가 들어간 것만 검색된다.

'영화 배우' 단어가 들어 있는 기사 중에서 '남자'의 내용은 검색에서 제외하고 싶다면 다음과 같이 사용한다.

```
SELECT * FROM newspaper
    WHERE MATCH(article) AGAINST('영화 배우 -남자' IN BOOLEAN MODE);
```

결과 중에서 남자가 들어간 결과는 제외된다.

전체 텍스트 검색의 다양한 활용을 실습에서 확인하자.

실습1

전체 텍스트 검색을 실습해 보자.

step 0

MariaDB는 기본적으로 3글자 이상만 전체 텍스트 인덱스로 생성한다. 이러한 설정을 2글자까지 전체 텍스트 인덱스가 생성되도록 시스템 변수 값을 변경하자.

0-1 먼저 innodb_ft_min_token_size 시스템 변수의 값을 확인해 보자. 이 값은 전체 텍스트 인덱스를 생성할 때 단어의 최소 길이다.

```
SHOW VARIABLES LIKE 'innodb_ft_min_token_size';
```

값이 3이 나왔을 것이다.

0-2 우리는 '남자' 등의 2글자 단어를 검색할 것이므로 이 값을 2로 변경해야 한다. MariaDB의 환경 설정 파일인 my.ini 파일의 [mysqld] 아래쪽 아무 곳이나 (또는 파일의 제일 아래에) 다음 행을 추가하고 MariaDB 서비스를 재시작한다.

```
innodb_ft_min_token_size=2
```

⚠ my.ini 또는 my.cnf 파일의 편집 방법이 기억나지 않는다면 7장의 〈실습 2〉의 step4 를 참조한다.

0-3. HeidiSQL을 종료하고 새로 실행한 후, 왼쪽 localhost를 클릭한다. 오른쪽 [쿼리] 탭을 클릭한다.

step 1

이번 실습은 조금 긴 내용의 텍스트들이 필요하다. 주제는 영화로 선택하도록 하자.

1-1 데이터베이스 및 테이블을 생성하자.

```
CREATE DATABASE IF NOT EXISTS FulltextDB;
USE FulltextDB;
DROP TABLE IF EXISTS FulltextTbl;
CREATE TABLE FulltextTbl (
    id int AUTO_INCREMENT PRIMARY KEY,          -- 고유 번호
    title VARCHAR(15) NOT NULL,                 -- 영화 제목
    description VARCHAR(1000)                    -- 영화 내용 요약
);
```

1-2 샘플 데이터를 몇 건 입력하자(입력 내용이 너무 많으면, 책의 사이트인 http://cafe.naver.com/thisismysql/에서 쿼리문을 다운로드해서 사용하도록 하자).

```
INSERT INTO FulltextTbl VALUES
(NULL, N'광해, 왕이 된 남자', N'왕위를 둘러싼 권력 다툼과 당쟁으로 혼란이 극에 달한 광해군 8년'),
(NULL, N'간첩', N'남한 내에 고장간첩 5만 명이 암약하고 있으며 특히 권력 핵심부에도 침투해있다.'),
(NULL, N'남자가 사랑할 때', N'대책 없는 한 남자이야기. 형 집에 얹혀 살며 조카한테 무시당하는 남자'),
(NULL, N'레지던트 이블 5', N'인류 구원의 마지막 퍼즐, 이 여자가 모든 것을 끝낸다.'),
(NULL, N'파괴자들', N'사랑은 모든 것을 파괴한다! 한 여자를 구하기 위한, 두 남자의 잔인한 액션 본능!'),
(NULL, N'킹콩을 들다', N' 역도에 목숨을 건 시골소녀들이 만드는 기적 같은 신화.'),
(NULL, N'테드', N'지상최대 황금찾기 프로젝트! 500년 전 사라진 황금도시를 찾아라!'),
(NULL, N'타이타닉', N'비극 속에 침몰한 세기의 사랑, 스크린에 되살아날 영원한 감동'),
(NULL, N'8월의 크리스마스', N'시한부 인생 사진사와 여자 주차 단속원과의 미묘한 사랑'),
(NULL, N'늑대와 춤을', N'늑대와 친해져 모닥불 아래서 함께 춤을 추는 전쟁 영웅 이야기'),
(NULL, N'국가대표', N'동계올림픽 유치를 위해 정식 종목인 스키점프 국가대표팀이 급조된다.'),
(NULL, N'쇼생크 탈출', N'그는 누명을 쓰고 쇼생크 감옥에 감금된다. 그리고 역사적인 탈출.'),
(NULL, N'인생은 아름다워', N'귀도는 삼촌의 호텔에서 웨이터로 일하면서 또 다시 도라를 만난다.'),
```

(NULL, N'사운드 오브 뮤직', N'수녀 지망생 마리아는 명문 트랩가의 가정교사로 들어간다'),
(NULL, N'매트릭스', N' 2199년.인공 두뇌를 가진 컴퓨터가 지배하는 세계.');

1-3 아직 전체 텍스트 인덱스를 만들지 않았다. 이 상태에서 '남자'라는 단어를 검색해 보자.

SELECT * FROM FulltextTbl WHERE description LIKE '%남자%' ;

id	title	description
3	남자가 사랑할 때	대책 없는 한 남자 이야기. 형 집에 얹혀 살며 조카한테 무시당하는 남자
5	파괴자들	사랑은 모든 것을 파괴한다. 한 여자를 구하기 위한, 두 남자의 잔인한 액션 본능!

fulltexttbl (3×2)

[그림 11-3] 쿼리 결과

결과는 잘 나왔다. 앞 SQL 앞에 EXPLAIN을 붙여서 실행 계획을 확인해보자.

결과 #1 (10×1)

id	select_type	table	type	possible_keys	key	key_len	ref	rows	Extra
1	SIMPLE	FulltextTbl	ALL	(NULL)	(NULL)	(NULL)	(NULL)	15	Using where

[그림 11-4] 실행 계획 확인

실행 계획을 보면 전체 테이블 검색을 하였다. 지금 데이터가 몇 건 되지 않아서 문제가 없지만, 대용량의 데이터라면 MariaDB에 상당한 부하가 생길 것이다.

step 2

전체 텍스트 인덱스를 생성한다.

2-1 전체 텍스트 인덱스를 생성한다.

CREATE FULLTEXT INDEX idx_description ON FulltextTbl(description);

2-2 정보를 확인해 보자.

SHOW INDEX FROM FulltextTbl;

STATISTICS (13×2)

Table	Non_unique	Key_name	Seq_in_index	Column_name	Collation	Cardinality	Sub_part	Packed	Null	Index_type	Comment
fulltexttbl	0	PRIMARY	1	id	A	15	(NULL)	(NULL)		BTREE	
fulltexttbl	1	idx_description	1	description	(NULL)	(NULL)	(NULL)	(NULL)	YES	FULLTEXT	

[그림 11-5] 전체 텍스트 인덱스 정보 확인

description열에 생성된 인덱스의 Index_Type이 'FULLTEXT'인 것을 확인할 수 있다.

전체 텍스트 인덱스 활용을 검색해 보자.

3-1 앞 **1-3**과 동일한 결과를 내도록 '남자'가 들어간 행을 검색해 보자.

```
SELECT * FROM FulltextTbl WHERE MATCH(description) AGAINST('남자*' IN BOOLEAN MODE);
```

fulltexttbl (3×2)		
id	title	description
3	남자가 사랑할 때	대책 없는 한 남자이야기. 형 집에 얹혀 살며 조카한테 무시당하는 남자
5	파괴자들	사랑은 모든 것을 파괴한다! 한 여자를 구하기 위한, 두 남자의 잔인한 액션 본능!

[그림 11-6] 쿼리 결과

결과는 동일하게 나왔다. 앞 SQL 앞에 EXPLAIN을 붙여서 실행 계획을 확인해 보자.

결과 #1 (10×1)									
id	select_type	table	type	possible_keys	key	key_len	ref	rows	Extra
1	SIMPLE	FulltextTbl	fulltext	idx_description	idx_description	0		1	Using where

[그림 11-7] 전체 텍스트 인덱스 검색

실행 계획을 보면 전체 텍스트 인덱스 검색을 하였다. 인덱스를 사용했으므로 앞에서 전체 테이블 검색을 한 성능과는 비교가 되지 않을 정도로 빠른 결과가 나왔을 것이다(지금은 데이터가 몇 건 없어서 체감하지는 못할 것이다).

3-2 '남자' 또는 '여자'가 들어간 행을 검색해 보자. 또한 매치되는 점수도 출력해 보자.

```
SELECT *, MATCH(description) AGAINST('남자* 여자*' IN BOOLEAN MODE) AS 점수
    FROM FulltextTbl WHERE MATCH(description) AGAINST('남자* 여자*' IN BOOLEAN MODE);
```

fulltexttbl (4×4)			
id	title	description	점수
5	파괴자들	사랑은 모든 것을 파괴한다! 한 여자를 구하기 위한, 두 남자의 잔인한 액션 본능!	0.9771181344985962
3	남자가 사랑할 때	대책 없는 한 남자이야기. 형 집에 얹혀 살며 조카한테 무시당하는 남자	0.4885590672492981
4	레지던트 이블 5	인류 구원의 마지막 퍼즐, 이 여자가 모든 것을 끝낸다.	0.4885590672492981
8	8월의 크리스마스	시한부 인생 사진사와 여자 주차 단속원과의 미묘한 사랑	0.4885590672492981

[그림 11-8] 쿼리 결과

id와 점수를 보면 점수가 높은 순서로 정렬되어서 출력된 것을 확인할 수 있다. id가 5인 행은 '남자'와 '여자'가 모두 나와서 높은 점수가 나왔고, 나머지는 한 번만 나와서 점수가 같다. 주의할 점은 동일한 것이 여러 개 나와도 1개만 나온 것으로 처리된다. id가 3인 행은 '남자'가 두 번 나오지만 한 번으로 처리되었다.

3-3 '남자'와 '여자'가 둘다 들어 있는 영화를 출력해 보자. + 연산자를 사용하면 필수로 들어 있어야 한다는 의미다.

```
SELECT * FROM FulltextTbl
    WHERE MATCH(description) AGAINST('+남자* +여자*' IN BOOLEAN MODE);
```

결과는 '파괴자들' 영화가 나왔을 것이다.

3-4 '남자'가 들어 있는 영화 중에서 '여자'가 들어 있는 영화를 제외시켜보자. – 연산자는 제외시키라는 의미다.

```
SELECT * FROM FulltextTbl
    WHERE MATCH(description) AGAINST('남자* -여자*' IN BOOLEAN MODE);
```

결과는 '남자가 사랑할 때' 영화가 나왔을 것이다.

---

step 4

이번에는 전체 텍스트 인덱스가 생성된 '단어'나 '문구'는 어떤 것들인지 확인해 보자. 또, 중지 단어도 실습해 보자.

4-1 다음 쿼리문으로 전체 텍스트 인덱스로 만들어진 단어를 확인해 보자.

```
SET GLOBAL innodb_ft_aux_table = 'fulltextdb/fulltexttbl'; -- 모두 소문자
SELECT word, doc_count, doc_id, position
    FROM INFORMATION_SCHEMA.INNODB_FT_INDEX_TABLE;
```

word	doc_count	doc_id	position
2199년	1	16	1
500년	1	8	40
구원의	1	5	7
구하기	1	6	52
국가대표팀이	1	12	63
권력	2	2	20
권력	2	3	69
귀도는	1	14	0
그는	1	13	0
그리고	1	13	58
극에	1	2	60
급조된다	1	12	82
기적	1	7	54

[그림 11-9] 전체 텍스트 인덱스 내용 확인

아래로 어느 정도 스크롤하면, [그림 11-9]와 같이 보일 것이다. 'word'는 인덱스가 생성된 단어나 문구를 말하고 'doc_count'는 몇 번이나 나왔는지를 말한다.

예로 '권력'이라는 단어는 영화 '광해'와 '간첩'에서 나오므로 2로 표시된 것이다. 그런데 자세히 살펴보면 '그', '그리고', '극에' 등의 단어도 인덱스로 생성되어 있다. 아마도 검색할 때 이런 단어로 검색하지는 않을 것이므로, 전체 텍스트 인덱스로 생성될 필요가 없는 단어들이다. 이것들 때문에 전체 텍스트 인덱스가 쓸데없이 커지게 될 것이다. 우선, 결과 창의 제목에서 전체 텍스트 인덱스가 몇 단어로 생성되었는지 기억해 놓자. 필자는 129개가 생성되었다(필자와 개수가 좀 달라도 상관 없다).

4-2 전체 텍스트 인덱스의 크기를 줄이기 위해서, '중지 단어'를 추가해 보자. 먼저 앞에서 생성한 전체 텍스트 인덱스를 삭제하자.

```
DROP INDEX idx_description ON FulltextTbl;
```

4-3 사용자가 추가할 중지 단어를 저장할 테이블을 만들자. 주의할 점은 테이블 이름은 아무거나 상관 없으나 열 이름은 value와 VARCHAR 형태로 지정해야 한다.

```
CREATE TABLE user_stopword (value VARCHAR(30));
```

4-4 중지 단어를 입력하자. 지금의 예에서는 3개만 추가했다.

```
INSERT INTO user_stopword VALUES ('그는'), ('그리고'), ('극에');
```

4-5 중지 단어용 테이블을 시스템 변수 innodb_ft_server_stopword_table에 설정하자. 주의할 점은 홑따옴표 안의 DB 이름과 테이블 이름은 모두 소문자로 써야 한다.

```
SET GLOBAL innodb_ft_server_stopword_table = 'fulltextdb/user_stopword';
SHOW GLOBAL VARIABLES LIKE 'innodb_ft_server_stopword_table';
```

SESSION_VARIABLES (2×1)	
Variable_name	Value
innodb_ft_server_stopword_table	fulltextdb/user_stopword

[그림 11-10] 중지 단어 테이블 확인

4-6 다시 전체 텍스트 인덱스를 만들자.

```
CREATE FULLTEXT INDEX idx_description ON FulltextTbl(description);
```

4-7 다시 전체 텍스트 인덱스에 생성된 단어를 확인해 보자.

```
SELECT word, doc_count, doc_id, position
    FROM INFORMATION_SCHEMA.INNODB_FT_INDEX_TABLE;
```

INNODB_FT_INDEX_TABLE (4×126)			
word	doc_count	doc_id	position
2199년	1	16	1
500년	1	8	40
		3	
구하기	1		52
국가대표팀이	1	12	63
권력	2	2	20
권력	2	3	69
귀도는	1	14	0
급조된다	1	12	82
기적	1	7	54
끝낸다	1	5	63
남자	1	4	89
		6	

[그림 11-11] 3개의 단어가 안보임

필자의 경우에는 3개가 제외된 126개가 생성되었으며, 제외된 단어들은 보이지 않는다. 즉 중지 단어를 제외하고 전체 텍스트 인덱스가 생성된 것이다.

이상으로 전체 텍스트 검색의 실습을 마치겠다. 전체 텍스트 검색은 긴 텍스트 내용의 검색에서 뛰어난 성능을 발휘하게 되므로, 잘 활용한다면 MariaDB의 성능 향상에 많은 도움이 될 것이다.

┌─ 비타민 퀴즈 **11-1** ─┐

Windows의 HeidiSQL로 Linux 가상머신에 접속해서 〈실습 1〉을 진행해 보자.

힌트 1 ┃ Linux는 /etc/my.cnf.d/server.cnf 파일을 vi 편집기로 수정해야 한다.

힌트 2 ┃ Linux에서 MariaDB의 재시작은 reboot 명령을 사용한다.

11.2 파티션

11.2.1 파티션 개요와 실습

이번 장의 도입부에서 잠깐 설명했듯이, 파티션Partition은 대량의 테이블을 물리적으로 여러 개의 테이블로 쪼개는 것을 말한다. 예로 수십억 건의 테이블에 쿼리를 수행할 때, 비록 인덱스를 사용한다고 해도 테이블의 대용량으로 인해서 MariaDB에 상당한 부담이 될 수밖에 없다.

이럴 때, 하나의 테이블이 10개의 파티션으로 나눠서 저장되어 있다면, 경우에 따라서는 그 부담이 1/10으로 줄어들 수도 있다.

⚠ 물론 무조건 파티션으로 나눈다고 효율적이 되는 것은 아니며, 데이터의 분포 특성이나 자주 사용되는 쿼리문이 무엇인지에 따라서 효율에 큰 차이가 있을 수 있다.

테이블의 행 데이터가 무척 많은 대용량의 데이터베이스를 생각해 보면 INSERT, UPDATE 등의 작업이 갈수록 느려질 수밖에 없다. 이럴 경우, 파티션으로 나누면 시스템 성능에 큰 도움이 될 것이다.

테이블을 분할할 때는 테이블의 범위에 따라서 서로 다른 파티션에 저장하는 것이 가장 보편적이다.

예로, 10년간의 데이터가 저장된 테이블이라면 아마도 과거의 데이터들은 주로 조회만 할 뿐 거의 변경되지 않을 것이다. 그러므로, 작년 이전의 데이터와 올해의 데이터를 서로 다른 파티션에 저장한다면 효과적일 수 있다.

또, 다른 예로는 각 월별로 업데이트가 잦은 대용량 데이터라면 각 월별로 파티션 테이블을 구성할 수도 있다.

⚠ MariaDB 10.0.4 이후로는 최대 8,192개의 파티션을 지원하는데, 파티션을 나누면 물리적으로는 파일로 분리된다. 그 렇기 때문에 파티션 테이블은 파일이 동시에 여러 개 열린다. MariaDB는 동시에 열 수 있는 파일의 개수가 시스템 변수 open_files_limit에 지정되어 있다. 그러므로 파티션을 많이 나눌 경우에는, 시스템 변수 open_files_limit의 값을 크게 변 경시켜줄 필요가 있다. 참고로 MariaDB 10.3.11에는 6,230개가 기본값으로 설정되어 있다.

[그림 11-12]는 sqlDB의 회원 테이블을 출생연도별로 3개의 파티션으로 구분하기 위한 개념도다.

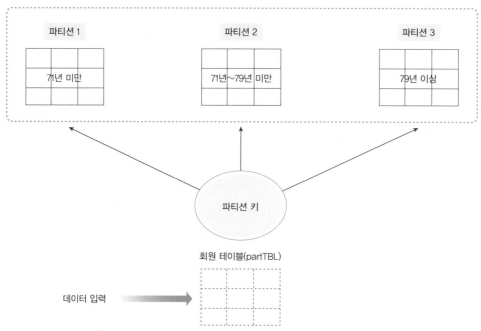

[그림 11-12] 파티션 개념도

테이블을 생성할 때 파티션 키를 함께 지정한다. 그러면 데이터를 입력할 때 지정된 파티션 키에 의해서 데이터가 각각의 파티션에 입력되는 개념이다.

물론 사용자는 파티션이 몇 개이든 관계 없이 테이블 하나에만 접근한다고 생각하면 된다. 즉, 파티션을 나눴든 그렇지 않든 MariaDB의 내부적인 문제일 뿐 사용자는 신경쓰지 않아도 된다.

파티션을 구현하자. 테이블은 **sqlDB**의 회원 테이블과 동일한 데이터를 입력하는 것으로 하겠다.

step 0

HeidiSQL을 종료하고, 다시 HeidiSQL을 실행해서 localhost에 접속하자. 그리고 왼쪽 [데이터베이스 목록] 창에서 localhost를 클릭한 후, 저장해 놓은 sqlDB.sql을 이용해서 sqlDB 데이터베이스를 초기화 시키자.

⚠ 방법이 기억나지 않으면 6장 〈실습 2〉의 **step 6** 을 참조한다. C:\SQL\sqlDB.sql 파일이 없는 독자는 6장의 〈실습 2〉를 다시 수행하거나, 책의 사이트인 http://cafe.naver.com/thisismysql/ 에서 sqlDB.sql을 다운로드해서 C:\SQL\에 저장하자.

0-1 메뉴의 [파일] 〉〉 [새 쿼리 탭]을 선택해서 쿼리 창을 하나 열자.

step 1

[그림 11-12]의 파티션으로 분리되는 테이블을 정의하자. 파티션은 다음과 같은 표로 구성될 수 있다.

파티션 이름	part1	part2	part3
파티션 일련번호	1	2	3
값	값 〈 1971	1971 〈= 값 〈 1979	1979 〈= 값 〈 최대

```
CREATE DATABASE IF NOT EXISTS partDB;
USE partDB;
DROP TABLE IF EXISTS partTBL;
CREATE TABLE partTBL (
  userID  CHAR(8) NOT NULL, -- Primary Key로 지정하면 안됨
  name  VARCHAR(10) NOT NULL,
  birthYear INT  NOT NULL,
  addr CHAR(2) NOT NULL )
PARTITION BY RANGE(birthYear) (
    PARTITION part1 VALUES LESS THAN (1971),
    PARTITION part2 VALUES LESS THAN (1979),
    PARTITION part3 VALUES LESS THAN MAXVALUE
);
```

우선 파티션 테이블에는 Primary Key를 지정하면 안 된다. 파티션 테이블을 지정하는 문법은 테이블의 정의가 끝나는 부분에서 PARTITION BY RANGE(열 이름)로 지정한다. 그러면 열 이름의

값에 의해서 지정된 파티션으로 데이터가 저장된다. 첫 번째 파티션은 1971년 미만 출생인 회원이 저장되고, 두 번째는 1971년부터 1979년 미만 출생된 회원이 저장된다. 세 번째는 1979년 이상 출생된 회원이 저장된다. MAXVALUE는 1979 이상의 모든 값을 의미한다.

⚠ 만약 userID열을 Primary Key로 지정하면 그 열로 정렬되기 때문에 파티션으로 하면 안 된다. 만약 Primary Key를 지정하려면 파티션에서 사용되는 열도 함께 Primary key로 지정해야 한다. 이 예는 userID와 birthYear를 함께 Primary Key로 지정해야 한다. 또, RANGE(열 이름) 옵션은 범위를 지정하는 레인지 파티션을 만든다. 주의할 점은 열 이름은 숫자형의 데이터여야 하며 문자형은 오면 안 된다.

`step 2`

[그림 11–12]의 회원 테이블에 데이터를 입력한다. [그림 6–10]의 회원 테이블을 모두 입력하려니 좀 귀찮다. 그래서, sqlDB에 동일한 데이터가 있으니 그 데이터를 사용하자.

2-1 데이터를 한꺼번에 가져와서 입력한다. 입력이 되는 동시에 [그림 11–12]의 파티션 키에 의해서 데이터가 각 파티션으로 나뉘어진다.

```
INSERT INTO partTBL
    SELECT userID, name, birthYear, addr FROM sqlDB.userTbl;
```

2-2 입력한 데이터를 확인한다.

```
SELECT * FROM partTBL;
```

userID	name	birthYear	addr	
JKW	조관우	1,965	경기	파티션1 (1971미만)
JYP	조용필	1,950	경기	
LJB	임재범	1,963	서울	
YJS	윤종신	1,969	경남	
BBK	바비킴	1,973	서울	파티션2 (1971~1979미만)
EJW	은지원	1,972	경북	
KKH	김경호	1,971	전남	
KBS	김범수	1,979	경남	파티션3 (1979이상)
LSG	이승기	1,987	서울	
SSK	성시경	1,979	서울	

parttbl (4×10)

[그림 11–13] 데이터 확인

데이터가 출력된 결과를 보면 part1, part2, part3 파티션 순서로 조회된 것을 예상할 수 있다.

`step 3`

파티션을 확인해 보자.

3-1 INFORMATION_SCHEMA 데이터베이스의 PARTITIONS 테이블에 관련 정보가 들어 있다.

```
SELECT TABLE_SCHEMA, TABLE_NAME, PARTITION_NAME, PARTITION_ORDINAL_POSITION, TABLE_
ROWS
    FROM INFORMATION_SCHEMA.PARTITIONS
    WHERE TABLE_NAME = 'parttbl';
```

PARTITIONS (5×3)				
TABLE_SCHEMA	TABLE_NAME	PARTITION_NAME	PARTITION_ORDINAL_POSITION	TABLE_ROWS
partdb	parttbl	part1	1	4
partdb	parttbl	part2	2	3
partdb	parttbl	part3	3	3

[그림 11-14] 파티션 정보 확인

결과를 보면 파티션 이름, 파티션의 일련번호, 파티션에 저장된 행 개수 등을 알 수 있다. **2-2**에서 예상한 결과와 동일한 행 개수를 가지고 있다.

3-2 범위를 지정해서 조회해 보자. 1965년 이전에 출생한 회원을 조회해 보자.

```
SELECT * FROM partTBL WHERE birthYear <= 1965 ;
```

결과는 3명이 나왔을 것이다. **2-2**의 결과에서 예상하다시피 파티션1만 조회해서 결과를 가져왔을 것이다. 실제 대용량 데이터였다면 파티션2와 파티션3은 아예 접근하지 않았으므로 상당히 효율적인 조회를 한 것이다.

3-3 어느 파티션을 사용했는지 확인하려면 쿼리문 앞에 EXPLAIN PARTITIONS문을 붙이면 된다.

```
EXPLAIN PARTITIONS
    SELECT * FROM partTBL WHERE birthYear <= 1965;
```

결과 #1 (11×1)										
id	select_type	table	partitions	type	possible_keys	key	key_len	ref	rows	Extra
1	SIMPLE	partTBL	part1	ALL	(NULL)	(NULL)	(NULL)	(NULL)	4	Using where

[그림 11-15] 사용한 파티션 확인

예상대로 파티션1만 접근해서 결과를 냈다.

---

step 4

파티션을 관리하는 방법을 익히자.

1-1 만약 파티션3을 1979~1986 미만(파티션3)과 1986 이상(파티션4)으로 분리하고자 한다면 ALTER TABLE… REORGANIZE PARTITION문을 사용하면 된다. 또한 파티션을 재구성하기 위해서 OPTIMIZE TABLE문을 수행해줘야 한다.

```
ALTER TABLE partTBL
    REORGANIZE PARTITION part3 INTO (
            PARTITION part3 VALUES LESS THAN (1986),
            PARTITION part4 VALUES LESS THAN MAXVALUE
    );
OPTIMIZE TABLE partTBL;
```

⚠ 파티션을 추가하기 위해서는 ALTER TABLE… ADD PARTITION문을 사용해야 한다. 그런데, MAXVALUE로 설정되어 있는 파티션 테이블에는 파티션을 추가할 수가 없다. 이런 경우에는 지금과 같이 파티션을 분리하는 방식으로 추가해야 한다.

4-2 다시 **3-1**에서 수행한 INFORMATION_SCHEMA 데이터베이스의 PARTITIONS 테이블을 조회해보자.

PARTITIONS (5×4)				
TABLE_SCHEMA	TABLE_NAME	PARTITION_NAME	PARTITION_ORDINAL_POSITION	TABLE_ROWS
partdb	parttbl	part1	1	4
partdb	parttbl	part2	2	3
partdb	parttbl	part3	3	2
partdb	parttbl	part4	4	1

[그림 11-16] 사용한 파티션 확인

기존의 파티션3에 있던 데이터 3개가 파티션3에 2개, 파티션4에 1개로 자동으로 분리되었다.

4-3 이번에는 파티션을 합쳐보자. 1971 미만인 파티션1과 1971~1979 미만인 파티션2를 합쳐서, 1979 미만(파티션12)으로 합쳐보자.

```
ALTER TABLE partTBL
    REORGANIZE PARTITION part1, part2 INTO (
            PARTITION part12 VALUES LESS THAN (1979)
    );
OPTIMIZE TABLE partTBL;
```

4-4 다시 **3-1**에서 수행한 INFORMATION_SCHEMA 데이터베이스의 PARTITIONS 테이블을 조회해보자.

PARTITIONS (5×3)				
TABLE_SCHEMA	TABLE_NAME	PARTITION_NAME	PARTITION_ORDINAL_POSITION	TABLE_ROWS
partdb	parttbl	part12	1	7
partdb	parttbl	part3	2	2
partdb	parttbl	part4	3	1

[그림 11-17] 사용한 파티션 확인

합쳐진 파티션12에 기존 파티션1의 데이터 4개와 파티션2의 데이터 3개가 합쳐진 데이터 7개가 들어간 것이 확인된다.

4-5 파티션12를 삭제해 보자.

```
ALTER TABLE partTBL DROP PARTITION part12;
OPTIMIZE TABLE partTBL;
```

4-6 데이터를 조회해 보자.

```
SELECT * FROM partTBL;
```

userID	name	birthYear	addr
KBS	김범수	1,979	경남
SSK	성시경	1,979	서울
LSG	이승기	1,987	서울

parttbl (4×3)

[그림 11-18] 데이터 확인

파티션12에 있던 데이터 7건은 파티션과 함께 삭제되었다. 즉, 파티션을 삭제하면 그 파티션의 데이터도 함께 삭제되므로 주의해야 한다.

⚠ 대량의 데이터를 삭제할 때 파티션을 삭제하면 상당히 빨리 삭제된다. 파티션의 데이터를 모두 삭제할 때는 DELETE문보다는 파티션 자체를 삭제하는 것이 더 효율적이다.

비타민 퀴즈 11-2

〈실습 2〉는 birthYear로 레인지 파티션을 사용했다. 〈실습 2〉를 addr열에 리스트 파티션을 설정해서 실습을 진행해 보자.

힌트 리스트 파티션은 다음과 같은 문법을 사용해서 5개 지역으로 나눈다.

```
PARTITION BY LIST COLUMNS(addr) (
    PARTITION part1 VALUES IN ('서울', '경기'),
    PARTITION part2 VALUES IN ('충북', '충남'),
    PARTITION part3 VALUES IN ('경북', '경남'),
    PARTITION part4 VALUES IN ('전북', '전남'),
    PARTITION part5 VALUES IN ('강원', '제주')
);
```

11.2.2 파티션의 정리

파티션은 대량의 테이블을 물리적으로 분리하기 때문에 상당히 효율적일 수 있지만, 몇 가지 제한 사항도 고려해야 한다. 파티션에서 부가적으로 기억해야 할 내용은 다음과 같다.

- 파티션 테이블에 외래 키를 설정할 수 없다. 그러므로, 단독으로 사용되는 테이블에만 파티션을 설정할 수 있다.
- 스토어드 프로시저, 스토어드 함수, 사용자 변수 등을 파티션 함수나 식에 사용할 수 없다.
- 임시 테이블은 파티션 기능을 사용할 수 없다.
- 파티션 키에는 일부 함수만 사용할 수 있다.
- 파티션 개수는 최대 8,192개까지 지원된다.
- 레인지 파티션은 숫자형의 연속된 범위를 사용하고, 리스트 파티션은 숫자형 또는 문자형의 연속되지 않은 하나 하나씩 파티션 키 값을 지정한다.
- 리스트 파티션에는 MAXVALUE를 사용할 수 없다. 즉, 모든 경우의 파티션 키 값을 지정해야 한다.

이상으로 전체 텍스트 검색과 파티션에 대해서 살펴봤다. 두 기능은 MariaDB의 성능 향상을 위해서 상당히 유용하게 사용될 수 있으므로, 실무에서 적용 가능하다면 적극 활용하는 것을 권장한다.

MariaDB와
PHP 프로그래밍의 연동

MariaDB가 가장 많이 활용되는 웹 프로그래밍 언어인 PHP 프로그래밍에 대해서 기본적인 내용을 파악한다.
그리고, MariaDB와 PHP 연동 프로그래밍 기법을 학습한 후, 응용프로그램과 MariaDB가 어떻게 연동되는지
실습해 본다.

PHP 기본 프로그래밍

지금까지는 MariaDB 자체에 대해서 학습했다. 특히 MariaDB(MySQL 포함)가 많이 보급화된 원인 중 한 가지는 웹Web의 일반적인 사용이었다. 웹이 일반화되면서 많은 기업, 공공기관, 비영리기관 등에서는 웹 사이트를 구축할 필요가 생겼다. 초창기 웹은 HTML 코드만으로도 가능했지만, 점점 더 웹에 많은 기능을 구현하기 위해서는 프로그래밍 언어와 데이터의 입출력을 위한 데이터베이스도 필요해졌다.

이때 Windows, Linux, Unix 등 대부분의 운영체제 환경에서 쉽고 빠르게 웹 사이트를 구축할 수 있는 Apache, PHP, MariaDB(또는 MySQL)가 많은 인기를 얻게 되었다(줄여서 APM이라고도 부른다).

Apache는 웹 서버 기능을, PHP는 웹 프로그래밍 기능을, MariaDB는 데이터베이스 기능을 완벽하게 제공함으로써 많은 웹 사이트가 이 세 가지를 조합한 환경으로 웹 서비스가 제공하고 있다.

Apache는 웹 서버 기능이므로 설치 후에 몇 가지 설정만 해주면 되지만, MariaDB와 PHP는 어느 정도 학습을 해야만 활용이 가능하다. 우리는 이미 MariaDB는 충분히 학습해 왔으므로 PHP만 익히면 기업의 웹 사이트와 같은 것을 구축할 수 있다. 문제는 PHP도 하나의 프로그래밍 언어이기 때문에 학습에 많은 시간이 걸리며 이 책 분량 이상으로 PHP를 다룬 책도 많다.

이 책은 MariaDB를 활용하기 위한 PHP의 필수적이고 기본적인 내용만 이번 장에서 다루고자 한다. 그리고 다음 장에서 그에 대한 활용으로 PHP와 MariaDB를 연동하는 간단한 프로그램을 만들어 보겠다.

이 장의 핵심 개념

12장은 PHP 프로그래밍의 기본 문법을 익힌다. 또한 PHP와 관련된 필수 HTML문도 함께 학습한다. 12장의 핵심 개념은 다음과 같다.

1. APM 환경의 제품인 XAMPP를 설치해서 운영한다.

2. 스크립트는 서버에서 해석되는 서버 스크립트와 클라이언트에서 해석되는 클라이언트 스크립트로 구분된다.

3. HTML은 HyperText Markup Language의 약자로 웹 페이지를 만들기 위한 대표적인 마크업 언어다.

4. PHP 코드는 확장명은 *.php로 사용하고 내용은 〈?php ~~ ?〉로 구성한다.

5. PHP는 일반 프로그래밍과 마찬가지로 조건문, 반복문, 배열 등이 지원된다.

6. PHP는 다양한 내장 함수를 제공한다.

7. HTML과 PHP의 데이터 전송을 위해서 〈FORM〉 태그를 사용한다.

이 장의 학습 흐름

XAMPP 소개 및 설치

⬇

서버 스크립트, 클라이언트 스크립트의 개요

⬇

HTML 태그

⬇

PHP 기본 문법

⬇

HTML과 PHP 관계

12.1 웹 사이트 개발 환경 구축

12.1.1 XAMPP 소개

웹 사이트를 구축하기 위해 웹 서버, 데이터베이스, 프로그래밍 언어 등 3가지 소프트웨어가 필수로 필요하다. 웹 서버의 종류는 여러 가지가 있지만, 오랫동안 다양한 운영체제에서 작동을 지원하는 아파치Apache 웹 서버가 가장 많이 다양한 분야의 웹 사이트에서 사용되고 있다. 데이터베이스에서는 우리가 학습해온 MariaDB(또는 MySQL)가 무료이기 때문에 대부분 사용되어 왔으며 웹 프로그래밍 언어는 PHP가 Apache 및 MariaDB와 함께 인기를 얻게 되었다.

Apache, MariaDB, PHP 세 소프트웨어는 프로그램을 제작한 회사(또는 기관)가 각각 달라서 별도로 설치하는 것이 원칙이지만, 그럴 경우에 각 소프트웨어의 버전에 따른 충돌이 일어나거나 설정을 사용자가 직접 해야 하는 번거로움이 있으며 종종 호환성 문제를 일으키기도 한다.

이러한 문제를 해결하기 위해서 세 소프트웨어를 함께 묶어서 상호호환성이나 충돌 문제를 미리 해결해서 배포하는 소프트웨어가 있는데 이 책에서 사용할 XAMPP도 그 중 한 가지다.

XAMPP는 Apache + MariaDB + PHP + Perl의 약자로 우리가 필요한 3가지 소프트웨어를 포함하고 있으며 부가적으로 다른 기능도 제공해 준다.

이 책을 집필하는 시점의 XAMPP의 최신 버전은 [표 12-1]과 같이 5가지다.

XMAPP 버전	PHP	데이터베이스	Apache
5.6.39	5.6.39	MariaDB 10.1.37	2.4.37
7.0.33	7.0.33	MariaDB 10.1.37	2.4.37
7.1.25	7.1.25	MariaDB 10.1.37	2.4.37
7.2.13	7.2.13	MariaDB 10.1.37	2.4.37
7.3.0	7.3.0	MariaDB 10.1.37	2.4.37

[표 12-1] XAMPP의 버전

[표 12-1]을 보면 XAMPP 버전은 PHP 버전에 따라서 제공되는 것을 확인할 수 있다. PHP는 이 책을 집필하는 시점에서는 5.6과 7.0, 7.1, 7.2 버전이 주로 사용되며 최근에 7.3 버전이 출시된 상태다. 이 책에서는 안정화된 최신 버전인 7.2 버전을 기준으로 사용하겠지만 소스 코드가 PHP 버전에는 큰 상관이 없이 작동될 것이다.

이 책에서 사용하는 XAMPP의 버전은 PHP 7.2.13, MariaDB 10.1.37, Apache 2.4.37을 포함하고 있다. 우리는 MariaDB 10.3.11을 이미 설치하고 사용하기 때문에 XAMPP에서는 PHP와 Apache만 설치해서 사용할 것이다.

12.1.2 XAMPP 설치

웹 프로그래밍 환경을 구축하기 위한 필요한 소프트웨어를 모두 제공하는 XAMPP 7.2.13 버전을 설치하자.

⚠ Apache, PHP, MySQL은 상호 버전에 좀 민감하다. 무조건 상위 버전이라고 잘 작동하는 것은 아니므로 최신 버전보다는 이 책과 동일한 버전을 설치해서 사용해야 충돌없이 잘 작동할 것이다.

> 실습1

XAMPP 7.2.13 버전을 설치하자.

> step 1

XAMPP를 다운로드하자.

1-1 https://sourceforge.net/projects/xampp/files/XAMPP%20Windows/7.2.13/ 또는 책의 자료실(http://cafe.naver.com/thisismysql/)에 접속해서 XAMPP 7.2.13 버전(xampp-win32-7.2.13-0-VC15-installer.exe, 129.9 MB)을 다운로드하자.

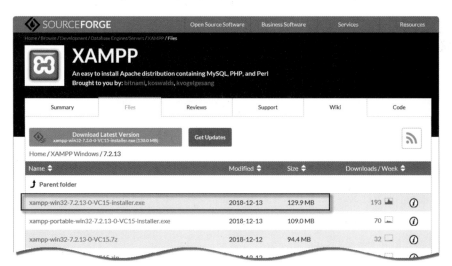

[그림 12-1] XAMPP 7.2.13 다운로드

다운로드 받은 XAMPP를 설치하자.

2-1 다운로드한 xampp-win32-7.2.13-0-VC15-installer.exe를 더블클릭해서 설치를 진행한다. 잠깐 로고가 나온다.

[그림 12-2] XAMPP 설치 1

2-2 [Warning] 창이 나오면 〈OK〉를 클릭한다. C:\Program Files (x86)\ 폴더에 설치할 수 없다는 메시지다.

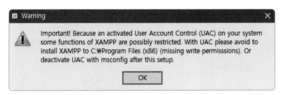

[그림 12-3] XAMPP 설치 2

2-3 [Setup - XAMPP]에서 〈Next〉를 클릭한다.

2-4 [Select Components]에서는 설치할 제품들을 선택한다. Apache, PHP 2개만 남기고 나머지는 모두 체크를 끈 후 〈Next〉를 클릭한다.

⚠ MariaDB는 기존에 설치해 놓은 10.3.11 버전을 그대로 사용한다.

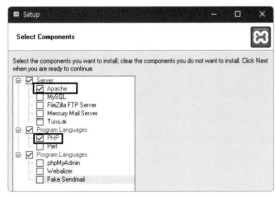

[그림 12-4] XAMPP 설치 3

2-5 [Installation folder]에서 'C:\xampp'로 되어 있을 것이다. 그대로 두고 〈Next〉를 클릭한다.

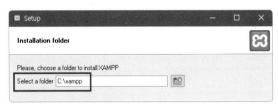

[그림 12-5] XAMPP 설치 4

2-6 [Bitnami for XAMPP]에서 'Learn more about Bitnami for XAMPP'의 체크를 끄고 〈Next〉를 클릭한다.

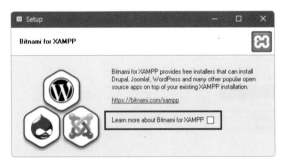

[그림 12-6] XAMPP 설치 5

2-7 [Ready to Install]에서 〈Next〉를 클릭하면 잠시 설치가 진행된다.

[그림 12-7] XAMPP 설치 6

2-8 설치 중 [Windows 보안 경고] 창이 나오면 모두 체크를 켜고 〈액세스 허용〉을 클릭한다.

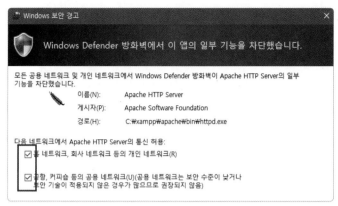

[그림 12-8] XAMPP 설치 7

2-9 설치가 완료되면 〈Do you want to start the Control Panel now?〉의 체크를 끄고 〈Finish〉를 클릭해서 설치를 마친다.

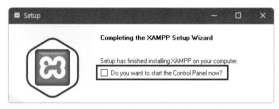

[그림 12-9] XAMPP 설치 8

step 3

XAMPP 설치 이후에 몇 가지 환경을 설정해줘야 한다.

3-1 Windows의 [시작] 〉〉 [모든 앱] 〉〉 [XAMPP] 〉〉 [XAMPP Control Panel]에서 마우스 오른쪽 버튼을 클릭한 후, [자세히] 〉〉 [관리자 권한으로 실행]을 선택해서 관리자 권한으로 실행하자.

[그림 12-10] XAMPP Control Panel을 관리자 권한으로 실행

3-2 언어 선택 창이 나오면 영어 그림을 선택하고 〈Save〉를 클릭한다.

3-3 [XAMPP Control Panel]의 Apache 앞에 있는 빨간 〈X〉를 클릭하고, 확인 창이 나오면 〈Yes〉를 클릭한다. 그러면 Windows의 [서비스]에 Apache 서비스가 등록된다.

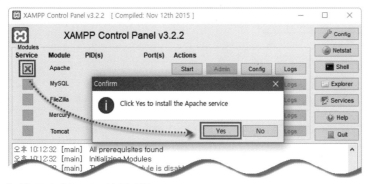

[그림 12-11] Apache 서비스 등록

3-4 Apache 오른쪽의 〈Start〉를 클릭해서 서비스를 시작하자. 최종 화면은 다음과 같다(PID는 필자와 다를 것이다).

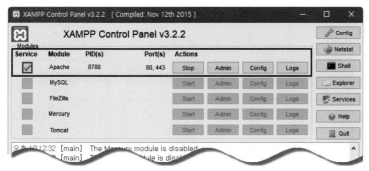

[그림 12-12] 설정된 최종 화면

이제부터는 컴퓨터를 재부팅해도 Apache 서비스가 자동으로 시작된다.

⚠ PHP는 서비스가 아니며, Apache에 포함되는 추가 기능으로 생각하면 된다. 또한 [서비스]에 등록된 내용은 제어판의 [시스템 및 보안] 》 [관리 도구] 》 [서비스]를 실행해서 확인할 수 있다.

3-5 오른쪽의 〈Quit〉을 클릭해서 XAMPP Control Panel을 닫는다.

3-6 지금 컴퓨터를 재부팅한다(재부팅하지 않으면 이후 작동에 문제가 생길 수 있다).

step 4

정상적으로 사이트가 작동하는지 확인하자.

4-1 메모장을 실행해서 다음을 코딩한다.

⚠ 이 책에서는 PHP에서 MariaDB로 접속하는 사용자를 관리자인 root/1234로 계속 사용하겠지만, 실무 환경이라면 별도의 사용자를 만들어서 접속하는 것이 보안상 더 안전하다.

```php
<?php
    $con=mysqli_connect("localhost", "root", "1234") or die("MariaDB 접속 실패");
    phpinfo();
    mysqli_close($con);
?>
```

4-2 메모장 메뉴의 [파일] 〉〉 [저장]을 클릭해서 C:\xampp\htdocs\ 폴더에 info.php 파일명으로 저장한다. 중요한 점은 [파일 형식]은 '모든 파일'을, [인코딩]은 'UTF-8'을 선택한 후 저장해야 한다.

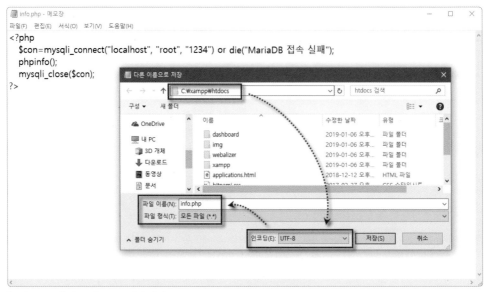

[그림 12-13] 테스트용 PHP 파일 작성

4-3 웹 브라우저에서 http://localhost/info.php에 접속하자. 다음과 같이 나오면 Apache, PHP, MariaDB가 정상적으로 잘 작동하는 것이다.

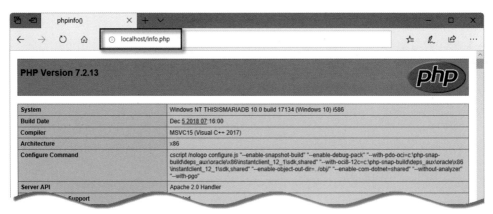

[그림 12-14] Apache, PHP, MariaDB의 정상 작동 화면

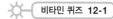
Linux 가상머신에 〈실습 1〉의 step 4 를 진행해 보자.

힌트 1 웹 서버의 홈 디렉터리는 /var/www/html 폴더다. cd 명령으로 이동한다.

힌트 2 vi 에디터로 파일을 편집해야 한다(영문만 사용해야 함).

힌트 3 Linux용 MariaDB 관리자 root의 비밀번호는 1234로 지정했었다.

힌트 4 PC의 웹 브라우저에서 http://리눅스IP/info.php로 접근한다.

12.2 스크립트 언어 개요와 HTML 문법

12.2.1 서버 스크립트와 클라이언트 스크립트

일반적으로 HTML만을 사용해도 간단한 홈페이지를 만들 수 있다. HTML을 사용해서 작성된 사이트를 정적인 웹 사이트Static Web Site라고도 부른다. '정적'이란 고정되고 변화가 없다는 의미를 갖듯이 한 번 HTML로 코딩해 놓으면 별도의 변경 없이 작성해 놓은 HTML만 제공된다.

간단한 회사소개 웹 사이트 등은 이렇게 HTML만 사용해서 구성해 놓아도 별 문제가 없다.

HTML과 함께 JavaScript 언어를 사용해서 '클라이언트 스크립트'를 작성할 수 있는데, '클라이언트 스크립트'란 클라이언트의 웹 브라우저에서 해석되는 것을 말한다. 즉, 웹 서버는 클라이언트가 요청하는 소스 코드를 변경없이 고스란히 클라이언트에게 전송하는 역할만 한다. 그러므로, HTML이나 JavaScript만으로 구성된 코드는 웹 서버가 없어도 클라이언트의 디스크에 저장한 것을 바로 실행할 수도 있다.

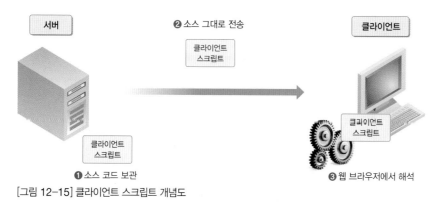

[그림 12-15] 클라이언트 스크립트 개념도

⚠ 클라이언트 스크립트의 대표적인 언어인 JavaScript도 별도의 책으로 구성되어 있는 만큼 학습할 양이 많다. 이 책에서는 HTML 태그와 서버 스크립트인 PHP만 다루며 JavaScript에 대해서는 지면상 다루지 않는다.

[그림 12-15]는 클라이언트 스크립트로 작성된 웹 페이지가 전달되고 해석되는 과정을 간단히 표현한 것으로, 클라이언트에서 서버에 웹 페이지를 요청한 후부터 작동하는 개념이다.

클라이언트 스크립트와 달리 서버에서 처리해서 HTML 코드로 변환해서 전달하는 언어를 '서버 스크립트'라고 부른다. 서버 스크립트는 고정된 내용이 아니라 클라이언트가 요청될 때마다 새로 해석해서 클라이언트에게 전송하기 때문에 그 내용이 실시간으로 변경되도록 프로그래밍이 가능하다. 예를 들면 날씨 정보, 쇼핑몰 물품의 현재 남은 수량 등 실시간으로 확인이 필요한 것들은 서버 스크립트로 처리해야 한다. 이렇게 실시간으로 변경되는 웹 사이트를 동적인 웹 사이트Dynamic Web Site라고도 부른다.

요즘의 웬만한 대형 사이트(쇼핑몰, 포털 사이트 등)는 거의 전부 동적인 웹 사이트라고 생각해도 무리가 없다. 동적인 웹 사이트를 구성하기 위해서는 '서버 스크립트'를 사용해서 웹 프로그래밍을 해야 한다. [그림 12-16]은 서버에서 스크립트를 해석한 후에 HTML 코드로 변환하여 전송하는 개념도다.

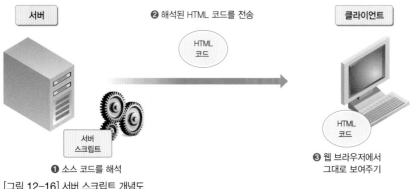

[그림 12-16] 서버 스크립트 개념도

서버 스크립트 언어로는 PHP, JSP, ASP.net 등이 있는데, 책에서는 그 중 MariaDB와 가장 많이 활용되는 PHP를 다룬다. 대부분의 서버 스크립트는 데이터베이스와 연동이 되어야 한다. 이 책은 MariaDB 책이므로 MariaDB와 PHP의 연동에 초점을 맞춰서 학습을 진행하는 것이다.

⚠ 클라이언트의 웹 브라우저 입장에서는 정적인 웹 사이트든, 동적인 웹 사이트든 관계없이 접속되며 특별히 두 개를 구분하지도 않는다. 어차피 클라이언트에게 전달되는 코드는 HTML 또는 JavaScript 코드만 전달되기 때문이다

12.2.2 HTML 태그

웹 사이트를 구축하기 위해서는 프로그래밍 언어가 필요하다. 그 중 대표적인 것이 HTML이다. HTML은 HyperText Markup Language의 약자로 웹 페이지를 만들기 위한 대표적인 마크업 언어다. HTML을 알아야 하는 이유는 잠시 후에 배울 PHP와 함께 조합되어 사용되어야 하므로 미리 그 문법을 확인해 보자.

⚠ HTML도 버전이 계속 업데이트되었다. 현재 일반적인 HTML이라 함은 주로 HTML 4.0 표준을 의미하며, 이 책에서 취급하는 HTML도 HTML 4.0을 기준으로 한다. 최근에는 HTML 5도 사용되는데 HTML 5는 비디오, 오디오 등의 다양한 추가 기능과 멀티미디어를 별도의 액티브X 없이도 웹 브라우저에서 바로 실행하기 위한 용도로 많이 사용된다.

먼저 HTML 태그에 대한 공통적인 특징을 몇 가지 기억하자.

- HTML 파일의 확장자는 *.htm 또는 *.html로 된다.
- HTML 파일은 텍스트 파일이므로 메모장 등에서 작성하면 된다. 단, 웹 브라우저에서 한글이 깨져 보일 수 있으므로 인코딩 방식은 UTF-8로 저장한다.
- HTML의 태그는 대부분 〈 〉 안에 쓴다.
- HTML은 대문자와 소문자를 구분하지 않는다.
- HTML 파일은 〈HTML〉 태그로 시작해서 〈/HTML〉 태그로 종료한다.

HTML 파일의 기본 구조

HTML 파일은 다음과 같은 형식으로 구성된다.

```
형식 :
<HTML>
<HEAD>
    화면에 표시되지 않는 정보(타이틀, 인코딩 정보 등)
</HEAD>

<BODY>
    화면에 보이는 본체(주로 태그들을 표현)
</BODY>
</HTML>
```

전체 코드는 〈HTML〉~〈/HTML〉 태그로 감싸져 있어야 한다. 그리고, 화면에 표시되지 않는 정보를 〈HEAD〉~〈/HEAD〉 안에 표현하고, 화면에 표시되는 정보는 〈BODY〉~〈/BODY〉 안에 표시한다.

먼저 〈HEAD〉에는 〈TITLE〉 제목 〈/TITLE〉이 가장 많이 사용되는데, 웹 브라우저의 타이틀 바에 표시되는 웹 페이지의 제목을 표시한다.

필요하다면 태그에는 속성을 표시할 수 있다. 예로 〈BODY bgcolor='green'〉은 전체 페이지의 배경색을 초록색으로 변경한다. 만약, 배경에 그림을 넣고자 한다면 〈BODY background='그림 파일명'〉을 사용하면 된다.

여기서 잠깐

앞으로 HTML이나 PHP 코딩은 메모장에서 작업을 하면 된다. 하지만, 메모장에서 코딩하면 문법 체크/들여 쓰기 등을 하지 못하므로 별도의 에디터를 사용하는 것이 훨씬 효율적이다.

PHP와 HTML 코딩을 위한 에디터는 상당히 다양하다. 몇 가지를 소개하겠으니, 독자가 스스로 골라서 사용하는 것을 권장한다.

• 노트패드++(notepad-plus-plus.org): 무료, 가볍게 사용할 수 있음(권장함)
• Sublime Text 3(www.sublimetext.com/): 유료, 평가판 사용 가능
• 이클립스(www.eclipse.org): 무료, 전문 개발자가 주로 사용
• Aptana Studio(www.aptana.com): 무료, 이클립스 기반의 개발 환경
• 에디트플러스(www.editplus.com/kr): 유료, 가볍고 상당히 인기가 높은 툴로 평가됨

HTML 태그 기본

이 책에서 사용되는 HTML 태그에 대해서 몇 가지 살펴보자. 태그 중에 단독으로 나오는 태그도 있고 끝을 표시해줘야 하는 태그가 있으니 구분도 필요하다.

• 〈META〉

웹 페이지의 정보를 설정하는데 검색 엔진에게 문서의 내용을 요약해 주기도 하며, 언어의 설정에도 사용된다. 〈META〉 태그는 〈HEAD〉 영역에 표현된다.

```
<META http-equiv="content-type" content="text/html; charset=utf-8">
```

웹 페이지의 문자 코딩을 UTF-8로 인식되게 한다.

• ⟨BR⟩

글자의 줄을 바꿔준다.

```
안녕하세요? <BR> MariaDB 학습 중입니다.
```

결과는 2줄로 출력된다.

• ⟨U⟩~⟨/U⟩, ⟨B⟩~⟨/B⟩, ⟨I⟩~⟨/I⟩

글자에 밑줄, 굵은 글씨, 이탤릭체의 모양을 지정한다.

```
<U>이건 밑줄</U> <BR> <B>이건 굵게</B> <BR> <I>이건 이탤릭</I>
```

• ⟨FONT⟩~⟨/FONT⟩

글자의 크기나 색상을 지정한다.

```
<FONT color='red' size='10' face='궁서'> 폰트 변경했어요. </FONT>
```

결과는 궁서체로 10의 크기로 빨간색 글자가 출력된다.

• ⟨HR⟩

수평선을 그어준다. ⟨HR size='픽셀수'⟩는 픽셀수의 폭으로 선을 그어준다.

```
<HR size='10'>
```

• ⟨A⟩~⟨/A⟩

클릭하면 다른 페이지가 연결되는 링크를 설정한다. 주로 href 속성으로 연결된 홈페이지를 지정한다. target 속성을 지정하지 않으면 현재 페이지에서 열린다.

```
<A href='http://www.hanbit.co.kr' target='_blank'>한빛 홈페이지 연결</A>
```

클릭하면 새로운 페이지에서 한빛 홈페이지가 열린다.

• 〈IMG〉

이미지 파일을 화면에 표시한다.

```
<IMG src='mouse.png' width=100 height=100>
```

mouse.png 파일이 화면에 100×100 픽셀 크기로 출력된다. width와 height를 생략하면 그림의 원래 크기로 출력된다.

• 〈TABLE〉~〈/TABLE〉, 〈TR〉~〈/TR〉, 〈TH〉~〈/TH〉, 〈TD〉~〈/TD〉

표를 만드는 태그들이다. 기본적으로 〈TABLE〉~〈/TABLE〉 태그 안의 행은 〈TR〉~〈/TR〉로 구성되고, 행 안에 열이 〈TH〉~〈/TH〉 또는 〈TD〉~〈/TD〉로 구성한다. 〈TH〉는 제목 열을 표현해서 두꺼운 글씨체로 보여지며 〈TD〉는 일반 열로 표현된다.

```
<TABLE border=1>
<TR>
        <TH>아이디</TH>
        <TH>이름</TH>
</TR>
<TR>
        <TD>BBK</TD>
        <TD>바비킴</TD>
</TR>
<TR>
        <TD>LSG</TD>
        <TD>이승기</TD>
</TR>
</TABLE>
```

제목에 아이디와 이름이 있는 2행 2열짜리 테이블이 화면에 출력된다.

12.3 PHP 기본 문법

12.3.1 변수와 데이터 형식

PHP의 기본 구조와 주석

앞에서 간단히 다뤄봤지만 PHP 코드는 확장명은 *.php로 사용하고 내용은 다음과 같은 구성을 한다.

```
[소스 12-1] php 기본 틀

1   <?php
2
3   ?>
```

2행 부분에 필요한 PHP 코딩을 하면 된다. 또한, PHP의 주석은 한 줄용으로 // 와 여러 줄용으로 /* */를 사용한다.

```
[소스 12-2] php 주석

1   <?php
2     // 한 줄 주석용
3     /*
4        여러 줄
5        주석용
6     */
7   ?>
```

변수

변수는 무엇을 담는 그릇으로 생각하면 된다. 예로 다음과 같이 사용하면 왼쪽의 변수(그릇)에 오른쪽의 값이 들어가는 것이다. 또, PHP도 행의 끝에는 세미콜론(;)을 붙여야 한다.

```
$a = 100;
```

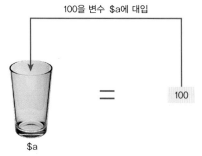

[그림 12-17] 변수에 값을 대입할 때 처리되는 방식

이미 7장에서 MariaDB 환경의 변수를 다뤄봤다. PHP는 변수 이름 앞에 $를 붙여서 사용한다. 변수를 출력하려면 print나 echo문을 사용한다.

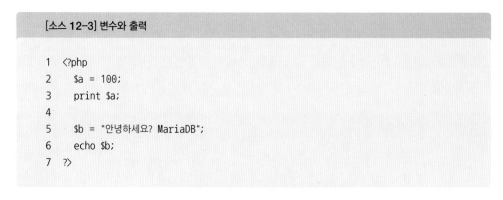

[소스 12-3] 변수와 출력

```php
1  <?php
2    $a = 100;
3    print $a;
4
5    $b = "안녕하세요? MariaDB";
6    echo $b;
7  ?>
```

[그림 12-18] 실행 결과

PHP의 변수 이름은 몇 가지 규칙을 따라야 하는데, 요약하면 다음과 같습니다.

- 제일 앞에 $가 붙어야 한다.
- 문자와 숫자, 언더바(_)를 사용할 수 있지만, 숫자로 시작할 수 없다. 변수 이름의 예는 다음과 같다.

  $abc (O), $abc123 (O), $_abc (O), $_abc123 (O), $123 (X), $123abc (X)
- 대소문자를 구별한다. $abc와 $ABC는 다른 변수다.

데이터 형식

PHP 데이터 형식은 정수^{int}, 실수^{double}, 문자열^{string}, 불형^{boolean}, 객체^{object}, 배열^{array} 등이 있다.

[소스 12-4] 변수의 데이터 형식

```
1  <?php
2  $a = 123;        echo gettype($a), "<br>";
3  $a = 123.123;    echo gettype($a), "<br>";
4  $a = "MariaDB";   echo gettype($a), "<br>";
5  $a = true;        echo gettype($a), "<br>";
6  $a = array( 1, 2, 3); echo gettype($a), "<br>";
7  ?>
```

[그림 12-19] 실행 결과

gettype() 함수는 변수의 데이터 형식을 보여준다. PHP는 별도의 변수 선언이 없으며 값을 대입하는 순간에 변수의 데이터 형식이 결정된다. 그리고 다른 값을 넣으면 변수의 데이터 형식은 새로운 값에 의해서 변경된다. 그래서 [소스 12-4]에서는 $a를 계속 재사용 했다.

문자열

문자열은 큰 따옴표(") 또는 작은 따옴표(')로 묶어야 한다. 일반적으로는 아무거나 사용해도 되지만 우리가 사용할 예정인 SQL문을 문자열로 지정하기 위해서는 큰 따옴표로 묶고, 그 내부에 필요할 경우에 작은 따옴표로 묶어주는 방식이 바람직하다.

```
1  <?php
2      $str1 = "이것이 MariaDB다<br>";   echo $str1;
3      $str2 = 'PHP 프로그래밍<br>';   echo $str2;
4      $str3 = "SELECT * FROM userTBL WHERE userID='JYP' ";   echo $str3;
5  ?>
```

이것이 MariaDB다
PHP 프로그래밍
SELECT * FROM userTBL WHERE userID='JYP'

[그림 12-20] 실행 결과

4행에서 'JYP'라는 것을 사용하기 위해서 바깥은 큰 따옴표로 묶어줬다.

비타민 퀴즈 12-2

[소스 12-1] ~ [소스 12-5]를 Linux 가상머신에 업로드한 후에, 웹 브라우저로 접속해 보자.

힌트 1 http://winscp.net/에서 WinSCP를 다운로드한 후, 설치해서 사용한다.

힌트 2 WinSCP를 실행해서 Linux 가상머신에 IP 주소로 접속(root/password)한다.

힌트 3 Windows의 C:₩xampp₩htdocs₩*.php 파일을 Linux의 /var/www/html/ 폴더에 업로드한다.

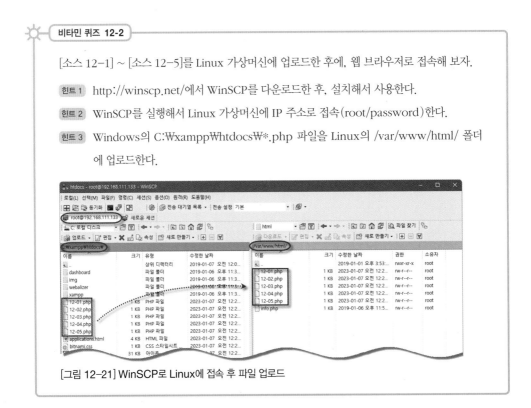

[그림 12-21] WinSCP로 Linux에 접속 후 파일 업로드

12.3.2 조건문과 반복문

if( ) 함수

조건에 따라서 분기하는 if( ) 함수는 다음의 형식을 갖는다. 다음 형식에서 else{ } 부분은 생략할
수 있다.

```
형식 :
if(조건식) {
    // 참일 때 실행
} else {
    // 거짓일 때 실행
}
```

조건식의 결과는 TRUE 또는 FALSE가 오는데 주로 비교 연산자인 ==, 〈 〉, 〈, 〉, 〈=, 〉= 등이 사
용된다.

[소스 12-6] if~else

```php
1   <?php
2       $a=100;
3       $b=200;
4
5       if($a > $b) {
6           echo "a가 b보다 큽니다.";
7       } else {
8           echo "a가 b보다 작습니다.";
9       }
10  ?>
```

[그림 12-22] 실행 결과

여러 개의 조건이 필요하다면 if ~ elseif를 사용할 수 있다.

[소스 12-7] if~elseif~else

```php
1    <?php
2        $jumsu=83;
3
4        if($jumsu >= 90) {
5            echo "A학점";
6        } elseif($jumsu >= 80) {
7            echo "B학점";
8        } elseif($jumsu >= 70) {
9            echo "C학점";
10       } elseif($jumsu >= 60) {
11           echo "D학점";
12       } else {
13           echo "F학점";
14       }
15   ?>
```

[그림 12-23] 실행 결과

elseif문을 이용해서 여러 개의 조건을 처리했다.

switch( ) 함수

if~elseif와 비슷하게 switch~case로 여러 개의 조건을 처리할 수 있다. default 부분은 생략할
수 있다.

```
형식 :
switch(변수) {
   case 값1 :
      // 값1이면 이 부분을 처리
      break;
   case 값2 :
      // 값2면 이 부분을 처리
      break;
   …
   default:
      // 아무 것도 해당 안되면 이 부분을 처리
}
```

[소스 12-7]을 switch~case로 처리해 보자.

[소스 12-8] switch~case

```
1   <?php
2      $jumsu=83;
3
4      switch(intval($jumsu / 10)) {
5         case 10:
6         case 9:
7            echo "A학점"; break;
8         case 8:
9            echo "B학점"; break;
10        case 7:
11           echo "C학점"; break;
12        case 6:
13           echo "D학점"; break;
14        default:
15           echo "F학점";
16     }
17  ?>
```

결과는 [소스 12-7]과 동일하게 나왔을 것이다.

4행에서 $jumsu를 10으로 나눈 후에, intval( ) 함수로 정수로 변환했다. 이 예에서는 8.3에서 8로
변경되었다.

5행은 100점인 경우도 A학점으로 처리하기 위해서 추가했다. 즉, 5,6행에 해당되면 7행의 echo가 처리되고 break로 switch{ }를 빠져 나간다. 나머지도 동일한 방식으로 처리된다.

for( ) 함수

for문은 지정된 수만큼 반복하기 위해서 사용되는 함수다. for의 형식은 다음과 같다.

```
형식 :
for(초깃값 ; 조건식 ; 증감식) {
    // 이 부분을 반복함
}
```

간단한 예를 확인해 보자. 1부터 10까지 출력하도록 for를 활용해 보자.

[소스 12-9] for 1

```
1   <?php
2     for( $i=1; $i<=10 ; $i=$i+1 ) {
3         echo $i, " ";
4     }
5   ?>
```

[그림 12-24] 실행 결과

2행에서 $i가 1부터 $i가 10까지 1씩 증가한다. 즉, $i는 1, 2, 3… 10까지 증가하고 3행에서 반복해서 출력된 것이다. for를 그림으로 보면 [그림 12-25]와 같다.

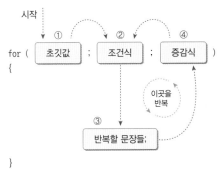

[그림 12-25] for문의 기본 형식

[그림 12-25]에서 for문의 형식을 보면 괄호 안에 초깃값, 조건식, 증감식이 세미콜론(;)으로 구분되어 있다. 그리고, 중괄호({ }) 안에 반복할 문장들이 나온다. 반복할 문장이 하나뿐이라면 중괄호를 생략해도 된다.

여기서 반복되는 순서를 기억하자. ①②를 수행하고 ③④②가 계속 반복할 문장들을 수행한다.

for문의 활용으로 123부터 456까지의 홀수만 합계를 구해보자. 즉 123+125+127+⋯+455까지 2씩 증가하면서 합계를 구하면 된다.

[소스 12-10] for 2

```
1  <?php
2    $hap=0;
3
4    for( $i=123; $i<=456 ; $i=$i+2 ) {
5      $hap = $hap + $i;
6    }
7
8    echo "123부터 456까지 홀수의 합계 : ", $hap;
9  ?>
```

123부터 456까지 홀수의 합계 : 48263

[그림 12-26] 실행 결과

먼저 2행에서 0으로 초기화를 해야 한다. 4행에서는 123부터 456까지 2씩 증가시켰다. 5행에서 증가시킨 값을 $hap에 누적시켰다. 그리고 8행에서 합계를 출력했다.

while( ) 함수

while() 함수는 for() 함수와 용도가 크게 다르지 않다. while에서는 for와 다르게 초깃값과 증감식이 없으며 조건식만 있다. 먼저 형식을 살펴보자.

```
형식 :
while(조건식) {
    // 이 부분을 반복함
}
```

while을 그림으로 표현하면 다음과 같다.

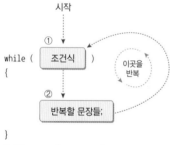

[그림 12-27] while문의 실행 순서

그렇다면 초깃값과 증감식은 어디에 있어야 할까? 다음 형식은 while문의 필수는 아니지만, 초깃값과 증감식의 위치를 어디에 두어야 할지를 확인할 수 있다.

```
형식 :
초깃값;
while(조건식) {
    // 이 부분을 반복함
    증감식;
}
```

for로 작성한 [소스 12-10]과 동일한 결과를 내도록 while로 작성해 보자.

```php
1   <?php
2      $hap=0;
3
4      $i=123;
5      while( $i<=456 ) {
6         $hap = $hap + $i;
7            $i=$i+2;
8      }
9
10     echo "123부터 456까지 홀수의 합계 : ", $hap;
11   ?>
```

결과는 [소스 12-10]과 동일하게 나왔을 것이다. 4행에는 for에서 사용한 초깃값을 미리 설정했다. 그리고 7행에서는 증감식을 위치시켰다. 5행의 while에서는 조건식만 존재한다.

비타민 퀴즈 12-3

1부터 10,000까지의 숫자 중에서 3의 배수에 해당하지만, 9의 배수에는 해당하지 않는 수의 합계를 구하는 프로그램을 작성하자. 그리고 Linux 가상머신에 업로드한 후에, 웹 브라우저로 접속해 보자.

힌트 3+6+12+15+21+…의 합계를 내면 된다.

12.3.3 배열

앞에서 변수의 개념을 '그릇'으로 비유해왔다. 하지만 배열을 설명하기 위해서는 그릇보다는 '(종이)박스'가 좀 더 이해하기 쉬울 것 같다. 배열은 [그림 12-28]과 같이 하나씩 사용하던 종이박스(변수)를 한 줄로 붙여놓은 것이다.

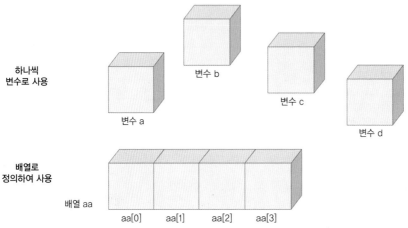

[그림 12-28] 배열의 개념

지금까지는 박스(변수)의 이름을 각각 $a, $b, $c, $d 이런 식으로 지정해서 사용해왔지만 배열은 박스(변수)를 한 줄로 붙인 후에 박스 전체의 이름($aa)을 지정하여 사용한다. 그리고 각각은 $aa[0], $aa[1], $aa[2], $aa[3]과 같이 번호(첨자라고 한다)를 붙여서 사용하게 될 것이다. 주의할 점은 4개짜리 배열을 만들었다면 첨자는 0, 1, 2, 3 네 개를 사용하며 4는 첨자로 사용되지 않는다.

먼저 배열을 만드는 형식을 살펴보자. PHP에서 배열을 만드는 방법은 3가지가 있다.

```
형식1 :
$배열명 = array(값1, 값2, 값3 …);

형식2 :
$배열명 = range(시작값, 끝값, 증가값);

형식3 :
$배열명[0] = 값1;
$배열명[1] = 값2;
$배열명[3] = 값3;
…
```

형식2에서 증가값을 생략할 수 있으며, 형식3에서는 $배열명이 정의되어 있지 않아도 바로 배열이 생성된다. 배열을 생성하는 간단한 예제를 살펴보자.

[소스 12-12] 배열1

```php
1  <?php
2    $myArray = array(100, 'MariaDB', 123.123);
3    echo $myArray[0], " ", $myArray[1], " ", $myArray[2], "<br>";
4
5    $myArray = range(1,3);
6    echo $myArray[0], " ", $myArray[1], " ", $myArray[2], "<br>";
7
8    $myArray = range(1,10,2);
9    echo $myArray[0], " ", $myArray[4], "<br>";
10
11   $newArray[0] = 'This';
12   $newArray[1] = 'is';
13   $newArray[2] = 'MariaDB';
14   echo $newArray[0], " ", $newArray[1], " ", $newArray[2], "<br>";
15 ?>
```

[그림 12-29] 실행 결과

2행에서는 3개짜리 배열이 생성되었다. 2행에서 알 수 있듯이 배열은 꼭 같은 데이터 형식으로 만들지 않고 서로 다른 데이터 형식으로 생성이 가능하다. 5행에서는 1부터 3까지 3개의 값으로 배열을 생성했다. 단, 배열의 첨자는 [0], [1], [2] 세 개로 생성되었다. 8행은 1, 3, 5, 7, 9 등 5개의 값으로 배열을 생성했다. 11~13행은 처음부터 배열 첨자를 사용하면 바로 배열이 생성되면서 값이 입력된다.

배열은 그대로 사용하기보다는 for나 while과 함께 사용된다. 1부터 10까지 배열에 값을 입력한 후에 그 배열의 합계를 구하는 프로그램을 작성해 보자.

[소스 12-13] 배열2

```
1   <?php
2     $hap = 0;
3     $myArray = range(1,10);
4
5     for($i=0; $i<10; $i++) {
6         $hap = $hap + $myArray[$i];
7     }
8      echo "배열의 합계 : " , $hap;
9   ?>
```

결과는 55로 잘 나왔을 것이다. 이 예처럼 배열의 첨자를 $i와 같이 증가하는 값으로 처리하는 것이 가장 많이 사용되는 배열의 처리 방식이다. 그리고 5행에서 배열의 길이를 10(첨자는 0~9)으로 고정했으나 10 대신에 배열의 크기를 구하는 함수를 사용해서 count($myArray)로 써주는 것이 더 바람직하다.

배열을 잘 활용하기 위해 PHP에서는 다양한 함수가 제공되는데, 몇 가지를 예제를 통해서 살펴보자.

[소스 12-14] 배열3

```
1   <?php
2     $myArray = range(1,10);
3
4     echo "임의로 섞은 값 ==> ";
5     shuffle($myArray);
6     foreach($myArray as $data)
7      echo $data, " ";
8
9     echo "<br>오름차순 정렬 ==> ";
10    sort($myArray);
11    foreach($myArray as $data)
12     echo $data, " ";
13
14    echo "<br>내림차순 정렬 ==> ";
15    rsort($myArray);
```

```
16    foreach($myArray as $data)
17     echo $data, " ";
18
19    echo "<br>순서를 반대로 ==> ";
20    $revArray = array_reverse($myArray);
21    foreach($revArray as $data)
22     echo $data, " ";
23  ?>
```

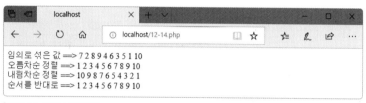

[그림 12-30] 실행 결과

2행에서 1부터 10까지 들어 있는 $myArray를 생성했다. 5행의 shuffle()은 배열의 내용을 임의로 섞어 준다.

6행의 foreach(배열명 as 변수)는 배열의 값을 차례대로 하나씩 변수에 넣어서 반복한다. 7행에서 echo로 값을 하나씩 출력했다. 10행의 sort()는 배열의 값을 오름차순으로 정렬하고, 15행의 rsort()는 내림차순으로 정렬한다.

20행은 좀 주의할 필요가 있는데, array_reverse()는 배열의 순서를 역순으로 바꾼다. 하지만, 다른 함수처럼 배열 자체를 바꾸지는 않고 새로운 배열을 반환한다.

12.3.4 PHP 내장 함수

지금까지도 종종 PHP에서 제공하는 다양한 함수를 사용해왔지만 PHP는 1,000개가 훨씬 넘는 많은 내장 함수를 제공하고 있다. 너무 많은 함수를 제공해서 일일이 소개하는 것은 의미도 없고 지면상으로도 어렵기 때문에, 이 책에서 사용하거나 실제 프로그래밍에서 자주 사용되는 함수를 몇 개 소개하겠다.

함수명	사용법	설명
date( )	date("포맷")	지정한 포맷으로 날짜를 반환한다. Y는 연도, m은 월, j는 일, h는 시를 의미한다.
max( ), min( )	max(배열 또는 숫자), min(배열 또는 숫자)	최대, 최소값을 반환한다
pi( )	pi( )	파이 값을 반환한다. M_PI 상수와 동일하다.
round( ), ceil( )	round(숫자), ceil(숫자)	소수점 아래를 반올림, 올림한다.
trim( )	trim(문자열)	양쪽 공백을 제거한다.
strlen( )	strlen(문자열)	문자열의 길이를 구한다.
str_repeat( )	str_repeat(문자열, 횟수)	문자열을 횟수만큼 반복한다.
str_replace( )	str_replace(old, new, target)	target 문자열에서 old를 new로 바꾼다.
str_split( )	str_ split(문자열, 길이)	문자열을 길이만큼 잘라서 배열로 분리한다. 길이를 생략하면 1로 간주한다.
explode( )	explode(구분자,문자열)	문자열을 구분자로 분리해서 배열로 저장한다.
implode( )	implode(배열, 구분자)	배열을 중간에 구분자를 넣어서, 하나의 문자열로 이어준다.
htmlspecialchars( )	htmlspecialchars(HTML코드)	HTML 코드를 해석하지 않고 그대로 웹 브라우저에 표시한다.

[표 12-2] PHP 주요 내장 함수

예제를 통해서 살펴보자.

[소스 12-15] 다양한 함수의 활용

```php
1  <?php
2      $today = "현재는 ".date("Y-m-j")." 입니다.";
3      echo $today, "<br>";
4
5      $ary = array(100, 50, 200, 7);
6      echo "최대:", max($ary) ," 최소:", min(-123, 50, 999), "<br>";
7
8      echo pi(), " ", round(M_PI), " ",ceil(M_PI), "<br>";
9
10     $str = "   This is MariaDB   "; // 앞뒤에 공백 3개씩.
11     $str = trim($str);
12     echo "#", $str, "#", "<br>";
13
```

```
14    echo "문자열 길이:", strlen($str), "<br>";

15

16    echo str_repeat("-", 30), "<br>";

17

18    echo str_replace( "MariaDB", "마리아디비", "This is MariaDB"), "<br>";

19

20    $ary = str_split("This is MariaDB", 3);
21    print_r($ary); echo "<br>"; // 배열을 출력한다.
22    echo "<br>";

23

24    $ary = explode(" ", "This is MariaDB");
25    print_r($ary); echo "<br>"; // 배열을 출력한다.

26

27    echo implode($ary, " "), "<br>";

28

29    $myHTML = "<A href='www.hanbit.co.kr'> 한빛미디어 </A> <br>";
30    echo $myHTML;
31    echo htmlspecialchars($myHTML);
32 ?>
```

[그림 12-31] 실행 결과

⚠ 문자열을 이어주기 위해서는 단순히 '.'을 붙여서 이어주면 된다. 다음 예는 세 문자열을 이어서 출력한다.

   echo "문자열1"."문자열2"."문자열3";

[표 12-2]에서 설명한 함수와 실행 결과를 보면 잘 이해가 될 것이다. 이 외에 내장 함수에 대한 세
부적인 목록은 http://php.net/manual/kr/funcref.php를 참조하는 것으로 하자.

PHP에서는 MariaDB(또는 MySQL)와 관련된 내장 함수를 제공한다. 이 책에서 주요하게 사용될 관련 함수를 몇 개 살펴보고 넘어가자.

함수명	설명
mysqli_connect( )	MariaDB 서버에 연결한다.
mysqli_connect_error( )	MariaDB 서버에 연결 오류가 발생 시에 그 원인을 알려준다.
mysqli_close( )	MariaDB 서버에 연결된 것을 종료한다.
mysqli_select_db( )	사용할 데이터베이스를 지정한다.
mysqli_query( )	SQL문을 서버에 실행한다.
mysqli_error( )	SQL문이 서버에서 실패한 경우 그 원인을 알려준다.
mysqli_num_rows( )	SELECT문의 결과가 몇 개의 행인지 알려준다.
mysqli_fetch_array( )	SELECT문의 실행 결과에서 결과 행을 추출한다.

[표 12–3] PHP 주요 MariaDB 관련 함수

이 함수들의 활용은 13장에서 본격적으로 살펴보겠다. 이 외에도 MariaDB 관련 함수는 http:// php.net/manual/kr/book.mysql.php를 참조하면 된다.

⚠ PHP 4.x까지는 MariaDB 관련 함수가 mysql_로 시작했으나 PHP 5.x부터는 추가로 mysqli_도 지원한다. mysqli_ 가 mysql_보다는 개선된 면이 많으므로 PHP 5.x 이상을 사용한다면 mysqli_ 함수를 사용하는 것을 권장한다.

12.4 HTML과 PHP 관계

12.4.1 HTML과 PHP 데이터 전송

HTML과 PHP 데이터 전송 개념

11장까지는 데이터의 입력/수정/삭제를 위해서 직접 SQL문 INSERT/UPDATE/DELETE를 사용해 왔다. 하지만, 일반 사용자가 데이터의 조회나 수정을 위해서 이러한 SQL문을 배울 수는 없다.

예로 쇼핑몰에 회원 가입을 하기 위해서는 원칙적으로 회원 테이블에 INSERT문을 실행해야 하지만, 현실적으로 쇼핑몰에 가입하는 사람들이 이러한 SQL문을 알 수 없기 때문에 HTML 페이지로 사용자가 사용하기 쉬운 형태의 화면을 제공해야 한다. [그림 12–32]를 보자.

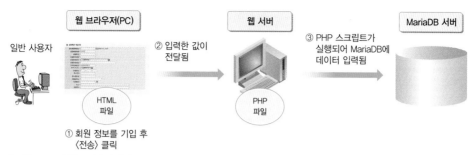

[그림 12-32] 웹 브라우저에서 MariaDB에 데이터 입력 개념

PC의 웹 브라우저에서는 HTML 파일에서 회원의 이름/주소 등의 정보를 입력한 후 〈전송〉을 클릭한다. 그러면 서버의 PHP 파일이 작동되어서 HTML에서 전송받은 데이터를 MariaDB 서버에 입력한다.

이러한 작동을 하게 하기 위해서는 HTML 파일에 〈FORM〉 태그를 사용해야 한다. 그러면 입력한 정보가 서버의 PHP 파일에 전달될 수 있다. 또 〈FORM〉 태그 안에 데이터를 채우기 위해서 〈INPUT〉 태그도 사용해야 한다.

먼저 간단히 HTML에서 사용자의 아이디와 이름을 입력한 후, PHP 파일에 전달하는 코드를 살펴보자.

[소스 12-16] send.html 파일

```
1  <HTML>
2  <HEAD>
3  <META http-equiv="content-type" content="text/html; charset=utf-8">
4  </HEAD>
5  <BODY>
6
7  <FORM METHOD="post"  ACTION="receive.php">
8      아이디 : <INPUT TYPE ="text" NAME="userID">
9      이름 : <INPUT TYPE ="text" NAME="userName">
10     <BR><BR>
11     <INPUT TYPE="submit"  VALUE="전송">
12 </FORM>
13
14 </BODY>
15 </HTML>
```

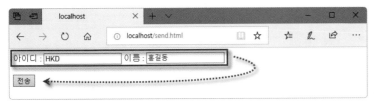

[그림 12-33] 실행 결과

send.html 파일에서는 사용자의 아이디와 이름을 〈INPUT〉 태그로 입력 받는다.

7~12행에서 〈FORM〉 태그로 묶어줬다. 7행의 〈FORM〉의 METHOD 속성을 post로 지정했는데, get으로 지정하는 방법도 있다. 잠시 후에 살펴보겠다. ACTION은 receive.php 파일을 지정했는데, 11행의 〈전송〉을 클릭하면 receive.php 파일로 데이터를 전송하라는 의미다. 8행과 9행의 〈INPUT〉 태그의 내용이 데이터로 전송된다. [그림 12-33]에서 〈전송〉을 클릭하는 것이 [그림 12-32]의 ①번 작동을 한 것으로 보면 된다.

send.html 파일의 내용을 받는 receive.php 코드는 다음과 같다.

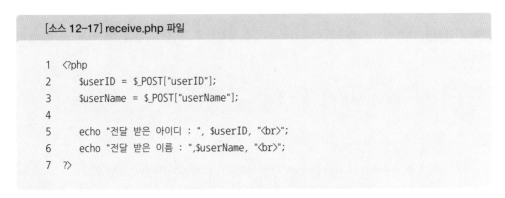

```
[소스 12-17] receive.php 파일

1   <?php
2       $userID = $_POST["userID"];
3       $userName = $_POST["userName"];
4
5       echo "전달 받은 아이디 : ", $userID, "<br>";
6       echo "전달 받은 이름 : ",$userName, "<br>";
7   ?>
```

[그림 12-34] 실행 결과

2행에서 send.html의 〈FORM〉 안에 있는 〈INPUT〉 태그 중에서 NAME 속성이 userID인 값을 받아서 $userID 변수에 대입시켰다($_POST["이름"]은 POST 방식으로 전달받은 '이름'을 추출한다). 그리고 5행에서 출력했다. 즉, send.html에서 입력한 아이디를 receive.php에서 받아서 출력한 것이다. 3행, 6행도 동일한 방식이다.

POST와 GET 전달 방식

[소스 12-16]과 [소스 12-17]에서 사용한 방식은 POST 전달 방식이다. [소스 12-16]의 7행에서 〈FORM〉의 METHOD 속성을 post로 지정했으며, [소스 12-17]에서는 $_POST["이름"] 방식으로 값을 전달 받았다.

또 다른 방식으로는 GET 방식이 있는데 [소스 12-16]의 7행에서 post를 get으로 변경하고, [소스 12-17]의 $_POST를 $_GET으로 변경해서 수행해 보자. 동일한 결과가 나올 것이다.

[그림 12-35] 실행 결과

결과는 동일하다. 차이점이라면 POST 방식의 결과인 [그림 12-34]에서는 주소창에 'localhost/ receive.php'만 써 있었지만, GET 방식은 주소 뒤에 '?변수=값&변수=값' 방식으로 값이 전달되는 것을 확인할 수 있다. 한글로 전달한 userName 변수는 다른 코드로 변환했기 때문에 이상해 보이는 것일뿐 결과는 '홍길동'으로 잘 나와 있다.

지금 확인했듯이 GET 방식은 전달되는 데이터가 노출되기 때문에 주의할 필요가 있다. 전달 데이터가 노출되어도 문제 없는 경우에는 사용해도 되지만, 비밀번호 등과 같이 중요한 정보를 전달하는 경우에는 GET을 사용하지 말고 POST를 사용하는 것이 바람직하겠다.

비타민 퀴즈 12-4

6장의 [그림 6-10]에 나온 userTBL의 모든 열을 HTML로 입력받고 POST 방식으로 전달받아서 결과를 화면에 출력하는 PHP 코드를 작성해 보자. 그리고 Linux 가상머신에 업로드한 후에 웹 브라우저로 접속해 보자.

12.4.2 HTML과 PHP 혼용

HTML 문법으로만 구성된 파일의 확장명을 *.php로 저장해서 사용해도 상관 없다.

[소스 12-18] 코드는 HTML뿐이지만 확장명이 *.php인 파일

```
1   <HTML>
2   <HEAD>
3   <META http-equiv="content-type" content="text/html; charset=utf-8">
4   </HEAD>
5   <BODY>
6
7   <h1> 이 파일은 *.PHP 입니다. </h1>
8
9   </BODY>
10  </HTML>
```

결과는 7행이 잘 출력되었을 것이다.

필요하다면 PHP와 HTML 코드를 섞어서 사용할 수도 있다. 다음 예를 보자.

[소스 12-18] HTML과 PHP의 혼용

```
1   <?php
2       $num1 = 100;
3       $num2 = 200;
4       $sum = $num1 + $num2;
5   ?>
6
7   <HTML>
8   <HEAD>
9   <META http-equiv="content-type" content="text/html; charset=utf-8">
10  </HEAD>
11  <BODY>
12
13  <h1> 계산 결과는 <?php echo $sum ?> 입니다. </h1>
14
15  </BODY>
16  </HTML>
```

결과는 300 숫자가 잘 나왔을 것이다. 1~5행은 순수한 PHP 코드로 작성되어 있다. 그리고 7~16행은 HTML 코드다. 주목할 것은 13행의 중간에 〈?php ~~ ?〉로 PHP 코드가 들어있다는 점이다. 이렇게 HTML 중간중간에도 PHP 코드를 함께 사용할 수 있다.

이제는 [그림 12-32]의 ③번 MariaDB와 연동되는 PHP를 코딩하면 되는데, 이에 대한 내용은 13장의 MariaDB와 PHP 연동에서 살펴보겠다.

PHP와 MariaDB의 연동

12장에서 기본적인 HTML 코드, PHP 문법에 대해서 학습했다. 이번 장에서는 12장에서 배운 HTML과 PHP를 이용해서 우리가 지금까지 사용해온 MariaDB와 연동하는 방식을 알아보겠다. 특히 이 책 전체에서 사용해온 데이터베이스 sqlDB를 생성하는 것부터 테이블 생성 및 데이터 입력/수정/삭제/조회하는 방법을 PHP에서 프로그래밍하는 방법을 살펴보겠다.

마지막으로 간단하게 '회원 테이블 관리 시스템'을 만들어서 전체 PHP가 서로 연계되어 작동되는 프로그램을 작성하겠다.

이렇게 간단하게나마 PHP에서 sqlDB에 접속해서 연동하는 방법을 익힌다면, 향후 어떤 DB에도 비슷한 방식으로 PHP로 프로그래밍할 수 있을 것이다.

이 장의 핵심 개념

13장은 PHP와 MariaDB를 연동하여 테이블을 생성하고 데이터 입력, 수정, 삭제하는 프로그램을 작성해 본다. 13장의 핵심 개념은 다음과 같다.

1. mysqli_connect( )는 MariaDB와 접속하는 PHP 제공 함수다.

2. PHP에서 MariaDB의 쿼리를 사용하기 위해서 mysqli_query(접속 연결자, SQL문) 함수를 제공한다.

3. 데이터 조회를 위해서 while문과 함께 mysqli_fetch_array(조회결과) 함수를 사용한다.

4. 작성할 회원 관리 시스템은 회원의 조회/입력/수정/삭제를 웹 상에서 처리하는 응용프로그램이다.

이 장의 학습 흐름

MariaDB 데이터베이스 접속

⬇

PHP에서 SQL문을 실행하는 방법

⬇

회원 관리 시스템 구성도

⬇

회원 관리 시스템 구현

13.1 PHP와 MariaDB의 기본 연동

13.1.1 DB 접속

가장 기본적인 DB 접속을 확인해 보자. 이미 12장에서 XAMPP를 설치한 후, 잘 작동하는지 테스트할 때 비슷한 코드를 사용해 봤지만, 다시 자세히 살펴보자.

[소스 13-1] 기본적인 데이터베이스 접속

```php
1  <?php
2      $db_host="localhost";
3      $db_user="root";
4      $db_password="1234";
5      $db_name="";
6      $con=mysqli_connect($db_host, $db_user, $db_password, $db_name);
7      if ( mysqli_connect_error($con) ) {
8          echo "MariaDB 접속 실패 !!", "<br>";
9          echo "오류 원인 : ", mysqli_connect_error();
10         exit();
11     }
12     echo "MariaDB 접속 완전히 성공!!";
13     mysqli_close($con);
14 ?>
```

[그림 13-1] 실행 결과

2~5행에 서버 주소, DB 사용자, 비밀번호, 접속할 DB 등을 변수에 지정해 놓았다. 그리고 6행에서 각 변수에 들어 있는 내용으로 mysqli_connect() 함수로 접속을 시도했다. 접속된 결과를 $con에 저장해 놓았다.

mysqli_connect() 함수는 파라미터로 서버 주소, DB사용자, 비밀번호, 접속할 DB를 사용한다. localhost는 자신의 컴퓨터를 의미하며 root는 MariaDB의 관리자다. 2장에서 MariaDB를 설치할 때 root의 비밀번호는 1234로 지정했다. 아직 사용할 DB가 특별히 없기 때문에 접속할 DB는 비워 두었다.

7~11행은 MariaDB 서버에 접속 실패했을 경우에 실행된다. 접속에 실패하면 mysqli_connect_error(접속결과변수)가 True가 되기 때문이다. 오류 메시지와 접속에 실패한 오류의 원인을 출력하고 프로그램을 종료한다.

접속에 실패하지 않았다면 12행이 실행되어 성공 메시지가 출력되고, 13행에서 mysqli_close(접속결과변수)를 사용해서 MariaDB 서버와 접속을 종료했을 것이다.

이번 장에서 사용할 대부분의 코드가 2~11행이 필요하기 때문에 코드량을 줄이기 위해서, 앞으로는 다음과 같이 한 행으로 줄여서 코딩할 것이다.

```
$con=mysqli_connect("localhost", "root", "1234", "") or die("MariaDB 접속 실패 !!");
```

접속에 성공하면 이 부분이 넘어가고 접속에 실패하면 오류 메시지를 출력하고 PHP가 종료된다.

13.1.2 SQL문을 실행하는 방법

HeidiSQL에서 6장 [그림 6-10]의 sqlDB 데이터베이스를 생성/운영하기 위해서 MariaDB에 접속한 후에는 다음과 같은 순서로 사용해 왔다.

- **데이터베이스 생성:** CREATE DATABASE ~~
- **테이블 생성:** CREATE TABLE ~~
- **데이터 입력/수정/삭제:** INSERT INTO ~~, UPDATE ~~, DELETE FROM ~~
- **데이터 조회:** SELECT ~~

PHP에서도 동일한 작동을 하기 위해서 mysqli_query(접속 연결자, SQL문) 함수를 제공한다. 즉, SQL문만 잘 생성해 놓으면 PHP에서도 HeidiSQL에서 입력했던 SQL문과 동일한 효과를 낼 수 있다.

데이터베이스 생성

sqlDB 데이터베이스를 생성하는 PHP 코드를 작성해 보자.

⚠ HeidiSQL에서 localhost에 접속한 후에 기존에 사용하던 sqlDB를 삭제하고 실습을 진행하자.

[소스 13-2] 데이터베이스 생성

```
1    <?php
2        $con=mysqli_connect("localhost", "root", "1234", "") or die("MariaDB 접속
            실패 !!");
3
4        $sql="CREATE DATABASE sqlDB";
5        $ret = mysqli_query($con, $sql);
6
7        if($ret) {
8            echo "sqlDB가 성공적으로 생성됨.";
9        }
10       else {
11           echo "sqlDB 생성 실패!!!"."<br>";
12           echo "실패 원인 :".mysqli_error($con);
13       }
14
15       mysqli_close($con);
16   ?>
```

[그림 13-2] 실행 결과

4행에서 $sql 변수에 데이터베이스를 생성하는 SQL문을 고스란히 넣어 놓았다. 그리고 5행에서
mysqli_query(접속 연결자, SQL문)을 실행해서 데이터베이스를 생성했다. mysqli_query()는
성공할 경우에 True 값을 반환하므로 7행과 8행에서 성공적인 메시지가 출력되었다. 이 PHP를 한
번 더 실행하면 이미 데이터베이스가 있다는 오류가 발생할 것이다. 12행에서 오류가 발생할 경우
메시지를 출력하도록 해놓았다.

[그림 13-3] 실행 결과 (두 번 실행 시)

테이블 생성

테이블을 생성해야 한다. 그런데 테이블은 데이터베이스 안에 생성해야 하므로, 이제부터는 mysqli_connect() 함수에서 데이터베이스를 지정해야 한다. 테이블을 생성하는 SQL문도 기존의 사용하던 SQL문과 다르지 않다.

[소스 13-3] 테이블 생성

```php
1   <?php
2       $con=mysqli_connect("localhost", "root", "1234", "sqlDB") or die("MariaDB
            접속 실패 !!");
3
4       $sql ="
5         CREATE TABLE userTbl
6         ( userID    CHAR(8) NOT NULL PRIMARY KEY,
7           name      VARCHAR(10) NOT NULL,
8           birthYear  INT NOT NULL,
9           addr      CHAR(2) NOT NULL,
10          mobile1   CHAR(3),
11          mobile2   CHAR(8),
12          height      SMALLINT,
13          mDate      DATE
14        )
15      ";
16
17      $ret = mysqli_query($con, $sql);
18
19      if($ret) {
20          echo "userTBL이 성공적으로 생성됨..";
21      }
22      else {
23          echo "userTBL 생성 실패!!!"."<br>";
24          echo "실패 원인 :".mysqli_error($con);
25      }
26
27      mysqli_close($con);
28  ?>
```

[그림 13-4] 실행 결과

5~14행에서 기존에 사용하던 CREATE TABLE문을 동일하게 사용해서 테이블을 생성하는 SQL 문을 준비했다. 나머지는 [소스 13-2]와 메시지를 제외하고는 동일한 코드다.

데이터 입력

데이터를 입력하기 위해서는 INSERT문을 사용해야 한다. 주의할 점은 mysqli_query()는 하나의 SQL문만 실행하므로 여러 건의 데이터를 넣기 위해서 콤마(,)로 데이터를 분리해야 한다.

[소스 13-4] 데이터 입력

```php
1   <?php
2       $con=mysqli_connect("localhost", "root", "1234", "sqlDB") or die("MariaDB
            접속 실패 !!");
3
4       $sql ="
5           INSERT INTO userTbl VALUES
6           ('LSG', '이승기', 1987, '서울', '011', '11111111', 182, '2008-8-8'),
7           ('KBS', '김범수', 1979, '경남', '011', '22222222', 173, '2012-4-4'),
8           ('KKH', '김경호', 1971, '전남', '019', '33333333', 177, '2007-7-7'),
9           ('JYP', '조용필', 1950, '경기', '011', '44444444', 166, '2009-4-4'),
10          ('SSK', '성시경', 1979, '서울', NULL  , NULL    , 186, '2013-12-12'),
11          ('LJB', '임재범', 1963, '서울', '016', '66666666', 182, '2009-9-9'),
12          ('YJS', '윤종신', 1969, '경남', NULL  , NULL    , 170, '2005-5-5'),
13          ('EJW', '은지원', 1972, '경북', '011', '88888888', 174, '2014-3-3'),
14          ('JKW', '조관우', 1965, '경기', '018', '99999999', 172, '2010-10-10'),
15          ('BBK', '바비킴', 1973, '서울', '010', '00000000', 176, '2013-5-5')
16      ";
17
18      $ret = mysqli_query($con, $sql);
19
20      if($ret) {
```

```
21        echo "userTBL이 데이터가 성공적으로 입력됨.";
22    }
23    else {
24        echo "userTBL 데이터 입력 실패!!!"."<br>";
25        echo "실패 원인 :".mysqli_error($con);
26    }
27
28    mysqli_close($con);
29 ?>
```

[그림 13-5] 실행 결과

5~15행에 데이터를 10건 동시에 입력하는 SQL문을 준비했다. 역시 다시 실행하면 기본 키가 중복되었다는 오류가 발행할 것이다.

데이터 조회

앞에서 데이터베이스 생성, 테이블 생성, 데이터 입력은 MariaDB에 해당 쿼리를 적용한 후에 성공 여부만 확인하면 되었다. 하지만, 데이터 조회를 위한 SELECT는 조회된 결과 행을 모두 화면에 보여야 한다. 지금의 예에서는 10건의 데이터를 하나씩 화면에 출력해야 한다. [소스 13-5]에서 사용한 mysqli_fetch_array(조회결과) 함수는 SELECT의 결과 집합을 하나의 행씩 접근한다. 그리고, 더 이상 접근할 행이 없으면 False를 반환한다.

⚠ mysqli_fetch_array() 함수는 10장에서 배운 커서(Cursor)와 방식이 비슷하다.

참고로 mysqli_num_rows(조회결과)는 SELECT로 조회된 행의 개수를 반환한다. 필요하다면 이 함수를 사용해서 조회된 개수를 확인할 수 있다.

[소스 13-5] 데이터 조회

```php
1   <?php
2       $con=mysqli_connect("localhost", "root", "1234", "sqlDB") or die("MariaDB
            접속 실패 !!");
3
4       $sql ="
5          SELECT * FROM userTBL
6       ";
7
8       $ret = mysqli_query($con, $sql);
9
10      if($ret) {
11         echo mysqli_num_rows($ret), "건이 조회됨.<br><br>";
12      }
13      else {
14         echo "userTBL 데이터 조회 실패!!!"."<br>";
15         echo "실패 원인 :".mysqli_error($con);
16         exit();
17      }
18
19      while($row = mysqli_fetch_array($ret)) {
20         echo $row['userID'], " ", $row['name'], " ", $row['height'], " ", "<br>";
21      }
22
23      mysqli_close($con);
24  ?>
```

[그림 13-6] 실행 결과

5행에서는 userTBL을 모두 조회하는 SQL문을 생성해 놓았다. 11행에서는 SQL문이 성공할 경우 조회된 행의 건수를 출력하도록 했다.

19~21행에서는 조회된 개수만큼 반복한다. mysqli_fetch_array(조회결과)는 조회된 행의 집합을 반환하며, 반환된 결과를 $row 변수에 넣었다. 그리고, 20행에서 $row['열이름']으로 접근하면 현재 행의 해당 열에 저장된 데이터가 조회된다. 결국 전체 데이터인 10건의 내용이 화면에 출력된다.

☼ **비타민 퀴즈 13-1**

[소스 13-1] ~ [소스 13-5]를 Linux 가상머신에 업로드한 후에, 웹 브라우저로 접속해 보자.

힌트 mysqli_connect() 함수의 파라미터를 수정해야 한다.

13.2 회원 관리 시스템

13.2.1 회원 관리 시스템의 구성도

앞에서 PHP에서 데이터베이스의 생성 및 테이블 생성, 데이터 입력, 데이터 조회에 대해서 모두 알아보았다. 이제는 이렇게 단편적으로 학습한 내용을 종합해서 간단한 회원 관리 시스템을 만들어 보자.

회원 관리 시스템은 회원의 조회/입력/수정/삭제를 웹 상에서 처리하는 응용프로그램이다.

⚠ 이미 언급했지만, 이 책은 화면의 디자인적인 측면은 고려하지 않았다. 화면이 너무 단순해서 마음에 들지 않는 독자라면 시간을 내서 이미지 등을 활용해서 화면을 예쁘게 스스로 구성하도록 하자.

회원 관리 시스템은 다음과 같은 구성으로 되어 있다.

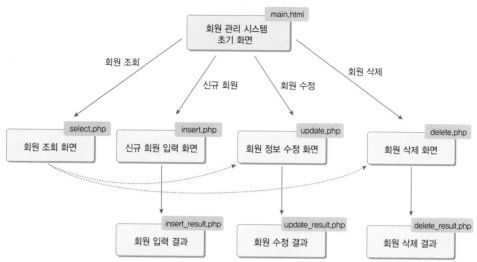

[그림 13-7] 회원 관리 시스템 구성도

[그림 13-7] 구성도의 각 화면들은 다음과 같이 작동하도록 PHP 프로그래밍할 것이다.

① HTML로 회원 관리 시스템의 초기화면을 만들고 [회원 조회], [신규 회원], [회원 수정], [회원 삭제] 등 4가지를 선택할 수 있도록 한다.

② [회원 조회]를 선택하면 전체 회원의 목록이 출력되도록 한다. 회원 목록의 오른쪽에 각 회원 별로 〈수정〉, 〈삭제〉 버튼을 만들어서 각 회원의 정보를 수정하거나 삭제할 수 있도록 처리한다.

③ [신규 회원]을 선택하면 신규 회원의 정보를 입력하는 화면이 나오도록 하고, 신규 회원의 정보를 모두 입력한 후 〈회원 입력〉 버튼을 클릭하면 회원이 입력되고 입력된 결과를 화면에 출력한다.

④ [회원 수정]은 수정할 회원의 아이디를 입력한 후 선택하도록 한다. 그러면 입력한 아이디의 회원 정보 화면이 나온 후, 필요한 정보를 수정하고 〈정보 수정〉 버튼을 클릭하면 회원의 정보가 수정되고 수정된 결과를 화면에 출력한다.

⑤ [회원 삭제]는 삭제할 회원의 아이디를 입력한 후 선택하도록 한다. 그러면 해당 회원의 삭제 확인을 위한 화면이 나온 후, 〈회원 삭제〉 버튼을 클릭하면 해당 회원이 삭제되고 삭제된 결과를 화면에 출력한다.

⑥ 모든 최종 화면에는 다시 초기 화면으로 돌아갈 수 있는 링크를 만든다.

13.2.2 초기 화면

초기 화면을 HTML로 다음과 같이 작성한다.

[소스 13-6] 초기 화면(main.html)

```
1  <HTML>
2  <HEAD>
3  <META http-equiv="content-type" content="text/html; charset=utf-8">
4  </HEAD>
5  <BODY>
6
7  <h1> 회원 관리 시스템 </h1>
8
9  <a href='select.php'> (1) 회원 조회 (조회 후 수정/삭제 가능) </a> <br><br>
10 <a href='insert.php'> (2) 신규 회원 등록 </a> <br><br>
11 <FORM METHOD="get"  ACTION="update.php">
12     (3) 회원 수정 - 회원 아이디 : <INPUT TYPE ="text" NAME="userID">
13     <INPUT TYPE="submit"  VALUE="수정">
14 </FORM>
15 <FORM METHOD="get"  ACTION="delete.php">
16     (4) 회원 삭제 - 회원 아이디 : <INPUT TYPE ="text" NAME="userID">
17     <INPUT TYPE="submit"  VALUE="삭제">
18 </FORM>
19
20 </BODY>
21 </HTML>
```

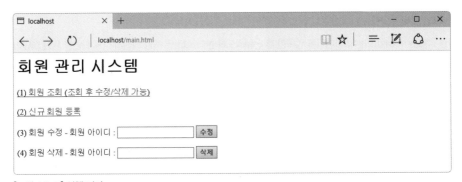

[그림 13-8] 실행 결과

9행은 [회원 조회]를 클릭하면 select.php가 연결되게 했고, 10행은 [신규 회원 등록]을 클릭하면 insert.php가 연결되게 했다. 11~14행은 회원 아이디를 입력하고 〈수정〉을 클릭하면 update. php를 연결하도록 했으며, 연결할 때 입력한 아이디를 get 방식으로 넘겨준다. 15~18행도 같은 방식으로 delete.php가 연결된다.

13.2.3 회원 조회 화면

초기 화면에서 '(1) 회원 조회'를 클릭하면 나오는 코드를 작성한다. 회원 조회는 전체 회원이 조회되도록 다음과 같이 작성한다.

[소스 13-7] 회원 조회 화면(select.php)

```
1   <?php
2       $con=mysqli_connect("localhost", "root", "1234", "sqlDB") or die("MariaDB
            접속 실패 !!");
3
4       $sql ="SELECT * FROM userTBL";
5
6       $ret = mysqli_query($con, $sql);
7       if($ret) {
8           $count = mysqli_num_rows($ret);
9       }
10      else {
11          echo "userTBL 데이터 조회 실패!!!"."<br>";
12          echo "실패 원인 :".mysqli_error($con);
13          exit();
14      }
15
16      echo "<h1> 회원 조회 결과 </h1>";
17      echo "<TABLE border=1>";
18      echo "<TR>";
19      echo "<TH>아이디</TH><TH>이름</TH><TH>출생연도</TH><TH>지역</TH><TH>국번</TH>";
20      echo "<TH>전화번호</TH><TH>키</TH><TH>가입일</TH><TH>수정</TH><TH>삭제</TH>";
21      echo "</TR>";
22      while($row = mysqli_fetch_array($ret)) {
23        echo "<TR>";
24        echo "<TD>", $row['userID], "</TD>";
```

```
25        echo "<TD>", $row['name'], "</TD>";
26        echo "<TD>", $row['birthYear'], "</TD>";
27        echo "<TD>", $row['addr'], "</TD>";
28        echo "<TD>", $row['mobile1'], "</TD>";
29        echo "<TD>", $row['mobile2'], "</TD>";
30        echo "<TD>", $row['height'], "</TD>";
31        echo "<TD>", $row['mDate'], "</TD>";
32        echo "<TD>", "<a href='update.php?userID=", $row['userID'], "'>수정</a></TD>";
33        echo "<TD>", "<a href='delete.php?userID=", $row['userID'], "'>삭제</a></TD>";
34        echo "</TR>";
35      }
36
37      mysqli_close($con);
38      echo "</TABLE>";
39      echo "<br> <a href='main.html'> <--초기 화면</a> ";
40  ?>
```

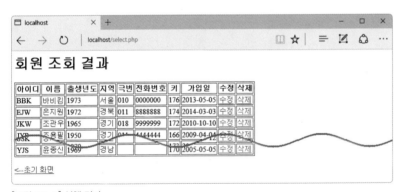

[그림 13-9] 실행 결과

4행에서 전체 회원을 조회하도록 SQL문을 작성했다. 17~38행까지 표 형태로 결과가 보이도록 했다. 18~21행은 표의 제목을 출력한다. 22~35행은 조회한 결과 집합의 끝까지 한 행씩 처리한다. 각 행마다 회원의 모든 열을 24~31행까지 출력하고 32, 33행은 회원의 아이디로 수정이나 삭제 화면과 바로 연결되도록 했다. 즉, 각 회원마다 수정이나 삭제가 되도록 했다. 39행에서는 초기화면으로 돌아가도록 연결했다.

13.2.3 신규 회원 등록

초기 화면에서 '(2) 신규 회원 등록'을 클릭하면 나오는 코드를 작성한다. 먼저 신규 입력 회원의 정보를 입력받는 코드를 작성한다.

[소스 13-8] 신규 회원 입력 화면(insert.php)

```
1   <HTML>
2   <HEAD>
3   <META http-equiv="content-type" content="text/html; charset=utf-8">
4   </HEAD>
5   <BODY>
6
7   <h1> 신규 회원 입력 </h1>
8   <FORM METHOD="post"  ACTION="insert_result.php">
9       아이디 : <INPUT TYPE ="text" NAME="userID"> <br>
10      이름 : <INPUT TYPE ="text" NAME="name"> <br>
11      출생연도 : <INPUT TYPE ="text" NAME="birthYear"> <br>
12      지역 : <INPUT TYPE ="text" NAME="addr"> <br>
13      휴대폰 국번 : <INPUT TYPE ="text" NAME="mobile1"> <br>
14      휴대폰 전화번호 : <INPUT TYPE ="text" NAME="mobile2"> <br>
15      신장 : <INPUT TYPE ="text" NAME="height"><br>
16      <BR><BR>
17      <INPUT TYPE="submit"  VALUE="회원 입력">
18  </FORM>
19
20  </BODY>
21  </HTML>
```

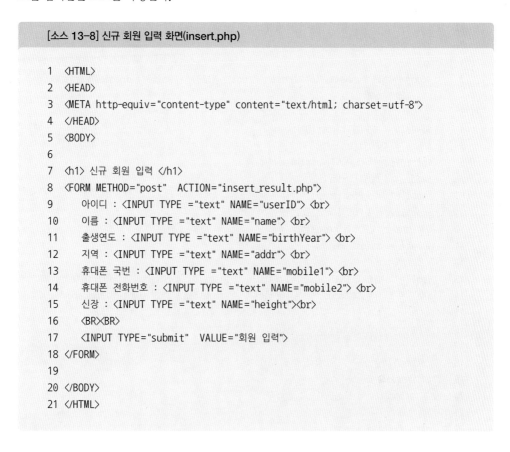

[그림 13-10] 실행 결과

[소스 13-8]의 8~18행에서 회원의 정보를 입력받은 후에 〈회원 입력〉을 클릭하면 insert_result. php에 post 방식으로 데이터가 전달된다. 전달받은 데이터를 MariaDB에 입력하는 코드는 [소스 13-9]와 같다.

[소스 13-9] 신규 회원 입력 결과(insert_result.php)

```php
1   <?php
2       $con=mysqli_connect("localhost", "root", "1234", "sqlDB") or die("MariaDB
           접속 실패 !!");
3
4       $userID = $_POST["userID"];
5       $name = $_POST["name"];
6       $birthYear = $_POST["birthYear"];
7       $addr = $_POST["addr"];
8       $mobile1 = $_POST["mobile1"];
9       $mobile2 = $_POST["mobile2"];
10      $height = $_POST["height"];
11      $mDate = date("Y-m-j");
12
13      $sql =" INSERT INTO userTbl VALUES('".$userID."','".$name."',".$birthYear;
14      $sql = $sql.",'".$addr."','".$mobile1."','".$mobile2."',".$height.",'".$mDate."')";
15
16      $ret = mysqli_query($con, $sql);
17
18       echo "<h1> 신규 회원 입력 결과 </h1>";
19      if($ret) {
20          echo "데이터가 성공적으로 입력됨.";
21      }
22      else {
23          echo "데이터 입력 실패!!!"."<br>";
24          echo "실패 원인 :".mysqli_error($con);
25      }
26      mysqli_close($con);
27
28      echo "<br> <a href='main.html'> <--초기 화면</a> ";
29  ?>
```

[그림 13-11] 실행 결과

4~10행은 insert.php에서 넘겨 받은 값을 다시 각 변수에 대입했다. 11행의 회원 가입일은 현재 날짜를 대입했다. 13, 14행에서 INSERT문을 만들었다. 주의할 점은 문자나 날짜를 입력할 때는 작은 따옴표(')를 사용해야 한다는 것이다. 데이터가 정상적으로 입력되면 20행이 실행되어 화면에 성공 메시지가 출력된다.

13.2.4 회원 정보 수정

초기 화면에서 '(3) 회원 수정' 부분의 회원 아이디를 입력한 후 〈수정〉을 클릭하거나 회원을 조회한 select.php에서 각 회원의 오른쪽의 [수정]을 클릭하면 다음의 코드가 호출된다. 화면은 앞에서 생성한 CHO 사용자의 아이디를 사용해서 나온 결과다.

[소스 13-10] 회원 정보 수정 화면(update.php)

```
1   <?php
2   $con=mysqli_connect("localhost", "root", "1234", "sqlDB") or die("MariaDB
        접속 실패 !!");
3   $sql ="SELECT * FROM userTBL WHERE userID='".$_GET['userID']."'";
4
5   $ret = mysqli_query($con, $sql);
6   if($ret) {
7       $count = mysqli_num_rows($ret);
8       if ($count==0) {
9           echo $_GET['userID']." 아이디의 회원이 없음!!!"."<br>";
10          echo "<br> <a href='main.html'> <--초기 화면</a> ";
11          exit();
12      }
13  }
14  else {
15      echo "데이터 조회 실패!!!"."<br>";
```

```
16        echo "실패 원인 :".mysqli_error($con);
17        echo "<br> <a href='main.html'> <--초기 화면</a> ";
18        exit();
19    }
20    $row = mysqli_fetch_array($ret);
21    $userID = $row['userID'];
22    $name = $row["name"];
23    $birthYear = $row["birthYear"];
24    $addr = $row["addr"];
25    $mobile1 = $row["mobile1"];
26    $mobile2 = $row["mobile2"];
27    $height = $row["height"];
28    $mDate = $row["mDate"];
29 ?>
30
31 <HTML>
32 <HEAD>
33 <META http-equiv="content-type" content="text/html; charset=utf-8">
34 </HEAD>
35 <BODY>
36
37 <h1> 회원 정보 수정 </h1>
38 <FORM METHOD="post"  ACTION="update_result.php">
39    아이디 : <INPUT TYPE ="text" NAME="userID" VALUE=<?php echo $userID ?>
          READONLY> <br>
40    이름 : <INPUT TYPE ="text" NAME="name" VALUE=<?php echo $name ?>> <br>
41    출생연도 : <INPUT TYPE ="text" NAME="birthYear" VALUE=<?php echo $birthYear
          ?>> <br>
42    지역 : <INPUT TYPE ="text" NAME="addr" VALUE=<?php echo $addr ?>> <br>
43    휴대폰 국번 : <INPUT TYPE ="text" NAME="mobile1" VALUE=<?php echo $mobile1
          ?>> <br>
44    휴대폰 전화번호 : <INPUT TYPE ="text" NAME="mobile2" VALUE=<?php echo
          $mobile2 ?>> <br>
45    신장 : <INPUT TYPE ="text" NAME="height" VALUE=<?php echo $height ?>> <br>
46    회원 가입일 : <INPUT TYPE ="text" NAME="mDate" VALUE=<?php echo $mDate ?>
          READONLY><br>
47    <BR><BR>
48    <INPUT TYPE="submit"  VALUE="정보 수정">
49 </FORM>
50
51 </BODY>
52 </HTML>
```

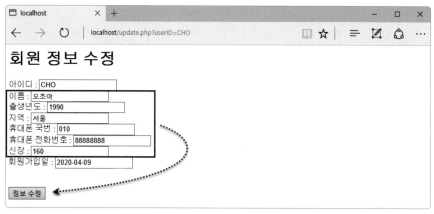

[그림 13-12] 실행 결과

[소스 13-10]의 3행에서 main.html 또는 select.php에서 넘겨 받은 아이디의 회원 정보를 조회한다. 만약 회원의 아이디가 없는 아이디라면 7행에서 결과 개수는 0개가 나온다. 그리고 8~12행이 실행되어 메시지를 출력하고 종료한다.

20~28행은 조회한 결과를 각 변수에 대입했다. 대입한 변수는 39~46행의 INPUT 상자에 보여진다. 단, 아이디와 회원 가입일은 READONLY 속성을 줘서 수정하지 못하도록 했다.

필요한 회원 정보를 수정한 후에 〈정보 수정〉을 클릭하면 update_result.php에 post 방식으로 데이터가 전달된다.

[소스 13-11] 회원 정보 수정 결과(update_result.php)

```php
1   <?php
2       $con=mysqli_connect("localhost", "root", "1234", "sqlDB") or die("MariaDB
            접속 실패 !!");
3
4       $userID = $_POST["userID"];
5       $name = $_POST["name"];
6       $birthYear = $_POST["birthYear"];
7       $addr = $_POST["addr"];
8       $mobile1 = $_POST["mobile1"];
9       $mobile2 = $_POST["mobile2"];
10      $height = $_POST["height"];
11      $mDate = $_POST["mDate"];
12
```

```
13    $sql ="UPDATE userTbl SET name='".$name."', birthYear=".$birthYear;
14    $sql = $sql.", addr='".$addr."', mobile1='".$mobile1."',mobile2='".$mobile2;
15    $sql = $sql."', height=".$height.", mDate='".$mDate."' WHERE userID=
          '".$userID."'";
16
17    $ret = mysqli_query($con, $sql);
18
19     echo "<h1> 회원 정보 수정 결과 </h1>";
20    if($ret) {
21        echo "데이터가 성공적으로 수정됨.";
22    }
23    else {
24        echo "데이터 수정 실패!!!"."<br>";
25        echo "실패 원인 :".mysqli_error($con);
26    }
27    mysqli_close($con);
28
29    echo "<br> <a href='main.html'> <--초기 화면</a> ";
30 ?>
```

[그림 13-13] 실행 결과

[소스 13-11]의 4~11행은 update.php에서 넘겨 받은 값을 변수에 대입했다. 13~15행은 변수의 값을 이용해서 UPDATE문을 생성했다.

13.2.5 회원 정보 삭제

초기 화면에서 '(4) 회원 삭제' 부분의 회원 아이디를 입력한 후 〈삭제〉를 클릭하거나 회원을 조회한 select.php에서 각 회원의 오른쪽의 [삭제]를 클릭하면 다음의 코드가 호출된다. 화면은 앞에서 생성한 CHO 사용자의 아이디를 사용해서 나온 결과다. 삭제의 경우에는 전체 정보는 필요없으며 아이디와 이름만 보여주면 충분하다.

```php
1   <?php
2      $con=mysqli_connect("localhost", "root", "1234", "sqlDB") or die("MariaDB
          접속 실패 !!");
3      $sql ="SELECT * FROM userTBL WHERE userID='".$_GET['userID']."'";
4
5      $ret = mysqli_query($con, $sql);
6      if($ret) {
7         $count = mysqli_num_rows($ret);
8         if ($count==0) {
9            echo $_GET['userID']." 아이디의 회원이 없음!!!"."<br>";
10           echo "<br> <a href='main.html'> <--초기 화면</a> ";
11           exit();
12        }
13     }
14     else {
15        echo "데이터 조회 실패!!!"."<br>";
16        echo "실패 원인 :".mysqli_error($con);
17        echo "<br> <a href='main.html'> <--초기 화면</a> ";
18        exit();
19     }
20     $row = mysqli_fetch_array($ret);
21     $userID = $row['userID'];
22     $name = $row["name"];
23
24  ?>
25
26  <HTML>
27  <HEAD>
28  <META http-equiv="content-type" content="text/html; charset=utf-8">
29  </HEAD>
30  <BODY>
31
32  <h1> 회원 삭제 </h1>
33  <FORM METHOD="post"  ACTION="delete_result.php">
34     아이디 : <INPUT TYPE ="text" NAME="userID" VALUE=<?php echo $userID ?>
          READONLY> <br>
35     이름 : <INPUT TYPE ="text" NAME="name" VALUE=<?php echo $name ?> READONLY>
          <br>
36     <BR><BR>
```

```
37      위 회원을 삭제하겠습니까?
38      <INPUT TYPE="submit"  VALUE="회원 삭제">
39  </FORM>
40
41  </BODY>
42  </HTML>
```

[그림 13-14] 실행 결과

코드의 내용이 update.php와 거의 유사하다. 단, 삭제할 회원이 확실한지 확인만 할 것이므로 아이디와 이름만 사용했다. 또, 34, 35행에서 수정할 수 없도록 READONLY 속성을 설정했다.

삭제할 것이 확실할 경우에 〈회원 삭제〉를 클릭하면 delete_result.php에 post 방식으로 데이터가 전달된다.

[소스 13-13] 회원 삭제 결과(delete_result.php)

```
1   <?php
2       $con=mysqli_connect("localhost", "root", "1234", "sqlDB") or die("MariaDB
            접속 실패 !!");
3
4       $userID = $_POST["userID"];
5
6       $sql ="DELETE FROM userTbl WHERE userID='".$userID."'";
7
8       $ret = mysqli_query($con, $sql);
9
10       echo "<h1> 회원 삭제 결과 </h1>";
11       if($ret) {
```

```
12        echo $userID." 회원이 성공적으로 삭제됨..";
13     }
14     else {
15        echo "데이터 삭제 실패!!!"."<br>";
16        echo "실패 원인 :".mysqli_error($con);
17     }
18     mysqli_close($con);
19
20     echo "<br><br> <a href='main.html'> <--초기 화면</a> ";
21  ?>
```

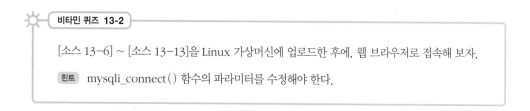

[그림 13-15] 실행 결과

[소스 13-13]의 4행은 delete.php에서 넘겨 받은 아이디를 변수에 대입했다. 6행에서 변수의 값을 이용해서 DELETE문을 생성했다.

비타민 퀴즈 13-2

[소스 13-6] ~ [소스 13-13]을 Linux 가상머신에 업로드한 후에, 웹 브라우저로 접속해 보자.

힌트 mysqli_connect() 함수의 파라미터를 수정해야 한다.

지금까지 [이것이 MariaDB다]를 필자와 함께 공부하느라고 수고가 많으셨습니다. 이 책은 처음 데이터베이스에 처음 입문하는 독자를 위해서 필수적이고 비교적 접근하기 쉬운 내용으로 구성하였습니다.

이 책이 완벽한 책이 아니며 많이 부족한 책이라는 점을 익히 알고 있지만, 이 책을 끝까지 공부하고 잘 이해했다면 기본적인 데이터베이스의 개념과 MariaDB에 대해서 충분히 익힌 것이며 MariaDB

를 사용하기 위한 기본 능력을 갖추게 된 것입니다. 또한, MariaDB와 웹 프로그래밍 언어인 PHP 의 연동도 충분히 할 수 있게 된 것입니다.

만약, 시간이 허락한다면 다시 한 번 이 책을 공부하기 바랍니다. 그때는 훨씬 적은 시간에 책을 볼 수 있을 것이며 처음 볼 때와 달리 더 깊은 이해가 될 것입니다.

부족한 책을 끝까지 함께 해 주신 독자의 노고에 진심으로 감사드립니다.

Linux 환경에서 MariaDB 설치

실무에서는 MariaDB를 Linux 환경에서 많이 사용한다. 이 책은 MariaDB 입문자를 위한 것이기에 기본적으로 Windows 환경에서 실습하지만, 향후 실무에서 MariaDB를 사용하기 위해서는 Linux 환경에서 MariaDB를 설치하고 운영하는 것도 필수적으로 알아야 할 것이다.

문제는 Linux 자체를 이해하고 배우는 것만으로도 시간이 많이 필요하다. 그래서 필자는 Linux의 설치나 운영은 배제하고 Linux 환경에서 MariaDB를 설치하고 기본적으로 사용하는 것을 부록에서 다루고자 한다.

부록의 실습을 잘 따라한다면 향후 실무에서 만나게 되는 Linux 환경의 MariaDB도 그다지 어렵지 않게 사용할 수 있을 것이다. 그리고 책의 대부분의 내용들 역시 Linux 환경에서 실습이 가능할 것이다.

그런데, 대부분의 독자는 현재 실습하는 컴퓨터 외에 Linux를 설치할 별도의 컴퓨터가 준비되어 있지 않을 것이다. 독자의 편의를 위해서 VMware라는 가상머신 환경에서 Linux를 사용할 것이다. VMware 가상머신 환경을 처음 접하는 독자도 전혀 어려울 것이 없으므로 실습을 잘 따라해 보자.

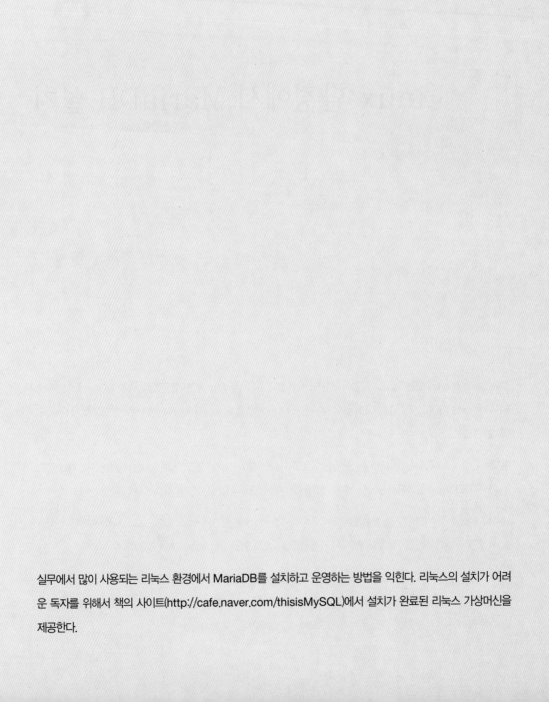

실무에서 많이 사용되는 리눅스 환경에서 MariaDB를 설치하고 운영하는 방법을 익힌다. 리눅스의 설치가 어려운 독자를 위해서 책의 사이트(http://cafe.naver.com/thisisMySQL)에서 설치가 완료된 리눅스 가상머신을 제공한다.

1.1 가상머신과 가상머신 소프트웨어의 개념

가상머신Virtual Machine이란 이름 그대로 진짜 컴퓨터가 아닌 '가상Virtual'으로 존재하는 '컴퓨터Computer= Machine'를 말한다. 그리고 가상머신을 생성하는 소프트웨어가 가상머신 소프트웨어다. 가상머신 소프트웨어를 간단히 정의하면 다음과 같다.

컴퓨터에 설치된 운영체제(호스트 OS) 안에 가상의 컴퓨터를 만들고, 그 가상의 컴퓨터 안에 또 다른 운영체제(게스트OS)를 설치/운영할 수 있도록 제작된 소프트웨어

이 책의 실습 환경을 예로 들어 보자. 필자는 Windows 운영체제의 PC를 한 대 가지고 있다. 이제 필자는 PC에 별도의 디스크 파티션을 나누지 않고, Linux 컴퓨터를 사용하고자 한다.

여기서 기존의 PC에 설치되어 있는 Windows를 호스트 운영체제(Host Operating System, 줄여서 호스트 OS)라 부르며, 그 외에 가상머신에 설치한 Linux 운영체제를 게스트 운영체제(Guest Operating System, 줄여서 게스트OS)라고 부른다.

⚠ 이 책에서는 앞으로 진짜 컴퓨터(=PC)를 '호스트 컴퓨터'라고 부를 것이며, PC에 설치된 운영체제를 '호스트 OS'라고 부를 것이다. 또, 가상의 컴퓨터를 '가상머신' 또는 '게스트 컴퓨터'라고 부르고, 가상머신에 설치된 운영체제를 '게스트 OS'라고 부를 것이다. 계속 사용될 용어이므로 잘 기억해 두자.

1.2 가상머신 소프트웨어의 종류와 VMware Workstation Player 설치

가상머신 소프트웨어를 제작하는 회사는 여러 곳이 있지만 가장 유명한 제품으로는 VMware사 (http://www.vmware.com)에서 제작된 VMware 제품이 있는데, 관련 소프트웨어도 여러 가지가 있다. 이 중에서 이 책에서는 무료로 사용할 수 있는 VMware Workstation Player를 사용하겠다.

VMware Workstation Player를 설치하자.

이 책에서 사용하는 버전은 15.0.2(파일명: VMware-player-15.0.2-10952284.exe, 약 132MB)이지만 15.0.2 이후의 버전이라면 어떤 버전이든지 학습에 관계없을 것이다.

⚠ VMware Workstation Player는 64bit Windows에서만 설치된다.

0-1 우선, VMware Workstation Player를 독자가 직접 다운로드하자. 이 책에서 사용할 VMware Workstation Player 15 버전은 https://my.vmware.com/en/web/vmware/free#desktop_end_user_computing/vmware_workstation_player/15_0 주소에서 다운로드하거나 책의 사이트인 http://cafe.naver.com/thisismysql/의 자료실에서 다운로드하면 된다.

[그림 부록-1] VMware Workstation Player 다운로드

step 1

다운로드한 VMware Workstation Player 설치 파일(VMware-player-15.0.2-10952284.exe)을 실행해서 설치를 진행하자.

1-1 잠시 로고화면이 나타나고 설치 화면이 진행된다.

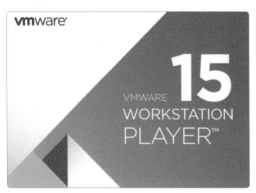

[그림 부록-2] VMware Workstation Player 설치 1

1-2 환영 메시지에서 〈Next〉를 클릭한다.

[그림 부록-3] VMware Workstation Player 설치 2

1-3 라이선스 동의 창에서 〈I accept the terms ~~〉를 선택하고 〈Next〉를 클릭한다.

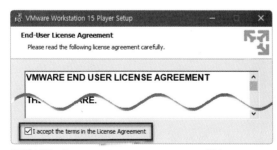

[그림 부록-4] VMware Workstation Player 설치 3

1-4 VMware Workstation Player의 설치 폴더를 지정한다. 일부러 바꿀 필요는 없으므로 그냥 기본 설정으로 두고 〈Next〉를 클릭한다.

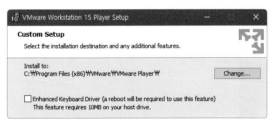

[그림 부록-5] VMware Workstation Player 설치 4

1-5 [User Experience Settings] 창에서 모든 체크를 끄고 〈Next〉를 클릭한다(켜 놓아도 귀찮은 화면이 종종 나올 뿐 별 문제는 없다).

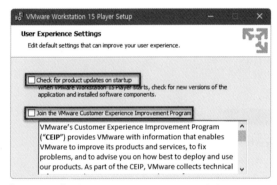

[그림 부록-6] VMware Workstation Player 설치 5

1-6 [Shortcuts]는 그대로 두고 〈Next〉를 클릭한다.

[그림 부록-7] VMware Workstation Player 설치 6

1-7 [Ready to install VMware Workstation 15 Player]에서 〈Install〉을 클릭한다.

[그림 부록-8] VMware Workstation Player 설치 7

1-8 잠시 동안 설치가 진행된다..

[그림 부록-9] VMware Workstation Player 설치 8

1-9 설치가 완료된 후 [Setup Wizard Complete]에서 〈Finish〉를 클릭해서 설치를 종료한다.

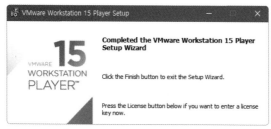

[그림 부록-10] VMware Workstation Player 설치 9

 step 2

VMware Workstation Player의 설치가 완료되었다. 실행시켜 보자.

2-1 바탕화면의 〈VMware Workstation Player〉 아이콘을 더블클릭해서 VMware Workstation Player 를 실행한다(또는 Windows에서 [시작]의 [VMware Workstation Player]를 선택해도 된다).

[그림 부록-11] VMware Workstation Player 아이콘

2-2 인증 화면이 나오는데 기본값인 'Use VMware ~~'가 선택된 상태에서 〈Continue〉와 〈Finish〉를 클릭한다. 비 상업용으로 무료로 기간 제한 없이 사용할 수 있다.

[그림 부록-12] 인증 화면

2-3 처음으로 실행하는 VMware Workstation Player 실행 화면이 나온다.

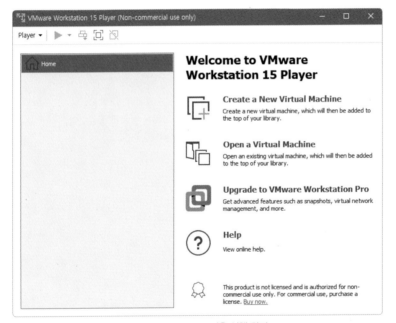

[그림 부록-13] VMware Workstation Player 처음 실행 화면

2-4 우측 상단의 〈X〉를 클릭하거나 VMware Workstation Player 메뉴의 [Player] 〉 [Exit]를 선택해서 일단 VMware Workstation Player를 종료한다.

1.3 Linux가 설치된 가상머신 파일 다운로드

이제는 가상머신을 만들고 그곳에 Linux를 설치하면 된다. 하지만, Linux를 설치하려면 많은 학습이 별도로 필요하며 그 내용을 모두 기술하기에는 책의 지면도 문제지만 책의 성격과도 맞지 않는다.

우리는 Linux 학습이 목적이 아니라 MariaDB를 사용하는 것이 목적이므로 Linux는 이미 설치된 것을 사용하겠다.

실습2

Linux 가상머신을 다운로드하고 부팅하자.

step 1

먼저 Linux 가상머신을 준비하자.

1-1 http://cafe.naver.com/thisismysql/의 자료실에서 'Fedora 28 가상머신' 파일(Fedora28.exe, 619MB)을 다운로드하자.

[그림 부록-14] 다운로드한 Linux 가상머신 압축 파일

1-2 Fedora28.exe를 실행해서 압축을 풀자. 압축이 풀리는 기본 폴더는 C:\Fedora28\이다.

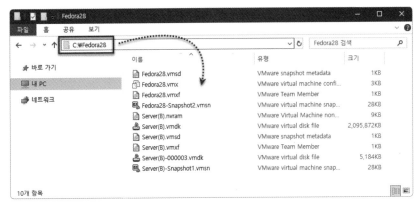

[그림 부록-15] 압축을 푼 Linux 가상머신 폴더

step 2

Linux를 부팅하자.

2-1 VMware Workstation Player를 실행하자.

2-2 VMware Workstation Player 화면의 [Open a Virtual Machine]을 클릭한 후, 앞에서 압축을 푼
C:\Fedora28\Fedora28.vmx 파일을 선택한다. 〈열기〉를 클릭한다.

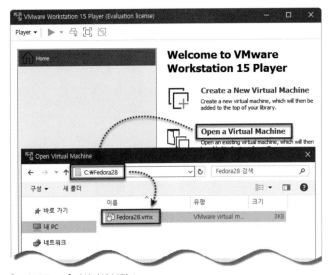

[그림 부록-16] 가상머신 부팅 1

2-3 Linux 가상머신이 준비되었다. 〈Play virtual machine〉을 클릭해서 부팅하자.

⚠️ 필자가 배포한 Linux는 인기있는 Linux 중 하나인 64bit용 Fedora Linux의 버전 28이다.

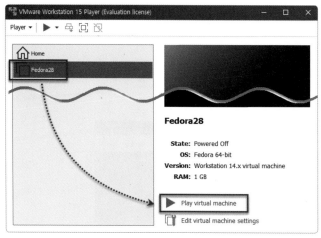

[그림 부록-17] 가상머신 부팅 2

2-4 만약 메시지 창이 나오면 제일 왼쪽의 〈I Moved It〉을 클릭한다.

[그림 부록-18] 가상머신 부팅 3

2-5 Linux 가상머신이 부팅되면 login 프롬프트가 깜박거릴 것이다. 이 상태가 일단 정상적으로 Linux가 부팅된 상태다. 즉, 한 대의 Linux 컴퓨터가 준비된 것이다.

[그림 부록- 19] 가상머신 부팅 4

VMware의 기본적인 사용법을 익히자.

3-1 마우스를 가상머신의 검은색 부분에 클릭하자. 그러면 마우스 커서가 없어지고 마우스를 움직여도 반응하지 않을 것이다. 이는 Linux 컴퓨터로 마우스 포커스가 게스트 OS로 넘어갔기 때문인데, Linux는 GUI 환경이 아니라 마우스가 작동하지 않는 것이다.

3-2 키보드의 왼쪽 Ctrl + Alt 를 동시에 눌렀다 떼자. 그러면 마우스 커서가 다시 호스트 OS로 넘어온다. 자주 사용해야 할 단축키이므로 잘 기억해 놓자.

[그림 부록-20] 마우스 커서가 호스트 OS로 넘어온 상태

3-3 다시 게스트 OS를 클릭해서 마우스 커서를 게스트 OS로 옮기고, 키보드로 'root'를 입력하고 Enter 를 누르자. 그리고 비밀번호인 'password'를 누르고 Enter 를 누른다(비밀번호를 입력하는 화면은 보이지 않으니 그냥 입력하고 Enter 를 누르면 된다). 성공적으로 로그인이 되면 프롬프트가 #으로 바뀔 것이다.

⚠ Linux의 관리자 아이디는 root다. 암호는 필자가 password로 지정해 놓았다. 주의할 점은 MariaDB의 관리자도 root 이지만 우연히 Linux 관리자와 아이디가 같을 뿐이지 서로 관련이 없는 아이디다.

```
Fedora 28 (Server Edition)
Kernel 4.16.3-301.fc28.x86_64 on an x86_64 (tty1)

Admin Console: https://192.168.111.133:9090/ or https://[fe80::624:1bb4:c479:cfd1]:9090/

localhost login: root
Password:
Last login: Tue Jan  1 12:40:20 on tty1
[root@localhost ~]#
```

[그림 부록-21] root 사용자로 로그인

3-4 이제부터는 Linux 명령어를 모두 사용할 수 있다. 일단, **shutdown -h now**를 입력해서 Linux를 종료하자. VMware Workstation Player도 함께 종료될 것이다.

```
Fedora 28 (Server Edition)
Kernel 4.16.3-301.fc28.x86_64 on an x86_64 (tty1)

Admin Console: https://192.168.111.133:9090/ or https://[fe80::624:1bb4:c479:cfd1]:9090/

localhost login: root
Password:
Last login: Tue Jan  1 12:40:28 on tty1
[root@localhost ~]#
[root@localhost ~]# shutdown  -h  now
```

[그림 부록-22] Linux 종료

1.4 Linux에 MariaDB 설치

준비된 Linux 컴퓨터에 이제는 MariaDB를 설치할 차례다. MariaDB와 함께 책의 4부에서 사용할 PHP, Apache도 미리 설치해 놓자.

⚠ Linux를 처음 접한 독자는 〈실습 3〉이 상당히 어려울 수 있으며, 진행이 잘 안되는 경우도 있을 것이다. 그런 경우에는 지금 필자가 MariaDB까지 설치가 완료된 가상머신을 책의 사이트(http://cafe.naver.com/thisismysql/) 자료실에 'Fedora28 가상머신(MariaDB 설치완료)' 파일(Fedora28_MariaDB.exe, 720MB)로 올려놓았으니 다운로드해서 사용해도 된다. 즉, VMware를 완전히 종료한 후, C:\Fedora28\ 폴더를 삭제하고 다시 Fedora28_MariaDB.exe를 실행해서 압축을 풀면 된다. 그리고 〈실습 2〉의 step 2, step 3 을 다시 하고, 〈실습 3〉은 생략하면 된다.

실습3

Linux 가상머신에 MariaDB, PHP, Apache를 설치하자.

step 1

Linux 가상머신을 다시 부팅하고, root로 로그인한다(기억이 나지 않으면 〈실습 2〉의 step 2 , step 3 을 참조한다).

step 2

MariaDB 10.3.11 버전을 다운로드하고 설치한다.

2-1 다음 명령어를 입력해서 MariaDB 10.3.11 버전 3개 파일을 다운로드 한다(Linux는 대문자와 소문자를 명확하게 구분한다).

```
wget http://yum.mariadb.org/10.3/fedora28-amd64/rpms/MariaDB-client-10.3.11-1.fc28.
    x86_64.rpm
wget http://yum.mariadb.org/10.3/fedora28-amd64/rpms/MariaDB-common-10.3.11-1.fc28.
    x86_64.rpm
wget http://yum.mariadb.org/10.3/fedora28-amd64/rpms/MariaDB-server-10.3.11-1.fc28.
    x86_64.rpm
```

[그림 부록–23] MariaDB 10.3 다운로드

⚠ 필자가 이 책을 집필하는 시점에는 위 주소에서 다운로드가 잘되지만, 만약 사이트에 문제가 생겨서 다운로드가 안되면 다음 사이트에서 다운로드한다.

```
wget http://download.hanbit.co.kr/mariadb/10.3/MariaDB-client-10.3.11-1.fc28.x86_64.
    rpm
wget http://download.hanbit.co.kr/mariadb/10.3/fedora28-amd64/rpms/MariaDB-common-
    10.3.11-1.fc28.x86_64.rpm
wget http://download.hanbit.co.kr/mariadb/10.3/fedora28-amd64/rpms/MariaDB-server-
    10.3.11-1.fc28.x86_64.rpm
```

2-2 ls -l (영문자 엘) 명령으로 다운로드한 파일을 확인하자.

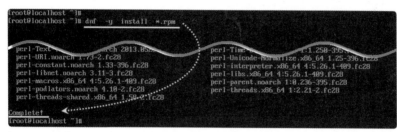

[그림 부록-24] MariaDB 10.3 다운로드 확인

2-3 다음 명령어를 입력해서 설치하자. 한 동안 여러 개가 설치되고 명령의 결과 'Complete!' 가 나와야 한다.

```
dnf -y install *.rpm
```

[그림 부록-25] MariaDB 10.3 설치

---

step 3

MariaDB 서비스를 시작하고, 외부에서 접속할 수 있도록 설정하자.

3-1 먼저 서비스를 시작하고 가동 여부를 확인하자. Q를 누르면 종료된다.

```
systemctl start mysql
systemctl status mysql
```

[그림 부록-26] MariaDB 서비스 시작 및 상시 가동

3-2 외부에서 MariaDB에 접속할 수 있도록 방화벽 포트를 열어 주자. 'success' 메시지가 나오면 된다.

```
firewall-cmd --permanent --add-port=3306/tcp
firewall-cmd --reload
```

[그림 부록-27] MariaDB 방화벽 포트 열기

step 4

MariaDB의 관리자인 root 사용자의 비밀번호를 변경하자.

⚠ MariaDB 10.3을 지금과 같이 dnf 명령으로 설치하면 MariaDB의 관리자인 root의 비밀번호가 없이 설치된다.

4-1 mysql -u root 명령으로 MariaDB 서버에 접속하자(대소문자를 구분한다). 그리고 다음 SQL을 사용해서 root의 비밀번호를 1234로 지정하자.

```
ALTER USER 'root'@'localhost' IDENTIFIED BY '1234' ; -- root@localhost의 비밀번호 변경
```

[그림 부록-28] root 비밀번호 변경

4-2 'root@모든PC'의 사용자가 접속되도록 하자. 그리고 비밀번호도 1234로 지정하자.

```
CREATE USER root@'%' IDENTIFIED BY '1234';
GRANT ALL ON *.* TO root@'%' WITH GRANT OPTION;
EXIT
```

[그림 부록-29] 새로운 root 사용자 생성

샘플 데이터베이스를 설치하자.

5-1 기존 파일을 모두 지우고, 책의 사이트에서 배포하는 employees.zip을 다운로드하자.

```
rm -f *        → 현재 폴더의 모든 파일 삭제
wget http://download.hanbit.co.kr/mariadb/10.3/employees.zip  → 파일 다운로드
ls             → 파일 확인
```

```
[root@localhost ~]#
[root@localhost ~]# rm  -f  *
[root@localhost ~]#
[root@localhost ~]# wget  http://download.hanbit.co.kr/mariadb/10.3/employees.zip
--2019-01-01 15:08:45--  http://download.hanbit.co.kr/mariadb/10.3/employees.zip
Resolving download.hanbit.co.kr (download.hanbit.co.kr)... 218.38.58.196
Connecting to download.hanbit.co.kr (download.hanbit.co.kr)|218.38.58.196|:80... connected.
HTTP request sent, awaiting response... 200 OK
Length: 36625298 (35M) [application/zip]
Saving to: 'employees.zip'

employees.zip          100%[===============================>]  34.93M   953KB/s    in 44s

2019-01-01 15:07:58 (811 KB/s) - 'employees.zip' saved [36625298/36625298]

[root@localhost ~]# ls  employees.zip
employees.zip
[root@localhost ~]#
```

[그림 부록-30] 샘플 데이터베이스 다운로드

5-2 다운로드 받은 파일의 압축을 풀자.

```
chmod 644 employees.zip       → 파일 속성 변경
unzip employees.zip           → 압축 풀기
rm -f employees.zip           → 파일 삭제
ls                            → 파일 확인
```

```
[root@localhost ~]#
[root@localhost ~]# chmod  644  employees.zip
[root@localhost ~]#
[root@localhost ~]# unzip  employees.zip
Archive:  employees.zip
  inflating: ._employees.sql
  inflating: ._employees_partitioned2.sql
  inflating: ._load_departments.dump
  inflating: ._load_dep
  inflating: test_employees_md5.sql
  inflating: test_employees_sha.sql
[root@localhost ~]#
[root@localhost ~]# rm  -f  employees.zip
[root@localhost ~]#
[root@localhost ~]# ls
Changelog                 employees.sql          load_employees.dump   README
employees_partitioned2.sql  load_departments.dump  load_salaries.dump    test_employees_md5.sql
employees_partitioned3.sql  load_dept_emp.dump     load_titles.dump      test_employees_sha.sql
employees_partitioned.sql   load_dept_manager.dump  objects.sql
[root@localhost ~]# _
```

[그림 부록-31] 샘플 데이터베이스 파일 압축 풀기

5-3 mysql -u root -p 명령으로 비밀번호 1234를 입력해서 MariaDB에 접속한다. 다음 SQL문으로 샘플 데이터베이스를 가져온다. 한동안 'Query OK' 메시지와 함께 실행이 될 것이다.

```
source employees.sql ;
```

[그림 부록-32] 샘플 데이터베이스 가져오기

5-4 다음 SQL문으로 데이터베이스를 확인해 보자. employees 데이터베이스가 보일 것이다.

```
show databases;
```

```
MariaDB [employees]>
MariaDB [employees]> show  databases ;
+--------------------+
| Database           |
+--------------------+
| employees          |
| information_schema |
| mysql              |
| performance_schema |
| test               |
+--------------------+
5 rows in set (0.001 sec)

MariaDB [employees]> _
```

[그림 부록-33] 샘플 데이터베이스 확인

5-5 **EXIT**문을 입력해서 MariaDB를 종료한다.

---

step 6

압축을 푼 파일을 삭제한다.

```
rm -f *
ls
```

```
[root@localhost ~]#
[root@localhost ~]# rm -f *
[root@localhost ~]# ls
[root@localhost ~]# _
```

[그림 부록-34] 파일 삭제 및 시스템 종료

Linux용 MariaDB는 기본적으로 한글이 입력되지 않도록 설정되어 있다. 한글이 입력되도록 설정하자.

⚠ 지금 사용하는 명령어 모드에서는 한글 자체가 써지지 않는다. 5장에서 HeidiSQL을 이용해서 Linux에 접속해서 한글을 입력하는 실습을 진행할 것이다.

⚠ 이번 실습은 Linux를 처음 써보는 독자라면 상당히 어려울 것이다. 그럴 때는 다음 명령을 수행하고 step 7 을 생략하고 step 8 로 넘어가자.

```
cd /etc/my.cnf.d
rm -f server.cnf
wget http://download.hanbit.co.kr/mariadb/10.3/server.cnf
chmod 644 server.cnf
```

7-1 vi /etc/my.cnf.d/server.cnf 명령으로 MariaDB 설정 파일을 열자. 주의할 점은 다른 키는 아직 누르지 말자.

[그림 부록-35] MariaDB 설정 파일 편집 1

7-2 화살표 아래쪽 키와 오른쪽 키를 눌러서 제일 하단 오른쪽으로 커서를 이동시킨 후에 키보드의 Ⓐ를 누른다. 그러면 왼쪽 아래 **-- INSERT --** 가 표시된다.

[그림 부록-36] MariaDB 설정 파일 편집 2

7-3 이제 입력할 수 있다. 한두 줄을 떼고 다음 6개 행을 입력한다. 글자가 틀리지 않게 주의한다(언더바와 하이픈을 잘 구별하자). 위 5줄은 Linux용 MariaDB에 한글이 입력되도록 설정하는 것이다. 제일 마지막 줄을 넣어주는 이유는 Windows에 설치한 MariaDB와 동일하게 DB 이름, 테이블 이름 등이 소문자로 처리되도록 하기 위함이다.

```
init_connect='SET collation_connection=utf8_unicode_ci'
init_connect='SET NAMES utf8'
character-set-server=utf8
collation-server=utf8_unicode_ci
skip-character-set-client-handshake
lower_case_table_names=1
```

[그림 부록-37] MariaDB 설정 파일 편집 3

7-4 변경된 내용을 저장하자. [Esc]를 누른 후에 [Shift]와 동시에 [:](콜론) → [wq] → [Enter]를 입력하면 저장 된다. **:wq**의 입력되는 상황이 왼쪽 아래에 보인다.

[그림 부록-38] MariaDB 설정 파일 편집 4

7-5 성공적으로 저장된 메시지를 확인하자. 숫자는 좀 틀려도 된다.

[그림 부록-39] MariaDB 설정 파일 편집 5

7-6 systemctl restart mysql 명령으로 MariaDB 서비스를 재시작하자. 아무 메시지가 안 나오면 잘 적 용된 것이며 메시지가 나오면 대부분 글자가 틀렸기 때문이다.

```
[root@localhost ~]#
[root@localhost ~]# systemctl  restart  mysql
[root@localhost ~]# _
```
[그림 부록-40] MariaDB 서비스 재시작

아파치 웹 서버(httpd)와 PHP 기능을 설치한다.

8-1 dnf −y install httpd php php−mysqlnd 명령으로 Apache와 PHP를 설치한다.

[그림 부록-41] Apache, PHP 설치

8-2 먼저 서비스를 시작하고 상시 가동할 수 있도록 하자.

```
systemctl start httpd
systemctl enable httpd
```

```
[root@localhost ~]#
[root@localhost ~]# systemctl  start  httpd
[root@localhost ~]# systemctl  enable  httpd
Created symlink /etc/systemd/system/multi-user.target.wants/httpd.service → /usr/lib/systemd/system/
httpd.service.
[root@localhost ~]#
```

[그림 부록-42] httpd 서비스 시작 및 상시 가동

8-3 외부에서 웹 서버에 접속할 수 있도록 방화벽 포트를 열어 주자. 'success' 메시지가 나오면 된다.

```
firewall-cmd --permanent --add-service=http
firewall-cmd --reload
```

```
[root@localhost ~]#
[root@localhost ~]# firewall-cmd  --permanent  --add-service=http
success
[root@localhost ~]# firewall-cmd  --reload
success
[root@localhost ~]#
```

[그림 부록-43] httpd 서비스 방화벽 열기

향후에 Linux 컴퓨터로 접속하려면 IP 주소를 알아야 한다. ip addr 명령으로 두 번째의 IP 주소를 확인해
놓자. 필자는 192.168.111.133인데 독자는 필자와 대부분 다를 것이다.

⚠ Linux 가상머신은 부팅할 때마다 자동으로 IP 주소를 받도록 설정되어 있다. 그러므로 부팅할 때마다 IP 주소가 달라질 수
있다. 추후에 Linux로 접속하는 실습을 할 때마다 지금의 방식으로 IP 주소를 계속 확인해야 한다.

[그림 부록-44] IP 주소 확인

shutdown −h now 명령으로 Linux를 종료한다.

이제부터는 외부의 어떤 컴퓨터에서도 Linux에 설치한 MariaDB에 root/1234로 접속할 수 있다.
VMware와 Linux를 처음 사용하는 독자라면 좀 어려웠을 것이다. 하지만, 다음 몇 가지는 꼭 기억
해 놓자.

- VMware Workstation Player를 실행해서 [Open a Virtual Machine]을 선택해서 C:\Fedora28\ 폴더
  의 파일을 열고 부팅하면 Linux가 부팅된다.
- Linux 관리자의 아이디는 root이고 비밀번호는 password다.
- MariaDB에 접속하려면 mysql −u root −p 명령을 사용한다.
- MariaDB 관리자의 아이디는 root이고 비밀번호는 1234다.
- 가상머신에서 다시 호스트OS로 마우스 포커스를 이동하려면 왼쪽 Ctrl + Alt 를 눌렀다 뗀다.
- IP 주소를 확인하려면 ip addr 명령을 사용한다.
- Linux를 종료하려면 shutdown −h now 명령을 사용한다.